Kamil Güngör

Arz Yönlü İktisat Aracı Olarak Vergi İndirimleri Politikası ve Türkiye

Kamil Güngör

Arz Yönlü İktisat Aracı Olarak Vergi İndirimleri Politikası ve Türkiye

Türkiye Alim Kitapları

Impressum / Künye
Bibliografische Information der Deutschen Nationalbibliothek: Die Deutsche Nationalbibliothek verzeichnet diese Publikation in der Deutschen Nationalbibliografie; detaillierte bibliografische Daten sind im Internet über http://dnb.d-nb.de abrufbar.

Deutsche Nationalbibliothek tarafından yayınlanan bibliyografik bilgiler: Deutsche Nationalbibliothek, bu yayını Deutsche Nationalbibliografie'de listeler; detaylı bibliyografik bilgi İnternet'te http://dnb.d-nb.de sitesinde mevcuttur.

Coverbild / Kitap kapağı resmi: www.ingimage.com

Verlag / Yayıncı:
Türkiye Alim Kitapları
ist ein Imprint der / yayınevinin bir ticari markasıdır
OmniScriptum GmbH & Co. KG
Heinrich-Böcking-Str. 6-8, 66121 Saarbrücken, Deutschland / Almanya
Email / E-posta: info@turkiye-alim-kitaplary.com

Herstellung: siehe letzte Seite /
Basım yeri: son sayfaya bakın
ISBN: 978-3-639-67329-6

Özet

Vergiler, ekonominin sağlıklı işleyebilmesi için en iyi kamu geliri olarak kabul edilir. Ancak Türkiye'de vergi gelirleri kamu ihtiyaçlarını karşılamaktan uzaktır. Bu yüzden vergi gelirlerinin artırılması, devletin borç yükünün ve beraberindeki faiz yükünün azaltılması gerekmektedir.

Türkiye'de önemli sorunlardan birisi, vergi yükü dağılımındaki dengesizliktir. Çünkü vergi yükü küçük bir kesimin üzerinde yoğunlaşmıştır. Bu yüzden Türkiye vergi ödeyenler için vergi cehennemi, ödemeyenler için vergi cenneti haline gelmiştir.

Türkiye'de diğer önemli bir sorun kayıt dışı ekonomidir. Kayıt dışı ekonominin, kayıt altındaki ekonominin yarısına yakın bir miktarda olduğu tahmin edilmektedir.

Bu çalışma;

-vergi indirimleri yoluyla, özellikle yüksek vergiler nedeniyle kayıt altına alınamamış kaynaklara ulaşmayı,

-vergi kaçıranları koruyan düzenlemelerin önüne nasıl geçileceği ve

-vergi hasılatının vergi tabanı genişletilerek artırılması ile ilgili yöntemleri araştırmaktır.

Temel olarak vergilerde indirimleri öneren arz iktisadının, bu yolla vergi tabanının genişlemesine katkıda bulunacağı düşünülmektedir. Bu sayede vergi yükünün daha adaletli ve dengeli dağılımı sağlanabilecek ve mükellefler için vergi yükü hafifleyecektir. Bir başka deyişle vergi yükünü küçük bir kesime yüksek bir oranla yüklemek yerine, bütün mükelleflere dağıtarak her birinden daha az oran ve miktarda, ama hepsinden vergi alınmasının daha adil olacağı düşünülmektedir.

Abstract

It is accepted that taxation is the best way of public financing for not disturbing economic activities. Yet taxes do not finance public expenditures satisfactorily in Turkey. For this reason, tax revenues should be increased. Public debt burden and its interest burden should be reduced.

One of the important problems of Turkey is inequality in tax burden distribution. A small proportion of population bears the tax burden. Hence, Turkey becomes a heaven for people who evade tax and a hell for tax-payers.

Another important economic problem is underground economy. It is estimated that the share of underground economy in economic activities is near the half recorded economy.

The aims of this study are to investigate;

-the issue of reaching the sources which are not recorded as a result of -higher tax rates by tax cutting,

-how to prevent the regulations which protect people evade tax,

-the methods which are used to increase tax yields by expanding tax base.

One of the ideas behind supply-side tax cut is to expand tax base. As a consequence of this expansion in tax base, tax burden will be distributed in society more equally and fairer. Tax payers will bear less tax burden. It could be suggested that it would be more fairer if a higher proportion of people would pay tax with lower rates (this results higher tax yields) instead of bearing tax burden by a small proportion of population.

Arz Yönlü İktisat Aracı Olarak Vergi İndirimleri Politikası Ve Türkiye

İçindekiler

Kısaltmalar

DPT: Devlet Planlama Teşkilatı

ERTA :Economic Recovery Tax Act=Vergide Ekonomik İyileşme Yasası

GSMH: Gayri Safi Milli Hasıla

GSYİH: Gayri Safi Yurt İçi Hasıla

GVK: Gelir Vergisi Kanunu

IRA :Individual Retirement Account=Kişisel Emeklilik Hesabı) Sistemi

IRS: Amerikan İç Gelir İdaresi

KDV: Katma Değer Vergisi

KVK: Kurumlar Vergisi Kanunu

OECD: Ekonomik İşbirliği ve Kalkınma Teşkilatı

TEFRA Tax Equity and Fiscal Reponsibility Act:1982 Vergi İndirimleri Yasası

TRA :Tax Reform Act= 1986 Vergi İndirimleri Yasası

USA Unlimited Saving Allowance : Tüketim Tabanlı Bir Vergi Önerisi

VEDOP: Vergi Dairesi Tam Otomasyon Projesi

Tablolar

Şekiller

Giriş

Özellikle İkinci Dünya Savaşı'ndan sonra hem gelişmiş hem de gelişmekte olan ülkelerde kamu harcamalarında belirgin bir artış görülmüştür. Bu artışlarla birlikte 1970'li yılların başından itibaren düşük büyüme hızı, prodüktivite düşüklüğü, enflasyon, işsizlik gibi ekonomik ve sosyal sorunlar kendini göstermeye başlamıştır. Üstelik mükelleflerin vergi yükü ve devletin de borç yükü artmaya devam etmiştir. Daha çok Keynezyen iktisat uygulamalarından kaynaklandığı kabul edilen bu sorunlar, yeni teorilerin gelişmesine yol açmıştır. Bu teorilerin ortak yanı, klasik iktisadı günün koşullarına uygun olarak yorumlamasıdır. Bir başka deyişle, bu teorilerde ekonomide devletin geleneksel fonksiyonlarına geri dönülmesi, küçük, etkin ve sınırlı devlet modelleri öngörülmektedir. Çeşitli adlar altında gelişen bu teorilerden birisi de, bu çalışmanın konusunu oluşturan, arz yönlü iktisattır. Bu teori daha çok, vergi oranlarının düşürülmesi politikası çerçevesinde yoğunlaşmaktadır. Bu alanda çalışan iktisatçılar, vergi indirimlerinin vergi hasılatında bir azalışa değil, bilakis artışa sebep olacağı düşüncesini ileri sürmüşler ve bunun sonucu olarak toplam piyasa üretimi ve toplam vergi gelirlerinin artacağını savunmuşlardır. Çünkü bu sayede hem üretim artacağı hem de kayıt dışında kalmak ekonomik olarak cazibesini yitireceği için kayıt dışı ekonominin kayıt altına alınması kolaylaşacaktır.

Arz yönlü iktisatçılara göre ekonomideki temel sorun arzın yetersizliğidir. Yani temel iktisadi sorun üretimin talebe cevap verememesidir. Bu yüzden üretimi teşvik edecek politikalara ağırlık vermek gerekecektir. Vergi oranlarında yapılan indirimler, ya düz ve düşük oranlı vergi ya da sadece tüketimin vergilendirilip tasarruf ve yatırımların vergi dışı tutulması gibi uygulamalar beraberinde kullanılabilir geliri ve büyümeyi (üretim artışını), dolayısıyla vergi hasılatında yükselişi getirecektir.

Arz yönlü iktisadın öngördüğü sonuçların elde edilmesi, ancak teorinin bir bütün olarak uygulanması ile mümkündür. Yani vergi indirimleri ile birlikte kamu harcamalarının da azaltılmasına ihtiyaç vardır. Arz iktisatçıları vergi indirimi ve kamu harcamalarının azaltılması yanında; yasal ve kurumsal serbestleşmenin sağlanması ve sıkı para politikası gibi politikaların da birlikte yürütülmesi gerektiğini savunmaktadırlar.

ABD'de 1980'li yıllarda yapılan vergi indirimleri, yasal ve kurumsal serbestleşmenin de yeterli düzeyde olmasına rağmen, bütçe açıklarının artmasına yol açmıştır. Ancak bunun sebebi vergi indirimlerinden çok, kamu harcamalarının indirimi yoluna gidilmemiş olmasıdır. İngiltere'deki uygulamada kamu harcamaları da dikkate alındığından daha başarılı sonuçlar vermiştir.

Ekonomide arza dayalı çözümler uzun dönemlidir. Bu yüzden vergi indirimlerinin de uzun vadeye yayılmış bir şekilde aşama aşama yapılması gerekmektedir. Ayrıca vergi indirimlerinden beklenen sonuç da hemen değil, bir kaç yıl içerisinde görülecektir. Bu yüzden özellikle ilk yıllarda vergi hasılatında bir azalış meydana gelebilir.

Bu çalışmanın Türkiye açısından aşağıdaki amaçlara hizmet edebileceği düşünülmektedir:

-Sağlıklı kamu gelirlerine kavuşmak ve bütçede istikrar sağlamak

Bilindiği gibi vergiler ekonomi için en sağlıklı gelir kaynağı kabul edilir. Türkiye'de vergi gelirlerinin yetersiz olduğu bilinmektedir. Yetersiz olan vergi gelirlerinin artırılması ve böylece bir kısır döngü haline gelen borç yükünün ve beraberindeki faiz yükünün azaltılması ve kamusal kaynakların sağlıklı hale getirilmesinin sağlanması bir gerekliliktir. Bütçe ise Türkiye'de Cumhuriyet tarihi boyunca çoğu zaman yüksek açıklarla birlikte anılır olmuştur. Bu trend son yıllarda daha da belirginleşmiş ve neredeyse toplanan vergilerin tamamı sadece borç faizine gider hale gelmiştir. Özellikle kamu harcaması indirimleri ile bütçe açıklarının kabul edilebilir bir seviyeye inebileceği düşünülmektedir.

-Verginin tabana yayılmasının sağlanması

Türkiye'de önemli sorunlardan birisi de vergi yükü dağılımındaki dengesizliktir. Vergi yükü, küçük bir kesimin üzerinde yoğunlaşmıştır. Türkiye vergi ödeyenler için vergi cehennemi, ödemeyenler için vergi cenneti haline gelmiştir. Arz iktisadı çerçevesinde vergi oranlarında indirim sağlanacağı için vergi tabanı genişleyecektir. Böylece vergi yükünün daha adaletli ve dengeli dağılımı sağlanarak hafifletilmesi ve vergi kapasitesini tam kullanma imkanı artacaktır. Bir başka deyişle vergi yükünü sınırlı bir kesime yüksek bir oranla yüklemek yerine, tüm kesimlere dağıtarak her birinden daha az oran ve miktarda, fakat hepsinden vergi alınmasının daha adil olacağı düşünülmektedir. Nitekim Türkiye'de vergi yükünün GSMH'ye oranı bazı OECD ve Avrupa ülkeleri ortalamasına yakın olmasına rağmen, vergi yükündeki dağılım adil değildir.

-Kayıt dışı ekonomini azaltılması

Türkiye'de kayıt dışı ekonominin kayıt altındaki ekonominin yarısına yakın bir miktarda olduğu tahmin edilmektedir. Bazı araştırmalara göre bu miktar mevcut GSMH'yi aşmaktadır. Çalışmanın bir amacı da vergi indirimleri yoluyla özellikle yüksek vergiler nedeniyle kayıt altına alınamamış olan bu kaynaklara ulaşmak ve haksız rekabete yol açan, iyi niyetli mükellefleri zor durumda bırakıp vergi kaçıranları koruyan düzenlemelerin önüne geçilmesini sağlamaktır.

Bu çalışma, dört bölümden oluşmaktadır. Birinci bölümde arz iktisadı ve arz iktisadının vergi boyutu inceleme konusu yapılmış, ayrıca arz iktisadının ortaya çıkışını hazırlayan nedenler araştırılmıştır. İkinci bölümde, bu çalışmanın temel inceleme konusu olan vergi indirimleri politikası ele alınmıştır. Üçüncü bölümde vergi indirimleri politikasının uygulaması ve uygulama sonuçları ele alınmıştır. Dördüncü bölüm ise, arz iktisadının Türkiye açısından uygulanabilirliğinin değerlendirildiği bölüm olmuştur.

Arz yönlü vergi politikasının ortaya çıkışı ve gelişimi, uygulama sonuçlarıyla birlikte ortaya konulduktan sonra, aksayan tarafları irdelenerek Türkiye'nin özel şartları da dikkate alınmak suretiyle uygulanma şansı analiz edilmeye çalışılmıştır. Bu çerçevede, Türkiye'de vergi gelirlerini artırma ihtiyacı ortaya konularak, bu ihtiyacı vergi oranlarının artırılması, peşin vergi uygulaması, ceza kesme yöntemi gibi geleneksel yöntemlerin yerine; arz yönlü vergi politikası çerçevesinde vergi oranlarının düşürülmesi, verginin kaynağına ulaşılması ve etkin bir denetimle verginin hem tabana yayılması hem de kayıt dışı ekonominin en az seviyeye indirilmesi, inceleme konusu yapılmıştır.

Birinci Bölüm

Arz Yönlü İktisat Yaklaşımı ve Vergi Politikasına Giriş

Arz yönlü iktisada gelmeden önce diğer bazı iktisadi düşüncelerle birlikte arz iktisadının da doğup gelişmesine ve güç kazanmasına neden olan talep yönlü iktisadın ne olduğu, hangi aşamalardan geçtiği, hangi varsayımlara dayandığı, temel dayanakları, arz iktisadının omurgasını oluşturan vergi indirimlerine ve vergi politikasına yaklaşımı... gibi konuları incelemekte fayda vardır. Çünkü 1929 bunalımı ile birlikte çözüm olmaktan çıkan klasik ve neoklasik iktisada bir alternatif olarak doğan talep yönlü iktisat 1970'li yıllardan itibaren bazı temel makro ekonomik sorunların ortaya çıkmasına neden olmuş ve ekonomiler bu yıllarda bunalıma girmiştir. Bu yıllarda çekirdeği atılar arz iktisadı 1980'li yıllardan itibaren uygulama alanı bulmuştur. Aşağıda önce talep yönlü iktisat hakkında temel bilgiler verildikten sonra, arz iktisadı ve diğer bazı iktisadi düşüncelerin doğuşu ya da güç kazanmasına neden olan 1970'li yılların sorunları üzerinde durulmuştur.

Bir sonraki ana başlıkta ise bu çalışmanın ana konularından birisi olan arz iktisadı; tanım, terminoloji, temel ilkeler yönüyle ele alınmış, daha sonra vergi indirimleri politikasının temelini oluşturan Laffer eğrisi analiz edilmiş ve bu eğriye yönelik eleştiriler ve karşı görüşlere yer verilmiştir.

I-Talep Yönlü İktisat ve 1970'li Yılların Sorunları

18. yüzyılın son çeyreğinde ve 19. yüzyıl boyunca hakim olan klasik iktisat, bütün piyasalarda tam rekabetin geçerli olduğu, her arzın kendi talebini yarattığı, ücret, faiz ve fiyatların esnek olduğu... gibi varsayımlara dayanır. Bu varsayımlardan hareketle klasik iktisatta; bir ekonomide ekonomik ve sosyal dengesizliklerin geçici olduğu ve bu dengesizliklerin piyasanın yapısında mevcut güçlerle giderilebileceği, dolayısıyla devletin ekonomik ve sosyal amaçlı müdahalelerinin gereksiz olduğu kabul edilir. Ancak klasik iktisadın bu öngörüleri 1929 Dünya ekonomik bunalımının ortaya çıkmasını engelleyememiştir. Klasik iktisada alternatif olarak çıkan Keynezyen iktisat ise 1970'li yıllardan itibaren farklı istikrarsızlık türlerini doğurmuştur. Arz iktisadını daha

iyi anlayabilmek için, alternatifi olan talep yönlü iktisadın ana hatlarıyla ortaya konulmasının faydalı olduğu düşünülmektedir.

Bu çerçevede arz iktisadının (ve diğer arz ağırlıklı iktisadi düşüncelerin) ortaya çıkması ve güç kazanmasında önemli yeri olan talep yönlü iktisat ana hatlarıyla incelenecektir. Bunun dışında talep yönlü iktisadın özellikle 1970'li yıllarda yol açtığı kabul edilen olumsuzluklar üzerinde durulacaktır.

A-Talep Yönlü İktisadi Düşüncenin Doğuşu ve Gelişimi

19. yüzyılın sonlarından itibaren revize edilen ve yeniden yorumlanan klasik teori etrafında çeşitli fikir akımları tartışılırken, 1930'lu yıllarda Keynezyen iktisat adı verilen teorik gelişme ile tartışmalar yeni bir boyut kazanmıştır. İngiliz iktisatçı John Maynard Keynes'in 1936 yılında yayınladığı "İstihdam, Para ve Faizin Genel Teorisi[1] (The General Theory of Employment, Money and Interest) adlı kitabı iktisatçıların dikkatini Neoklasik iktisadın dışında, makro ekonomiye ağırlık veren bir yöne kaydırmıştır.

Aslında makro teoriye duyulan ilgi 1920'li yıllarda başlamış, Keynes bu akımın bir devamı olarak ortaya çıkmıştır. Özellikle İsveçli iktisatçı Knut Wikscell'in ekonomik dalgalanmalarla ilgili görüşleri 1920'li yıllarda bir çok iktisatçının dikkatini çekmiş ve ekonomik dalgalanmaların nedenleri ve bu dalgalanmaların kontrolünde para ve kredi politikalarının etkin olup olamayacağı konularında yoğun bir tartışma alanı oluşmuştu. Ancak bu iktisatçılar neoklasik teorinin genel yapısı içinde kalarak ekonomide kendi kendini düzenleyen bir mekanizmanın olduğuna ve ekonominin bir durgunluk (depression) döneminden sonra yeniden tam istihdam dengesine döneceğine inanmışlardır.

Bu dönemde meydana gelen durgunluk ABD, İngiltere ve Batı Avrupa ülkelerinde yaygın ve sürekli bir işsizlik ortaya çıkarmıştır. Bu durum, ekonominin kendi kendine düzeleceğini öne süren görüşlere güveni zayıflatmıştır. Keynes işte böyle bir ekonomik bunalım döneminde ortaya çıkmış ve ücretlerle fiyatların esnek olduğu bir ekonomide tam istihdamın kendiliğinden sağlanacağını öne süren neoklasik teoriyi reddetmiştir.

---

[1] Keynes'in Genel Teorisi dışında onu klasik teoriden adım adım uzaklaştıran başka eserleri de vardır: Hindistan Parası ve Finansman (1913), Savaşın Ekonomik Sonuçları (1920), Olasılık Üstüne Bir İnceleme (1921), Parasal Reformlar Hakkında Bir Broşür (1923) ve Para Üzerine Bir İnceleme (1930) bunlardan bazılarıdır.

Keynes'e göre toplam talebin ana unsuru yatırım harcamaları idi ve belirsizliklerle dolu bir dünyada düşük faiz uygulamak suretiyle tam istihdama ulaşmayı amaçlayan bir politikaya güvenilemezdi. Keynes'in bu görüşleri iktisatçıları derinden etkilemiş ve bu teorinin neoklasik teoriden tümüyle ayrı bir teori olduğu ve yeni bir entelektüel devrimi başlattığı düşünülmüştür.[2]

Aslında yirminci yüzyılın iki dünya savaşı arasında kalan dönemi, hem Avrupa hem de Amerika için bir buhran dönemi olmuştur. 1921'de İngiltere'de başlayan kriz, 1930'lu yıllardan itibaren bütün dünyayı sarmıştır. İşsizlik ve durgunluk gibi iki büyük meseleyle karşı karşıya kalmış olan piyasa ekonomilerinin önü tıkanmıştır. "1929 Dünya Ekonomik Buhranı" olarak bilinen bu istikrarsızlığın ortaya çıkardığı sorunlara dönemin hakim iktisadi görüşü olan neoklasik iktisat teorisinin çözüm üretememesi, alternatif bir iktisat politikası olan talep yönlü iktisadı (demand-side economics) gündeme getirmiştir. Genel Teori ile başlayan talep yönlü iktisadın etkisi o denli güçlü olmuştur ki onun görüşleri bir "devrim" olarak nitelendirilmiş ve etkisi günümüze kadar devam etmiştir.[3]

Bu eser, adından da anlaşıldığı üzere teoriye ağırlık vermiş, yaygın kanaatin aksine politik önerilere ve kurumsal yapıya değinmemiştir. Maliye politikasının bilimsel kaynağı olarak nitelendirilmesine rağmen, Genel Teori'de devlet harcamaları ile ilgili sistematik ve ayrıntılı bir açıklama yoktur.

Genel Teori'nin ortaya çıkmasıyla birlikte neoklasik teorinin unutturduğu makro analiz yeniden iktisatçıların gündemine gelmiştir. Böylelikle ilgilenilen temel konu kaynakların alternatif kullanımlar arasında nasıl dağıtılacağı değil, kaynakların tümünün kullanımının mümkün olup olmadığı konusu olmuştur. Genel Teori'nin temel amacı, Keynes eserinin ön sözünde belirttiği gibi "bir bütün olarak üretim ve istihdam düzeyinde meydana gelen değişmeleri belirleyen güçlerin incelenmesidir"[4]

Keynes'in ortaya attığı talep yönlü iktisadi düşünce daha sonra takipçileri tarafından yorumlanarak "Keynezyen" iktisat oluşturulmuştur.[5]

---

[2] Vural F. SAVAŞ, **İktisadın Tarihi**, Liberal Düşünce Topluluğu, İstanbul: 1997. s. 640.
[3] Muammer TEKELİOĞLU, **Çağdaş İktisadi Düşünceler**, Adana 1993, s. 194.
[4] SAVAŞ, 1997, a.g.e., s. 754
[5] Coşkun Can AKTAN, **Çağdaş Liberal Düşüncede Politik İktisat**, Takav Mat., Ankara: 1994, s. 59.

B-Talep Yönlü İktisadın Başlıca Varsayımları

Talep yönlü iktisadın varsayımlarını aşağıdaki gibi sıralayabiliriz:

*Keynezyen Makro Teori ekonomik yaşamda meydana gelecek dengesizliklerin (enflasyon, işsizlik, deflasyon, durgunluk gibi) toplam talep ayarlamaları ile giderilebileceğini savunur. Bu görüşü ileri sürerken Keynezyen makro teori, arz koşullarının kısa dönemde sabit olduğunu ve uzun dönemde de iktisat politikalarına karşı duyarsız olduğunu farz eder. Bir başka deyişle Keynezyen teori, arz koşullarının önemini reddetmez, fakat bu koşulların iktisat politikalarının etki alanının dışında kaldığını kabul eder.[6]

*Keynezyen ekonomi ilke olarak özel sektörün dengesiz olduğunu, bu dengesizliği ortadan kaldırmak amacıyla ekonomiye devlet müdahalesinin gerekli olduğunu kabul eder. Para ve maliye politikalarıyla toplam talebin bileşimini ve miktarını değiştirmek suretiyle ekonomideki dengelerin arzulanan yönde gerçekleşmesi sağlanacaktır. Keynezyenlere göre maliye politikası araçları olan harcama ve vergi politikası toplam talebi etkileme açısından para politikasına göre daha etkilidir.

*Keynezyen iktisatta üretimde kullanılan sabit sermaye miktarı ile üretim tekniğinin değişmediği düşünülmektedir. Yani ekonomik olaylar kısa dönemli olarak gerçekleşir. Keynes "uzun dönemde hepimiz ölmüş olacağız" diyerek bu varsayımı özetlemiştir.

*Keynes Genel Teori'de baştan sona kadar tam rekabetin geçerli olduğu yolunda bir varsayımda bulunmuştur. Bu nedenle değişen derecelerde tekel veya ücret-fiyat politikası tamamen ihmal edilmiştir. Genel Teori'de dış ekonomiye ilişkin sorunlar üzerinde fazla durulmayarak kapalı bir ekonomi varsayımından hareket edilmiştir.

*Genel Teori'de sadece talep yetersizliğinden ortaya çıkan işsizlik üzerinde durulmuş, sermaye kapasitesi yetersizliği, döviz dar boğazı gibi ekonominin toplam arz cephesindeki yetersizliklerden doğan işsizlik üzerinde durulmamıştır.

*Keynes geliştirdiği teoride fiyatlar genel seviyesini veri olarak almıştır.

---

[6] Vural F. SAVAŞ. **Keynezyen Ekonomi Yıkılırken**, Beta Basım-Yayın-Dağıtım AŞ, 2. B, İstanbul: 1986, s. 171.

*Klasik teori belirlilik içinde bulunan bir ekonomiyle ilgilendiği halde Genel Teori, belirsizlik ve ileriye dönük bekleyişler önemlidir. Keynes'in teorisinin önemli bir parçasını oluşturan özel yatırım harcamaları, belirsizlik ve bekleyişlerden önemli ölçüde etkilenmektedir.

*Ekonomik hayatta görülen enflasyon, deflasyon, işsizlik gibi istikrarsızlıkların kaynağı toplam taleple ilgilidir. Kısa dönemi benimseyen Keynezyenlere göre kısa dönemde bir sorun olarak ortaya çıkmakta toplam arz ekonomik hayattaki dalgalanmaların kaynağı toplam talebin değişken olmasıdır. Buna göre ekonomide işsizliğin nedeni olarak toplam talep yetersizliği, enflasyonun nedeni olarak da tam istihdamı aşan talep fazlasıdır.[7]

*Keynes'in istihdam teorisini hareket noktası efektif taleptir. Efektif talep, kullanılabilecek satın alma gücüyle desteklenmiş taleptir ve belirli bir dönemdeki tüm harcamalara eşdeğerdir. Keynes efektif talebi "toplam talebin toplam arz ile kesiştiği noktadaki değeri" olarak tanımlamaktadır ve Genel Teori'de şu görüşlere yer verir:

"Efektif talep müteşebbislerin elde etmeyi umdukları toplam gelir (veya hasıladır) Bu kavram cari istihdam düzeyinde diğer üretim faktörlerinin gelirlerini de kapsar. Efektif talep, toplam talep fonksiyonunun etkin olduğu noktadır. Arz koşulları ile birlikte ele alındığında efektif talep müteşebbislerin kar beklentisini maksimize eden istihdam düzeyine uygundur."

Efektif talep, tüketim ve yatırım harcamalarının toplamından oluşur. Keynes efektif talebi ortaya çıkaran başlıca üç fonksiyondan söz etmektedir; tüketim fonksiyonu, yatırım fonksiyonu ve tasarruf fonksiyonu.[8]

*Efektif talebin ilk iki unsuru tüketim ve yatırım fonksiyonu farklı sebeplere dayalı olarak realize edilir. Kısaca, tüketim talebi reel gelire bağlıdır. Yatırım talebi ise karlılığa bağlıdır.[9] Keynes'e göre tüketim bütün ekonomik faaliyetlerin temel amacıdır. Tüketim fonksiyonu tüketicilerin harcama eğilimlerini gösterir. Tüketim harcamaları milli gelirin artan bir fonksiyonudur. Tasarruflar da milli gelirin artan bir fonksiyonudur. Keynes Genel Teori'de yatırım fonksiyonunu milli gelir değişmelerinden bağımsız (otonom yatırımlar) ve milli gelirin artan bir fonksiyonu (uyarılmış yatırımlar) olarak ele almıştır.

---

[7] Osman Z. ORHAN, **Keynezyen ve Moneterist İstikrar Politikaları**, Bilim Teknik Yayınevi, İstanbul: 1989, s. 38-40.
[8] AKTAN, 1994, a.g.e., s. 60.
[9] TEKELİOĞLU, 1993, a.g.e., s. 207.

*Keynes, makro dengenin toplam arz ile toplam dengenin veya toplam tasarruflarla toplam yatırımların eşitlendiği noktada sağlandığını belirtmektedir. Bu denge sağlanamadığında ekonomide "enflasyonist açık" ya da "deflasyonist açık" ortaya çıkar. Keynes'e göre bu istikrarsızlıkların giderilmesi için devletin efektif talebi yönlendirmesi mümkündür.[10]

C-Keynes'in Neoklasik ve Klasik İktisada Yöneltti̇ği Eleştiriler

Genel Teori Keynes'in neoklasik teoriye yönelttiği temel bir eleştiri ile başlar.

*Keynes'e göre Neoklasik teorinin ücret ve fiyat esnekliği nedeniyle ekonominin kendiliğinden tam istihdam düzeyine ulaşacağını öne süren görüşü yanlıştır.

*Keynezyen iktisat ekonomide görülen enflasyon, deflasyon, işsizlik gibi istikrarsızlıkları toplam taleple ilişkilendirir. Keynes'e göre kısa dönemde toplam arz sabittir. Dolayısıyla ekonomideki dalgalanmalar, toplam talepteki değişikliklerden kaynaklanmaktadır. Bu yüzden talep yetersizliği işsizliğe, tam istihdamı aşan bir talep fazlalığı ise enflasyona yol açmaktadır.

*1929 bunalımının sosyal bir sorun olarak ortaya çıkardığı işsizlik Keynes'e göre klasiklerin düşünmediği gayri iradi işsizlikti. Oysa klasikler işsizliğin "geçici ve iradi" olduğu varsayımından hareket ediyorlardı. Keynes neoklasiklerin bu görüşünü kabul etmeyerek işsizliğin "yetersiz toplam talep" nedeniyle ortaya çıkacağını söylemiştir.[11]

*Keynes'e göre J. B. Say'ın kısaca "her arz kendi talebini kendi yaratır" (Supply crates its own demand) şeklinde özetlenen "piyasalar kanunu" (the law of markets) gerçek hayata uygun değildir. Toplam talep klasiklerin iddia ettikleri gibi arzın bir fonksiyonu değildir. Aksine toplam arz, toplam talebin bir fonksiyonudur ve toplam talep tarafından yönlendirilir.[12] Keynes buna alternatif olarak "talebin kendi arzını yarattığını" (demand crates its own supply) savunur. Bu görüşün gerisinde talep yükseldiğinde bunun üreticilerin yatırım arzularını da artıracağı görüşü yatmaktadır.[13]

*Klasiklere göre yatırım-tasarruf eşittir ve bu eşitliği sağlayan faizdir. Keynes ise tasarruf-yatırım eşitliğini belirleyen faktörün faiz değil, gelir olduğu görüşündedir.

---

[10] AKTAN, 1994, a.g.e., s. 61.
[11] SAVAŞ 1997. a.g.e., s. 755-756.
[12] Michael STEWART, **Keynes Devrimi,** Çev: A Baltacıgil, Minnetoğlu Yay. İstanbul: 1980, s. 73-74.
[13] AKTAN, 1994, a.g.e., s. 59.

Yani tasarruflar faizin değil gelirin bir fonksiyonudur. Faiz ise likiditeden vazgeçmenin karşılığıdır.[14]

*Keynezyen ekonomide ekonomik istikrardan amaçlanan iki önemli sonuçtan birisi tam istihdamdır (diğeri fiyat istikrarı). Keynes'e göre piyasa ekonomisi kendi haline bırakıldığı taktirde tam istihdamı sağlayamayacaktır. Çünkü bu ekonomide tam istihdam düzeyinde dengeyi sağlayacak mekanizma, tasarruf sahiplerinin kararına bağlıdır. Bu nedenle yatırım-tasarruf dengesinin tam istihdamı sağlama ihtimali son derece düşüktür.

*Keynezyen iktisatta fiyat istikrarı ile tam istihdam arasında bir tercih yapılması gerektiği zaman bu tercih tam istihdamdan yana kullanılmaktadır. Bir başka deyişle tam istihdamın sağlanması daha önemli görülmekte ve bunun sağlanmasında enflasyon bir istikrarsızlık olarak görülmemektedir.[15]

*Keynes kendiliğinden dengeye gelen ekonomi düşüncesinin artık terk edilmesini, ekonomilerin tam istihdama er-geç ulaşacağı düşüncesinin milyonlarca insanın yıllar boyu işsiz kalmasına göz yummak anlamına geldiğini, bunun yerine ekonominin eksik istihdam düzeyinde de dengede kalabileceğinin kabul edilmesi gerektiğini ileri sürmüştür. Eksik istihdamdaki bir ekonomiden tam istihdama giden yolda devletin rol alabileceğini ve bunun hiç bir zaman kapitalizmden vazgeçmek olmadığını savunmuştur.[16]

*Klasik miktar teorisi[17] geçersizdir. Para arzında meydana gelen artışların tamamı enflasyonist değildir. Bunların bir kısmı muamele motifi (transactions motive) dışında spekülasyon motifi (speculative motive) ve ihtiyat motifi (precautionary motive) ile belirli bir süre harcanmadan elde tutulmaktadır.[18]

D-Keynezyen İktisatta Devlet-Ekonomi İlişkisi

Kısa dönemde toplam arzın üretimin teknik koşullarına yani istihdam seviyesine üretim ve teknolojisine bağlı olacağını öne süren Keynezyen teori, devletin çeşitli politikalarla toplam talebi etkileyebileceğini ve bu yoldan ekonomiyi düzenleyeceğini iddia etmişlerdir. Bu nedenle Keynezyen teori " talep yönlendirici" bir teoridir.[19] Talep

[14] Ali ÖZGÜVEN, **İktisat Bilimine Giriş,** Filiz Kitabevi, 5. baskı, İstanbul: 1985, s. 170.
[15] ORHAN, a.g.e., s. 44.
[16] TEKELİOĞLU, 1993, s. 203.
[17] Bilindiği gibi miktar teorisi, fiyat değişmelerinin temel nedenini para miktarındaki değişmelere bağlayan teoridir. 17. yüzyıla kadar geçmişi olan miktar teorisi moneterizmle birlikte tekrar önem kazanmıştır.
[18] AKTAN, 1994, a.g.e., s. 60.
[19] Vural F. SAVAŞ, **Politik İktisat**, İkinci Baskı, Beta Basım Yayın, İstanbul: 1994, s. 192.

yönlendirici ya da talep yönlü iktisat, ekonomide etkin kaynak kullanımının sağlanması, ekonomik büyüme ve kalkınmanın gerçekleştirilmesi, adil bir gelir ve servet dağılımının temini ve ekonomik istikrarın sağlanması için devletin "toplam talep" üzerinde yönlendirici kararlar almasını öneren bir iktisadi düşüncedir.[20]

Keynezyen iktisatçılar ekonomik istikrarın sağlanabilmesi için devletin ekonomideki rolü ve fonksiyonlarının genişletilmesini savunmuşlardır. "Fonksiyonel devlet teorisi" çerçevesinde kaynak kullanımında ve kaynak dağılımında etkinlik, adil gelir ve servet dağılımı, iktisadi istikrar, büyüme ve kalkınmanın sağlanması, ödemeler bilançosunda denklik gibi devletin bazı fonksiyonları sağlamak üzere ekonomiye aktif olarak müdahale etmesi gerektiği görüşünü savunmuşlardır.[21]

Bu çerçevede müdahaleci devlet anlayışı ve öngörülen müdahalelerin gerçekleştirilmesinde vergi ve genel olarak maliye politikasının önemli bir yeri vardır.

1-Müdahaleci Devlet Anlayışı

1930'lu yıllardaki büyük depresyon sonucu başarısız olan piyasa ile birlikte klasiklerin "dışarıdan karışılmaması" ilkesinin yerine, devletin ekonomide düzenleyici fonksiyonlar üslenmesini savunan "müdahaleci devlet" anlayışı yerleşti. Böylece klasik iktisadın "tarafsız devlet" fikri yerini "koruyucu devlet" fikrine bıraktı. Koruyucu devlet ekonomik istikrarı sağlama yanında ekonomik kalkınma ve sosyal güvenlik sorunlarını da üslenmiştir.[22]

Maliye ve para politikaları başta olmak üzere devletin ekonomiyi düzenlemek ve belli amaçlara ulaşmak için kullandığı bütün araçlar Keynezyen makro teori kaynaklıdır.[23] Keynezyen makro teori, ekonominin "kendiliğinden" ve "daima" tam istihdama ulaşmasının mümkün olamayacağını ve tam istihdama ulaşmak için devletin ekonomiye müdahale etmesinin kaçınılmaz olduğunu öne sürmüştür.[24]

Keynezyen iktisatçıların müdahaleci devlet anlayışı, kamu sektörünün zaman içerisinde büyümesinin önemli nedenlerindendir. Keynezyen iktisatçılar denk bütçe yerine "telafi edici bütçe" prensibini kabul ederek, politikacılara "vergilemeden harcama yapma" imkanı sağlamıştır. Kamu harcamalarının vergileme ile birlikte emisyon ve

---

[20] AKTAN, 1994, a.g.e., s. 59.
[21] AKTAN, C. Can AKTAN, Kamu Ekonomisinden Piyasa Ekonomisine: Özelleştirme, Ankara 1992, s. 39.
[22] J. CHEVALIER, "Koruyucu Müşfik Devletin Sonu", Çev: Dündar Sağlam, **Dünya Ekonomisinde Bunalım-Seçme Yazılar**, Ar Basım ve Dağıtım AŞ, İstanbul: 1983, s. 96.
[23] Keynezyenlere göre maliye politikası araçları olan harcama ve vergi politikası toplam talebi etkileme açısından para politikasına göre daha etkilidir.
[24] SAVAŞ, 1994, a.g.e., s. 192.

borçlanma ile finansmanı Keynezyen iktisadın bıraktığı bir mirastır. Bir başka deyişle kamu sektörünün büyümesinden sadece politikacılar değil, Keynezyenler de sorumludur.[25]

Devletin fonksiyonları genişledikçe siyasal karar alma sürecinde rol alan kimselerin "çıkarlarının" artması söz konusudur. Çünkü seçmenler daha fazla kamu hizmeti talep edeceklerdir. Bu talepler kamu kesiminin büyümesinin ilk nedenidir. Tekrar seçilebilme isteği, bütçenin büyümesini gerektirir. Büyüyen bütçenin finansmanı ise vergilerle değil, vergi dışı gelirlerle finanse edilir. Çünkü verginin daha da artması seçmeni memnun etmeyecektir. Diğer bir deyişle seçmen daha fazla kamu hizmeti beklerken, buna karşılık daha az vergi ödeme gibi paradoksal bir eğilime sahiptir. Emisyon ve borçlanma yoluyla finanse edilen kamu hizmetleri uzun vadede ekonomide ciddi sorunları ortaya çıkarır. Baskı ve çıkar gruplarının transfer istekleri kamu kesimini daha da genişletir.

Keynes, kapitalist ülkelerde ekonomi yönetiminin hükümetin zorunlu ve doğal bir faaliyet alanı olduğunu anlayışını yerleştirmesidir. Bu durum ekonomik sistemin içerisinde hareket edeceği genel ilkeler ve kurallar biçimindeki devletin eski rolünün oldukça ilerisine taşır. Bu fonksiyona ekonomi içi güçlerin kapitalist kurallar içindeki hareketinden olumsuz yönde etkilenenlerin veya ekonomik aktiviteye katılamayacak derecede güçsüz olanların korunması ve desteklenmesi de dahildir.

Keynes'in önerileri 1960'lı yılların sonlarına kadar gerçekten ekonomik istikrarsızlıklara çözüm getirmiştir. Ancak devletin ekonomik hayata her gün yeni konularda müdahale etmesi ve bu müdahaleler için gerekli masrafları devlet bütçesine yüklemesi, hem bütçe açıklarına hem de açıkların giderek artan oranda çoğalmasına ve devletin ekonomi yönetimine yerleşmesine neden olmuştur. Bütçe açıklarının bir sonucu olarak hızla artan devlet borçları, yükselen faiz hadleri, milli paranın değer kaybı, artan enflasyon, kronikleşen dış ticaret açıkları vb. bir çok ekonomik istikrarsızlığın ortaya çıktığı görülmüştür.[26]

2-Talep Yönlü Vergi ve Maliye Politikası

Keynezyen Teoride maliye politikası klasik teorinin aksine, önemli bir yere sahiptir. Klasik teoride maliye politikasının etkinliğini sınırlayan en önemli etken yatırımların faize karşı esnek olması ve para arzı sabitken uygulamaya konan maliye

---

[25] AKTAN, a.g.e., s. 97.
[26] TEKELİOĞLU, 1993, a.g.e., s. 211-212.

politikasının "özel sektörü dışlama etkisi" oluşturmasıdır. Klasik teori bu sonucun kaçınılmaz olduğunda ısrar eder. Keynezyen Teori ise gerçek dünyada farklı durumların ortaya çıkabileceğini ve klasik teorinin öne sürdüğü özel sektörü dışlama etkisinin bu durumlardan sadece biri olabileceğini savunur.[27]

Klasik iktisatçılar vergilerle ilgili olarak sadece mali amaç üzerinde durmuşlardır ve vergilemenin mali amaç dışında kullanılmasına karşıdırlar. Onlara göre vergi, sadece "hazinenin besleyici bir kaynağı" olmalıdır.[28]

Talep yönlü vergi politikasında vergiler, sınırlayıcı ve genişletici olarak kullanılabilir. Sınırlayıcı vergi politikası, ekonomiyi enflasyondan kurtarmak için toplam talebi daraltmayı amaçlar. Genişletici vergi politikası ise, toplam talebi artırıcı bir politikadır. Bu politika talep yetersizliğini canlandırmak amacıyla durgunluk dönemlerinde kullanılır.

Nobel ödüllü iktisatçı J. Buchanan'a göre devletin başarısızlığında Keynezyen iktisadi anlayış doğrultusunda hareket eden akademisyenler, bürokratlar ve politikacılar önemli bir yere sahiptirler. Politik kararlar rasyonel kişisel çıkarlar doğrultusunda alınmaktadır.[29] Çünkü 1929 buhranından sonra geniş oranda uygulama alanı bulan Keynezyen iktisatta para, kredi, maliye, dış ticaret, dolaysız kontroller ve kamu girişimciliği politikaları aracılığıyla devletin ekonomiye aktif olarak müdahalesi söz konusudur. Bu müdahaleci devlet anlayışı kamu sektörünün zaman içerisinde büyümesine yol açmıştır.

Açık bütçe yaklaşımı ekonomik daralmalar dışında piyasayı rahatlatmada yardımcı olmayacaktır. Sürekli olarak uygulanan açık bütçe politikalarının bir alışkanlık oluşturması ise korkulan bir sonuçtur. Bu sonuç uzun dönemde gelir dağılımında ve kaynakların kullanımında sapmalara sebep olacaktır.[30]

Arz iktisatçıları Keynezyen maliye politikasını şiddetle eleştirmiştir. Onlara göre Keynezyen iktisadi düşünce ekonominin arz cephesini ihmal etmektedir. Keynezyen maliye politikası nispi fiyat değişmelerinin verimlilik üzerinde meydana getirdiği etkileri göz önüne almaması nedeniyle yetersiz bulmaktadırlar. Çünkü Keynes, nispi fiyat

---

[27] SAVAŞ, 1994, a.g.e., s. 207.
[28] M. Orhan DİKMEN, **Liberal, Bitaraf ve Müdahaleci Vergi Politikaları**, İ.Ü. İktisat Fakültesi Maliye Enstitüsü, Yayın No: 665-85-1, İstanbul: 1995, s. 26.
[29] Garey C. DURDEN and Steven W. MILLSAPS, "James McGill Buchanan's Contributions to Social and Economics Thought: Citation Counts, Self-Assessment and Peer Review" **Constitutional Political Economy**, 1996, s. 133-151.
[30] Friedrich SCHNEIDER, "Politik Anayasa, Ekonomik Anayasa ve Anayasal Bütünlük", **Ekonomik Anayasa Sempozyumu**, Takav Mat., Ankara:1992, s. 22.

değişmelerinin fazla önem taşımadığı kısa dönemdeki gelişmelere dikkatleri yoğunlaştırmıştır.[31]

Arz iktisatçılarına göre devlet harcamalarının toplam üretim üzerindeki etkisi, teşvikler üzerinde ters yönlü bir etkiye sahip olduğu için farklı olacaktır. Çünkü artan devlet harcamalarının borçlanma ile finansmanı halinde ödünç verilebilir fon piyasasından fon çekildiği için faiz oranları yükselecek ve özel yatırımlar azalacaktır. Sermaye birikimi oranındaki bu azalma zamanla büyümeyi geciktirecektir. Seçenek olarak devlet harcamalarının vergilerle finansmanı halinde çalışma, tasarruf, yatırım ve üretim üzerindeki teşvikler ortadan kalkacak ve nispi fiyatlar değişecektir.[32]

E-Keynezyen İktisadın Temeli: Philips Eğrisi

Bir Keynezyen görüş olan philips eğrisi işsizlik sorunu ile ilgilidir. 1958 yılında A. W. Philips tarafından geliştirilen bu eğri, işsizlikle enflasyonu birbirine alternatif olarak görmektedir. Philips işsizlik azaldığı zaman İngiltere'de ücretlerin hızla artmakta olduğunu, bunun aksine işsizlik oranı yükseldiğinde ücret artışlarının yavaşladığını belirterek, işsizlik oranı ile ücret değişmeleri arasında bir değiş oranı (trade off) ilişkisinin mevcut olduğunu ortaya koydu. Philips eğrisi analizine göre daha düşük bir işsizlik, ancak daha yüksek bir enflasyon ile satın alınabilir.[33]

Philips herhangi bir teoriye dayandırmadan ve sadece istatistik verileri gözlemlemek suretiyle bu sonuca varmıştır. Bu ilişki iktisat politikasını ya "yüksek oranda işsizlik ve düşük enflasyon" ya da "düşük oranda işsizlik ve yüksek enflasyon" gibi iki zorunlu tercih arasında bırakmıştır.

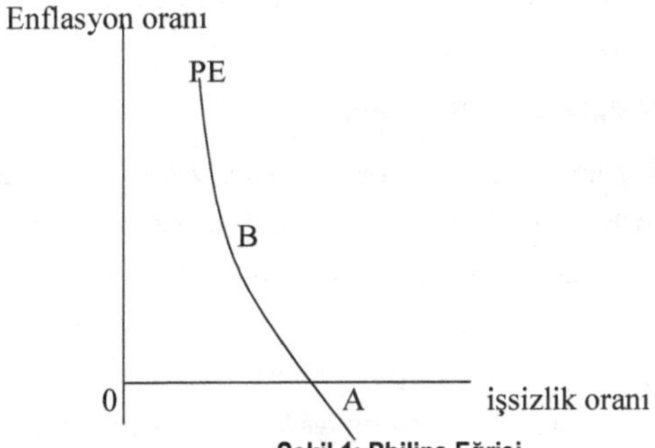

Şekil 1: Philips Eğrisi

[31] ORHAN, a.g.e., s. 72.
[32] Beyhan ATAÇ, **Maliye Politikası, Gelişimi, Amaçları ve Uygulama Sorunlar**, Anadolu Üniversitesi Eğitim, Sağlık, ve Bilimsel Araştırma Çalışmaları Vakfı Yayınları, No: 86, Eskişehir: 1991, s. 349.
[33] ORHAN, a.g.e., s. 57.

Şekilde A noktasında işsizlik oranı da enflasyon oranı da hiç değişmemektedir. Eğer B noktasına kaymak istenirse işsizlik oranı azalacak, enflasyon oranı yükselecektir. Philips eğrisi Keynezyenler tarafından sevinçle karşılanmış ve benimsenmiştir. Ancak 1970'li yıllarda bu eğrinin gerçek dünya olaylarına uymadığı ve politika reçetelerine güvenilemeyeceği yolundaki iddialar Philips eğrisine güveni azaltmıştır.[34]

Philips eğrisi ile işsizlik ve enflasyon arasında ters bir ilişkinin varlığının kabul edilmesi talep yönlü iktisadı daha da pekişmiştir. Ancak Keynezyen Makro Teori 1970'li yıllarda ortaya çıkan işsizlik ve enflasyon hızındaki devamlı yükselme ile popülaritesini kaybederken arz iktisadının da basın, politika ve bilim çevrelerinde zemin bulmasına yardımcı olmuş ve atlama taşı vazifesi yapmıştır. Çünkü bu eğrinin öngördüğü varsayım gerçekleşmemiştir. Bir başka deyişle, Japonya hariç, sanayileşmiş ülkelerde görülen yüksek enflasyon işsizlik ve prodüktivite düşüklüğünün aynı anda görülmesi Philips eğrisinin dayanağını ortadan kaldırmıştır.[35]

Arz iktisadı Philips eğrisinin öngörülerini reddeder. Arz iktisadına göre istihdamı, tasarrufu ve sermaye birikimini olumsuz yönde etkileyen faktörler ortadan kaldırıldığı taktirde enflasyon da kendiliğinden yok olacaktır. Gerçekte enflasyonun nedeni aşırı para arzıdır. Bu nedenle para arzı artışları ekonominin gerçek ihtiyaçlarına göre ayarlanmalıdır.[36]

Arz iktisatçıları bu çıkmazın (durgunluk içinde enflasyonun:stagflasyon) devlet harcamalarını azaltarak; toplam talebi sınırlayan, para arzındaki artışı yavaşlatan, tasarruf ve sermaye birikimini olumsuz yönde etkileyen vergi yüklerini hafifleten politikalarla aşılabileceğini savunmuşlardır.[37]

F-Talep Yönlü Politikaların Sonuçları

1940'lı ve 1950'li yıllar Keynezyen teorinin "altın yılları" sayılır. Bu dönemde sanayi ülkelerinin hemen hepsinde hızlı bir milli gelir ve istihdam artışı gözlenmiş, hükümetlerin uyguladığı ekonomik politikalar, özellikle maliye politikası, ekonomilerin gelişmesine denk düşmüş ve bu beraberlik Keynezyen teori ve buna dayanan politikaların doğruluğunun kanıtı sayılmıştır. Ancak 1960'lı yıllarda aynı sanayi ülkelerinde bir taraftan işsizlik diğer taraftan enflasyon hızla artmaya başlamış, başta

---

[34] SAVAŞ, 1986, a.g.e., s. 85-87.
[35] SAVAŞ, 1986. y.a.g.e., s. 172.
[36] TEKELİOĞLU, 1993, a.g.e., s. 252.
[37] SAVAŞ, 1997, a.g.e., s. 955-956.

ABD olmak üzere bir çok ülke bu sorunları eskiden uyguladıkları politikalarla çözemedikleri gibi, mevcut sorunlar daha da şiddetlenmiştir.[38]

Keynezyen Makro Teorinin 1970'li yıllardaki ekonomik sorunlara çözüm üretememesi üç nedene dayandırılmaktadır.

1-Keynezyen Makro Teori üretim (prodüktivite) konusunu ele almamıştır. Bu yüzden 1970'li yıllarda prodüktivite krizi ortaya çıkmıştır. Elbette ki Keynes üretimin öneminin farkında idi. Ancak üretimin talebe bağlı olduğuna ve talep tarafından yönlendirildiğine inanıyordu. Keynes'e göre istihdam ve talep yeteri kadar yüksek olduğunda üretim konusunda bir kaygıya gerek yoktu.

2-Keynezyen Makro Teori sermaye birikimini ele almamıştır. 1970'li yıllarda ortaya çıkan stagflasyon buna dayandırılmıştır. Keynezyen makro teori uzun dönemde, "aşırı tasarruf"tan (over saving) bahsetmiştir. Bu nedenle Keynezyen teoride tasarruf yetersizliği (under saving) söz konusu değildir. Tasarruf ve dolayısıyla sermaye birikimi yetersizliğine yer vermeyen bu teorinin, gelişmiş toplumların sorunlarını çözümlemede yetersiz kalması da şaşırtıcı değildir.

3-Keynezyen Makro Teori "objektif iktisatçı" varsayımına dayalıdır. Keynes iktisat politikacısının objektif ve bağımsız bir kişiliği olacağını, alacağı kararlarda tarafsız davranacağını ve siyasi baskılardan etkilenmeyeceğini varsaymıştır.[39]

Keynezyen iktisadın 1970'li yıllarda sebep olduğu ekonomik istikrarsızlıklar aşağıda belirtilmiş ve açıklanmıştır. Bunlar kısaca ekonomik durgunluk, kamu harcamalarının artışı, stagflasyon ve taksflasyondur.

1-Ekonomik Durgunluk (Düşük Büyüme Hızı ve Prodüktivite Krizi)

Dünyada 1970'li yıllarda ortaya çıkan en önemli sorunlardan birisi ekonomik durgunluk ve prodüktivite krizidir. Buna bağlı olarak iktisadi büyümede bir yavaşlama meydana gelmiştir.

1970'li yıllarda yaşanan düşük büyüme hızı ile ilgili olarak bir kaç çalışma yapılmıştır. Ancak bu çalışmalarda düşük büyüme hızının sebepleri hakkında farklı sonuçlara ulaşılmıştır. Farklı bilim adamlarının yaptığı araştırmalarda düşük büyüme hızının sebepleri olarak; çalışma saatlerinin ve yaşının sık sık değiştirilmesi, sermaye artışının ekonomik büyümeye ayak uyduramaması, 1973 yılından itibaren işgücü ve

[38] SAVAŞ, 1994, a.g.e., s. 213-214.
[39] SAVAŞ 1986, a.g.e., s. 8-9.

sermayede meydana gelen durgunluk, sektörel değişmeler (üretim sektöründen hizmet sektörüne kayış gibi) sayılmıştır. Ancak bu dönemde düşük büyüme hızı ile ilgili olarak aşağıdaki nedenlerin etkili olduğu hususunda genel bir görüş birliğinden söz edilebilir:

*Yüksek ve yükselmeye devam eden enflasyon ile özellikle tasarruf ve yatırımlar üzerinde etkili olan yüksek marjinal vergiler ve bu durumun özel sektör üzerinde meydana getirdiği olumsuz etkiler,

*Özel sektörün ekonomik faaliyet alanının kamu kesimi tarafından daraltılması,

*İş gücü ile ilgili olarak yapılan çok sık değişiklikler,

*Sektörel kayışlar (üretim sektöründen hizmet sektörüne),

*Kamusal düzenlemelerin (regulatory) artması,

*Kaynak oluşturma, yatırım yapma ve yeniliklere açılmada yaşanan düşüklük.[40]

Bu dönemde bir çok gelişmiş kapitalist ülkede 1970'li yılların ilk başlarından itibaren büyüme durmuş ve üretim azalmaları yaşanmıştır. Aşağıdaki tabloda yedi OECD ülkesine ait reel GSMH'nin büyüme oranının hem ülkeler itibariyle hem de toplam olarak düştüğü gözlemlenmektedir.

Tablo 1: Bazı OECD Ülkelerinde Ortalama GSMH Büyüme Oranları ve OECD Ortalaması (%)

Ülkeler	1963-73 (%)	1973-81 (%)	1982
ABD	4.0	2.6	-1.7
Japonya	9.8	4.3	2.5
Almanya	4.4	2.4	-1.2
Fransa	5.5	2.8	1.5
İngiltere	3.3	1.1	0.5
Kanada	5.7	3.5	-5.0
İtalya	5.0	3.0	0.7
Yedi Ülke Ort.	4.9	2.8	-5.5
OECD Ort.	5.0	2.8	-5.5

Kaynak: CORNWALL, s. 22.

Tabloda yer alan rakamlar, yedi gelişmiş OECD ülkesinde ekonomik büyümenin hemen hemen yarı yarıya (ve bazen daha da aşağıya) olmak üzere bir azalma yaşandığı görülmektedir. Tabloda dikkati çeken bir husus da yaşanan bu düşük büyüme hızının 1982 yılına kadar yaşanan resesyonun da etkisiyle eksilere doğru yönelmesidir. Yani 1982 yılının tahmini rakamlarına göre ABD (-1.7), Almanya (-1.2), Kanada (-5.0) gibi ülkelerde "küçülmeler" yaşanmıştır. Öte yandan AET ülkelerinde 1968-1973 döneminde % 4.9 olan büyüme hızı 1973-79 yılları arasında % 2.4 ve 79-86 döneminde % 1.6 olarak gerçekleşmiştir.

Bu dönemde yaşanan diğer bir sorun da prodüktivite krizidir. 1970'li yıllarda yaşanan verimlilikteki düşüklüklere yüksek oranlı vergilerin yol açtığı ileri sürülmektedir. Ayrıca marjinal vergi oranlarının yüksek olması tasarrufları cezalandırır hale gelmiştir.[41]

Aşağıdaki tabloda görüldüğü gibi yedi sanayileşmiş OECD ülkesinde prodüktivite ile ilgili olarak ciddi düşüşler yaşamıştır.

Tablo 2: Bazı Sanayileşmiş Ülkelerde 1950-77 Arası Prodüktivite Oranları (%)*

Ülkeler/Yıllar	1950/67	1967-72	1972-77	1950-77
Japonya	7.4	9.2	3.5	7.0
Almanya	5.0	4.8	3.8	4.7
İtalya	5.3	5.0	1.0	4.4
Fransa	4.7	4.5	3.1	4.3
Kanada	2.5	2.8	0.8	2.3
İngiltere	2.2	3.0	1.2	2.2
ABD	2.4	1.1	0.6	1.8

*Her ülkenin kendi fiyatları kullanılarak çalışan kişiler arasında kişi başına düşen yurtiçi reel gayri safi hasılayla ölçülmüştür.
Kaynak: Bruce Barlett, Reaganomics, Supply-Side Economics in Action, Connecticut: Arlinghton House Pub., 1981 s. 5.

Tablodan açıkça görüldüğü gibi 1972-77 yılları arasında prodüktivite çok ciddi düzeyde azalmıştır. Hatta bu azalma bazı ülkelerde % 1'in altında kalmıştır (ABD, Kanada gibi). Bu krizden en az etkilenen iki ülke ise Almanya ve Fransa olmuştur. Ancak tabloda yer alan bütün ülkeler dünyanın en gelişmiş ülkeleri olmasına rağmen, hiç birisi bu dönemde yaşanan prodüktivite krizinden kurtulamamıştır ve hemen hepsinde prodüktivite krizi ciddi ölçüde yaşanmıştır.[42]

2-Kamusal Düzenlemeler Kamu Harcamalarının Artışı ve Kamu Sektörünün Büyümesi

Bir ülkede var olması mutlak bir gereklilik olan kamu kesimi ile ilgili asıl sorun, büyüklüğünün ne olması gerektiği ile ilgilidir. Bu konudaki iktisadi görüşler devletin bir gereklilik olmadığını savunan (anarşist-libertarianist) görüşlerden, ekonominin bir bütün olarak devletin kontrol ve denetiminde olması gerektiğini savunan (sosyalist-komünist) görüşlere kadar geniş bir yelpazede farklılık göstermektedir. Ancak gerek anarşist-libertarianist gerekse sosyalist görüş iki zıt uçta olup uygulama imkanları yoktur.[43]

1929 buhranından sonra geniş oranda uygulama alanı bulan Keynezyen iktisatta para, kredi, maliye, dış ticaret, dolaysız kontroller ve kamu girişimciliği

---

[40] Michael BOSKIN, **Reagan and The Economy: The Successes, Failures&Unfinished Agenda,** Institute for Contemporary Studies ICS Press, 1989 San Francisco, California, s. 232.
[41] "Maliye Politikası Açısından Arz Ekonomisi", **Çukurova Üniversitesi İİBF Dergisi,** cilt:3, sayı:1, yıl:1989., s. 94-95.
[42] AKTAN, 1994, a.g.e., s. 67.
[43] Her ne kadar sosyalist görüş bir süre uygulama şansı yakalamışsa da insan tabiatına aykırı olması nedeniyle bütün baskı ve zorlamalara rağmen, yıkılıp gitmekten kurtulamamıştır.

politikaları aracılığıyla ekonomiye aktif olarak müdahalesi söz konusudur. Bu müdahaleci devlet anlayışı, kamu sektörünün zaman içerisinde büyümesine yol açmıştır.[44]

Devletin niçin büyüdüğü ile ilgili sorunun birden fazla cevabı vardır. Öncelikle devletin sürekli büyüdüğü kabul edilmektedir. Ayrıca nüfusun artması, savaş, enflasyon gibi nedenler, genel olarak fonksiyonel devlet anlayışı ve refah devleti uygulamaları sayılan diğer sebeplerin arasındadır. Bunun yanında 1990'lı yılların başına kadar süren silahlanma yarışı (soğuk savaş) kamu kesiminin büyümesinde diğer önemli bir etken olmuştur. Kamu harcamalarının artışında kamusal mal ve hizmetlere olan talep de etkili olmuştur. Bu talebin artışı, kamusal ve yarı kamusal mal ve hizmetlerin fiyatlarındaki değişmeler, ekonomik süreç içerisinde kamusal mal ve hizmetlerin arz edilmesinde politik, bürokratik baskı gruplarının davranışları etkili olmuştur.[45]

Kamu tercihi iktisatçılarına göre ise, kamu kesiminin büyümesinin sebebi politikacı ve bürokratlardır. Çünkü bunlar talep yönlü iktisadın verdiği imkanlarla vergilemeden harcama yapmaktadırlar. "Açık harcama" (deficit spending) olarak isimlendirdikleri bu politika kamu kesiminin büyümesi yanında beraberinde enflasyon ve enflasyona bağlı sorunları getirmektedir. Bu politikacılar yine talep yönlü iktisat çerçevesinde "telafi edici bütçe politikasını" benimsemişlerdir.

Kamu tercihi teorisi bu politikaları şiddetle eleştirmektedirler. Onlara göre bu politikaların temelinde "fayda maksimizasyonu" (utility maximisation) ve "özel çıkar motivasyonu" (self-interest) yatmaktadır. Bir başka deyişle yukarıdaki politikalar kamusal çıkarı değil özel çıkarı yani politikacıların tekrar seçilmelerine ve bürokratların makamlarını korumalarına yönelik olarak uygulanmaktadır. Politikacıların özel çıkar ve fayda maksimizasyonu, motifleri sonucunda denk bütçe ilkesinin kaldırılması ve bunun yerine, açık harcama ilkesinin benimsemektedirler

Mali aldanma (fiscal illusion) olayı ise ikinci nedendir. Buchanan'a göre "mali aldanma" adı verilen olay neticesinde kamu harcamaları farkına varılmaksızın gitgide artmaktadır. Mali aldanma vergi yükümlülerinin dolaylı vergiler ve stopaj usulüyle vergilendirme neticesinde vergi ödediklerinin farkına varamamaları ve buna bağlı olarak kendilerine sağlanan kamu hizmetlerini doğru olarak saptayamamaları

---

[44] AKTAN, 1992, a.g.e., s. 41.
[45] Mustafa SAKAL, "Kamu Harcamalarının Hacminin Ölçülmesinin Gelişmiş ve Gelişmekte Olan Ülkeler Açısından Değerlendirilmesi", **DEÜ İİBF Dergisi**, 1997, cilt:12, Sayı: 1, s. 112.

durumunu ifade etmektedir. Maliye literatüründe "mali anestezi" olarak da bilinen bu kavram, kamu kesiminin büyümesinde önemli rol oynamaktadır.

Alman iktisatçı Adolph Wagner 1883 yılında yayınlamış olduğu çalışmasında kamu kesiminin sürekli büyüdüğünü öne sürmüştür. Wagner'in bu çalışmada yer alan görüşleri "Wagner Kanunu" ya da "Kamu Harcamalarının Artışı Kanunu" olarak literatüre geçmiştir. Sonraki yıllarda yapılan bazı çalışmalar Wagner'in bu görüşünü doğrular niteliktedir. Örneğin İngiliz iktisatçılardan Alan T. Peacock ve Jack Wiseman'ın yaptığı ve İngiltere'de 1890-1955 yılları arasındaki kamu harcamalarının gelişimini inceleyen araştırma böyle bir sonucu (kamu harcamalarının sürekli arttığını) doğrulamaktadır. Araştırmacılara göre kamu harcamaları özellikle savaş dönemlerinde artmakta bu da "sıçrama etkisi" (Displacement Effect) meydana getirmektedir. 1890-1950 yılları arasını kapsayan ve M. Abramovitzve V. Eliasberg tarafından yapılan ikinci bir çalışma yukarıdaki sebepler doğrulamanın yanında kamu sektörünün büyümesinde "endüstrileşmenin" de rol oynadığı sonucuna varmışlardır.[46]

Kamu harcamaları sürekli artış gösterdiğini rakamlar da ortaya koymaktadır. Örneğin 1967-1974 yılları arasında kamu harcamaları Almanya'da % 120, İngiltere'de % 130, Belçika'da % 115 oranında artmıştır. Kamu harcamalarındaki artış hem gelişmiş ülkelerde hem de gelişmekte olan ülkelerde yaşanmaktadır. Örneğin 1968-73 yılları arasında Brezilya'da bu oran % 407.2, Pakistan'da % 147.3 olarak gerçekleşmiştir. Gelişmiş ülkelerde kamu harcamalarının GSMH'ye oranı gelişmekte olan ülkelerden daha yüksektir. Örneğin bu oran 1966 yılında ABD'de % 31.7 Federal Almanya'da % 39.3 İngiltere'de % 40.5 iken, İspanya'da % 12.5, Brezilya'da % 13.9 ve Türkiye'de % 17.8'dir.[47]

Tablo 3: Bazı Gelişmiş Ülkelerde Kamu Kesimi Büyüme Trendi/GSYİH (%)

Ülkeler	1953-54	1963-64	1973-74	1980	1988
Belçika	28.1	31.2	39.5	50.0	50.9
Kanada	26.2	28.0	36.4	22.6	22.7
Danimarka	24.4	30.3	44.6	39.8	39.9
Fransa	35.6	37.8	38.5	39.6	43.5
Almanya	35.5	36.6	41.9	30.7	30.5
İtalya	27.6	31.5	39.6	42.1	47.7
İngiltere	32.7	33.7	42.0	40.9	34.7
ABD	27.0	31.7	39.4	23.1	21.8

Kaynak: ÇELEBİ, s. 27 ve EKER, s. 50'den yararlanılarak hazırlanmıştır.

Tabloda Keynezyen iktisadın hakim olduğu dönemler itibariyle kamu kesimindeki büyüme açıkça görülmektedir. Keynezyen ekonomi politikasına bağlı

---

46 AKTAN 1994, a.g.e., s. 69-72.
47 Aytaç EKER, **Kamusal Maliye**, İzmir: 1996, s. 50.

olarak vergi ve harcama politikası arasındaki bağlantının koparılması ile birlikte kamu harcamaları artışı, emisyon artışı ile finanse edilir hale gelmiştir. Kamu kesiminin büyümesi, devamlı bütçe açıkları ve enflasyon karşılıklı etkileşim içindeki bir bütünün parçası olarak ortaya çıkmıştır.[48]

1980 ve 1988 yıllarına ait veriler GSMH'ye oranlandığından rakamlar daha düşük çıkmasına rağmen, kamu kesiminin büyümeye devam ettiği görülmektedir. Tabloda görüldüğü gibi kamu harcamaları verilen hemen bütün ülkelerde artmıştır. Tablodan çıkan bir başka sonuç ise kamu harcamalarının artmasıyla birlikte kolay kolay tekrar azalmadığı yönündedir. Bazı istisnalar dışında 1970'li yıllarda yaşanan kamu harcamaları/GSMH ya da GSYİH oranındaki artış büyük ölçüde devam etmiştir. Bu durum başta Adolph Wagner olmak üzere bu konuda ileri sürülen düşüncelerle de paraleldir.

1970'li yıllarda yaşanan önemli bir sorun da kamusai düzenlemelerde (regulations) yaşanan artıştır. Kamusal düzenlemeler bazen devletin belirli ekonomik faaliyetleri direk olarak düzenlemeye tabi tutmasıdır. Örneğin devletin piyasaya giriş ve çıkışı düzenlemeye tabi tutması, kamu iktisadi teşebbüslerinin görev zararlarının hazineden karşılanması, bu teşebbüslere hazineden yardım yapılması, bazı özel sektör yatırımlarına sübvansiyonlar sağlanması, gibi uygulamalar regulasyona örnek teşkil etmektedir.[49]

Nitekim 1970'li yıllarda piyasanın başarısızlığı nedeniyle çevre, güvenlik, sağlık gibi alanlarda kamusal düzenlemeler genişlemiştir. Bu dönemde etkisi hala devam eden ve kötü olarak anılan enerji regulatorleri de geliştirilmiştir. Doğrudan kamusal müdahaleler (transfer ödemeleri, regulasyonlar... gibi) marjinal maliyeti artırmış ve kişileri tembelliğe itmiştir.[50]

Devlet, sosyal ekonomik kültürel sorumluluklarının yanı sıra yeniden imar işine sahip çıkmış, alt yapı yatırımları hızlandırılmıştır. Bu ise hem kamusal düzenlemeleri hem de kamu harcamalarını artırmıştır.

Kamu harcamalarının artışına paralel olarak kamu gelirlerinin de yükselmesi gerekmektedir. Bu dönemde bütçe anlayışı denk bütçe olmaktan çıkmış fonksiyonel bütçe haline gelmiştir. Enflasyon ve işsizliğin önlenmesi düşüncesi, bütçe dengesini

---

[48] A. Kemal ÇELEBİ, **Kamu Ekonomisi Analizi**, Manisa: 2000, s. 28.
[49] Coşkun Can AKTAN, **Kamu Ekonomisi ve Kamu Maliyesi,** Anadolu Matbaacılık, İzmir: 2000, s. 43.
[50] BOSKIN, a.g.e., s. 25.

ikinci plana itmiştir. Bu politikalar genişleyici harcama ve gelir politikalarını ve beraberinde bütçe açıklarını getirmiştir.[51]

1970'li yıllarda kamu harcamalarının bileşimimi de değişmiştir. Örneğin ABD'de 1970'li yılların sonlarında kamu harcamaları daha çok transferler üzerinde yoğunlaşmıştı (1980'de $ 325 milyar). Kamu mal ve hizmet alımları ise $190 milyar idi. Bu dönemde kamusal harcamaların önemli bir kısmı da sosyal harcamalara gitmiştir. Nitekim bunun bir sonucu olarak 1960'lı yıllarda fakirlik oranı % 22 iken bu oran 1970'li yılların sonlarına gelindiğinde % 11.7'lere indi. Sosyal yardımlar daha çok sübvansiyonlar, konut sağlama, sağlık harcamaları gibi kalemlerde yoğunlaşmıştır. Sosyal harcamalara etkide bulunan diğer bir kalem de yaşlılara yapılan yardımlardır.[52]

Tablo 4: ABD'de Federal Gelirlerin Fonksiyonel Dağılımı (Milyar $)

Yıllar	Mal ve Hizmet Alımı	Savunma	Kişilere Yönelik Transferler	Diğer Transferler	Diğer Harcamalar
1952	47.2	41.3	8.5	15.3	-
1960	52.9	43.8	20.6	28.0	16.1
1970	97.0	74.6	55.0	36.2	41.6
1980	190.2	125.9	234.7	55.2	148.7

Kaynak: BOSKIN, s. 17.

Ancak 1970'li yılların sonunda ABD'de Carter deregulasyon politikalarını uygulamaya başladı. Bu politika Reagan döneminde de sürdürüldü ve ekonomide olumlu sonuçlar doğurdu. Deregulasyon politikaları daha sonra 1980'li yıllar boyunca bütün dünyada yaygınlaşarak uygulama alanı bulmuştur[53]

Devletin fonksiyonları genişledikçe siyasal karar alma sürecinde rol alan kimselerin "çıkarlarının" artması söz konusudur. Çünkü seçmenler daha fazla kamu hizmeti talep edeceklerdir. Bu talepler kamu kesiminin büyümesinin ilk nedenidir. Tekrar seçilebilme isteği, bütçenin büyümesini gerektirir. Büyüyen bütçenin finansmanı ise, vergilerle değil, vergi dışı gelirlerle finanse edilir. Çünkü verginin daha da artması seçmeni memnun etmeyecektir. Bir başka deyişle seçmen daha fazla kamu hizmeti beklerken, buna karşılık daha az vergi ödeme gibi paradoksal bir eğilime sahiptir. Emisyon ve borçlanma yoluyla finanse edilen kamu hizmetleri uzun vadede ekonomide ciddi sorunları ortaya çıkarır. Baskı ve çıkar gruplarının transfer istekleri kamu kesimini daha da genişletir.[54]

---

[51] Vildan SERİN, "Dünyada Arz Yanlısı İktisat Modellerine Dönüş ve Uygulamalardan Örnekler", **Hukuk Araştırmaları Dergisi**, Mayıs-Ağ. 1987, s. 28.
[52] BOSKIN, a.g.e., s. 18.
[53] BOSKIN, y.a.g.e., s. 25.
[54] DURDEN, a.g.e., 133-151.

3-İşsizlik ve Enflasyon (Stagflasyon)

1970'li yılların pek çok gelişmiş ve gelişmekte olan ülkesi, önemli bir ekonomik sorunla karşı karşıya kalmıştır. Petrol fiyatlarının yükselmesi, pek çok ülkede fiyatlar genel seviyesini olumsuz bir biçimde etkilemiştir. Bu yılların diğer önemli bir olayı ise işsizlik oranının hızlı bir şekilde yükselmesidir. Bu her iki istikrarsızlık türünün ekonomide aynı anda yaşanması, literatüre yeni bir istikrarsızlık türü katmıştır; stagflasyon. Bu kelime "enflasyon içinde durgunluk" anlamına gelir ve İngilizce "durgunluk" demek olan "stagnation" ve "enflasyon" anlamına gelen "inflation" kelimelerinin birleşiminden türetilmiştir.[55]

Stagflasyon, yüksek oranda işsizlik, düşük büyüme ve düşük üretimle birlikte yüksek enflasyonun bir arada bulunduğu ve kapitalist ekonomilere has bir istikrarsızlık türüdür. Bu istikrarsızlık türü kapitalist ülkeleri uzunca bir dönem ciddi ekonomik problemlerle karşı karşıya getirmiştir. Stagflasyon resesyondan daha güçlü bir enflasyonla desteklenir.[56]

Bu dönemde yaşanan stagflasyonun en önemli nedeni petrol şokları olarak kabul edilmektedir. Bu konuda hemen hemen bir ittifaktan söz edilebilir. Diğer bazı iktisatçılar ise stagflasyonun sebebi olarak talep yönlü iktisadı gösterirler. Çünkü talep yönlü iktisadi görüş, devletin özellikle maliye politikası aracılığıyla konjonktür dönemine göre sınırlandırıcı (restrictive) ve genişletici (expansionary) olarak müdahale edebileceğini kabul etmektedir.[57] Ayrıca bu yıllarda kamu harcamalarının aşırı artışı vergi yükünü artırarak, ekonomide tasarruf ve yatırımların gelişimini olumsuz yönde etkilemiştir. Dünya ekonomilerinde sermaye birikiminin gittikçe azalması da stagflasyonun nedenlerinden birisi olarak gösterilmiş ve uygulanan ekonomi politikalarının başarısızlığı, Keynezyen makro teorinin sermaye birikimi ile ilgilenmemesine bağlanmıştır.[58]

Bu nedenler sonucu Batı ülkelerinde üretim mekanizması krize girerek üretimde tıkanıklıklar oluşmuştur. Dolayısıyla işsizlik artmış ve tüketim daralarak durgunluk egemen olmuştur.

1970'li yılların en önemli ekonomik olayını oluşturan stagflasyonun toplam talep ve toplam arz eğrileri yardımıyla açıklaması aşağıdadır.

---

[55] SAVAŞ, 1994, a.g.e., s. 196.
[56] John CORNWALL, **The Conditions For Economic Recovery**, New York: 1983, s. 21.
[57] AKTAN, 1994, a.g.e., s. 72-73.
[58] SAVAŞ, 1986, a.g.e., s. 31.

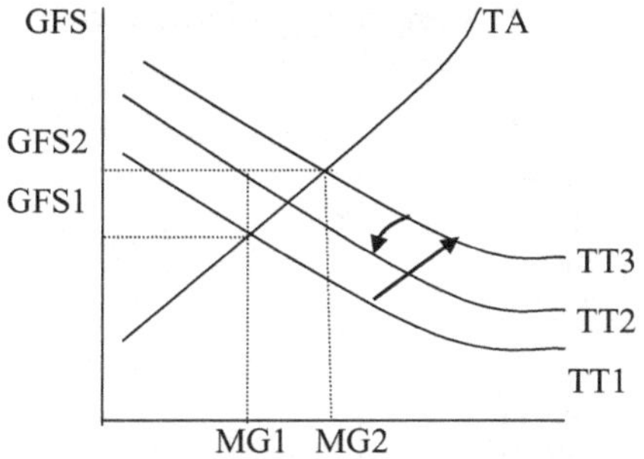

Şekil 2: Stagflasyonun Açıklaması

Ekonomide mevcut istihdam düzeyi ve buna bağlı olarak milli gelir (MG) düzeyi düşük olsun ve devlet toplam talebi (TT) artırmak suretiyle devlet harcamalarını (DH) artırarak veya vergileri azaltarak ekonomiyi canlandırmak için bir politika uygulamaya koysun. Bu politika sonucu hem Milli Geliri (MG) ve hem de Fiyatlar Genel Seviyesini (GFS'yi) yükseltecektir. Ancak GFS'nin yükselmesi, özel tüketim ve/veya özel yatırım üzerinde olumsuz bir etki oluşturacak ve bu harcamalardan biri veya bir kaçı azalacaktır. Sonuçta TT eğrisi TT3 şeklinde aşağıya kayar. TT1'deki bu azalışın şekilde görüldüğü gibi hem MG'yi, ve hem de GFS'yi azaltması gerekirken sadece MG'yi azaltır ve fiyatlar GFS2 seviyesinde kalır. Böylece bir taraftan işsizlik ve durgunluk diğer taraftan de enflasyon (GFS2 seviyesi) birlikte ortaya çıkar.[59]

Keynezyen iktisatçılar, bu dönemde meydana gelen stagflasyonu işgücü için yeterli toplam talep olmamasına bağlarlar. Bu nedenle talebin yeterli seviyeye çıkartılması için genişleyici maliye ve para politikası uygulamışlardır. Bunun neticesinde devletin bütçe açığı vermesine ve para arzını artırmasına yol açmışlardır. Bu politikalar bir yandan işsizliğin artmasına diğer yandan ise enflasyonun yükselmesine yol açmıştır.[60] Yani Keynezyen gelir ve harcama politikaları bu sorunlara çözüm üretememiştir. Hızlanan enflasyonun yanı sıra bir çok ülkede GSMH'de duraklama hatta küçülmeler yaşanmıştır. İktisatçılar bu durumu stagflation hatta slumpflation (gerileme içinde enflasyon) olarak adlandırmışlardır.[61]

Aşağıdaki tabloda bazı gelişmiş OECD ülkelerine ait büyüme, istihdam ve iş verimliliği bilgileri yer almaktadır.

---

[59] SAVAŞ, 1994, a.g.e., s. 198.
[60] Refia YILDIRIM, "Maliye Politikası Açısından Arz Ekonomisi", **Çukurova Üniversitesi İİBF Dergisi,** Cilt: 3, Sayı: 1, Yıl: 1989, s. 94.
[61] SERİN, a.g.e., s. 29.

Tablo 5: Önde Gelen OECD Ülkelerinde Büyüme ve İstihdam Oranları

Ülkeler	Yıllar	Büyüme/GSMH	İstihdam (%)
ABD	1963-73	4.1	2.2
	1974-81	2.0	2.0
Japonya	1963-73	10.1	1.4
	1974-81	4.2	0.9
Almanya	1963-73	4.6	0.0
	1974-81	2.0	-0.5
Fransa	1963-73	5.5	0.9
	1974-81	2.3	0.0
İngiltere	1963-73	2.9	-0.1
	1974-81	-0.2	-1.0
Kanada	1963-73	5.7	3.3
	1974-81	2.0	1.9
İtalya	1963-73	4.8	-0.6
	1974-81	2.3	1.4

Kaynak: CORNWALL, s. 23.

1963-73 dönemiyle karşılaştırıldığında bütün ülkelerde büyümedeki yavaşlama ile birlikte verimlilikte de bir azalma yaşandığı görülür. Örneğin 1963-73 dönemi Japonyası ile 1974-81 dönemini karşılaştırdığımızda bu durum açıkça görülmektedir. Aynı bilgiler diğer ülkeler için de söz konusudur.

Bu tabloda aynı döneme ait işsizlikle (istihdam) ilgili rakamlar da gözükmektedir. Tabloya göre bu açıdan ülkeler arasında önemli farklılıklar vardır. Bu iki dönemde ülkeden ülkeye değişmekle birlikte işsizliğin 1973 sonrasında bütün hemen hemen ülkelerde arttığı görülür. Bu dönem boyunca işsizliğin artması yanında iş veriminde ise bir düşme yaşanmıştır.[62]

Enflasyon bu yılların diğer önemli bir sorunudur ve 1960'lı yılların sonlarından başlayarak 1970'li yılların sonlarına kadar dikkat çekici bir şekilde artmıştır. Aslında gelişmiş ülkelerde yaşanan bu artışın bir çok az gelişmiş ülkede yaşanan iki haneli üç haneli enflasyonla karşılaştırıldığında oldukça mütevazı olduğu görülür. Ancak ilgili ülkeler için çift haneli oranlara gelen enflasyon, sorun oluşturacak nitelikte idi. Enflasyondaki bu artış işsizlik üzerinde de olumsuz etkiler yapmış ve işsizliği yükseltmiştir.

1970'li yıllarda enerji fiyatlarında da ciddi artışlar yaşanmıştır. Bu artışın enflasyon üzerinde olumsuz etkileri olmuştur. Ancak 1979-80'li yıllarda % 12-13 dolaylarında yaşanan enflasyon üzerinde % 30 civarında bir etkide bulunmuştur. Enflasyonun 1970'li yıllarda yaygınlaşmasının birinci nedeni para arzındaki aşırı

[62] CORNWALL, a.g.e., s. 23-24.

genişlemedir. Bu görüşü ileri süren moneteristler enflasyonun indirilebilmesi için çözüm olarak para arzındaki aşırı artışın frenlenmesini önermektedirler.[63]

Tablo 6: Bazı Ülkelerde Tüketici Fiyatlarıyla Enflasyon Oranları (%)

Ülkeler	1960-70	1971-73	1974	1975	1976	1977	1978	1979	1980	1981
ABD	2.7	4.6	11.0	9.1	5.8	6.5	7.7	11.3	13.5	10.4
Japonya	5.8	7.4	24.5	11.8	9.3	8.1	3.8	3.6	8.0	4.9
Almanya	2.7	5.9	7.0	6.0	4.5	3.9	2.6	4.1	5.5	5.9
Fransa	4.0	6.3	13.7	11.8	9.6	9.4	9.1	10.8	13.6	13.4
İngiltere	4.1	8.6	16.0	24.2	16.5	15.9	8.3	13.4	18.0	11.9
Kanada	4.0	7.1	19.1	17.0	16.8	17.0	12.1	14.8	21.2	19.5
İtalya	2.6	5.1	10.8	10.8	7.5	8.0	9.0	9.1	10.1	12.5
Ortalama	4.2	5.7	13.3	10.9	7.9	8.1	7.0	9.3	12.2	10.0
OECD Ort.	3.3	6.0	13.4	11.4	8.6	8.7	7.9	9.9	12.9	10.6

Kaynak: CORNWALL, s. 25.

Bu tabloda, yaşanan durgunluk yanında, özellikle 1974 yılından itibaren bütün ülkelerde enflasyonun da yükseliş gösterdiği ve bu yükselişin durgunluğu takip ettiği görülmektedir. Bu oranın sonraki yıllarda ise zaman zaman bazı düşüşler ve yükselişler yaşanmakla birlikte korunduğu görülmektedir. Fiyatların yükselmesi 1960'lı yılların sonlarında başlamış ve 1970'li yılların ilk dönemlerinde yükseliş devam etmiştir. Bu yükseliş atipik bir şekilde gerçekleşti. Çünkü o zamana kadar, Philips eğrisi gereği, işsizlikle enflasyonun birbirinin alternatifi olduğu kabul ediliyordu.[64]

Enflasyon parasal büyüme olmadan olmaz ve enflasyon hızını düşürmek için mutlaka parasal bir sınırlama gerekir. Ancak stagflasyonla mücadele için bu politika yeterli değildir. Eğer enflasyonla mücadelede sadece parasal-mali politikaya güvenilirse işsizlik daha da artar. Ayrıca ekonomiyi tam istihdama götürmeyi sadece bu politikalarla sürdürmek, hem ekonomik hem de politik olarak mümkün değildir.[65]

Enflasyon, büyüme üzerinde de olumsuz etki meydana getirir. Şöyle ki enflasyondan sonra kullanılabilir gelir azalır. Bunun nedeni gelir dilimi kaymasıdır. Enflasyon ücretlilerin gelirleri üzerinde de etki eder ve onların alım gücünü azaltır. Bu enflasyonu daha da azdırır. Ayrıca enflasyonla birlikte faiz oranları artar, yatırımlar ve üretimde azalmalar yaşanır. Enflasyondan dış ticaret de etkilenir ve enflasyon sonunda ihracat pahalılaşırken ithalat ucuzlar.[66]

Aşağıdaki tabloda da işsizlik ve enflasyon ortalamaları değişik yıllar itibariyle birlikte verilmiş, birbirini takip eden üç ayrı dönem itibariyle incelenmiştir.

[63] BOSKIN, a.g.e., s. 13-14.
[64] CORNWALL, a.g.e., s. 25-26.
[65] William FELLINE, **Contemparing Economic Problems**, Washinton: 1976, s. 255-256.
[66] Michael K. EVANS, The "Bankrupty of Keynesian Models", **Wiewpoints On Supply-Side Economics**, A Prentice-Hall Company, Reston, Virginia: 1982, s. 34.

Tablo 7: Önde Gelen OECD Ülkelerinde Enflasyon İşsizlik İlişkisi (%)[67]

Ülkeler/Yıllar	1961-66		1966-73		1976-80	
ABD	1.6	5.2	4.4	4.5	9.0	6.7
Japonya	5.9	1.3	6.2	1.3	6.6	2.1
Almanya	2.9	0.4	3.8	0.8	4.1	3.3
Fransa	3.6	1.8	5.1	2.5	10.5	5.5
İngiltere	3.4	2.7	6.1	3.4	14.4	6.3
Kanada	2.0	5.1	4.3	5.2	8.7	7.7
İtalya	4.5	3.5	4.5	3.7	16.7	3.7
Ort	2.4	-	4.7	-	8.9	-
OECD Ort.	2.6	-	4.9	-	9.6	-

Kaynak: CORNWALL, s. 25.

Tablo 7'de birinci sütunlar enflasyonu ikinci sütunlar işsizlik oranını göstermektedir. Tablodan anlaşılacağı üzere 1961-80 arasında verilen üç ayrı dönemde hemen hemen bütün ülkelerde hem işsizlik ve hem de enflasyonda artışlar yaşanmıştır. 1960'lı yıllarda makul düzeyde görülen işsizlik ve enflasyon 1980'li yıllarda ciddi düzeyde yükselmiştir.

1980'li yıllardaki politikaların oluşumuna 1970'li yıllarda yaşanan sorunlar öncülük etmiştir. Bu yıllarda enflasyonun yükselmesi ve Philips eğrisinde önerilen enflasyonla işsizliğin birbirinin alternatifi olduğu düşüncesine olan inancın zayıflaması genişleyici politikaların enflasyona neden olduğu hususunda pek çok kişiyi ikna etmiştir.[68]

Yaşanan durgunluk vergi oranlarının yükselmesine, regulasyonların artmasına ve bunun sonucu olarak da piyasa müşevviklerinin kırılmasına yol açmıştır. Bu ise kamu gelirlerini azaltmış ve bütçe açıkları ortaya çıkmıştır. Bütçe açıklarını azaltmak için getirilen yüksek vergiler, üretim maliyetini artırmış ve rekabet gücünü azaltmıştır.[69] Ayrıca yüksek vergiler özel yatırım harcamaları üzerinde azaltıcı bir etki oluşturarak istihdam üzerinde olumsuzluklar meydana getirmektedir. Bunun yanında tasarrufları olumsuz bir şekilde etkilemekte ve kişileri yeraltı ekonomisinde faaliyette bulunmaya yöneltmektedir.[70]

4-Taksflasyon (Yüksek Vergi ve Enflasyon)

Yüksek enflasyon ile yüksek vergi yükünün bir arada yaşanması "taxflation" denilen yeni bir ekonomik sorunu gündeme getirmiştir. Bu kavram, yüksek enflâsyon ve yüksek vergi yükünün simultane yapısının mikro ve makro etkilerini ortaya koymaktadır.

---

[67] Rakamlardan birincisi enflasyona, ikincisi ise işsizliğe aittir.
[68] Paul Craig ROBERTS, "Problems With Monetary Policy", **Business Economics,** October 1986, Vol: XXI, No: 4, s. 17.
[69] ROBERTS, y.a.g.e., s. 16.
[70] BOSKIN, a.g.e., s. 19.

Ancak stagflasyona göre daha az bilinen ve üzerinde daha az çalışma yapılan bir kavramdır.

1970'li yıllarda vergilerde ciddi yükselmeler yaşanmıştır. Bu yükselmeler daha çok marjinal vergi oranlarında[71] idi. Marjinal vergi oranlarındaki artış, çoğunlukla ortalama vergi oranlarındaki artıştan daha önemlidir. Çünkü vergilerin çalışma ve tasarruflar üzerinde etkileri söz konusudur. Kişilerin çalışma istekleri, yatırım ve tasarruf yapma arzuları marjinal vergi oranına bağlıdır.[72]

Aşağıdaki tabloda bu yıllara ait vergi yükü diğer yıllarla karşılaştırmalı olarak verilmiştir. Tablodan görüldüğü gibi 1960-80 döneminde, bütün ülkelerde vergi yükünün arttığı görülür. Bu artış kiminde yüksek düzeyde (Danimarka, İsveç gibi) iken, kimisinde daha düşük düzeydedir. (Japonya, Yeni Zelanda ABD gibi). İtalya'da ise azalma yaşanmıştır. Türkiye'de de bu dönemde vergi yükünde artışlar yaşandığı gözlemlenmektedir.

Tablo 8: Çeşitli Ülkelerde 1960-1980 Arası Vergi Yükü (%)

Ülkeler/Yıllar	1960	1970	1978	1980	Ülkeler/Yıllar	1960	1970	1978	1980
Avustralya	23.5	24.5	27.3	20.2	Japonya	18.2	19.7	24.0	25.5
Avusturya	30.5	35.7	41.4	41.2	Lüksemburg	-	30.2	43.7	40.9
Belçika	26.5	35.2	44.0	43.6	Hollanda	30.1	37.6	44.6	45.8
Kanada	24.2	31.3	30.8	31.6	Yeni Zelanda	27.3	27.4	32.0	33.0
Danimarka	25.4	40.4	43.4	45.5	Norveç	31.2	39.2	46.5	47.1
Finlandiya	27.7	31.6	35.3	33.3	Portekiz	16.3	29.2	26.4	28.7
Fransa	-	35.6	39.5	42.5	İspanya	-	17.2	22.9	24.1
Almanya	31.3	32.9	37.9	38.0	İsveç	27.2	40.2	50.9	49.4
Yunanistan	-	24.3	27.9	28.6	İsviçre	21.3	23.8	31.6	30.8
İrlanda	22.0	31.2	31.5	34.0	Türkiye*	11.1	17.7	21.3	19.0
İtalya	34.0	24.2	27.1	30.0	İngiltere	28.5	37.1	33.1	35.3
					ABD	26.6	29.2	29.0	29.5

*Türkiye'ye ait bilgiler tabloya sonradan ilave edilmiştir.
Kaynak: AKTAN, 1994, s. 77.

Bu dönemde sermaye gelirleri üzerindeki marjinal vergi oranlarında da ciddi yükselmeler olmuştur. Dolayısıyla yatırım için gerekli olan kaynaklar 1970'li yıllarda ciddi yükselmelerle karşı karşıya kalmıştır. Örneğin, 1974 yılında Amerika'da kurumlar vergisi oranları % 45'ten % 54'e çıkarıldı. Çift haneli enflasyonun yaşandığı bu yıllarda hesaplanan vergi % 39'dan % 38'e indi. Amerika'da 1970'li yıllarda kurumlar vergisinin GSMH'ye oranında da bir düşme yaşanmıştır. 1965 yılında kurumlar vergisinin GSMH'ye oranı % 11.2 iken bu oran 1970 yılında % 7'nin altına düşmüş ve 1980'de % 9.2 olarak gerçekleşmiştir.[73]

---

71 Bu kavramlar ikinci bölümde açıklanmıştır.
72 BOSKIN, a.g.e., s. 18.
73 "Lowering Corporate Tax Rates", **The Truth About Supply Side Economics**, s. 146- 147.

Taksflasyon gelir dilimi sürüklenmesine (bracket creep) yol açmaktadır. Gelir dilimi sürüklenmesi, kullanılabilir gelirin gelecekte azalması demektir. Bir başka deyişle; yüksek enflasyon nedeniyle artan oranlı tarifenin uygulandığı bir ülkede taksflasyon gelirin daha yüksek oranlardaki dilimlerinden vergilendirilmesine sebep olmaktadır.[74] Bir başka deyişle enflasyonist etki mükellefi daha yüksek dilime doğru iter ve marjinal vergi oranı artar. Buna Başkan Reagan bir televizyon konuşmasında "gizli vergi" (insidious tax) olarak nitelendirmiş ve bunun çaresinin komple bir programla vergi oranlarında yapılacak olan bir indirim olduğu üzerinde durmuştur.

Gelir dilimi sürüklenmesi olayı şekil yardımıyla aşağıda açıklanmıştır.

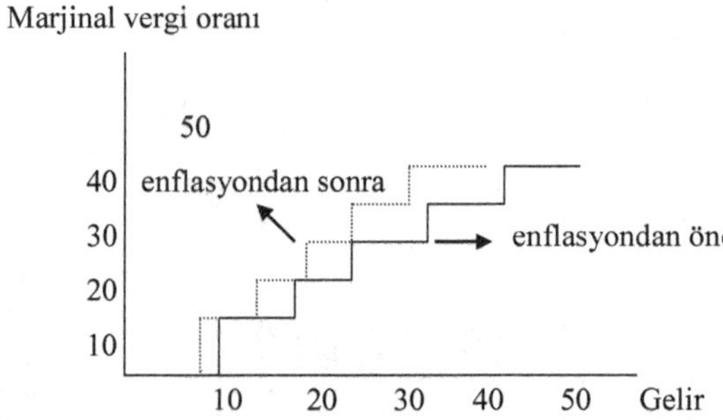

Şekil 3: Gelir Dilimi Sürüklenmesi

Bu şekilde enflasyonun var olduğu bir ortamda gelir dilimi sürüklenmeleri gösterilmektedir. Görüldüğü gibi enflasyonla birlikte gelir dilimleri sola kaymakta ve bu kayma neticesinde mükellefler daha yüksek oran üzerinden daha fazla vergi ödemektedirler. Enflasyondan önce ve enflasyondan sonrayı temsil eden çizgiler arasındaki fark, gelir dilimi kayması sonucu oluşan "enflasyon gelirini" temsil eder. Artan oranlı bir vergi sisteminde enflasyonla birlikte ödenen vergi de artar ama bu artış enflasyonda yaşanan artıştan daha fazladır.[75]

Gelir dilimi sürüklenmesi, vergi gelirlerinin enflasyondan daha hızlı bir şekilde artması sonucunu doğurur. Enflasyon çekiciliğini yitirmeye başladığında hükümetler de

---

[74] Bruce Mc KIMZEY, "What Did Reagan Inherit" **Reaganomics,** West Publishing Company, Newyork: 1983 (a), s. 11.
[75] Charles T. CLODFELTER, "Tax Cut Meets Bracket Creep:The Rise And Fall Of Marginal Tax Rates, 1964-1984", **The Finance Quarterly**, Vol: 12 April 1984, s. 132-134.

enflasyon oranını indirirler. Gelir dilimi sürüklenmesi, vergi sistemine de zarar verir. Ailelerin vergi yükünü ve toplumsal hoşnutsuzlukları artırır.[76]

Bu yıllarda Amerika'da bir çok çalışan için vergi yükü her zamankinden kötü idi. İşten çıkarmalar ve çalışanların vergi yükü artarken verimlilikte azalmalar olmuştur. Bu durum çoğu gelişmiş ülkede yaşanmıştır. Oysa ki daha önceki yıllarda ortalama büyüme bu dönemin iki katı kadardı. Vergi oranlarındaki yüksekliğin büyüme üzerindeki olumsuz etkisi aşağıda gelişmiş bazı ülkeler itibariyle gözükmektedir.

Şekil 4: Bazı Ülkelerde İstihdamdaki Büyüme Oranları (%)

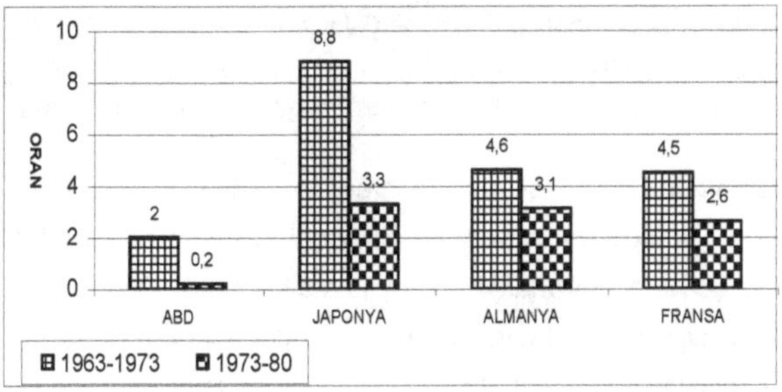

Kaynak: BOSKIN, s. 12.

1973-80 döneminde işçi başına reel büyüme bir önceki on yılla karşılaştırıldığında hemen hemen sıfıra yakındı. Bu fenomen bütün dünyada yaşandı; ancak gelişmiş ülkelerde daha yoğun yaşandı.

Bu dönemde vergilere karşı tepkiler de arttı. 1970'lerde enerji fiyatlarında ciddi yükselmeler yaşandı. Belki de en önemlisi bu dönemde yapılan düzenlemelerin üretim ve geliri engelleyici nitelikte olması idi. Bu durum yüksek olan ve yükselmeye devam eden enflasyonu beraberinde getirdi. Enflasyonun yükselmeye devam etmesiyle birlikte yatırım ve tasarruflarda belirsizlikler doğdu, özellikle yatırım ve tasarruflar üzerindeki marjinal vergi oranları arttı, kamusal düzenlemeler (regulation) yoğunlaştı. Bütün bunlar uzun dönem yatırım planları üzerinde belirsizlikleri artırdı.[77]

Amerika'da arz taraftarı ekonomi, ağır vergi (oppressive taxes) kavramını kendine temel prensip olarak seçti ve bunu Reagan'ın 1980'de Başkan seçilmesinde kullandı. Daha sonra Reagan kendi koyduğu vergi indirimlerinin yeraltı ekonomisini (under ground business) de tekrar gün ışığına çıkaracağını beyan etti.

[76] KIMZEY, 1983 (a), a.g.e., s. 11.
[77] BOSKIN, a.g.e., s. 13

1970'li yılların ağır vergisi ve enflasyonu (taxflation) insanların vergi sonrası gelirlerinde düşüşe neden olmuştur. Amerika'da bu süreç, vergi indirimleriyle bir dereceye kadar engellenmiştir. Ancak artan sosyal güvenlik yardımları bu etkiyi azaltıyordu.[78]

Arz taraftarları ağır vergi yükünün insanlar üzerinde daha çok yatırım yapma ve daha uzun süre çalışma hususlarında caydırıcı bir etki yaptığı görüşlerini savunmaktadırlar. Ayrıca ağır vergi yükünün kayıt dışı ekonomiyi büyüttüğü görüşündedirler.

Arz yönlü ekonomiyi savunanlardan George Gilder bu konuda;

"aileler vergilerin ve devletin baskısı altında kaldıkça ahlaki bağlar çözülmeye başlar...., gizli ve belgelenmemiş gelirin cazibesi artar." demiştir.[79]

Kamu harcamalarının finansmanında verginin aşırı kullanılması piyasa ekonomisi üzerinde de olumsuz etkiler yapar. Ağır vergi yükünün ekonomik birimlerin yatırım, tasarruf ve çalışma kararlarını olumsuz etkilemesi sonucu işsizlik ve ekonomide durgunluk ortaya çıkmaktadır. Artan harcamaların ve bunun sonucu olarak ortaya çıkan bütçe açıklarının vergi dışı kaynaklarla finanse edilmesi ise rant ekonomisini özendirmekte ve enflasyon sorununu gündeme getirmektedir.[80]

II-Arz Yönlü İktisat ve Vergi Yaklaşımı

1970'li yılların sorunları karşısında Keynezyen iktisada alternatif olarak ortaya çıkan teorilerden biri de bu çalışmanın ana konusunu oluşturan "supply-side economics"tir. Bu terim Türkçe'ye arz yönlü (ya da yanlı) iktisat, arz iktisadı veya sunum yönlü iktisat şeklinde çevrilebilir. 1978 yılında Amerikan İktisatçılar Birliği tarafından resmen kabul edilen bu terim, ekonomideki sorunların giderilmesini vergi indirimlerine dayandırması dolayısıyla arz yönlü vergi politikası veya arz yönlü maliye politikası olarak da bilinir.

Arz yönlü iktisat dendiği zaman ilk akla gelen vergi indirimleri politikasıdır. Bunun nedeni, arz iktisadının devletin elindeki en önemli araç olan verginin üretimi özendirici olarak kullanılması gerektiğini savunmasıdır. Arz iktisadı genellikle klasik ve neo-klasik iktisadın temel varsayım ve önerilerini kullanır. Gelirin yeniden dağılımı

---

[78] Osman ALTUĞ, **Kayıt Dışı Ekonomi**, Cem Ofset Matbaacılık Sanayii, İstanbul: 1994, 52.
[79] ALTUĞ, 1994, y.a.g.e., s. 181.
[80] Güneri AKALIN, "Anayasal İktisat ve Türkiye İçin Ekonomik Anayasa Önerisinin Değerlendirilmesi", **Vergi Dünyası Dergisi,** Ocak 1997, s. 33.

politikasına kesinlikle karşı çıkan arz iktisatçıları büyümeye önem verirler ve büyüme sağlandığında alt gelir gruplarının durumlarının iyileşeceğini savunur.[81]

Arz iktisadının altında yatan düşünce, Milton Fridman ve Friedrich Von Hayek'in sağ kanat özgürlükçü görüşleridir. Serbest piyasaya sonsuz bir inanç beslenmektedir ve kamu kesimini zararlı, ancak sadece polis teşkilatıyla ordunun düzenlenmesi ve para temini konularında gerekli görmektedirler.[82]

Arz iktisadının politik liderleri Jack Kemp ve William Roth (özellikle Kemp), ekonomik teorisyeni Arthur Laffer ve basındaki temsilcileri Jude Wanninski ve Irwing Kristol'dür. Çünkü Arthur Laffer, görüşlerini J. Wanniski aracılığıyla Wall Street Dergisi'nde yayılmasını sağlamış, Wanniski ise Newyork'un ileri gelenlerinden Irwing Kristol aracılığıyla Cumhuriyetçi politikacılar üzerinde etkili olmuştur. Kristol ve Irwing Senatörlerden Jack Kemp ve William Roth üzerinde etkili olmayı başarmışlardır. 1977 yılından itibaren arz iktisadı, Cumhuriyetçilerin doktrini haline gelmiştir. 1978'de Cumhuriyetçi Parti'nin Başkan adaylarından olan Reagan'ın arz iktisadını benimsemesiyle altyapı çalışmaları tamamlanmıştır.[83]

Arz ekonomisinin nihai amacı yüksek bir büyüme hızıyla düşük bir enflasyonun birlikte götürülebileceğinin şartlarını ortaya koymaktır. Arz iktisadı mikro teorinin ilkelerini makro teori alanlarına aşılanmasını da amaçlamıştır. Analizlerinde ekonomik olaylar, fiyat değişmelerinden başlatılıp gelir değişmeleriyle sonuçlanan bir sıra takip edilerek inceleme altına alınmıştır.[84] Özetle; arz yönlü ekonomi politikalarında maliye ve para politikalarının makro ekonomik etkileri yerine, kişileri daha çok çalışma tasarruf ve yatırıma teşvik edeceği umulan mikro ekonomik tedbirler ön plana çıkarılmaktadır.[85]

Arz iktisatçıları 1970'li yıllarda yaşanan ekonomik durgunluğun sebebi olarak enflasyon nedeniyle yüksek gelir dilimlerinden vergi ödeyenlerin çalışma gayretini olumsuz yönde etkilemiş olduğunu ileri sürmektedirler. Ayrıca transfer ödemelerindeki artışın tembelliğe prim verdiğini belirtmektedirler. Bir taraftan çalışmayı ve dolayısıyla sermaye birikimini baltalayan yüksek vergi oranları, diğer taraftan tembelliği teşvik eden

---

[81] YILDIRIM, 1989, a.g.e., s. 92-93
[82] Bruce Mc. KIMZEY, "The Logical of Reaganomics", **Reaganomics,** West Puplishing, New York: 1983 (b), s. 18.
[83] M Deniz KİRAZCI, "ABD'de Başkan Reagan Dömemi Vergi Politikasının Ekonomik ve Politik Kökenleri", **Vergi Dünyası Dergisi**, Ağustos 1986, s. 38.
[84] Muammer TEKELİOĞLU, "Çağdaş İktisadi Düşüncede Yol Ayrımları" **Çukurova Üniversitesi İİBF Dergisi,** cilt:1, Sayı:1 1987, s. 114.
[85]KİRAZCI, s. 33.

genişletilmiş transfer ödemelerinin kaçınılmaz olarak ekonomide durgunluğa yol açtığını ileri sürmektedirler.[86]

Bu yüzden arz iktisatçıları vergi indirimleri yanında ekonomide görülen durgunluk ve enflasyonla mücadele için hükümetin uyguladığı sosyal yardımların azaltılmasını, asgari ücretlerin düşük tutulmasını hatta ortadan kaldırılmasını savunurlar. Onlara göre vergi indirimlerinin düşük ya da yüksek gelirlerden yapılması önemli değildir. Çalışma, tasarruf, yatırım ve risk yüklenmeyi özendirecek şekilde marjinal vergi oranlarını azaltmayı, eşlerden her ikisinin de çalıştığı ailelerde ilave vergi indirimi yapılmasını, uzun dönem sermaye kazançları için vergi muafiyetlerinin artırılmasını kişisel vergi dilimlerinin, enflasyon nedeniyle vergi yükünün artmasını önlemek için endekse bağlanmasını, hızlandırılmış amortisman uygulamasını, araştırma-geliştirme için vergi iadesinin artırılmasını önermektedirler.[87]

Arz iktisadı, akademik çevrelerden ziyade politik çevrelerde popülaritesi olan bir iktisadi yaklaşımdır. Bununla birlikte, bir çok seçmeni etkilemiş ve Reagan'ın seçimi kazanmasında önemli etkisi olmuştu. Çünkü arz iktisadı, Reagan'ın seçim kampanyasının merkezini teşkil ediyordu. Arz yönlü ekonomi belki de akademik olarak en az kredibilitesi olan fakat politik olarak yüksek bir kredibiliteye sahip bir yaklaşımdır. Her şeyden önce seçmenleri beklentilerini karşılayarak politikacılar için rüyasal bir ekonomik platform sunmuştur.[88]

A-Terminoloji ve Tanım

Arz yönlü iktisat; ekonominin yüz yüze olduğu verimlilik, enflasyon, reel büyüme gibi pek çok sorunla ilgili kompleks bir disiplindir. Bunların yanında tasarruf, yatırım, çalışma gayreti, teşvikler, iş verimi, kamu kesiminin büyüklüğü ve etkinlik alanı, regulasyonlar ve piyasaların etkinliği ve hatta uluslararası karşılıklı etkileşim gibi konular da arz iktisadının ilgilendiği alanlar içerisinde yer alır.[89]

Arz yönlü iktisat ile ilgili olarak çeşitli tanımlamalar yapılmaktadır. Bu teoriyi gündeme getiren Arthur Laffer'in düşüncesi şöyledir:

> "Arz yönlü iktisat, klasik iktisadın modern tarzda ifadesinden başka bir şey değildir."

---

[86] ORHAN, a.g.e., s. 32-33.
[87] YILDIRIM, 1989, a.g.e., s. 96.
[88] John CULLIS and Philips JONES. **Public Finance and Public Choice**, second ed. Oxford University Press, Newyork: 1998, s. 277.
[89] Michael EVANS, "Higher Rates of Return Will Raise Personal Saving", **The Truth About Supply-Side Economics**, New York: 1983, s. 107-108.

Laffer devamla şu görüşleri beyan etmiştir;

"arz yönlü iktisat temel olarak teşvik edicidir. Teşvikler değiştiğinde insanların davranışları da değişir. Eğer bir kişi daha cazip bir aktivitede bulunursa diğer insanlar da bu aktiviteyle ilgilenmeye başlayacaklardır. Vergi, dolaysız kontroller (regulation), kamu harcamaları ve devletin ekonomi üzerindeki bütün faaliyetleri üzerinde yapılacak kapsamlı değişiklikler, kişileri teşvik eder ve davranışlarını değiştirir."[90]

Laffer'in düşüncelerine katılan başka iktisatçılar da vardır:

Arz iktisadı üzerine çalışmalar yapan Bruce Bartlett;

"bir çok yönden arz yönlü iktisat klasik iktisadın yeniden keşfinden başka bir şey değildir." şeklinde bir tanımlamada bulunmuştur.

Arz yönlü iktisat, Amerika'da Hazine Sekretrliği ve Kongre Danışmanlığı yapmış olan Paul Craig Roberts tarafından ise şöyle tanımlanmıştır:

"Teşvikler ve göreli fiyatlar üzerindeki maliye politikası etkilerini inceleyen bir iktisat okuludur."

Bir başka tanım da şöyledir: "Arz yönlü vergi politikası özellikle vergi indirimleri yoluyla üretimin ve dolayısıyla vergi gelirlerinin pozitif yönde etkileneceğini ve bu suretle ekonomik büyümenin ve ekonomik etkinliğin sağlanacağını savunan bir iktisat politikası aracıdır."[91]

Görüldüğü gibi arz iktisadı çeşitli şekillerde tanımlanmıştır. Ancak arz iktisatçılarının bütün görüşlerini kapsayacak şekilde genel bir tanım bu teorinin ekonometrik analizini yapan Michael Evans tarafından yapılmıştır. Ona göre arz yönlü iktisat "ekonominin prodüktif kapasitesini etkileyen unsurları inceleyen iktisat dalı"dır.[92]

Arz yönlü iktisadın tamamen yeni bir teori olmadığı ve iktisat teorisinde devrim yapmak gibi bir iddia taşımadığı, aksine klasik iktisat teorisinden günümüze kadar bilinen fakat zaman zaman ihmal edilen "üretime yönelik" ilkeleri yeniden gündeme getirme çabası olduğu yönünde görüşler vardır. Aslında bu görüş yukarıda da belirtildiği gibi teorinin kurucusu olarak kabul edilen Arthur Laffer ve diğer bazı iktisatçılar tarafından da kabul edilmektedir. Teorinin dikkati çeken bir özelliği de özellikle para arzı ile ilgili olarak moneterizmle ortak görüşleri paylaşıyor olmasıdır.

B-Arz İktisadının Teorik Gelişimi

İktisat biliminde geleneksel olarak uzun dönemli problemlerle ilgili çalışmalar "arz iktisadı" (supply economics) olarak adlandırılır. Arz, yani bir ulusal ekonominin toplam üretimi ile ilgili çalışmalar aslında talep, yani bir ulusal ekonominin toplam

---

90 "Analysing Supply-Side Economic: A Symposium", **Wiewpoints On Supply-Side Economics**, A Prentice-Hall Company, Reston, Virginia: 1982, s. 70-71.
91 AKTAN, 1994, a.g.e., s. 83-84.
92 SAVAŞ, 1997. a.g.e., s. 956.

tüketimi ile ilgili çalışmalardan çok önce başlamıştır. Söz gelimi ekonomi biliminin başlangıcı sayılan klasik ekonomi arza büyük önem vermiştir. Hatta Keynezyen iktisat klasik iktisadın arza bu denli önem vermesine bir tepki olarak doğmuştur. Keynezyen iktisadın etkinlik kazanmasıyla bir süre göz ardı edilen arza dayalı iktisat çok geçmeden akademik çevrelerde tekrar tartışılır olmaya başlanmıştır. Harrod-Domar Modeli olarak bilinen ve birbirinden bağımsız olarak yapılan sırasıyla 1939 ve 1946 tarihli çalışmalar arzın da toplam taleple birlikte artması gerektiğini savunmuşlardır. Daha sonraki yıllarda akademik çevrelerde ekonominin arz yönü ile ilgili çalışmalar yapılmıştır. Ancak bu çalışmalar genellikle Keynezyen ekonominin altın yıllarını yaşadığı 1940'lı ve 1950'li yıllara denk düşmesi nedeniyle fazla dikkat çekmemiştir.

Sanayi ülkelerinin 1971-1973 ekonomik "boom"unu takiben 1973'te petrol fiyatlarının artması ile birlikte içine sürüklendikleri stagflasyon, uygulanan ekonomi politikaları ve bunların dayandığı makro ekonomik modeller hakkında ciddi tereddütler doğurmuştur. Bu tereddütler sonucu makro teori bir karmaşa içine girerken ortaya çıkan çeşitli görüşlerden biri de "arz yönlü iktisat" olmuştur.[93]

Arz yönlü iktisadın temel politik aracı vergi oranlarıdır.[94] Vergi oranlarının önemli bir politik araç olarak kullanılmasının kaynağı Avustralyalı iktisatlı Colin Clark'tır. Clark 1940'ların sonunda yaptığı bir ekonometrik araştırmada vergi yükünün % 25'in üzerine çıkması halinde enflasyonun başlayacağını ileri sürmüştür. Clark'a göre yüksek vergi oranları tasarrufu ve çalışmayı azaltacak, üretimi ve arzı daraltacak, bu yoldan da toplam talep toplam arz dengesini bozarak enflasyona neden olacaktır. Clark'ın bu görüşü iktisat politikalarını etkilememiştir. Bunun nedeni sanayi ülkelerinin vergi yükünü % 25'in üzerine çıkarmış oldukları halde hızlı gelişmeyi sürdürebilmiş olmalarıdır. Buna rağmen vergi yükü ile makro büyüklükler arasındaki ilişkiye ait ekonometrik araştırmalar devam etmiş ve 1975'te varılan sonuçlar Clark'ın görüşünü yeniden güncel hale getirmiştir. En ekstrem şekliyle "Laffer Eğrisi" (Laffer Curve) diye bilinen bu görüş iktisat politikalarının temelini oluşturmaya başlamıştır.[95]

---

[93] SAVAŞ, 1997, y.a.g.e., s. 957.
[94] Arz iktisadının fazla bilinmeyen ikinci yönü de altın standardına geri dönülmesi düşüncesidir. Buna göre altın standardı, para arzının aşırı artışına ve enflasyona mani olur. Para sadece ihtiyaç duyulduğunda ve altın mevcudu kadar basılır. Öncelikle para arzı kontrol altına alınır ve enflasyon ortadan kaldırılır. Altın standardı, açık bütçeler parasal genişlemeye sebep olduklarından hükümetlerin açık harcama yetkilerini de ortadan kaldırır. Böylece parada istikrar ve bütçede de denge oluşturulur. Özel sektör vergi teşviki nedeniyle yatırıma yönlenir. Bunu istihdam ve ekonomik büyüme takip eder. Ancak arz iktisadının bu ikinci yönü fazla taraftar bulamamıştır ve uygulamaya konamamıştır.
[95] SAVAŞ, 1986, a.g.e., s. 172.

C-Arz İktisadı ve Keynezyen İktisatta Vergi İndirimleri

Arz yönlü iktisat vergi indirimlerinin uzun dönemde vergi gelirlerini ve toplam piyasa üretimini artıracağını kabul etmektedirler. Onlara göre ekonomik istikrar ancak uzun dönemde sağlanır. Bu yüzden ekonominin arz yanına ağırlık vermek gerekmektedir. Marjinal vergi oranlarındaki değişiklikler ekonomik birimlerin karar ve faaliyetlerini pozitif veya negatif olarak etkiler. Buna göre marjinal vergi indirimi bireylerin tüketim yerine tasarrufa yönelmelerine, boş durma yerine çalışmayı tercih etmelerine neden olacaktır.[96]

Bir başka deyişle arz iktisadı taraftarlarına göre, ekonomide vergi azaltılması Keynezyenlerin ileri sürdüğü gibi toplam talebi teşvik ettiği için değil, o ekonomideki kişilerin çalışmaya yatırıma, tasarrufa ve üretime teşvik ettiği için etkilidir.

Arz yönlü iktisadın vergi indirimleri ile Keynezyen vergi indirimleri arasında ciddi farklılıklar vardır. Amerika'da Hazine Sekreteri ve Kongre Danışmanlarından Paul Craig Roberts bu farklılıkla ilgili olarak şu görüşleri ortaya koymuştur:

> "Arz yönlü iktisadın vergi indirimleri ile Keynezyen ekonomideki vergi indirimleri arasında çok büyük farklılıklar vardır. Keynezyen öğretide vergi indirimleri, maliye politikasını uyarıcı bir nitelik taşır. Bu ise daha fazla harcama, daha fazla talep ve belki de daha fazla enflasyon ve bütçe açığı demektir. Elbette ki vergi indirimsi için bu kadar sebep bütçe açıklarını üretmektedir. Geçmiş dönemlerde bu etki hissedilmiştir. Ancak bu konuda şimdi çok farklı düşünülmektedir. Arz yönlü iktisatta vergi indirimlerinin sebebi, marjinal vergi oranlarını indirmek şeklindedir. Bu gerçek bir katkı anlamına gelir."

Ayrıca arz iktisadının ulaşmak istediği sonuç, nispi fiyatlarda toplam talepten daha fazla bir değişiklik yapmaktır. Bunu şöyle açıklayabiliriz; öncelikle nispi fiyatlar kişilerin gelirlerini tüketim ve tasarruf arasında nasıl tahsis edecekleri üzerinde etkilidir. Cari tüketime tahsis etmek için ayrılan ek gelir, gelecekteki tüketimden vazgeçmek ve tasarruf oluşturmaktır. Gelecekteki gelirden vazgeçmenin değeri, marjinal vergi oranı tarafından etkilenir. Daha yüksek marjinal vergi oranı ek cari tüketimde bir kişi için daha ucuz vazgeçmektir.

Nispi fiyatlar, insanların zamanlarını çalışma, boş durma, eğlence veya yeteneklerini artırmak üzerinde yönlendiricidir. Eğer kişi zamanının bir kısmını boş durmaya ayırırsa, bu çalışarak kazandığı cari gelirin bir kısmından vazgeçmek demektir. Cari gelirden vazgeçmenin faydası marjinal vergi oranının bir fonksiyonudur.

---

[96] AKTAN, 1994, a.g.e., s. 84-85.

Onlara göre Keynezyenlerin dediği gibi devlet faaliyetleri, bu faaliyetlerin ardından hemen otomatik bir gelir değişmesine yol açmaz. Ancak fiyatlar yoluyla kaynak dağılımını değiştirdikten sonradır ki, gelir etkisinin ortaya çıkışını beklemek lazımdır. Bu ise bizi devletin ekonomik faaliyetlerinin toplam talebi tek başına ve kısa dönemde belirleyemeyeceği sonucuna ulaştırır. Bu durumda, devletin vergi yüküne dayalı harcamaları artırarak ekonomiyi istikrara ulaştırma çabaları boşunadır.[97] Bir başka deyişle arz iktisadı toplam talebin etkilenmesi yoluyla maliye politikası önerilerini (talep yönlü iktisat) anlamsız bulur. Yani devlet harcamaları; bütçe açığı ile mücadele, istihdam, üretim gibi amaçlara ulaşmakta güvenilir bir politika değildir. Arz iktisadı çoğaltan etkisini de reddeder. Çünkü toplam üretimle toplam gelir arasında kurulan ilişki hem yetersizdir hem de öngörülmeyen sonuçlar doğurabilir. Yani iktisat politikası kısa dönemli (talep yönlü iktisatta olduğu gibi) çözüm önerilerini terk etmelidir. Çünkü bu politika nispi fiyat yapısını bozarak ekonomide kaynak dağılımının yanlış şekilde yapılmasına neden olmaktadır. Bu yüzden devletin temel amacı, serbest piyasa ekonomisinin daha etkin bir şekilde çalışacağı önlemleri almak olmalıdır.

Arz yönlü iktisat bütçe açığının zorunlu olarak enflasyonist olmadığı görüşündedir. Çünkü önemli olan bütçe açığının ne şekilde finanse edildiğidir. Bütçe açıklarının para arzını artırmasına engel olunmalıdır. Para arzı ulusal ekonominin büyümesine bağlı olarak yavaş ve istikrarlı bir artış göstermelidir.[98]

Arz yönlü iktisat fiyatların toplam talep karşısında esnek olduğu görüşündedir. Arz iktisadının bu görüşü genellikle ihmal edilir. Bu ise enflasyonist etki yapar. Dolayısıyla enflasyonist bir ortamda meydana gelen gelir artışlarının tamamı gerçek bir artış kabul edilemez.[99]

Arz yönlü iktisat Philips eğrisini de reddeder. İstihdam, tasarruf ve sermaye birikimini olumsuz yönde etkileyen unsurların ortadan kaldırılması enflasyonu engelleyecektir. Enflasyonun temel sebebi, reel üretim artışına oranla çok hızlı bir biçimde artan para arzıdır.[100]

Arz iktisatçılarının metodolojik yaklaşımlarının oluşumunda üzerinde moneteristlerin ve rasyonel beklentiler teorisinin büyük etkisi olmuştur. Hem uyumcu (adaptive) hem de rasyonel (rational) bekleyişlerin önemli olduğunu kabul etmişlerdir.

---

[97] TEKELİOĞLU, 1987, a.g.e., s. 114.
[98] SAVAŞ, 1994, a.g.e., s. 254.
[99] Ben L. KYER, Garry MAGGS "A Macro Economic Approach to Teachivg Suply Side Economics", **Journal of Economic Education**, Winter 1994, Vol: 25, s. 44.
[100] SAVAŞ, 1997, a.g.e., s. 964

Ayrıca onlar, şimdiye kadar iktisat teorisinin kabul etmediği kadar yüksek oranda "üretim faktörleri esnekliği"ni benimsemişlerdir.

Arz iktisatçıları çalışmalarını mümkün olduğunca ampirik bulgulara dayandırmışlardır. Bu amaçla yapılan ampirik çalışmalar yanında moneteristlerin ve Rasyonal Beklentiler Teorisinin yaptığı çalışmalardan da yararlanmışlardır. Arz iktisadına göre batı ülkelerinde ferdi tasarruf hacmi en düşük ülke ABD'dir. Bunun sebebi Amerikan vergi sisteminin ağır vergi yüküne sahip olmasıdır.[101]

D-Marjinal Vergi-Ortalama Vergi Ayırımı

Arz iktisatçıları özellikle marjinal vergi üzerinde durmaktadırlar. Laffer'in vergi indirimleriyle ilgili olarak "marjinal vergi indirimleri" üzerinde durması önemli bir noktadır. Bir başka deyişle Laffer'in bahsettiği vergi indirimleri ortalama veya efektif vergi indirimleri değildir.

Marjinal vergi oranı ödenen vergideki artış ile, gelirdeki artış miktarı arasındaki ilişkiyi gösterir. Ortalama vergi oranı ise, ödenmesi gereken vergi ile gelir arasındaki ilişkiyi gösterir.[102] Örneğin 10.000.000 TL tutarındaki vergilendirilebilir bir gelir (matrah) için hesaplanan vergi miktarı 5.000.000 TL ise ortalama vergi oranı % 50'dir. Buna karşılık vergi miktarında meydana gelecek artışın matrahtaki artış miktarına oranı marjinal vergi olarak tanımlanmaktadır. Örneğin matrah 10.000.000 TL iken 5.000.000 TL toplam vergi alındığını ve matrah 10.100.000 TL'ye yükseldiğinde toplam verginin 5.060.000 TL olduğunu varsayarsak marjinal vergi oranı $\Delta T/\Delta X$[103]=% 60 olur. Matrah 10.100.000 TL'ye çıkınca alınacak vergi miktarı 5.100.000 TL'ye yükselmiş olsaydı marjinal vergi oranı % 100'e ulaşmış olacaktı. Bu durumda vergi tarifesinin bu özelliğini bilen bir yükümlü için ortalama vergi oranının sadece % 50'den % 50.5'e yükselmiş olmasına rağmen, ilave gelir elde etmenin hiçbir anlamı olmayacaktı.[104] Bu itibarla ortalama ve marjinal vergi yükünü birbirinden kesin olarak ayırmak zorunludur.[105]

E-Arz İktisadının Teorik Temeli: Laffer Eğrisi

Arz yönlü iktisadın en temel yaklaşımlarından birisi, vergi oranları ile vergi gelirleri arasındaki ilişkinin ortaya konmasıdır. Buna göre bu ilişki ters orantılıdır. Bir başka deyişle vergi oranlarında yapılan indirim, vergi gelirlerinin azalacağı anlamına

---

[101] TEKELİOĞLU, 1993, y.a.g.e., s. 249-250.
[102] AKTAN, "Çağdaş İktisadi Düşünceler", **DEÜ İİBF Dergisi**, Cilt: 5, Sayı: 1-2, Yıl: 1990, s. 225-226.
[103] T=Vergi miktarı; X=matrah.
[104] Çünkü elde edilen gelir, 100.000 TL ve vergi yükü 100.000 TL artacaktı. Bu durumda % 100 olan ilave gelirin marjinal oranı yükümlü için bir anlam ifade etmeyecektir.
[105] Salih TURHAN, **Vergi Teorisi ve Politikası**, Filiz Kitabevi, İstanbul: 1993, s. 53.

gelmez. Tam tersine Laffer eğrisinde öngörülen şekilde yapılan vergi indirimleri vergi gelirlerinde pozitif bir etki yapacaktır. Ancak, arz iktisadında Laffer eğrisiyle ifade edilen bu ilişkinin Arthur Laffer'le başladığı söylenemez. Nitekim (İbn-i Haldun'un görüşleri yanında)[106] iktisadın bir bilim haline gelmesini sağlayan ünlü iktisatçı Adam Simith yine iktisadın bilim haline gelmesini sağlayan "Milletlerin Zenginliği" (1776) adlı kitabında bu konudaki görüşlerini açıklamıştır:

> "Yüksek vergiler bazen üzerinden vergi alınan malı ve dolayısıyla tüketimi azaltır. Bazen de kaçakçılığı teşvik eder ve kamu gelirlerinin tahmin edilenden daha az olmasına yol açar."

Ancak konunun esaslı olarak gündeme gelmesi, Arthur Laffer'in kendi ismiyle anılan eğriyi (Laffer curve) çizmesiyle olmuştur. Arthur Laffer[107], bu eğriyi 1974 yıllında Washinton DC'de bir otel lokantasında otururken peçete üzerine çizmeye başlamış ve daha sonraki süreçte bu şekli geliştirmiştir. Bu eğri, Prof. Dr. Milton Friedman tarafından da onaylanmıştır. Arz iktisadının teorik temelini oluşturan bu eğri, üretime yapılan teşviklerin yüksek vergilerle yok edildiği, üretim gücünün ekonomi dışına kaydığı, toplam gelir akımının yer altı ekonomisi ile daraldığı ve böylece toplam vergi gelirlerinin azaldığı düşüncesine dayanır.[108] Arz iktisadının basındaki temsilcisi Jude Wanninski konuyu daha da ileri götürmüş ve Roma İmparatorluğunun yüksek vergiden yıkıldığı, 1929 büyük depresyonuna da yine yüksek vergilerin neden olduğu görüşünü ileri sürer. Ona göre; sıfır vergi oranında üretim maksimum düzeyde olacaktır.[109]

Arthur Laffer görüşleri ile talep yönlü iktisat politikasını eleştirmiş, bunun yerine "her arz kendi talebini kendi yaratır" şeklinde formüle edilen Say Kanununu tekrar gündeme getirmeye çalışmıştır. Laffer'e göre çağdaş iktisadi düşüncelerin temelinde efektif talep yetersizliği değil, üretimin talebe cevap verememesi yatmaktadır. Laffer üretimi teşvik edecek en önemli iktisat politikasının vergi indirimleri olduğunu savunmuştur.

1-Laffer Eğrisinin Açıklaması

Laffer eğrisine göre vergi oranlarındaki bir artış piyasalar üzerinde olumsuz etki yapar ve üretimi azaltır. Bu durum beklentilerin aksine vergi gelirlerini azaltıcı bir etki meydana getirir. Vergi oranlarındaki artışlar üretim üzerinde doğrudan etkide bulunur.

---

[106] İbn-i Haldun'un vergi indirimleri ile ilgili görüşleri ikinci bölümde incelenmiştir.
[107] Arthur Laffer, vergi indirimleri politikasını Kanadalı iktisatçı Rober Mundell'in 1971 yılında temeli arz iktisadına dayalı olan politikaları ısrarla savunmaya başlamasından sonra ve Mundell'in etkisiyle benimsemiştir.
[108] KIMZEY, 1983 (b), s. 16.

Vergilerin artırılması istihdamı da azaltır. Yüksek vergi oranları vergi hasılatını düşürürken aynı zamanda çalışma isteğini de azaltır.[110]

Laffer eğrisine göre hiç vergi hasılatı sağlamayan iki ekstrem vergi oranı vardır. Bunlar sıfır vergi oranı ve % 100 vergi oranıdır. Sıfır vergi oranında fertler hiç vergi ödemezler. Vergi oranı % 100 olduğunda ise fertlerin üretim yapıp gelir elde etme arzuları tükenmiş olacağından yine hiç vergi ödemeyeceklerdir. Bu iki ekstrem arasında önceden belirlenmesi mümkün olmayan bir vergi oranı vergi hasılatını en yüksek düzeye çıkaracaktır.[111]

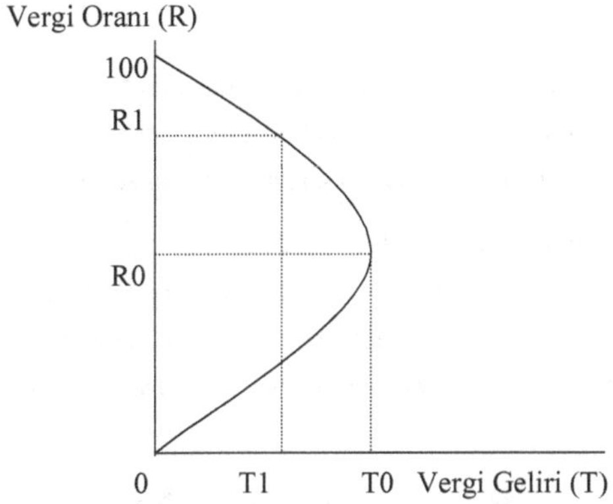

Şekil 5: Laffer Eğrisi

Bu eğri belli bir vergileme oranının ötesinde yapılacak her ek oranın hasılatı azaltacağı ile ilgilidir. Yukarıda Laffer eğrisinde görüldüğü gibi optimum vergi oranı 0-100 arasında belirsiz bir yerdedir. 0 noktasında hasılat da sıfırdır. Yani bu noktada herhangi bir vergi geliri söz konusu değildir. Arz iktisadı vergi oranının belli bir noktaya kadar yükseltilmesi halinde vergi mükelleflerinin ödedikleri vergi nedeniyle uğradıkları kaybı telafi etmek için daha fazla çalışacakları görüşündedir. Bu durum vergi gelirinin daha da artmasına yol açacaktır. Ancak vergi oranının bir noktadan sonra daha da yükselmesi vergi mükelleflerinin şevkini kıracaktır. Bu durum onların çalışma arzularını azaltacak ve böylece vergi gelirleri de azalacaktır.

Şekilde R0 noktasındaki bir vergi maksimum vergi hasılatının (T0) sağlandığı noktadır. Daha fazla artırılması (R1) vergi hasılatını (T1) azaltacaktır. Vergi indiriminin

---

[109] Don FULLERTON, "On the Possibility of An Inverse Relationship Between Tax Rates and Government Revenues", **Journal of Puplic Economics**, Vol: 19, October 1982, s. 5-6.

[110] Ludwing VAN DEN HAUWE, "The Case For Supply-Side Economics Revisited: The Effect of Time Preference", **European Journal of Law and Economics**, Vol: 10, 2000, s. 139.

gelir üzerinde pozitif etkisinin görülebilmesi için ilk baştaki vergi oranının maksimum vergi hasılatını sağlayacak optimum vergi oranından daha fazla olması gerekir. Eğer vergi oranı R1 noktasından R0 noktasına indirilirse vergi hasılatı artar.

Vergi oranı en yüksek noktaya getirildiğinde (% 100), ekonomi yeraltına kayacak ve gelirler beyan edilmeyecektir (unreported). Böylece vergi hasılatı sıfıra inecektir.

Laffer eğrisi üzerinde vergi indiriminin büyüklüğü de önemlidir. Eğer vergi indirimi çok geniş tutulursa vergi hasılatı artmaz. Örneğin R0'ın altındaki bir vergi indirimi böyle bir etki gösterir.

Vergi hasılatını artırmak düşüncesiyle vergi oranlarında bir indirime gittiğimiz zaman var olan oranın maksimum vergi oranını sağlayacak olan oranın üzerinde olması gerekir. Şeklimizde maksimum vergi hasılatını sağlayan nokta R0 noktasıdır.[112]

R0 optimal noktadır. Optimal vergi noktasının bulunması, gerek maksimum seviyede vergi toplamak isteyen devlet açısından, gerekse minimum seviyede vergi vermek isteyen vatandaşlar açısından önem arz etmektedir. Zira, hem devletin hem de vatandaşların memnun oldukları nokta, optimal vergiyi gösteren nokta olarak düşünülmektedir.

Optimal vergileme makul bir vergi hasılasına ulaşırken, vergilemenin kaynak dağılımında adalet açısından etkilerinin araştırılması, ve artan oranlılığın refah kaybına olan etkisi ile ilgilidir. Yani optimal vergilemenin hareket noktasının vergi gelirlerini en az kayıpla gerçekleştirebilmek için vergi oranlarının nasıl düzenlenmesi gerektiği hususu olduğu söylenebilir.[113]

2-Laffer Etkisi

Vergi oranlarının büyüklüğü, üretim üzerinde de etki yapar. Bazı arz iktisatçıları (Jude Wanniski gibi) sıfır vergi oranında maksimum düzeyde üretim sağlayacağı düşüncesindedir. Ancak bir toplumsal örgütlenme olan devletin varlığı, vergiyi de gerekli kılmaktadır. O halde hem üretimi hem de vergiyi optimum bir noktada buluşturmak gerekmektedir.

---

[111] SAVAŞ, 1997. a.g.e., s. 960.
[112] KIMZEY, 1983 (b) a.g.e., s. 16-17.
[113] Halit ÇİÇEK, Optimal Vergileme, Laffer ve Türkiye'de Gelir Vergisi, **Vergi Dünyası Dergisi**, Ekim 2000, s. 120.

% 0-100 arasındaki vergi oranı üretimi düzenli olarak azaltır. Laffer eğrisine göre kamu gelirlerinin seviyesi vergi oranına bağlıdır. Sıfır vergi oranında devlet gelirleri sıfırken % 100 oranında da sıfırdır.

Vergi oranında bir artış vergiden sonra net gelirde bir azalma meydana getirir. Vergi oranının yükselmesiyle birlikte vergi matrahı da büyür. Aşağıdaki şekilde ise vergi oranı ile üretimin optimum noktadaki ilişkisi ele alınmaktadır.

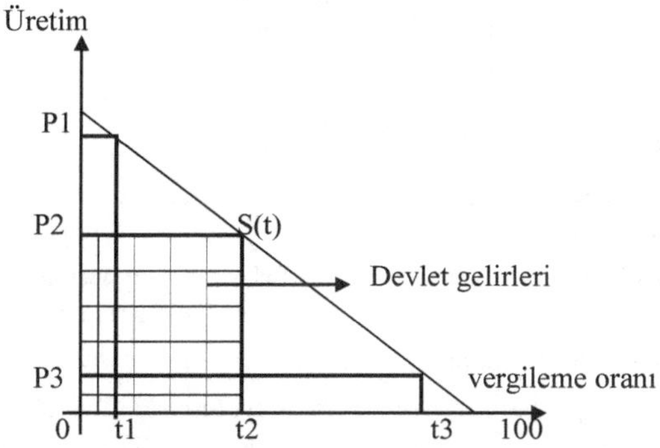

Şekil 6: Optimum Vergi-Üretim İlişkisi

Vergi oranlarının çok düşük (t1) ve çok yüksek (t3) olduğu durumlarda vergi hasılatı da düşük olacaktır. T2 vergi oranı ise hasılatın en yüksek olduğu noktayı S(t) gösterir. Çünkü bu noktada vergi oranları optimuma en yakındır. Arz iktisatçıları da böyle bir sonucu öngörürler.[114]

Konunun üretim açısından ele alınması da benzer bir sonuç verir. T1 vergi oranında üretim yüksektir ancak vergi hasılatı optimum noktanın (t2 noktasının) altındadır. T3 noktasında ise vergi oranları çok yüksektir. Ve üretim dolayısıyla vergi hasılatı düşüktür. t2 ile P2'nin birleştiği nokta S(t) hem üretim hem de vergi hasılatı açısından optimum noktayı temsil eder. [115]

Toplam piyasa üretimi ile vergi artışı ilişkisi ise aşağıda gösterilmiştir. Laffer eğrisine uygun olarak yapılan vergi indirimleri neticesinde bu indirimlerin piyasaya etkisi belli bir vergi indiriminden sonra gerçekleşeceği savunulmaktadır. Bu etki aşağıdaki şekille açıklanabilir.

---

[114] Philippe LACOUDE, "La Mellon Tax Cut de 1920", http://ourworld.compuserve .com/homepages/lacoude/etude03.htm, s. 5.

[115] LACOUDE, "La Mellon..., a.g.e., s. 8.

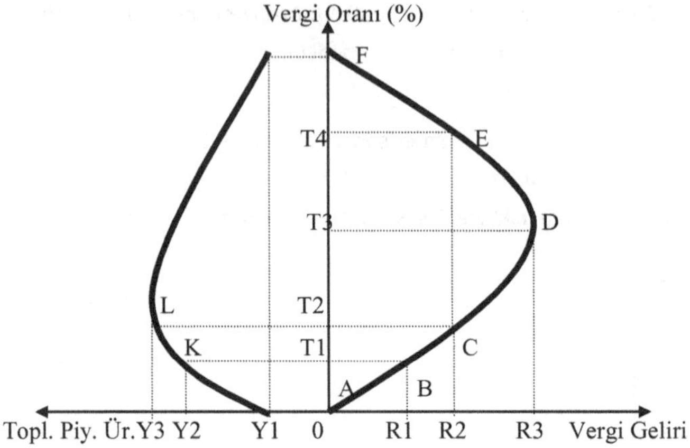

Şekil 7: Vergi Oranları-Toplam Piyasa Üretimi ve Vergi Gelirleri Arasındaki İlişki

Şeklin sağ tarafı vergi oranları ile vergi gelirleri arasındaki ilişkiyi göstermektedir. Vergi oranı sıfır olduğunda vergi geliri de sıfırdır. Aynı etki vergi oranının % 100 olduğu durum için de geçerlidir. Vergi oranlarının B,C ve D'ye kadar artırılması vergi hasılatı üzerinde olumlu etkide bulunur. D noktası maksimum vergi hasılatının elde edildiği noktadır. Bu noktadan sonra yapılacak olan vergi oran artırımı hasılatı azaltacak nihayet F noktası üzerinde (% 100) sıfır hasılat olacaktır.

Sol taraf ise vergi oranlarıyla toplam piyasa üretimi ilişkisini göstermektedir. Vergi oranının sıfır olduğu varsayımı altında toplam piyasa üretimi Y1 düzeyindedir. Vergi oranı belli bir noktaya çıkarılıncaya kadar toplam piyasa üretimi artar. Çünkü burada devlet bir miktar vergi toplarken bir miktar da hizmet arz eder. Bu mal ve hizmet tam kamusal veya yarı kamusal olabilir. Bu hizmetler özel sektör üzerinde olumlu etki gösterir ve toplam piyasa üretimi artar. Bu ise GSYİH'nin artışı demektir. Vergi oranındaki artış L noktasından itibaren toplam piyasa üretimi üzerinde olumsuz etki meydana getirir. Çünkü yüksek vergi oranları fiyatları olumsuz etkiler.

T4'ten T3'e yapılacak bir vergi indirimi vergi gelirlerini R2'den R3'e çıkaracaktır. Şekilden de görüldüğü gibi toplam piyasa üretiminin maksimuma ulaştığı nokta (L) vergi hasılatının maksimuma ulaştığı noktadan (D) öncedir. Bunun nedeni şudur; devletin bir miktar vergi geliri toplaması ekonomiye bir miktar kamusal mal arz etmesi anlamına gelir. Başlangıçta bu düşük vergi oranları ekonomik birimlerin faaliyetleri üzerinde pozitif etkide bulunur. Böylece toplam piyasa üretiminde maksimuma, düşük bir vergi oranında ulaşır.[116]

3-Gelir-İkame Etkisi

Vergilendirme, w (ücret) oranının seviyesini de değiştirir. Örneğin w (ücret), saatte 100 birim ise ve eğer vergileme oranı % 25 ise, reel ücret oranı 75 birim/saat olur. Aşağıdaki grafikte vergideki bir artış, B noktasının aşağıya doğru yer değiştirmesine yol açar.

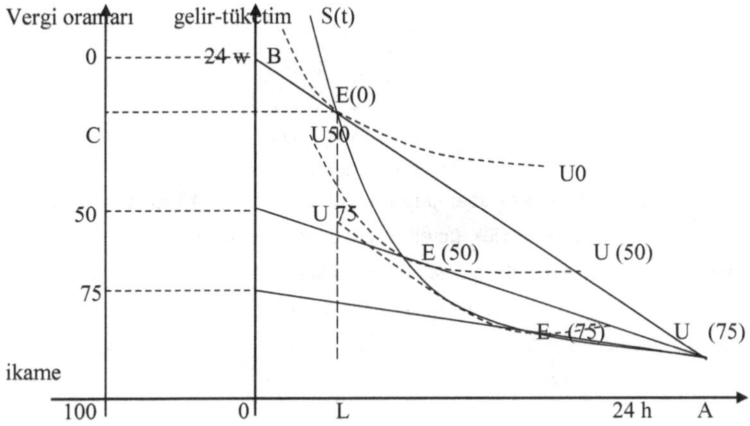

Şekil 8: İkame Etkisi

Burada S(t) eğrisi marjinal vergi oranlarının artırılması halinde emek arzının azaldığını gösterir. Buna bağlı olarak üretim de azalır. % 100 vergide emek arzı sıfırdır. Bu vergileme seviyesi için üretim de sıfırdır. Üretim miktarı (C), verginin % 0'dan % 100'e doğru yükselmesine paralel olarak üretim azalır. Buradan kolayca anlaşılmaktadır ki, % 100 vergi oranında, bireyler üretimlerinin tamamını devlete transfer etmek yerine çalışmamayı tercih edecekler veya faaliyetlerini yasal çerçeveden yeraltına kaydıracaklardır.[117]

Yüksek vergilerin ikame etkisini gösteren yukarıdaki açıklama yanında vergi oranlarının yükselmesinin gelir etkisi oluşturduğu da iddia edilmektedir. Buna göre vergi oranlarında yapılan bir yükseltme nedeniyle ücretlerde meydana gelen bir azalma, kişiler üzerinde çalışma etkisini azaltmaz. Çünkü kişiler eski kazançlarını sürdürmek isteyecekler ve bu yüzden çalışmaya devam edeceklerdir.

---

[116] AKTAN, 1990, a.g.e., s. 27.
[117] LACOUDE, "La Mellon..., a.g.e., s. 3-4.

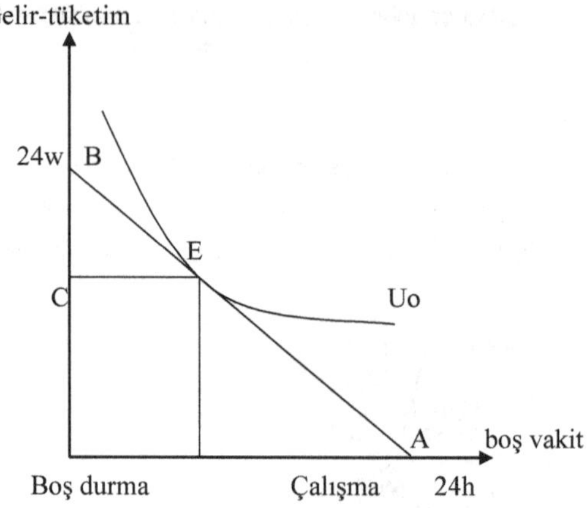

Şekil 9: Gelir Etkisi

Bir birey günde sıfır saat çalışırsa geliri sıfır olur. 24 saat çalıştığında ise geliri 24 w'dir ki w burada günlük ücreti ifade eder. Ancak bunlar uç noktalardır bunun dışında bir kombinezon da olabilir (A-B noktaları arasında). E denge noktasıdır. Bu noktada son çalışma saatinin marjinal faydası son boş durma (ikame) saatinin marjinal faydasına eşittir.[118]

[118] VAN DEN HAUWE, a.g.e.,s. 141.

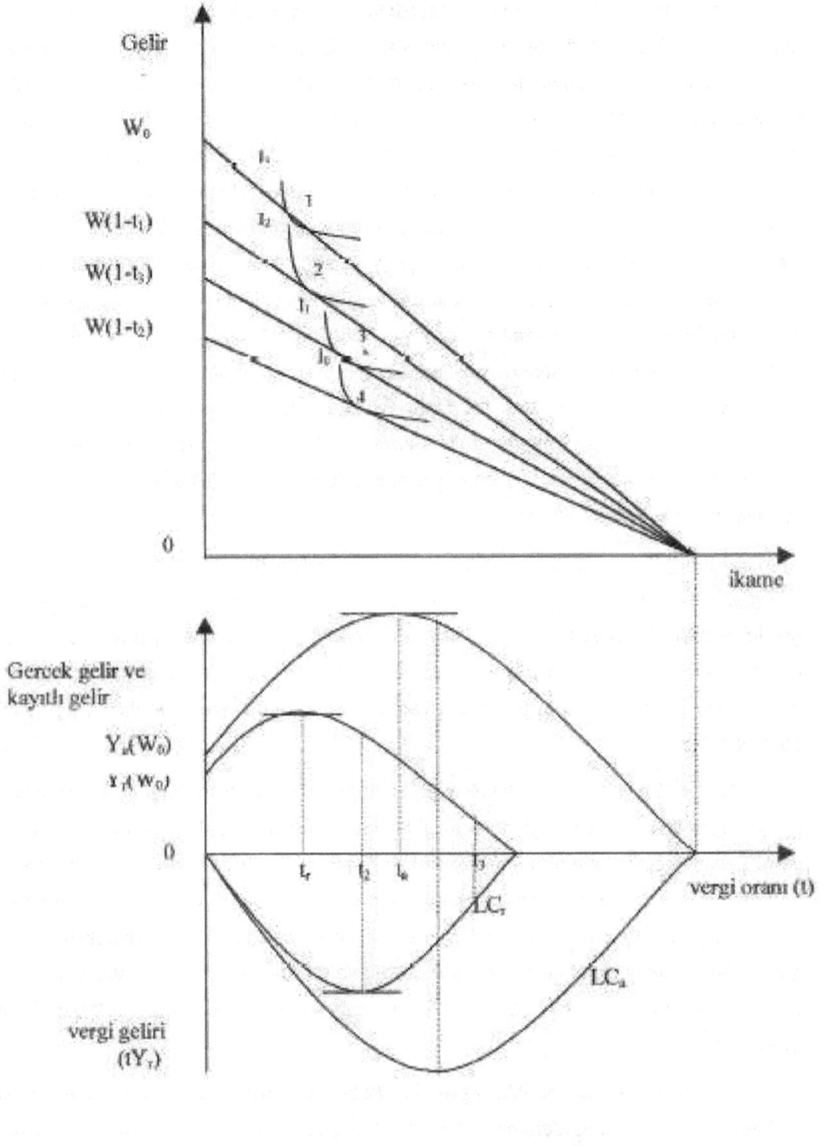

Şekil 10: Gelir-İkame Etkisi

Arz yönlü iktisadın getirisi şekildeki gibi gösterilebilir. Ekonomide maaş oranlarının W0 olarak düşünüldüğünde kişisel düzeydeki ikame tercih 1 nolu eğri üzerindeki noktadadır. Bu nokta makro düzeyde genel gelir düzeyini gösteren Ya (W0) noktasındadır. Vergi oranı sıfır olduğundan kaydedilen gelir oranı Yr (W0)'a yakın olacaktır. Daha yüksek vergi oranları dahil edilirse, (t1,t2,t3'te olduğu gibi) vergi oranları artırıldığında bunun etkisi ikame tercihini sırasıyla 2, 3 ve 4 noktalarına kaydıracaktır. Başlangıçta vergilerin gelir etkisi, kişilerin bütün normal mallardan daha az satın almasına, yani ikame etkisine yol açar. Çalışma saatleri artar ve gerçek gelir düzeyi yükselir. Bununla birlikte, bütün noktalarda, vergilerle bağlantılı olan ikame etkisi, boş durmanın fırsat maliyetini azaltır. Daha çok boş saat tercih edilir. Gelir ve ikame etkilerinin nispi kuvvetleri sonucu belirler. Gerçek gelirin maksimize edildiği vergi oranı şeklin B kısmında (ta) noktasıdır. Daha yüksek marjinal vergi oranlarında vergi kaçınma ve vergi beyan etmeme eğilimi artar. Dolayısıyla vergi (t) arttıkça gerçek ve kaydedilmiş gelir arasındaki fark artar. Daha düşük vergi oranı (tr) beyan edilmiş gelirin maksimize edildiği vergi oranıdır.

Vergi geliri, vergi oranı ve beyan edilmiş gelirin bir ürünüdür ve bu şekildeki Laffer eğrisini (LCr) ortaya çıkarır. Şeklin aynı kısmındaki (Lca) Laffer eğrisi gerçek gelirle ilişkilidir. (TYr) ve (tYa)'nın maksimize olmadığı, (Ya (W0) ve Yr (W0) maksimize olduğu görülür. Çünkü düşük gelirlilerden alınacak yüksek vergi oranı yüksek gelirlilerden alınacak olan düşük oranlı vergilere göre daha yüksek toplam vergi geliri sağlayacaktır.

Laffer t3'teki gibi, bir yüksek vergi oranından t2 düzeyine olacak bir düşüşün gerçek geliri beyan edilmiş geliri ve vergi gelirini artıracağını ileri sürer. Çalışmama ve vergi kaçırma eğilimlerinin önünü keserek hükümetin "insanların sırtından indirilmesi" herkese bir şeyler kazandıracaktır. Hükümetler harcayabileceği daha fazla gelire sahip olurken aynı zamanda gerçek üretim, işsizliği önleyecek şekilde yükselecektir. Eğer gerçek üretimdeki yükselme sıkı para politikası ile birlikte uygulanırsa, enflasyon oranı üzerinde bir düşüş baskısı olacaktır. Zaten cazip olan paket daha da çekici hale gelecektir.

Bu düşüncedeki mantıki aşamalar kabul edilebilir olmasına rağmen, bazı problemler vardır. Bunlardan önemli bir tanesi, şudur ki; başlangıç, Laffer Eğrisinin ötesinde olması gerekir. Buchanan ve Lee'nin kısa dönem ve uzun dönemli Laffer eğrilerinin arasındaki farka dayanarak ortaya koydukları görüş, bu bakımdan çok önemlidir. Arz iktisadı toplam arz eğrisini sağa kaydırabilir (yani üretim artar). Emek arzının vergi indirimleri karşısındaki tepkisi önemsizdir. Genellikle de uzun dönemde ortaya çıkmaktadır. Kısa dönemde vergi indirimlerinin toplam talebi hızlandıracağı, toplam arzı ise büyük oranda etkilemeyerek enflasyona neden olacağı iddia edilmektedir. Böyle bir düşünce vergileri düşürürken, bütçe fazlası ihtimalini ortaya çıkarır. Arz iktisadı diğer iktisat politikalarının aksine, farklı iktisat okullarının önerilerine açık olduğundan uygulamada diğerlerine nispetle daha caziptir. Asıl önem bu düşünce okulunun ideolojik olarak çekici olmasına değil, hangi makro faaliyetlerin seçmenlerin hoşuna gideceği verilir.[119]

F-Gutmann Yorumu

Aşağıdaki şekilde vergi indirimlerinin Gutmann tarafından yorumlanması incelenmiştir. Gutmann vergi indirimleri ile yer altı ekonomisinin ilişkisini ortaya koymuştur. Bu ilişki arz iktisatçılarının üzerinde durduğu bir ilişkidir ve vergi indirimleri sonucunda vergi gelirlerinin artmasında yer altı ekonomisinin cazibesini yitirmesi, dolayısıyla yer üstüne çıkmasının önemi büyüktür.

Gutmann Yorumu

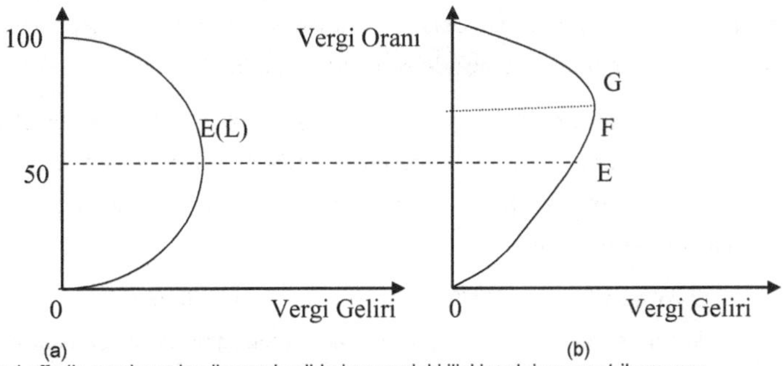

(a) Arthur Laffer'in vergi oranları ile vergi gelirleri arasındaki ilişkiye dair geometrik yorumu
(b) Gutnann'ın geometrik yorumu

Şekil 11: Laffer ve Gutmann Geometrik Yorumu

Laffer'in yorumunda maksimum vergi hasılatı % 50 oranında sağlanmaktadır. Gutmann'ın yorumunda ise maksimum hasılat % 50'nin üzerinde bir noktada sağlanmaktadır. Bunun sebebi politikacılardır. Politikacılar artan kamu harcamalarını vergi oranlarını yükselterek kapatma eğilimindedirler.

Gutmann kendi yorumundaki maksimum vergi hasılatının sağlandığı noktanın (G) altında bir noktada da (F noktası) vergi indirimlerinin vergi hasılatını artıracağı

[119] CULLIS AND JONES, a.g.e., s. 278-279.

düşüncesindedir. Halbuki Laffer eğrisinde vergi indiriminin vergi hasılatını artırabilmesi için mutlaka maksimum vergi hasılatı sağlayacak nokta üzerinde bulunması gerekir.

Gutmann'a göre vergi indirimleri neticesinde bazı ekonomik faaliyetler, yasal olarak yürütülmeye başlanır. Diğer bir ifadeyle, ekonomik faaliyetlerin önemli bir kısmı, yer altı ekonomisinden (underground economy) piyasa ekonomisine kayar. Bu durumda toplam piyasa üretimi genişler ve buna bağlı olarak vergi hasılatı artar. Buna "Gutmann etkisi" denmektedir. Gutmann etkisine göre, vergi oranı Laffer eğrisinin negatif etki gösteren bölgesinde dahi o bölgesinde dahi olsa, vergi gelirleri yer altı ekonomisinin piyasa ekonomisine kayması dolayısıyla vergi indirimleri vergi gelirlerinde bir artış sağlar[120]

G-Laffer Eğrisine Yönetilen Eleştiriler

Laffer eğrisi bazı açılardan eleştirilmiştir. Örneğin varsayımların doğruluğunun ampirik bulgularla test edilmesi son derece zor olduğu ileri sürülmüştür. Buna göre; Laffer vergi indirimlerinin derhal vergi hasılatı sağlayacağını söylemez. Ona göre vergi indirimleri yatırım ve üretim artışına, bu da gelir ve vergi artışına yol açar. Gerçekten vergi indirimleri yatırım ve üretimi uyarıcı bir etki yapar, ancak bu toplam vergi gelirlerini artırmak için yeterli değildir. Üstelik vergi indirimlerinin yeraltı ekonomisi üzerinde ne kadar etki edeceğini belirlemek de son derece zordur.[121]

Laffer eğrisi, bir başka açıdan da eleştirilmektedir. Buna göre eğri, merkezinde insan olan ekonomi bilimini incelediği halde insanların iyi ya da kötü olarak nitelendirilebilecek davranışlarını dikkate almamaktadır. Bunun dışında ahlaki ve politikaya ait şeyler arasında ayırım yapmaya imkan vermemektedir.[122]

Bazı eleştiriler ise Laffer eğrisinin bir hayal ürünü olduğu yönündedir. Laffer eğrisinde öne sürülen tasarruf, çalışma ve tüketim gibi etkiler esasen subjektif özellik taşır ve ölçülemez. İnsanların tercihleri ve beklentileri politikacılar tarafından bilinse bile, insanlar bu tercih ve beklentilerini daima sürdürmezler. Diğer bir eleştiri, Laffer eğrisinin makro ekonomik bir temelden yoksun olduğu yönündedir. Buna göre teori, vergi indirimleriyle ekonomik tercihlerin değiştiğini basit bir şekilde ele alır. Bu değişikliklerin nasıl olduğu, hangi sürelerde gerçekleştiği veya nispi fiyat değişikliklerinin neler olduğu tartışılmamaktadır.

---

[120] AKTAN, 1994, a.g.e., s. 92-93.
[121] KIMZEY, a.g.e., 1983 (b), s. 19.
[122] LACOUDE, "La Mellon..., a.g.e., s. 6.

Bunların dışında da eleştiriler vardır. Bunlardan bir tanesi, Laffer eğrisinin vergilerin etkileri ile ilgili olarak tam bir bilimsel temele dayanmadığı yönündedir. Laffer eğrisi kamu gelirlerini artırmaya yönelmiştir. Ama serbest piyasayı o kadar da çok dikkate almamıştır. Arz iktisatçıları vergilerin en iyi iktisat politikası aracı olduğu görüşünde yoğunlaşmışlardır. Ancak acaba politikacılar bunu uygulamaya koyabilecekler mi? Eğer arz yönlü iktisat kamu gelirlerini artırmak yerine verimlilik üzerinde dursa idi bazı gelişmeler olurdu: Örneğin bu durumda yatay eksen kamu gelirlerini değil, "özel sektör verimliliğini" gösterecek şekilde yeniden çizilirdi. Bu durumda yeni eğri vergi oranları ile verimlilik arasındaki ilişkiyi gösterirdi.[123]

Diğer bir eleştiri "geriye dönük emek arz eğrisi" ile ilgilidir. Şöyle ki; eğer bir ekonomide çeşitli iş gücü grupları, vergi indirimleri sonucu net gelirlerinde bir artış söz konusu olduğunda, eski hayat standartlarıyla yetinmeyi tercih ediyorlarsa o zaman daha az süreyle çalışıp, boş zaman tercihlerini artırabilecekleridir. Bu durum arz iktisadının öngörmediği bir durum olup, üretim artışını kısıtlayabilecek bir önemdedir.

Bir başka eleştiri ise arz iktisadının büyümeyi enflasyonsuz yapma iddiasına yönelik olup, yüksek verimlilik enflasyonu önler diye bir kuralın olmadığı yönündedir. Bu olguyu özellikle piyasaların rekabetçi olmadığı durumlar için geçerli bir tez olarak kabul etmek mümkündür.[124]

Vergi indirimlerinin iki yüzü olan bir kılıç olduğu unutulmamalıdır. Vergi indirimleri ekonominin prodüktif kapasitesini artırırken, toplam talebi de artıracaktır. Öte yandan toplam talebi artırıcı etkiler, arz etkisinden çok daha erken ortaya çıkacaktır. Özellikle gelir vergisinde durum böyledir. Bu nedenle "zamanlama" sorunu büyük önem taşır. Vergi indirimlerini takip eden ilk iki yılda talep artırıcı etkiler arz artırıcı etkilerden fazla olacaktır. Dolayısıyla vergi indirimleri kısa dönemde enflasyonist baskı oluşturabilir. [125]

Vergi indirimlerinin etkilerinin görülmesinde zaman boyutu da önemli bir etkendir. J. M. Buchanan ve Dwight Lee yayınladıkları bir çalışmada Laffer etkisinin uzun dönem ve kısa dönem çalışmalarını incelemişlerdir. Bu iki iktisatçı araştırmalarında yükümlülerin ve politik karar vericilerin beklentileri üzerinde de durmuşlardır. İlgili araştırmayı grafik yardımıyla açıklayalım:

---

[123] VAN DEN HAUWE, a.g.e., s. 143.
[124] TEKELIOĞLU, 1993, a.g.e., s. 253.

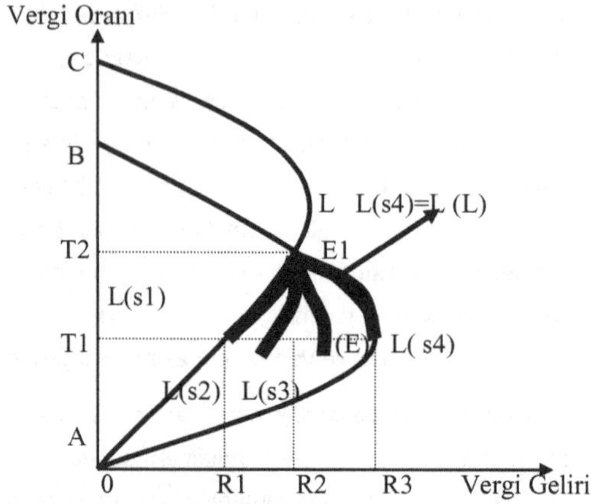

Şekil 12: Buchanan-Lee Modeli

Yukarıdaki şekilde kısa ve uzun dönem Laffer eğrileri birlikte gösterilmiştir. Uzun dönem, vergi oranlarındaki değişiklikler karşısında yükümlülerin bu değişikliğe adaptasyonu için yeterli süreyi göstermektedir. AB (L) uzun dönem eğrisi AC kısa dönem eğrileri (L(s) olarak gösterilmiştir.

Şekilden de anlaşılacağı üzere, uzun dönemde maksimum vergi gelirini sağlayacak vergi oranı T1'dir. Diğer bir ifadeyle E, vergi yükümlüleri için tam adaptasyon denge noktasını teşkil etmektedir. Buchanan ve Lee modelinin birinci önemli açıklaması şudur: Kısa dönemde vergi oranlarının indirilmesi Laffer etkisi, göstermez. Vergi indirimleri ancak uzun dönemde fiyatları etkiler ve buna bağlı olarak toplam piyasa üretimi ve toplam vergi gelirleri artar. Kısa dönemde yükümlülerin vergi oranının tekrar değişip değişmeyeceğine ilişkin kuşkuları, onların ekonomik kararlarını olumsuz olarak etkiler. Şekil üzerinde açıklamak gerekirse, vergi oranı T2'den T1'e indirilmesi kısa dönemde vergi gelirlerini R2'den R1'e indirir. Uzun dönemde ise bu etki R2'den R3'e şeklinde bir yükselme trendi gösterir.

Ancak politikacıların davranışları da önemlidir. Politikacılar uzun dönem dengesi yerine kısa dönem dengesinden yanadırlar. Bu yüzden vergi oranlarının artırma eğilimindedirler ve T1 oranını T2'ye çıkarırlar. Çünkü kronik bütçe açıkları böyle davranmayı gerektirir. Kronik bütçe açıkları da politikacıların yeniden seçilebilmek için "özel çıkar" sağlama eğilimleri çerçevesinde kamu harcamalarını artırma eğilimlerinden

[125] SAVAŞ, 1994, a.g.e., s. 256.

kaynaklanmaktadır ve bu durum "vergi optimumu"nun sağlanmasını olumsuz etkilemektedir.

Özetlemek gerekirse;

*Buchanan ve Lee'ye göre, vergi indirimlerinin, arzı ve vergileri artırıcı etki gösterebilmesi ancak uzun dönemde olabilir. Zaten analizlerde zımnen uzun dönem kabul edilir.

*Vergi yükümlüleri devleti, kısa dönemde gelir maksimize eden bir birim olarak ele aldıkları sürece vergi oranlarındaki indirimlerin devamlılığına inanmayacaklardır. Bu yüzden vergi indirimlerinin sürekliliği konusunda yükümlüler ikna edilmelidir. Buchanan bunun sağlanabilmesi için, basit çoğunlukla parlamento yetkisine (hatta Bakanlar Kuruluna) verilen vergi oranları üzerindeki yetkinin, nitelikli çoğunlukla anayasada yer almasının (vergi anayasası) mükellefleri vergi oranlarının uzun vadede değişmeyeceği konusunda ikna edebileceği düşüncesindedir.

P. Miller ve A. Struthers isimli iki iktisatçı 1979 yılında yayınladıkları bir makalede Laffer etkisinin önemli ölçüde belirsizlikler içerdiğini ileri sürmüşlerdir. Onlara göre "vergi oranlarındaki bir indirimin vergi gelirlerini artıracağı yönündeki bir "ümit" Laffer Etkisi'dir. Fakat bu zayıf bir beklentidir. Bu görüş kişilerin vergi sonrası gelirleri yükseldiğinde öncekinden önemli ölçüde fazla yatırım yapacakları varsayımına dayanır.[126]

Laffer eğrisine yapılan bir başka eleştiri de aşağıdaki şekilde açıklamıştır.

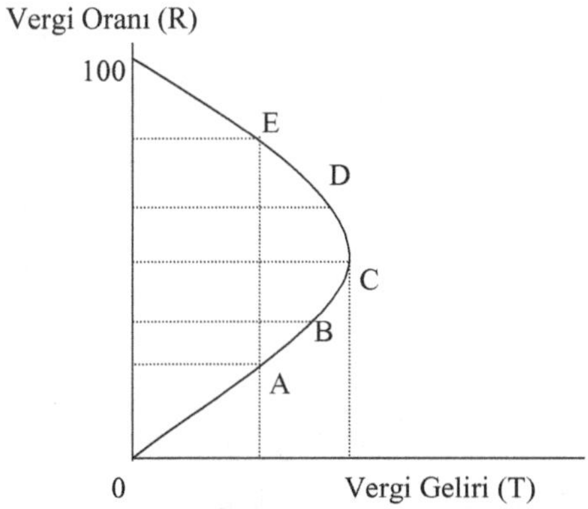

Şekil 13: Laffer Etkisindeki Belirsizlikler

[126] AKTAN, 1994, a.g.e., s. 89-92.

Laffer eğrisinin başarılı olabilmesi için mevcut vergi oranının C noktasının üzerinde bulunmaması gerekir. Vergi oranları E noktasından D noktasına indiğinde vergi gelirleri yükselecektir. Ancak maksimum vergi geliri noktasının hangi noktada bulunduğunu bilme imkanı olmadığından hiç kimse Laffer etkisinin ortaya çıktığından emin olmaz. Eğer vergi oranı C noktasından düşük ise, (A ve B noktaları) oranlarda yapılacak bir indirim vergi hasılatını artırmayacaktır.

Laffer etkisinin geçerli olması için yerine getirilmesi gereken ikinci önemli koşul, vergi indiriminin çok fazla olmamasıdır. Vergi oranının C noktasından yukarıda olduğunu varsaydığımızda, bu oranı vergi gelirini maksimum gelir noktasına daha yakın bir noktaya getirmedikçe Laffer etkisinin gerçekleşmesi mümkün değildir. Örneğin vergi oranını E'den D'ye veya C'ye indirilmesi vergi hasılatını artıracaktır. Ancak B noktasına yapılan indirim vergi hasılatını düşürecektir. Hiç kimse eğrinin şeklini ya da maksimum vergi geliri noktasının konumunu bilmediğinden, vergi oranlarını uygun bir şekilde azaltmak çok güç bir iş olacaktır.[127]

[127] J. Miller PRESTEN, "Vergi Oranları ile Vergi Gelirleri Arasındaki Ilişki ve Laffer Etkisinin Belirsizlikleri", Çev: C. Can AKTAN, **Dokuz Eylül Üniversitesi Iktisadi ve Idari Bilimler Fakültesi Dergisi**, Cilt: 8, Sayı: 1, 1993, s. 299-301.

İkinci Bölüm

Arz Yönlü İktisatta Vergi İndirimleri Politikası Ve Vergi İndirimlerinin Etkileri

Bu bölümde çalışmamızın ana konusunu oluşturan vergi indirimleri politikası ele alınmaktadır. Vergi indirimlerine genel olarak değinildikten sonra kökenleri üzerinde durularak bu politikanın sadece arz iktisadı ile gündeme gelmediği, tarihin derinliklerinde ve iktisadın bir bilim haline gelmesinden sonra zaman zaman gündeme geldiği ve iktisatçılarca analiz edildiği üzerinde durulmuştur.

Vergi indirimlerinin beklenen etkiyi (üretim artışı ve buna bağlı olarak vergi artışı ve diğer etkiler) meydana getirebilmesi için hangi koşullarda uygulanması gerektiği üzerinde durulduktan sonra, vergi indirimlerinin etkileri ve bu etkileri ortaya koyan bulgular üzerinde durulmuştur.

Vergi indirimleri politikası yanında bir kısım arz iktisatçısı tarafından önerilen ve yine esasen düşük oranlı vergi öneren düz oranlı ve tüketim tabanlı vergiler üzerinde durulmuş ve bu politikalara ilişkin uygulama önerileri ve uygulama sonuçlarına yer verilmiştir.

I-Vergi İndirimleri Politikası

Vergi indirimleri sadece günümüzün bir politikası değildir. Nitekim yaşadığı dönemin en büyük askeri mühendisi olarak bilinen Mareşal Vauban (1633-1707) da mali sorunların çözümleri ile ilgilenmiş ve bir mali reform önerisinde bulunmuştur. Vauban mevcut çok sayıdaki vergiyi kaldırıp, yerine kraliyet öşürü (dime royale) adı verilecek bir tür kişisel gelir vergisi konulmasını önermiştir. Bu vergi her tür gelire uygulanacak ve oranı % 10'u aşmamak üzere mali ihtiyaca göre ayarlanacaktı. Ayrıca sanatkarlar gibi bazı toplumsal gruplara uygulanacak vergi oranı diğerlerinden düşük tutulmak suretiyle vergide artan oranlılık ilkesi de uygulanacaktı. Ancak Vauban'ın bu önerilerini içeren kitap yönetim tarafından kabul görmemiş ve Kral 14. Louis tarafından yakılmaya mahkum edilmiştir.[1]

Sir William Petty 1662 yılında yayınlanan "Vergiler ve Mükellefiyetler Üzerine Bir İnceleme" (A Treatise of Taxes and Contributions) adlı kitabında vergi oranını % 10 olarak olması gerektiğini savunmuştur. Bu oran milli gelirin ne kadarının vergiye ayrılabileceğini gösteren orandı. Yine Petty'ye göre vergiler sabit oranlı (proportional) ve gelir dağılımını etkilemeyecek (neutral) biçimde olmalıydı. Eğer vergi sabit oranlı olursa;

> "hiç kimse böyle bir vergi nedeniyle zenginlik kaybına uğramayacaktır. Çünkü insanlar eğer gelirleri yarı yarıya azaltılsa veya bir misli artırılsa, her iki durumda da kendilerini aynı düzeyde zengin göreceklerdir."

Bir başka deyişle vergiler, kişilerin zenginlik durumlarını vergiden önceki seviyesinde tutmalıdır. Yani bir insan vergiden önce komşusundan üç misli zenginse, ikisi de öyle vergilendirilmelidir ki, vergiden sonra da zengin olan aynı kalsın. Böyle bir durum ancak sabit oranlı bir vergi ile gerçekleştirilebilir.[2]

Vergi indirimleri ile ilgili olarak klasik iktisadın kurucusu olan Adam Simith'in de görüşleri de vardır. Simith bu konuda şunları söylemiştir:

> "Yüksek vergiler bazen vergilendirilmiş malların tüketimini azaltır, bazen de kaçakçılığı teşvik eder, hükümetlerin normal zamanlarda toplayabildiklerinden daha az vergi toplamalarına yol açar.[3]

> Dahili vergilerle ilgili olarak Dupuit (1844);

> "aşama aşama vergi oranlarını artırmakla öyle bir noktaya gelinir ki, elde edilen gelir maksimuma ulaşmıştır. Bu noktanın ötesine geçilirse elde edilen gelir azalmaya başlar. En sonunda hiçbir gelir elde edilemez." David Hume, Say ve David Ricardo'nun da yüksek vergilerin zararlı olduğuna dair görüşleri vardır. [4]

> Bu konuda İslam Dünyasından da İbn-i Haldun görüş bildirmiştir:

> "Vergi konuları üzerine düşük oranlı vergiler konulduğunda bu, vatandaşların çalışma arzularını geliştirir. Düşük oranlı vergiler sonucunda teşebbüs büyür ve gelişir. Teşebbüslerin büyümesi ile birlikte yükümlülere tarh edilen vergi matrahı gelişir. Teşebbüslerin büyümesi ile birlikte yükümlülere tarh edilen vergi miktarı genişler. Netice olarak düşük oranlı vergilerle vergi gelirleri artmış olur."[5]

---

[1] SAVAŞ, 1997. a.g.e., s. 162.
[2] SAVAŞ, 1997. y.a.g.e., s. 173.
[3] Irwin L. KELLNER,"Will It Work?" **Wiewpoints On Supply-Side Economics**, A Prentice-Hall Company, Reston, Virginia: 1982, s. 15.
[4] Türkmen DERDİYOK, "Türkiye'nin Laffer Eğrisi", **Maliye Dergisi,** Mart-Nisan 1993. s. 28.
[5] Ibn-i Haldun'un görüşleri ileride daha detaylı olarak ele alınmıştır.

Bu görüşlerin aksini savunanlar da yok değildir. David Hume, Vergiler Üstüne (Of Taxes) adlı denemesinde vergilerin artmasının "halkın çalışkanlığını daha yüksek oranda artırarak" daha çok vergi ödeme gücü oluşturacağını savunmuştur. Ancak yine de çalışmayı artıracak optimum bir vergi seviyesi olduğunu savunur. Bu seviye aşıldığında vergi çalışmayı artırmaz aksine azaltır. Vergilemenin insanların çalışma arzusunu yok ederek tasarrufu engellemesine izin verilmemesini isteyen Hume, gelir dağılımındaki eşitsizliğin azaltılması gerektiğini savunmuştur.[6]

Arz yönlü iktisat teorisi temel olarak vergi indirimlerine dayanır. Arz iktisadında vergi indirimleri, özel sektörü yatırıma ve üretime özendirmek amacına yöneliktir. Vergi indirimlerinin sonucu olarak toplam mal ve hizmet arzını artırmak amaçlanır. Arz iktisadının ikinci bir yönü de vardır: Hem ABD'de hem de diğer ülkelerde para arzının büyümesini sınırlandırmak ve enflasyonu kontrol etmek için "altın standardına" geçmek.[7] Ancak arz yönlü iktisat daha çok vergi indirimleri yönüyle bilinmektedir ve Reagan Yönetiminin 1980'li yıllarda vergi oranlarını önce % 30'a sonra da % 25'e düşürdüğü politikasıyla yaygınlaşmıştır.[8]

Vergi oranlarında yapılan indirimin sermayenin maliyetini düşürdüğü ve yatırımları canlandırdığı ve verimliliği artırdığı hususunda genel bir fikir birliği vardır.

A-Vergi İndirimlerinin Başarı Koşulları

Arz iktisatçıları koruyucu devlet uygulamalarının başlangıçta kendisinden beklenenin tam aksine sonuçlar doğurduğunu ileri sürerek transfer ve yeniden dağılım harcamalarının kamu harcamalarını aşırı artırdığı devletin büyümesine ve sosyal harcamalara neden olduğunu ileri sürmüşlerdir. Başta sosyal harcamalar olmak üzere kamu harcamalarının kısılması, kamu sektörünün daraltılarak ekonomide devlet müdahalelerinin kaldırılmasını ileri sürer ve kaynakların kamu sektöründen özel sektöre transferinde verimliliğin daha fazla artırılabileceğini ileri sürerler.[9]

Vergi indirimleri arz iktisadının temel politika aracı olmakla birlikte ekonomik büyümenin yaşanması, vergi gelirlerinin artması gibi sonuçların gerçekleşebilmesi için kamu harcamalarında kısıtlamalara gitmek, yasal ve kurumsal serbestleşmeyi sağlamak veya bu politikaları sıkı para politikası ile desteklemek gerekmektedir. Vergi indirimlerini öngören Laffer eğrisi ile ilgili bilgiler birinci bölümde açıklanmıştır.

---

6 SAVAŞ, 1997. a.g.e., s. 214.
7 KIMZEY, 1983 (b), a.g.e., s. 16.
8 EVANS, 1983, a.g.e., s. 107-108.

1-Kamu Harcamalarının Azaltılması

Arz iktisatçıları vergi indirimlerini kamu harcamalarının azaltılmasıyla birlikte düşünürler. Bir başka deyişle vergi indirimlerinin yanında kamu harcamalarında paralel bir indirim yapılmaması vergi indirimlerinin etkilerini azaltacaktır. Vergi indirimleri ile harcama indirimleri birlikte yapılmazsa bu burum hem enflasyonun ve hem de faizlerin artışına yol açar. Faiz oranlarının yüksekliği ve enflasyonist baskı ise yatırımları azaltıcı bir etki gösterir. [10]

Reagan'ın Ekonomik Yeniden Yapılanma Programı (Economic Recovery Program) özel sektörü güçlendirmeye, kamu sektörünü küçültmeye ve serbest piyasa ekonomisine olan müdahaleleri azaltmaya dayanıyordu. Başkan programını uygulamaya koyarken, bir durgunluğun (recession) yaşanacağını tahmin edemedi. Programını seçim kampanyasında vaad ettiği şekilde uygulamaya koydu. Ancak başaramadı.[11] Bunun nedeni bu dönemde arz iktisadının öngörüsü olan kamu harcamaları indirimi politikasına gidilmemiş olmasıdır. Aksine özellikle savunma harcamaları daha da artırılmıştır. Bu yüzden bütçe açıkları da artmıştır.[12]

Bunun aksine yine 1980'li yıllarda vergi indirimleri politikasına giden İngiltere'de kamu harcamalarının azaltılması dönemin başbakanı Thatcher'in en önemli politikalarından biri idi.[13] Muhafazakar partinin ve dolayısıyla Thatcher'in ekonomik hedeflerinin başında yüksek enflasyon ve İngiltere'nin dünya ticaretindeki payındaki küçülmeyi gidermek amacına yönelmişti. Öteden beri uygulanmakta olan ve İşçi Partisi'nin başını çektiği devletçi politikalara son verilmesini ve devletin ekonomideki payının sınırlandırılması gerektiğini savunuyorlardı. Bunun araçları olarak da sıkı para politikası, vergi oranlarının düşürülmesi, kamu harcamalarının azaltılması ve özelleştirme gibi piyasayı etkinleştirilecek politikalardı.[14] İngiltere'de bu konuda ciddi adımlar atılmıştır. Yapılan çalışmalar neticesinde 1988 yılında kamu harcamaları/GSYİH oranı % 38.2'e indirilmiştir. Bu oran İngiltere'nin 1966'dan beri sahip olduğu en düşük orandır.[15]

---

[9] C. Can AKTAN, "Bankacılıkta Yasal-Kurumsal Serbestleşme", **Banka ve Ekonomik Yorumlar**, Yıl: 24, Şubat 1987, s. 41.

[10] "The Integration of Demand-Side and Suppy-Side Policies", **Wiewpoints On Supply-Side Economics,** A Prentice-Hall Company, Reston, Virginia: 1982, s. 246.

[11] KIMZEY,1983 (a), a.g.e., s. 12.

[12] KIRAZCI, a.g.e., s. 33.

[13] Bill JONES, Dennis KAVANAGH, **British Politics Today**, Fifth ed. Manchester University Press, 1995, s. 200.

[14] David MARSH, Implementation Gap: Explaining Policy Change and Continuity, Implementing Thatcherite Policies; Buckingham: Open University Press, s. 170.

[15] JONES and KAVANAGH, a.g.e., s. 200.

Vergi oranlarının indirilmesi halinde ortaya çıkacak ekonomik sonuçlar, büyük ölçüde toplumun beklentilerinin nasıl olacağına bağlıdır. Toplum vergi oranları indirildiği zaman ekonomide üretimin artacağını, yer altı ekonomisinin küçüleceğini ve bu gelişmelerin sonunda bütçe açığının azalacağını, hükümetin para basma işlemini yavaşlatacağını ve dolayısıyla enflasyon hızının düşeceğini ümit edebilir. Böyle bir beklenti önce emek arzının ve emek talebinin artmasını sonra da toplam arz ve toplam talep düzeyinin yükselmesini sağlar. Genel fiyat seviyesi ve toplam arz ve toplam talepteki artışlara göre ya düşme ya da yükselme gösterebilir veya istikrarını koruyabilir. Ancak vergi indirimleri sonucunda fertler daha değişik beklenti içine de girebilirler. Bu beklenti vergi indirimleriyle birlikte hükümetin vergi gelirlerinin azalıp harcamalarının azalmayacağı, bu yüzden bütçe açıklarının artacağı ve buna bağlı olarak para arzındaki artışın enflasyonu yükselteceği şeklinde olabilir. Bu tür bir beklenti önce emek arzını ve emek talebini azaltacak ve buna bağlı olarak arz azalacak ve talep artacaktır. Bunun sonucu ise yüksek enflasyon olacaktır. Bu nedenle vergi indirimleri ile birlikte kamu harcamalarının da azalacağı toplumu inandıracak açıklık ve kesinlikle belirtilmelidir.[16]

2-Yasal ve Kurumsal Serbestleşme (Deregulasyon) Politikası

Devlet çeşitli iktisat politikası araçlarını (para ve kredi, maliye, dış ticaret vb.) kullanarak ekonomiye müdahale edebilir. Devletin ekonomiye müdahalesi bazen belirli ekonomik faaliyetleri direk olarak düzenlemeye tabi tutması (regulasyon) ve/veya mal ve faktör piyasalarında serbestçe oluşabilecek fiyatlara müdahale etmesi şeklinde olabilir. Birinci türde devlet müdahalesine "ekonomik regulasyon", ikincisine ise "ekonomik kontrol" adı verilir. Örneğin devletin piyasaya giriş ve çıkışı düzenlemeye tabi tutması, bazı alanlarda yasal tekeller oluşturması uluslararası ticareti bazı yasal engellerle (tarifeler miktar kısıtlamaları vs) düzenlemeye tabi tutması gibi uygulamalar ekonomik regulasyonlara örnektir. Ekonomik kontroller, diğer bir deyişle dolaysız kontroller politikası ile de devlet üretim faktörlerinin piyasada serbestçe oluşabilecek fiyatlarına müdahalede bulunur. Mal ve hizmetlerin satış fiyatlarının kontrolü, ücret kontrolü, kira kontrolü, faiz oranı kontrolü, döviz kuru kontrolü vb uygulamalar dolaysız kontroller politikasının başlıca uygulama araçlarını oluşturmaktadır.[17]

Arz iktisatçıları devletin her alanda müdahale ve düzenlemelerini kaldırması gerektiğini ileri sürmüşlerdir. Yasal-kurumsal serbestleşme kavramı ile bütün

---

[16] SAVAŞ, 1997. a.g.e., s. 964.
[17] AKTAN, 2000, a.g.e., s. 176-177.

sektörlerde yasal düzenleme ve kısıtlamaların azaltılması veya tamamen kaldırılması, böylece sektörlerin rekabet içerisinde etkin ve verimli çalışabilmelerini ifade etmektedir. Arz iktisatçılarına göre devletin ekonominin işleyişine müdahalesi piyasa disiplinini bozmakta, nispi fiyat yapısını çarpıtarak ekonominin rekabetçi koşullarda ve etkin bir biçimde çalışmasını engellemektedir. [18]

Deregulasyon, arzın artışını önleyici bazı bürokratik engellerin kaldırılması gerektiğini de ifade eder. Bunların dışında para arzının da sıkı bir şekilde kontrol edilmesi gerekir. Ancak bu durumda vergi indirimleri enflasyonist bir etki yapmaz ve kendinden beklenen sonucu (ekonomik büyüme vergi gelirlerinin artması gibi) verebilir.[19]

Kısaca yasal ve kurumsal serbestleşme, devletin ekonomiye yaptığı düzenleme ve kontrollerin kaldırılmasını ifade etmektedir. Bir diğer deyişle, yasal ve kurumsal serbestleşme, mevcut ekonomik regulasyon ve kontrollere son verilmesi anlamını taşımaktadır.[20]

Ülkelerin ekonomik büyüme hızı açısından karşılaştırılması, kaynak dağılımını serbest piyasa ekonomisine bırakan (yani deregulasyon politikası güden) ülkelerin daha hızlı büyüdüğünü ortaya koymaktadır. Başarılı ekonomik büyüme örneklerinin hemen hepsinde yeni ve riskli atılımlara gönüllü bir biçimde girişmek isteyen bireylerin bu taleplerine cevap veren bir piyasa ekonomisi ve bu piyasa ekonomisinin gereklerine uygun bir kurumsal yapı ve piyasa ekonomisini düzenleyen kurallar ve kurumlar karşımıza çıkmaktadır.

Son yıllarda piyasa ekonomisine duyulan güvenin artması, dünyada daha da yaygınlaşmasına neden olmuştur. Ancak piyasa ekonomisine geçen devletin ekonomideki rolünü azaltarak ekonomilerini serbestleştiren ülkelerde piyasa ekonomisinin kural ve kurumlarının (Aksak Rekabeti Önleme Kurulu, Tüketiciyi Koruma Yasası (ya da Kurulu), Bankacılık Düzenleme ve Denetleme Kurulu, Anti Tekel Yasası vs...) oluşmamış ya da oluşturulmamış olmasından kaynaklanan etkinlik kayıpları ortaya çıkmaktadır. Piyasa ekonomisinin etkin bir şekilde işleyebilmesi için kurumsal bir çerçeveye, iyi tanımlanmış kurallara ve etkin bir biçimde çalışan kurumlara ihtiyacı vardır. Bu ihtiyaç hem devletin ve hem de toplumsal kurumların piyasa ekonomilerinde

---

[18] Coşkun Can AKTAN, "ABD'de "Vergi İndirimleri Politikası ve Etkileri", **Vergi Dünyası Dergisi**, Haziran1991, s. 53.
[19] Turhan TÜKENMEZ, "ABD'de Vergi Reform Kanunu", **Maliye Yazıları Dergisi**, Şubat-Mart 1987, s. 20-21.
[20] AKTAN, 2000, a.g.e., s. 177.

etkin bir rol oynamaları gerektiğini ortaya koymaktadır. Bu nedenle piyasa ekonomisinin serbestçe işlemesini engelleyen kısıtlamaların ortadan kaldırılmasına ilişkin her adım, piyasa ekonomisinin ihtiyaç duyduğu kural ve kurumların oluşturulması çabalarıyla da desteklenmelidir.

Bu çerçevede devlet, mülkiyet haklarının korunması, ve sözleşmelerin uygulanması için gerekli olan kural ve kurumları oluşturmalı ve böylece piyasaların rolünü genişletmelidir.

Devletin bu çerçevede diğer bir görevi, piyasaların etkin bir biçimde çalışmalarını sağlamak için işlem maliyetlerini azaltacak ve piyasalardaki aksaklıkların refah üzerindeki olumsuz etkilerini giderecek düzenlemeler yapmaktır.

Piyasaların sağlıklı işlemesinin bir yolu da güvendir. Açıklanan politikaların bir süre uygulanacağı, sürprizlerin olmayacağı yönünde güven oluşturan bir düzenleme ekonomik etkinliği artıracaktır.[21]

Kurum ve kuralların yetersizliği kayıt dışı ekonomiyle mücadeleyi de olumsuz etkilemektedir. Kayıt dışı ekonomi özellikle gelişmekte olan ülkelerde dikkate değer boyutlara ulaşmıştır. Bu artışın esas sebebi gelişmekte olan ülkelerin çeşitli dezavantajlara sahip olmasıdır. Bunların başında, az gelişmiş ülkelerde yasal kurumların yetersizliği ile birey ve firmaların kayıtlı sektörlerde çalışmasının yüksek maliyetlere sahip olmasıdır.[22]

İkinci Dünya Savaşı sonrası İngiltere (1945-1979 yılları arasında) resmen Keynes'in önerdiği müdahaleci devlet anlayışını benimsemiş ve karma ekonomi (mixed economy) politikası uygulanmıştı. 1979 yılında Thatcher'in iktidara gelmesiyle bu politika resmen terkedilmiş ve yerini piyasa ekonomisini güçlendirici politikalara bırakmıştır (kamu harcamaları ve vergilerde azalma, de regulasyonlara, para arzının kontrolü, özelleştirme... gibi). Bu sayede İngiltere'de ekonomi, İspanya hariç, tüm AB ülkelerinden daha fazla büyüdü. Oysa 1960'lı ve 70'li yıllar boyunca İngiltere AB ülkelerinin gerisinde idi.[23]

Yasal ve kurumsal serbestleşmenin temel amacı, tüm sektörlerde rekabetin canlandırılması ve dolayısıyla ekonomide verimliliğin yükseltilmesidir. Yasal ve kurumsal serbestleşme uygulamasına bir örnek teşkil eden yasal tekellerin

---

[21] "Türkiye'de Devlet ve Özel Sektör", **Asomedya**, Mayıs 2000, s. 33-34.
[22] ALTUĞ, s. 233.
[23] Margaret THATCHER, **The Downing Street Years**, Harper Collins Publisher, 1993, s. 668.

kaldırılmasının rekabet politikası açısından önemi şudur: Kamu güvencesi ve imtiyazı altında çalışan teşebbüsler özel teşebbüslere oranla rekabet açısından daha güçlüdürler. Her ne kadar pek çok ülkede kamu iktisadi teşebbüslerinin devlet müdahaleleri dışında mali ve idari yönden özerk olarak çalışmalarına izin verilmişse de bu esasen tümüyle sözde kalmakta ve siyasal iktidarların bu kuruluşlar üzerinde müdahaleleri söz konusu olmaktadır. Piyasada KİT'ler üzerindeki yasal düzenlemeler (regulasyonlar) doğrudan ve dolaylı olarak rekabeti ve ekonomide verimliliği azaltmaktadır. Yasal ve kurumsal serbestleşme yönünde alınacak kararlar serbest piyasa ekonomisinin üçlenmesini ve işlerlik kazanmasını sağlayacaktır.[24]

3-Sıkı Para Politikası

Arz iktisatçıları vergi indirimleri ve kamu harcamalarında indirim politikalarının para arzının son derece kısıtlı limitler içinde artırılması ile beraber yürütülmesi halinde, etkili olabileceğini ileri sürerler. Aksi taktirde kısa dönemde hem enflasyonist, hem de resesyonist sonuçlar kaçınılmaz olur. Çünkü bu politika faiz hadlerinin yükseltilmesine yol açar. Fakat kamu otoriteleri eğer kamu harcamalarını ve para arzını kısmada kesin bir tavır gösterirlerse ekonomik birimlerin enflasyon konusundaki öngörüleri geriler, dolayısıyla faiz hadlerinde bir düşme yavaş yavaş kendini göstermeye başlar. Bu suretle enflasyon gerilemesi ve büyümenin tekrar harekete geçmesi süreci işlemeye başlar. Arz iktisatçılarına göre para arzının milli ekonominin büyümesine bağlı olarak yavaş ve istikrarlı bir artış göstermesi gerekir. Sıkı para politikası enflasyonun kontrolü ve düşürülmesi için vazgeçilmez koşuldur. Ancak bunun sürekli ve kontrollü bir şekilde yapılması gerekir.[25]

Arz iktisatçılarının fikir babalarından Robert Mundell, vergi indirimlerinin sıkı para politikası ile birlikte yapıldığında vergi artışı olacağını iddia etmiştir. Mundell, vergi indirimleriyle birlikte hem toplam talebin hem arzın genişleyeceği buna karşın sıkı para politikası ile enflasyonun kontrol altında tutulabileceği görüşündedir. Bir başka bir deyişle, vergi indirimleriyle hem toplam talep hem de toplam arz aynı oranda artar, makul düzeydeki bir para arzı artışı, talebin aşırı artışını sınırlandırır ve fiyatlarla maliyetler arasındaki ilişkiyi makul düzeyde tutar.

Mundell para ve maliye politikalarının mutlaka birlikte uygulanması gerektiği görüşündedir. Ona göre genişletici maliye politikaları beraberinde sıkı para politikası ile uygulanırsa bu durumda enflasyonist baskı yaşanmayacaktır. Bu görüşleri R. Mundell

---

[24] AKTAN 2000, a.g.e., s. 177.

1961 yılında ileri sürmüştür. Dolayısıyla Mundell arz iktisadı henüz kamu oyu gündemine gelmemişken bu teorinin habercisi olmuştur.[26]

Amerika'da 1980'li yıllarda vergi indirimleri politikasını uygulayan Başkan Reagan sıkı para politikasından yana idi. Reagan bu görüşlerini bir konuşmasında şu şekilde ifade etmiştir:

> "Bizim planımız, piyasadaki para arzını sunulan mal ve hizmetlerden daha fazla artırmaya izin vermiyor. Enflasyonu kontrol altına alabilmek için para arzını yavaşlatmamız gerekiyor. Biz bunu çok ciddi bir şekilde takip edeceğiz. Programın başarısı için ekstrem olmayan bir para arzı politikası ile enflasyon ve faiz oranları düşecek ve piyasalar ve devletin mali yapısı yeniden yapılandırılacaktır."[27]

İngiltere'de de benzer politikaları uygulayan Thatcher hükümeti iktidara geldiğinde (1979) ekonomi politikası yönünde ilk ele aldığı konulardan birisi para arzını kontrol etmekti. Çünkü hükümet fiyat artışlarının parasal kökenli olduğunu düşünüyordu. Bu yüzden sıkı para politikası uygulamaya koydu. Çünkü Thatcher iktidarı devraldığında hem enflasyon hem de faiz oranları çift haneli idi.[28] Thatcher'in son yıllarında enflasyonda bir artış yaşanmakla birlikte (örneğin 1990 yılında % 9.7 iktidarı bıraktığı yıl (1991 sonu) bu oran % 3)[29] hükümet bunu memnun edici bir sonuç olarak görüyordu. Çünkü bu başarı uygulanan sıkı para politikasının bir sonucu idi.[30]

B-Vergi İndirimlerinin Amaçları

Vergi oranları ile vergi geliri arasında ters bir ilişki olduğu düşüncesi Adam Simith'e kadar dayanır.[31] Ancak bu ilişki Arthur Laffer'le birlikte hız kazanmıştır ve şekillendirilmiştir. Arz iktisatçılarının vergi indirimleriyle hedefledikleri amaç hükümetlerin ekonomiye müdahalelerini azaltmaktır. Ancak burada bir çelişki olduğu ileri sürülmektedir. Çünkü arz iktisatçıları vergi oranlarındaki artışın vergi gelirlerini artıracağını varsayarlar. Fakat aynı zamanda vergi indirimlerinin kamusal müdahaleleri azaltmayı amaçladığını savunurlar. Böyle olunca daha fazla vergi elde edecek olan hükümetlerin müdahale imkanları da artacaktır. Fakat dikkatli düşünüldüğünde bunun bir çelişki olmadığı ortaya çıkar. Çünkü özellikle Keynezyen iktisadın müdahaleci devlet anlayışının yaygınlaşmasıyla birlikte kamu kesimlerinde aşırı büyümeler yaşanmıştır.

---

25 "The Integration of Demand..., a.g.e., s. 246.
26 Tight Money and Fiscal Ease Can Generate Balanced, Non-Inflationary Growth, s. 50.
27 KELLNER, 1982, a.g.e., s. 13.
28 THATCHER, a.g.e., s. 39.
29 JONES and KAVANAGH, 202.
30 Mark GARNETT, **Prenciples&Politics in Contemporary,** Longman, London: 1996, s. 75.
31 14. yüzyılda yaşamış olan (1334-1406) Ibn-i Haldun vergi indirimleri ve bu indirimlerin etkisinden bahsetmiştir.

Bunun sonucu olarak hem vergi oranları, hem kamu harcamaları ve ayrıca bütçe açıkları ve kamu kesimi borçlanma gereği artmıştır. Dolayısıyla vergi oranlarının indirilmesiyle bir yandan piyasalar yeni kullanılabilir gelirler elde etmekte, bunun sonucu olarak gelir etkisinin yüksekliği nispetinde bir taraftan üretim artışı yaşanmakta ve hükümetlerin piyasalara müdahalesi azalmakta, öbür taraftan vergi gelirleri artmakta ve bu vergi gelirleri yukarıda belirttiğimiz sorunların giderilmesinde kullanılmakta, ayrıca daha önce verilemeyen kamu hizmetlerinin verilebilmesi ve mevcut kamu hizmetlerinin daha etkin verilebilme imkanları doğmaktadır. Kısaca arz iktisadında vergi indirimlerinin amacı, Keynezyen iktisatta olduğu gibi piyasaları yönlendirmek değil, tam tersine piyasaların arz talep çerçevesinde oluşmasına yardımcı olmaktır.

Temel amaç, ekonomik büyümeyi sağlamak, piyasa ekonomisini güçlendirmek, vergi gelirlerini artırmak, bütçe açıklarını azaltmak, devlet müdahalelerini azaltmak, vergiyi daha adaletli ve tabana yayılı hale getirmek kayıt dışı ekonomi ile mücadeleyi kolaylaştırmak, vergi nedeniyle kişilerin yatırımlarında meydana gelen sapmaları en aza indirmek, milli geliri artırmak, kullanılabilir geliri artırmak... şeklinde çoğaltılabilir. Ancak esas amaç, kamusal müdahaleleri azaltarak piyasa güçlerine şans tanımak ve böylece büyümeyi ve vergi hasılatında artışı sağlamaktır.

II-Vergi İndirimlerinin Etkileri

Vergi indirimlerinin ekonomi üzerinde oldukça çok etkisi vardır. Bunlardan ilki, indirimlerin özel sektördeki kullanılabilir geliri artırmasıdır. Bunun sonucu olarak talepte pozitif bir etki meydana gelir. Pozitif talep etkisi esasen kısa vadeli bir olgudur. Orta vadede arz yanlı etkiler önem taşır.

OECD tarafından düzenlenen ekonomik performans ve yapısal düzenlemelerle ilgili bir rapor, ağır vergiye sahip ekonomilerin genellikle düşük büyüme oranına ve işsizliğe sahip olduklarını ortaya koymuştur. Yüksek vergiler yatırım eğilimi ve çalışma üzerinde olumsuz etkide bulunur. OECD'ye göre ülkelerin ekonomik büyümeyi kendi kendilerine sağlama kapasitesi yeterli değildir. Örneğin vergi sistemlerinin bu yeteneklerin teşvikler yoluyla performansa dönüştürmesi zorunludur. Bu etkiler daha çok dolaylıdır ve işlevi orta vadededir, fakat ekonomik büyüme için hayati derecede önemlidir. Verginin bu sonuçları yıllarca göz ardı edilmiştir.

Vergi indirimleri teşebbüs ve yatırımı özendirir ve üretim kapasitesinde ve bir bütün olarak ekonomide uzun vadeli büyümeye yol açar. Ancak vergi indirimlerinin arz ve talep etkileri birbirinden kesin olarak ayrılamazlar. Örneğin yatırımlar hem arz ve hem de talep etkilerine sahiptir.

Kurumlar vergisindeki oran indirimi gelir vergisindeki indirimden oldukça farklı etkiler doğuracaktır. Üstelik bir vergi tipindeki indirim diğer vergi tiplerinde toplanan hasılatı etkiler. Bununla birlikte, örneğin gelir vergisindeki bir indiriminin vergi gelirlerini azaltma ihtimaline rağmen, kurumlar vergisi gelirleri yüksek oranda kullanılabilir gelirden ortaya çıkan tüketim talebinin bir sonucu olarak artacaktır.[32]

Bunların dışında vergi indirimlerinin ortaya çıkarttığı bazı etkiler aşağıdaki gibi sayılabilir.

*Vergi indirimleriyle kişisel tasarruflar yükselir. Tasarrufların artışı yatırımlar için daha fazla fon demektir. Bu ise üretim artışı ve yaşam standardının yükselmesi anlamına gelir.

*Kurumlar vergisinde yapılan bir indirim, vergi sonrası gelir artacağından, yatırımları artırır ve yatırım kredileri ucuzlar.

*Vergi indirimleri neticesinde oluşan yatırımlar üretimi artırır. Bu da kişi başına mal ve hizmetin artması anlamına gelir ve enflasyonu azaltıcı bir etki gösterir.

*Vergi indirimleri ile oluşan üretim artışı yeni talepleri ve yeni mal ve hizmet üretilmesini gerektirir. Bu ise beraberinde dengeli büyümeyi getirir.

*Ücretlerdeki yükselme nedeniyle çalışanların ek ücret talebine yönelik pazarlık gücü azalır. Çünkü bu durumda ücretleri vergi dilimi sürüklenmesi ve enflasyon nedeniyle erimeyecektir.

*Vergi indirimleri sonucu düşüş eğilimine giren enflasyonla birlikte ihracat artışı da yaşanır. Çünkü milli para güç kazanır. İhracat artışı ise enflasyonu daha da azaltır.

*Düşük enflasyon vergi sonrası kullanılabilir geliri artıracak ve böylece üretimde, tüketimde ve istihdamda artış yaşanacaktır.

*Düşük vergi oranı çalışma gayreti üzerine de etki eder. Çalışma gayreti hem nitelik ve hem de nicelik olarak artar.

*Ekonomik büyümenin genişlemesi nedeniyle vergi hasılatı yükselir çalışanların geliri artar ve vergi kaçakçılığına yönelik faaliyetler azalır.[33]

---

[32] Peter A.G. Van BERGEICK, Jarig Van SINDEREN and Pieter M. WAASDORP, "Supply and Demand Effects of Tax Reductions" http:www//info.minez.nl/aep/extern/aephome/taxdyna.htm, 18.8.1999.
[33] EVANS, 1983, s. 108-109.

Yüksek vergi oranları sadece iş gücü piyasası ve sermayeyi etkilemekle kalmayıp aynı zamanda vergi kaçakçılığını özendirir ve yer altı ekonomisinin büyümesine yol açar. Arz iktisadının en önemli öngörülerinden birisi vergi indirimleri sonunda kamu gelirlerinin nispi olarak artacağı yönündedir. Buna bağlı olarak ekonomide verimlilik ve üretim artışının arkasında yer alan en temel kavram marjinal vergi oranlarıdır. Hangi ülkede marjinal vergi oranları yüksekse o ülkenin verimliliğinin düşük ve marjinal vergi oranlarının düşük olduğu ülkelerde ise verimlilik yüksektir ve gelişme eğilimindedir. Arz iktisatçılarının ekseriyeti vergi indirimlerinin vergi gelirlerini artıracağını kabul ederken, bir kısım iktisatçılar daha ihtiyatlı düşünürler ve marjinal vergi oranlarında yapılan indirimlerin olumlu olduğunu söylemekle yetinirler.[34]

Burada verilen genel bilgilerin arkasından aşağıda bu çalışmanın da konusunu oluşturan "vergi indirimlerinin vergi gelirlerinin artırılması ve verginin tabana yayılmasına" etkisine gelmeden önce bu sonuca yol açacak gelir ve ikame etkisi, vergilerin tasarruf ve yatırımlar üzerindeki etkisi üzerinde durulmuştur.

A-Gelir ve İkame Etkisi

Arz iktisadı esasen teşviklere dayanır. İnsanlar davranışlarını teşviklere göre belirlerler. Teşvikler değiştiğinde kişilerin davranışları da değişir. Örneğin insanlar vergi ödeyerek çalışmak istemezler. Vergi sonrası gelirlerinin ne olduğuna bakarlar. Duruma göre çalışma yerine eğlenmeyi, boş durmayı ya da iş değiştirmeyi düşünebilirler. Bir başka deyişle insanlar, (ekonomik) durumlarını geriye götürecek bir faaliyet içinde bulunmak istemezler. Tam aksine zenginliklerini artırma eğilimindedirler. Bu yüzden vergi sonrası gelirin miktarı kişilerin kararları üzerinde etkili olur.[35]

Arz iktisatçıları, artan oranlı gelir vergisinde yüksek vergi oranlarının emek arzı üzerinde çoğunlukla ikame etkisi ortaya çıkardığı ve çalışma arzusunu olumsuz yönde etkilediğini kabul ederler. Artan vergi yükünün etkisi iki şekilde kendini gösterir. Birincisi artan vergi yükü nedeniyle, kişiler daha önce başkalarına yaptırdıkları işleri kendileri yapmaya başlarlar. Ancak bunun kısa dönemi kapsayan bir etki olduğu söylenmektedir. İkinci etki ise, tasarruflar üzerinde kendini gösterir. Vergi oranları arttıkça kişilerin tasarruf yaparak gelecekte elde edecekleri ek gelirlerinin önemi azalır.

Arz iktisadına göre yüksek vergilerle çalışma arzusu kösteklenir ve emek gelirlerinden sağlanan vergi gelirleri azalır. Eğer vergilerin özellikle kişisel gelir

---

[34] CLODFELTER, a.g.e., s. 131-132.

vergisindeki yüksek vergi oranlarının ücretleri aşındırması engellenebilirse, buna işçiler daha büyük çalışma gayreti ile cevap verecektir. Bu durumda, vergilerdeki bir indirim sonucu işçiler çalışma saatlerini artıracaklardır. Çünkü ek gelir artışının büyük bir bölümünü kendilerinde tutabileceklerdir. Eğer vergi yükü artırılırsa bu durum kişilerin daha az çalışma gayreti içerisine girmelerine ve de iş arama çabalarını azaltmalarına neden olur. Bu sonuç Keynezyenlerin vergilemenin iş gücü arzını etkilemediği düşüncesinin aksine bir var sayımdır.

Bu durumun tersine devlet, arz edilen işgücünün maliyetini boş zamana göre azaltan bir vergi indirimine giderse, bu işgücü arzını artıracak, diğer şartlar değişmediği taktirde de reel üretim ve gelir dolayısıyla toplam talep yükselecektir. Yani vergi indirimi çalışma ve boş zaman tercihi açısından çalışmayı teşvik etmektedir. Öte yandan aynı indirim tasarrufun da maliyetini azaltarak, sermaye birikimini ve dolayısıyla toplam talebi artırmaktadır.

Devlet eliyle yapılan harcama, üretimi kısarken aynı harcamaların vergi indirimleri yoluyla kişilere yaptırılması hem istihdamı hem üretimi hem de toplam talebi artırmaktadır. Bu artışın hangi oranda olacağı ise vergi indiriminin çalışma ve tasarrufun nispi maliyetinde ortaya çıkaracağı azalmanın alacağı değere bağlıdır. Ancak, vergi indirimi sonucu kişilerin net gelirlerinde bir artış olduğu taktirde eski hayat standartlarıyla yetinmeyi tercih ediyorsa o zaman daha az süreyle çalışıp boş zaman tercihini artırabilir. Bununla birlikte ekonomide bir çok işgücü grubu vergi indirimi sonucu net gelirlerinde bir artış olduğu taktirde eski hayat standartlarıyla yetinmeyi tercih ediyorsa o zaman daha az süreyle çalışıp boş zaman tercihini artırabilir. Arz iktisadına göre devletin görevi serbest piyasayı güçlendirici tedbirlere yönelik olmalıdır.[36]

Vergiler aşırı artırılırsa kişiler daha fazla boş zaman kullanırlar veya çalışma saatlerini azaltırlar. Bununla ilgili olarak yapılan bazı çalışmalar vergilerin artırılması ile çalışma gayreti arasında bir ilişkinin olduğunu göstermiştir. Vergi oranlarının artırılması istihdamı da etkilemektedir. Yapılan araştırmalarda vergiler % 10 artırıldığında işçi alımlarının % 1 düştüğünü göstermiştir. Diğer bir etki ise işgücü kalitesindeki düşmedir.

---

[35] Arthur B. LAFFER, "What Went Wrong With Supply-Side" Economics", **Wiewpoints On Supply-Side Economics,** A Prentice-Hall Company, Reston, Virginia: 1982, s. 292.
[36] TEKELIOĞLU, 1987, a.g.e., s. 115.

Kısaca yüksek vergiler iş gücünün hem kalitesi hem de kantitesi üzerinde olumsuz etki yapmaktadır.[37]

Her vergi mahiyeti gereği, bazı şeylerin maliyetini diğerlerine göre değiştirir. Bu durum alternatif kaynak kullanımını gündeme getirir. Örneğin piyasaya arz edilen emeğin maliyetini boş vakte göre azaltan bir vergi indirimi, emek arzının artmasına neden olacak ve diğer koşular aynı kalmak şartıyla reel üretim, reel gelir ve dolayısıyla toplam talep artacaktır. Bu sonucu oluşturan vergi indirimi çalışma (work) ile boş vaktin (leisure) nispi maliyetleri üzerinde etki yapar. Aynı şekilde tasarrufun maliyetini tüketime oranla azaltan bir vergi indirimi, sermaye birikimini hızlandıracak ve dolayısıyla üretimi toplam geliri ve toplam talebi artıracaktır. Her iki durumda da reel üretim ve talepte meydana gelen etkinin büyüklüğü bütçe açığının değil, vergi indiriminin niteliğinin ve çalışma ile tasarrufun nispi maliyetinde ortaya çıkardığı etkinin büyüklüğüne bağlıdır. [38]

Arz iktisatçılarına göre vergi indirimleri sonunda vergi sonrası net kullanılabilir gelirin artması çalışma ve boş zaman arasındaki tercihi etkileyerek kişileri daha fazla çalışmaya yöneltir.[39] Vergi indirimleri sonucunda çalışma ve yatırım arzusunun vergi indirimine göstereceği esnekliği ölçmek çok zordur. Fertlerin vergi sonrası gelirleri arttığı zaman daha az çalışabilirler (ikame etkisi) veya daha az yatırım yapabilirler. Bazı iktisatçılara göre herkesin ulaşmayı arzu ettiği bir gelir düzeyi vardır. Dolayısıyla vergi indirimleri neticesinde artan gelirler kişileri çalışma yerine dinlenme ve eğlenmeye de sevk edebilir.[40] Ancak arz iktisadı, marjinal vergi indirimlerinin etkisinin çalışma etkisi yönünde olduğu yönündedir. Çünkü işgücü piyasası esnektir. İşgücünün artışı üretimi de artırır. Bu artış hem toplam mal ve hizmetlerde ve hem de reel gelirin artışında kendisini gösterir. Bir başka deyişle vergi oranlarında yapılan indirim kamu gelirlerini azaltmaz artırır. Arz iktisadına göre vergi indirimleri toplam talebi artırır. Çünkü marjinal vergi oranlarında yapılan bir indirimin ilk etkisi çalışma ve tasarruflar ve yatırımlar yoluyla toplam talebin artmasıdır. Yani ilk etki şahsi gelirlerin artmasıyla talebin yükselmesi şeklinde olmaz.[41]

---

[37] EVANS, 1982, a.g.e., s. 28.
[38] SAVAŞ, 1994, a.g.e., s. 249.
[39] EVANS, 1982, a.g.e., s. 28.
[40] SAVAŞ, 1994, a.g.e., s. 250-251.
[41] KYER, a.g.e., s. 44.

B-Vergi İndirimlerinin ve Tasarruf ve Yatırımlar Üzerindeki Etkisi

Keynezyen iktisada göre bütün vergi indirimleri aynı sonucu doğurur. Ancak arz iktisatçıları bu konuda farklı düşünür ve onlara göre değişik gruplara yapılan vergi indirimlerinin etkisi birbirinden farklıdır. Bu nedenle vergi indirimlerinin yatırımları, tasarrufları ve çalışma isteğini en fazla harekete geçirecek alanlarda yapılmasını önerirler.[42]

Arz iktisadında maliye ve para politikalarının makro ekonomik etkileri yerine kişileri daha çok çalışma, tasarruf ve yatırıma teşvik edeceği umulan mikro ekonomik tedbirler ön plana çıkmaktadır. Arz iktisatçıları Keynezyen iktisatta kabul edilen transferlerin; tasarrufları azaltacağı ve bütçe açıklarını artıracağı, buna karşın arz iktisadının öngördüğü vergi indirimlerinin tasarrufları artıracağı görüşündedir.[43]

Arz iktisatçılarına göre, bir ekonomide uygulanan vergi indirimi politikası, Keynezyenlerin ileri sürdüğü gibi toplam talebi teşvik ettiği için değil, kişileri çalışmaya, yatırıma, tasarrufa ve üretime teşvik ettiği için etkilidir.[44] Onlara göre; gelir ve kurumlar vergisindeki bir indirim ekonomi üzerinde devlet harcamalarındaki artıştan daha büyük bir etkiye sahiptir.[45]

Bazı iktisatçılar özellikle gelir vergisinin tasarruflar üzerinde olumsuz bir etkiye sahip olduğu görüşündedir. Klasik iktisatçılardan J. Mill ve N. Kaldor bu görüştedir. Mill tasarrufların istisna bırakılmadığı bir vergi sistemini adil kabul etmezken, Kaldor gelir vergisi yerine tüketim vergisini (consumption tax) önerir. [46]

Marjinal vergi oranlarında meydana gelen azalma bireylerin çalışma arzularını artıracağı gibi tasarruflarını da etkiler. Bireyler gelirlerini ya tasarruf eder veya tüketirler. Marjinal vergi oranlarında meydana gelen değişiklik bireylerin bugünkü tüketim ve gelecekteki tüketim eğilimleri üzerinde etkili olacaktır.[47]

Vergi indirimleri sonunda iki türlü etki meydana gelir. Bir yandan kişiler ve firmalar daha fazla mal ve hizmet satın alır. Bu ise harcamayı artırıcı bir etki meydana getirir. Vergi indiriminden kaynaklanan vergi azalması; harcamaların artmasıyla birlikte mal ve hizmet alımına, dolayısıyla GSMH'de artışa neden olur. Bu durum ortaya çıkan

---

[42] Bruce R. BARLETT, "Arza Dayalı Iktisat", Çev: Süreyya SAKINÇ, **Banka ve Ekonomik Yorumlar**, Nisan 1988, s. 35.
[43] EVANS, 1982, a.g.e., s. 33.
[44] AKTAN, 1987, a.g.e., s. 48.
[45] SAVAŞ, 1994, a.g.e., s. 251.
[46] AKTAN, 1994, a.g.e., s. 106.
[47] YILDIRIM, 1989, a.g.e., s. 97.

vergi kaybını telafi eder. Bu çift yönlü süreç sonucu toplam talepteki artış vergi indirimlerinden daha fazla olur. Vergi indirimi hem kişiler hem de firmaların vergi sonrası gelirlerini artırır.[48]

Arz iktisatçıları tasarrufların faiz oranına esnek olduğu görüşündedirler. Bu nedenle tasarrufların artırılması için tasarruflardan elde edilen faiz kazancı vergiden istisna edilmelidir. Böylece tasarrufların getirisinde meydana gelen artışın tasarrufları artıracağı düşünülmektedir.[49]

Arz iktisatçıları, vergi indirimleri sonucunda artan gelirlerini kişilerin daha fazla emek ve sabit sermaye alımında kullanacağını öne sürerler. Onlara göre faiz, kar payı ve sermaye kazançları şeklindeki yatırım gelirleri üzerindeki vergi oranlarının indirilmesi halinde kişisel tasarruf ve yatırımlara ayrılabilecek fonlar artmaktadır.

1-Vergi İndirimleri ve Tasarruf İlişkisi

Vergi indirimleri kişilerin daha az ya da daha çok tasarrufa yöneltebilmesi gelir ve ikame etkilerinin şiddetine bağlıdır. Birey vergi indirimi sonucu artan gelirinin tamamını cari dönemde veya gelecek dönemde tüketme tercihini yapmak durumunda kalacaktır. Bireylerin cari dönemde tüketme eğilimleri tüketim, gelirlerinin bir kısmını veya tamamını gelecek dönemde tüketmek üzere ayırmaları tasarruf anlamına gelir.[50]

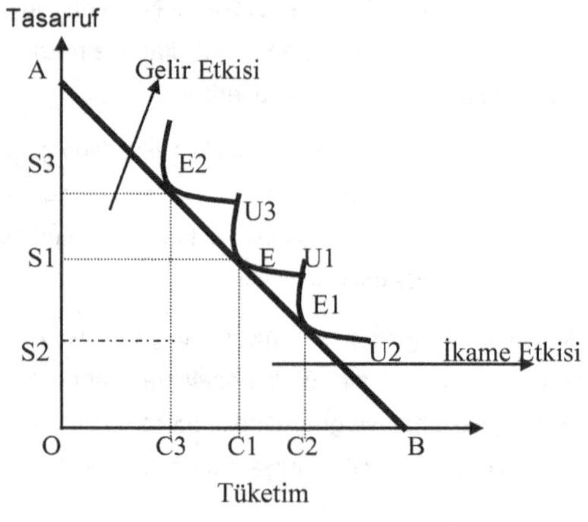

Şekil 14: Vergi İndirimlerinin Tasarruflar Üzerindeki Etkisi

---

[48] The Integration of Demand..., a.g.e., s. 242.
[49] Refia YILDIRIM, "Vergiler, Bütçe Açıkları ve Sermaye Oluşumu", **Kütahya IIBF Yıllığı**, 1991, s. 302.
[50] BOSKIN, a.g.e., s. 31-32.

Şekilde yatay eksen tüketimi, dikey eksen tasarrufu göstermektedir. Başlangıçta U1 kayıtsızlık eğrisinin bütçe doğrusunu (A-B doğrusu) kestiği E noktasında gelirin O-C1 kadarını tüketmeyi, buna karşın C1-B kadarını tasarruf ettiğini düşünelim. Gelir vergisi indirilmesi neticesinde bireyin U1 kayıtsızlık eğrisinden sağa veya sola doğru kayma ihtimali vardır. Birey vergi indirimi neticesinde artan gelirini cari dönemde veya gelecek dönemde tüketecektir. Bu geliri cari dönemde tüketmek tüketimin maliyetini artırır. Gelecek dönemde tüketmek ise faiz, kar payı gibi ek gelir getirir. Bu yüzden bireyler bu ek gelirlerinin tamamını veya bir kısmını gelecekte tasarruf etme eğilimindedirler. Buna "gelir etkisi" (income effect) denir. Şekilde bireyin bu tercihte bulunması halinde denge noktası E1'den E2'ye kayar. Tüketime ayrılan miktar ise C1-C3 kadar azalmıştır. Buna kaşın tasarrufa ayrılan miktar S1-S3 kadar artmıştır. Ancak vergi indirimleri neticesinde ortaya çıkan ek gelir tüketim harcamaları şeklinde de kullanılabilir. Ancak arz iktisatçıları gelir etkisine önem vermektedirler.[51]

2-Vergi İndirimleri ve Yatırım İlişkisi

Gelir vergisi oranlarının azalması ile fertlerin tasarruf arzusu artar. Bu ise faizin düşmesine ve yatırımların artmasına yol açar. Bunun nedeni vergi indirimleriyle birlikte borç alma isteğinin azalmasıdır. Vergi indirimlerinin yol açtığı tasarruf etkisi kurumlar vergisinde de kendisini gösterir ve yatırımların karlılığı artar.[52]

Özellikle artan oranlı gelir vergisinin tasarruflar yanında yatırım kararları üzerinde de olumsuz etkileri vardır. Çünkü mükellefler kazançlarının bir kısmını vergi olarak devlete vermek zorundadırlar. Vergi yükünün ağırlık derecesi yatırım kararları üzerinde ne derece etki yapacağını da göstergesidir. Vergi indirimleri ise vergi yükünün hafiflemesi ve vergi sonrası gelirin artması anlamını taşır. Bunu da şekil üzerinde aşağıdaki gibi gösterebiliriz:

---

[51] AKTAN, 1994, a.g.e., s. 106-107.
[52] SAVAŞ, s. 1997. a.g.e., 962.

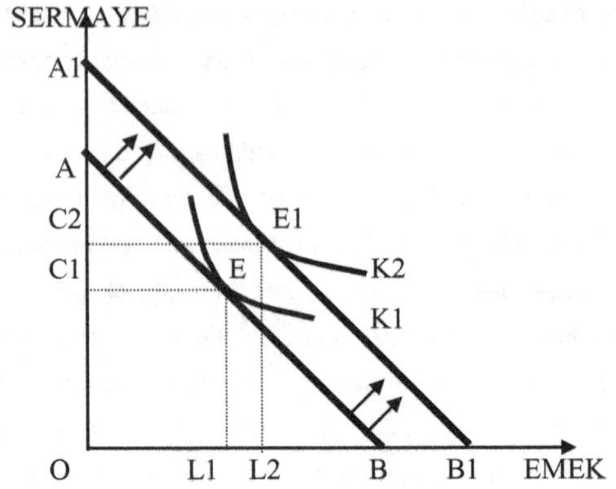

Şekil 15: Vergi İndirimlerinin Yatırımlar Üzerindeki Etkisi

Arz iktisatçıları vergi indirimleri neticesinde firmanın eş ürün eğrisinin* sağa doğru kayacağını yani firmanın yatırıma yönlenebileceğini savunmaktadır. Şekilde bu durum vergi indirimi neticesinde firmanın eş maliyet doğrusunun[54] A-B'den A1-B1'e kaymış olarak görülmektedir. Firma vergi indirimleri neticesinde A-A1 kadar sermaye ve B-B1 kadar fazla emek satın alabilecektir.[55]

3-Bulgular

Bir çok ampirik çalışma kişisel vergilerde yapılan bir indirimin tasarrufu teşvik ettiğini göstermektedir. Yapılan bir ampirik çalışmaya göre kişisel vergilerde yapılan % 10'luk bir indirimin tasarrufları % 3'ten daha az artırdığı sonucunu ortaya koymuştur. Bunun anlamı vergi indirimleri neticesinde ortaya çıkan gelir artışının tamamının tasarrufa ayrılmadığı, hatta bunun düşük düzeyde kaldığıdır. Vergi indirimleri neticesinde oluşan ek gelirin daha çok talebe yöneldiği ve kısa dönemde harcandığı bir gerçektir. Ancak vergi indirimlerinin yatırım etkileri özellikle uzun dönemde görülür.[56]

Kennedy vergi indirimlerini takip eden ilk iki yıl içinde kişisel tasarruflarda % 50'den fazla bir artış olmuş ve sermaye harcamaları geçmiş on yılla karşılaştırıldığında 1/3 oranında artmıştır. Toplam gelir 1963 yılında 48.2 milyar $'dan 47.2 milyar $'a gerilemiştir. Fakat daha sonra tekrar yükselmiş ve 1955'te (49.5 milyar $), 1967'de (62

---

[53] Eş ürün eğrileri, üretimde kullanılan iki faktörün emek,sermaye çeşitli bileşimlerinde aynı veren ürün eğrisidir.
[54] Eş maliyet doğrusu ise, firmanın toplam harcama ve yatırım imkanlarını gösterir.
[55] AKTAN, 1994, a.g.e., s. 108-109.
[56] "The Integration of Demand...a.g.e., s. 245-246.

milyar $) olarak gerçekleşti. Bu miktar 1963 yılına göre % 31 oranında bir artışı temsil eder.[57]

Amerika'da Başkan Jhonson 1968 yılında "Fakirlikle Mücadele" ve "Vietnam Savaşı" nedeniyle ek vergi yükü getirmişti. Bu dönemde Amerika'da enflasyon % 2'den % 4'e yükseldi. Ekonomistlerin çoğunun görüşüne göre bu artışın sebebi gelir ve kurumlar vergilerinde yapılan % 10'luk bir ek vergidir. Enflasyonun yanında faiz oranları da % 7'ye yükseldi. Buna karşılık 1969 yılı bütçesi 8.4 milyar $ fazla verdi. Arkasından 1970 resesyonu yaşandı.

Amerika'da ek vergi düzenlemesi 1968 yılı ortalarında getirildi. Etkisi 1969 yılında yaşandı ve 1970 yılı ortalarında resesyona dönüştü. Bu dönemde yaşanan bir başka şey ise tasarruflarla ilgilidir. Kişisel tasarruflar 1967 yılındaki % 7.1'lik seviyesinden 1968 ve 1969'da % 6.4'e indi. 1970-1971 yıllarında ise sırasıyla 8.0 ve 8.1'e yükseldi.[58]

Yine ABD'de Reagan döneminde yapılan vergi indirimleriyle birlikte 1982 ve 1983 yıllarında özel tasarruflardaki artış beklentisi gerçekleşmedi. Üstelik 1970'li yıllardakine benzer bir şekilde düştü. Ancak 1984'ten itibaren yükseliş başladı. Bu da göstermektedir ki, vergi indirimlerinin etkisi uzun vadededir. Bunun böyle olduğu sonraki yıllarda özel yatırımların çok hızlı bir şekilde artmasından anlaşılmaktadır. Bu yüzden arz yönlü vergi indirimlerinin başarısı göz ardı edilemez.[59]

1980'li yıllarda tasarrufların düşmesi arz iktisatçılarının beklemediği bir durumdu. Ancak bu iki faktöre bağlanabilir. Bunlardan birincisi Amerika'daki demografik değişiklikle ilgilidir. Babby boomer[*] neslinin harcamaları bu dönemde en üst düzeye çıkmıştır.

İkincisi ise tasarruf hesaplarında çok önemli yeri olan zenginlere ait bilgilerin toplanmasında başarısız olundu. Aslında servet değerlerinde 1980'den 1990'a kadar iki kat bir artış olmuştur. Dow Jones Sanayi endeksi yaklaşık olarak üç katına çıktı ve

---

[57] KIMZEY, 1983 (b), a.g.e., s. 33.
[58] EVANS, 1983, a.g.e., s. 116.
[59] BOSKIN, a.g.e., s. 153.
[60] Bu kavram Ikinci Dünya Savaşı sonrasında 1947-61 arası Amerika'da meydana gelen doğum oranlarındaki yüksekliği ifade etmek için kullanılır. 1980'li yıllarda ise bunlar yetişkin çağda idi ve bunların harcamaları tasarrufları azalttı.

1980'deki 884 seviyesinden 1989'da 2.509'a yükseldi. Ancak bu artışlar tasarruflarla ilgili istatistiklerde dikkate alınmadı[61]

Tablo 9: Reagan Dönemi İle İlgili Bazı Karşılaştırmalı Ekonomik Veriler (%)

	Reagan Öncesi	Reagan Dönemi	Reagan Sonrası
	1974-1981	1981-1989	1989-1995
Reel GSYİH	2.8	3.2	2.1
Reel Ortalama Aile Geliri	0.0	1.4	-0.6
İstihdam Artışı	0.2	0.7	0.1
Verimlilik (Üretim Artışı)	1.6	1.3	1.1
İşsizlik Oranı	0.2	-0.3	0.0
Enflasyon Oranı	-0.2	-0.5	-0.5
Uzun vadeli Faiz Oranları	0.8	-0.6	-0.3
Kişisel Tasarruflar	0.0	-0.5	-0.5

Kaynak: NISKANEN and MOORE, s. 6.

Amerikan Ticaret Departmanına (Commerce Department) göre Reagan döneminde yapılan vergi indirimleri Amerikan vergi mükelleflerinin 1982 yılında 32 milyar $ 1983'te 75 milyar $ 1984'te 113, 1985'te 135 ve 1986 yılında 160 milyar $ tasarruf yapmasına yol açtı. Toplam tasarruf 515 milyar $ olarak tahmin edilmektedir. 1982 1984 ve 1986 yıllarında yapılan vergi indirimleri ile vergi yükü/GSMH azaldı ama 1960'lı yılların seviyesine inmedi. Bu dönemde vergi yükünün GSMH'ye oranı ortalama olarak % 18.9 olarak gerçekleşti. Ayrıca Reagan'lı yıllarda 17 milyon yeni istihdam alanı oluşturuldu.[62]

C-Vergi İndirimlerinin Bütçe Üzerindeki Etkisi

Arz iktisatçıları vergi indirimlerinin bütçe üzerindeki etkisinin bu açıkları kapatmaya yönelik olduğu düşünmektedir. Çünkü vergi indirimleriyle birlikte vergi hasılatının; yaşanacak olan ekonomik büyüme, vergi tabanının genişlemesi, kayıt dışı ekonominin cazibesini yitirmiş olacağından yer üstüne çıkması, dolayısıyla vergilendirilir hale gelmesi, kamu harcamaları indirimleriyle birlikte düşünüldüğünde bütçe açıkları azalacak ve makul bir düzeye inecektir.

Bununla birlikte 1940'lı yıllarla birlikte Keynezyen düşünce hakim oldu ve iktisatçılar ekonomik başarı adına mali sorumsuzluğun birer savunucusu oldular. 1960'lı yıllarla birlikte kamu açıklarının kötü bir yanının olmadığı kanaatine vardılar ve bunun sonucu olarak süregelen ve teşvik edilen bir bütçe açığı rejimi ortaya çıktı.

Keynezyen bütçe politikasının 1970'li yıllardaki sorunlar üzerinde de ciddi etkileri olmuştur. Bir tarafta yüksek vergi oranları, diğer tarafta üretken olmayan

---

[61] William NISKANEN, Stephan MOORE, "Supply-Side Tax Cuts and The Truth About The Reagan Economic Record", **Cato Policy Analys,** No: 261, October 22, 1996, s. 5.

[62] J. RUTLEDGE. "The Deficit On Excessive Gevernment Spending The Mountain of Red Ink Grows Taller", **US News&Word Report**, August 1991, s. 60.

kesimlere verilen transfer ödemelerindeki artış, 1970'li yıllarda üretimin artışını engellemiştir. Dolayısıyla bu dönemde geniş boyutlara varan bütçe açıkları, reel üretimde bir artış sağlanması konusunda başarısız kalmıştır. Bir taraftan toplam arzdaki daralma devam ederken, bütçe açıkları enflasyonu körüklemiştir.[63]

Keynezyen iktisadi anlayışa göre devlet elinde bulunan bütçe ile ekonominin ince ayarını yapabilecek ve ekonomiyi tam istihdama götürebilecektir. Bu düşünceler doğrultusunda, kamu kesimine vergileme ve harcamalar konusunda getirilebilecek bir sınırlama ekonomik etkinliği azaltacaktır. Buna göre, vergilerin indirilmesi ya da aynı miktarda kamu harcamalarının artırılması benzer etkiler göstermektedir. Arz iktisatçılarına göre ise, vergi indirimleri yapılması ile harcamaların artırılması durumunda çok şey fark eder. Ayrıca değişik vergi türlerinin etkileri arasında da çok geniş farklılıklar vardır.[64]

Oysa ki vergilerin artırılması sonsuza kadar devam edemez. Yüksek vergi ekonomik büyümeyi yavaşlatacağı gibi vergi tabanını da daraltacaktır. Dolayısıyla bütçe açıklarını azaltmanın yolu yeni vergiler ihdas etmek değil, kamu harcamalarının (ve vergi oranlarının) azaltılmasından geçer. Uzun dönem uygulanan açık bütçe politikalarının bir alışkanlık oluşturması ise korkulan bir sonuçtur. Bu sonuç uzun dönemde gelir dağılımında ve kaynakların kullanımında sapmalara sebep olacaktır.[65]

Arz iktisatçıları bütçe açığı ile para arzı artışı arasındaki geleneksel ilişkiye de karşı çıkar. Bir başka deyişle açık bütçenin zorunlu olarak enflasyonist olması gibi bir ilişkiyi kabul etmezler. Önemli olan bütçenin açık olması değil, açığın ne şekilde finanse edildiğidir. Bütçe açıkları para arzı artışı ile kapatılmaya çalışılmamalıdır.[66]

Keynezyen teoriye göre vergi indirimleri harcanabilir milli geliri artıracak, bunun sonucu olarak da özel tüketim (dolayısıyla toplam talep) artacaktır. Arz iktisadı bunun mümkün olmadığı görüşündedir. Çünkü, vergiler azaltılırken devlet harcamasının aynen devam etmesi bir bütçe açığı oluşturacaktır. Bu durum tasarrufu azaltacaktır. Bunun iki sonucu vardır ya tasarruflar bütçe açığı kadar artar ve tüketim artışı gerçekleşmez ya da yatırımlarda bütçe açığı kadar bir azalma olur. Her iki halde de vergi indirimleri bir harcama artışına yol açmayacaktır. Bazı kişiler harcamalarını

[63] ORHAN, a.g.e., s. 33.
[64] James McGill BUCHANAN, "The Balanced Budget Amendment: Clarifying the Arguments. " **Public Choice**, 90, Kluwer Academic Publishers, 1997, s. 117-138.
[65] SCHNEIDER, 1992, a.g.e., s. 13.
[66] TEKELIOĞLU, 1993, a.g.e., s. 252.

artırsalar da diğer bazıları azaltacaktır. Bu durumda tüketim yeniden dağılacak, ancak toplam miktar değişmeyecektir. [67]

Arz iktisatçıları, Amerika'da 1964'teki vergi indirimini izleyen ekonomik genişleme ile 1970'lerde yaşanan stagflasyon olgusunu kendi teorilerinin daha iyi bir şekilde açıklayabileceğini belirtmektedirler. 1964 yılındaki vergi indirimi toplam arzı teşvik etmiş olması nedeniyle, başarılı sonuçlar vermiştir. [68]

Bu başarılı sunucu karşılık 1980'li yıllarda Amerika'da yapılan vergi indirimleri arz yönlü etkiler göstermiştir. Öncelikle durgunluk (recession) aşılmış ve yatırımlar canlanmıştır. Vergi indirimlerinden kaynaklanan gerçek bir vergi geliri artışı yaşanmıştır. Ancak bu artış o dönemde yaşanan bütçe açıklarını telafi edecek nitelikte değildi.[69] Çünkü Reagan yönetiminde bütçe açıkları yıllar itibariyle sürekli artış göstermiştir. Bu yüzden Reagan'ın ekonomik programının esasını teşkil eden vergi indirimleri politikası sürekli eleştirilmiştir. ABD, II. Dünya Savaşı'ndan bu tarafa ilk defa bu derece yüksek bir bütçe açığı ile karşı karşıya kalmıştı. Bu artışta, özellikle ilk yıllarda, vergi indirimlerinin payı inkar edilemez. Ancak bütçe açıklarını sağlıklı değerlendirebilmek için kamu harcamalarıyla birlikte göz önünde tutmak gerekmektedir. 1980-1990 yıllarına ait bütçe açıkları aşağıdaki tabloda gösterilmiştir.

Tablo 10: Reagan Dönemi Bütçe Açıkları (Milyar $)

Yıllar	Federal Devlet Gelirleri	Federal Devlet Harcamaları	Bütçe Dengesi
1980	517.1	590.9	-73.8
1981	599.3	678.2	-78.9
1982	617.8	745.7	-127.9
1983	600.6	808.3	-207.8
1984	666.5	851.8	-185.3
1985	734.1	946.3	-212.3
1986	769.1	990.3	-221.2
1987	854.1	1.003.8	-149.7
1988	909.0	1.064.0	-155.1
1989	975.5	1.137.0	-161.5
1990	1.059.3	1.151.8	-92.5

Kaynak: AKTAN, 1991, s. 60.

Amerika'da 1980'li yıllardaki bütçe açıklarının artmasında en önemli etken kamu harcaması indirimlerine gidilmemiş olmasıdır. Bu yüzden vergi indirimleri politikasının da başarısız olduğu düşünülmektedir. Buna karşın Reagan döneminde kamu gelirleri ABD'de reel olarak artmıştır. Devam eden bütçe ödemeler dengesi ve faiz üzerinde olumsuz etkileri beraberinde getirmiştir. Bu dönemde Amerika'da bütçe açıkları "kara delik" olarak nitelendirilebilecek seviyeye gelmiştir.

---

[67] SAVAŞ, 1986 a.g.e., s. 176-177.
[68] ORHAN, a.g.e., s. 32.
[69] BOSKIN, a.g.e., s. 141.

Reagan dönemine ait bazı önemli harcama kalemlerindeki artışlar şu şekilde gerçekleşmiştir: Savunma bütçeleri, tarım sübvansiyonları ve emekli ödemeleri bu dönemde sırasıyla % 111, % 300 ve % 86 oranında arttı. Transferlerdeki artış ise % 47'dir. Bu dönemde sağlık harcamalarında da % 44 artış oldu. Buna karşın, işsizlik azalmış ve düşük gelirlerin hayat standardı yükselmiştir[70]

Arz iktisadının en önemli temsilcisi olan Prof. Arthur Laffer kendisiyle yapılan bir röportajda Amerika ekonomisindeki bütçe açıklarının uygulayıcılardan kaynaklandığını ve vergi indirimi uygulamalarının etkisinin azaltıldığını savunmuştur. Prof. Laffer bu konuda devamla şunları söylemiştir:

> "Bütçe açıkları kötü ekonominin sebebi değildir. Açıklar, kötü yönetilen bir ekonominin sonucudur. Düşük büyüme hızı, yüksek işsizlik, yüksek enflasyon ve yüksek faiz oranı ile bütçenin dengeye getirilmesi mümkün değildir."[71]

Thatcher dönemi İngiltere'si de yine vergi indirimlerinin yapıldığı diğer bir ülkedir. Bu döneme ait ilginç bir sonuç; 1987-89 yılları arasında hükümetin kamu kesimi borçlanma gereğini ortadan kaldırması, bir başka deyişle bu yıllarda İngiltere'de bütçe fazlasının yaşanmış olmasıdır. Bu sırasıyla % 0.7, % 3.0 e % 2.7 olarak gerçekleşmiştir. Bunun anlamı 1987-89 yıllarında bütçenin belirtilen oranların GSYİH'ye oranı kadar bütçe fazlası verdiğidir. Oysa İngiltere en son İkinci Dünya Savaşı'ndan önce bütçe fazlası vermişti. Bu sonucun elde edilmesinde hükümetin kamu harcamalarında indirimlere gitmesi, sıkı para politikası, özelleştirmeye ağırlık vermesi ve vergi indirimleri politikalarının etkili olduğu söylenebilir. Yine bu dönemde hükümet refah devleti ve popülist politikalar uygulamaktan kaçınmışken özel sektörü teşvik edici vergi politikalarına ağırlık vermiştir.[72]

Tablo 11: Bazı Ülkelerde Bütçe Açıklarının GSMH'ye Oranı (%)

Ülke/Yıllar	ABD	Kanada	İngiltere	Almanya	Hollanda	İtalya	Fransa	İspanya	Japonya	İsveç	Avustralya
1970-86	1.7	2.9	2.8	2.0	3.3	9.4	-1.1	-2.2	-2.1	-2.1	-0.8
1983	3.8	6.9	3.6	2.5	6.4	10.7	-3.2	-4.8	-3.7	-5.0	-4.0
1984	2.8	6.6	3.9	1.9	6.2	11.5	-2.7	-5.5	-2.1	-1.6	-3.2
1985	3.5	7.0	2.9	1.1	4.8	11.3	-2.9	-6.8	-0.8	-3.8	-2.9
1986	2.4	5.5	2.6	1.2	5.6	11.2	-2.9	-5.7	-0.9	-0.3	-2.8
1987	2.4	4.4	2.1	1.7	6.3	10.3	-2.8	-4.9	-1.2	+3.9	-1.6
1988	2.3	3.3	1.9	2.3	10.3	10.0	-2.7	-4.9	-1.1	+2.6	-0.3

Kaynak: ROBERTS, 1990, s. 117.

[70] Philippe LACOUDE, "L'effect Laffer En France Au Cours Des Années 1980", 0s. 26.
[71] LAFFER, a.g.e., s. 287.
[72] J. Dennis DERBYSHIRE and Iaan DERBYSHIRE, **Politics In Britain: From Callaghan to Thatcher,** Edimburg: 1990, Chambers, s. 230-231.

D-Vergi İndirimlerinin Vergi Gelirleri ve Verginin Tabana Yayılması Üzerindeki Etkileri

Arz iktisadı, öngörülen şekilde yapılan vergi indirimlerinin ekonomik büyüme sonucu daha fazla mal ve hizmet üzerinden vergi alınacağı, gelir etkisinin yüksek olacağı, vergi kaçırma ve vergiden kaçınmaların azalacağı gibi nedenlerle hem vergi tabanının genişleyeceği ve hem de vergi gelirlerinin bu genişlemeden ve yaşanan büyümeden mütevellit artacağı görüşünü ileri sürmektedir. Bu görüş özellikle ABD'de uygulanan vergi indirimleri ile de kanıtlanmıştır. Bu ülkede uygulanan her üç vergi indirimi sonunda da vergi hasılatında bir artış yaşanmış ve vergi yükü zenginlere doğru kaymıştır. İngiltere'de yaşanan ise bütçe fazlasıdır.

Vergi oranları ile vergi geliri arasında ters bir ilişki olduğu düşüncesi Adam Simith'e kadar dayanır. Ancak bu ilişki Arthur Laffer'le birlikte hız kazanmıştır ve şekillendirilmiştir. Arz iktisatçılarına göre marjinal vergi oranlarında yapılan indirimler fiyatları pozitif yönde etkileyecek bu ise toplam piyasa üretiminde yani GSYİH'de bir artışa sebep olacaktır. Bu durum "Laffer etkisi"[73] olarak bilinmektedir. Ancak bu görüş daha önceki yüzyıllarda çeşitli filozof ve iktisatçılar tarafından da ileri sürülmüştür. Özellikle 14. yüzyılda ilk olarak bu konudan bahseden İbn-i Haldun'dan dolayı "Haldun-Laffer Etkisi" olarak da adlandırılmaktadır. İbn-i Haldun'un bu konudaki görüşleri şöyledir.[74]

> "Topulumun oluşumunun başlangıcında vergiler küçük matrahlar karşılığında yüksek vergi hasılatı sağlar. Toplumun genişlemesi ile birlikte vergiler büyük matrahlara karşılık düşük vergi hasılatı sağlar.
>
> Vergi konuları üzerine düşük vergiler yüklendiğinde bu, (yükümlülerin) çalışma ve bir şeyler yapma arzularını geliştirir. Düşük vergiler vergi yükümlülerini tatmin edeceği için, kültürel teşebbüs büyür ve artar. Öte yandan kültürel teşebbüsün büyümesi ile birlikte, yükümlülere tarh edilen vergi matrahı genişler. Netice olarak kişisel matrahların toplamı ile vergi geliri artmış olur."

1970'li yıllara gelindiğinde Keynezyen iktisada Amerika'da bir alternatif olarak çıkan arz iktisatçıları, bu problemi ilk başta Laffer eğrisi aracılığıyla teorileştirip çözümlemeye çalışmışlardır. Güney California Üniversitesinde görevli bir iktisatçı olan Arthur Laffer tarafından geliştirilen eğri, "vergi oranları arttıkça bu oranlar sayesinde hükümetlerin topladığı yıllık gelirlerin aslında azalan verim noktasına ulaştığı" düşüncesini taşır. Bu noktayı geçtikten sonra, devletin alıkoyduğu hisseye razı olmayan insanlar meşgul oldukları gelir getiren faaliyetlerinin miktarını düşürmeye

---

[73] Laffer eğrisi ve etkisi birinci bölümde açıklanmıştır.

başlayacaklardır. Giderek daralan bir vergi tabanı yüzünden hükümetlerin ellerine geçen gelir sürekli azalacaktır.[75]

Laffer eğrisi en az vergi alınıp, vatandaşın çalışma ve kazanma isteğinin azamiye ulaşabileceği noktaları birleştirmeye çalışır. Vergi oranını saptarken, vergi hasılatını maksimuma çıkaracak en uygun noktayı bulmak gerekmektedir. Vergi optimumu olarak nitelendirilebilecek bu noktadan sonra vergi hasılatı düşmeye başlayacaktır.

Laffer eğrisi ile öngörülen etki (Laffer etkisi) beraberinde toplam vergi gelirlerinin artışını getirir. Vergi indirimleriyle beraber mükelleflerin çalışma ve üretim yapma arzuları artar. Üstelik mükellefler geçmişte yeraltına kayıp beyan etmedikleri gelirlerini de beyan etmeye başlarlar ve böylece vergi tabanı genişler.[76]

Arz yönlü iktisatla ilgili pedagojik çalışmaların çoğu daha çok Laffer etkisinde tartışılan işgücü arzının vergi elastikiyeti üzerinde durmuşlardır. Arz iktisatçıları vergi indirimlerinin işgücü arzını artıracağını ileri sürmüşlerdir. Onlara göre ikame etkisi meydana gelse bile kişisel satın alma gücünü artıran gelir etkisi baskın gelir. İşgücü artışıyla birlikte üretim fonksiyonu vasıtasıyla hem toplam mal ve hizmet arzı artacak hem de gerçek bir gelir artışı olacaktır. Bunun neticesinde vergi gelirlerinin pozitif etkisi daha fazla olursa hükümetlerin vergi gelirleri artacaktır.

Arz iktisatçıları marjinal vergi oranlarındaki değişikliğin ilk ikisinin toplam arz ile ilgili iş gücü, tasarruf ve yatırımların vasıtasıyla kullanılabilir gelirin ve toplam talebin daha fazla arttığına inanırlar. Vergi oranları ile vergi gelirleri arasındaki ilişki iki faktöre bağlıdır: Vergi oranlarındaki bir değişiklikle toplam arz ve toplam talebin fiyat elastikiyeti değişir. Vergi gelirlerinin artışı için toplam arzın artması, vergi oranlarındaki azalmanın toplam talebin fiyat elastikiyetinden daha büyük olmasını gerektirmektedir.[77]

Vergilendirilecek kaynakların ve mükelleflerin fazla miktarda olması, bir başka deyişle verginin tabana yeterince yayılması ve vergilendirilecek ekonomik ve mükellef potansiyelinin daha fazla olması vergi yükünü hafifletmesi yanında vergi hasılatını da artırır. Ayrıca kaynakların çeşitliliği nedeniyle, vergi oranlarının düşük olması, vergiden kaçınma ve vergi kaçakçılığı olgusunu azaltır.[78]

---

[74] Ibn-i Haldun'un vergiler ve vergi indirimlerine ilişkin görüşleri bu bölüm içerisinde verilmiştir.
[75] KYER, a.g.e., s. 44.
[76] SAVAŞ, 1994, a.g.e., s. 251.
[77] KYER, a.g.e., s. 44-49.
[78] Yılmaz ALİEFENDİOĞLU "Vergilemenin Ekonomik Sınırları", **Prof. Dr. Akif ERGINAY'a 65. Yaş Armağanı**, Ankara Ün. Hukuk Fak Yayınları, no: 460, Ankara 1981, s. 601.

Vergi indirimlerinin etkili olup olmadığı ile ilgili tartışmalar, daha çok vergi indirimleri yoluyla toplam vergi yükündeki indirimlerden hazine ne dereceye kadar zarar görebilir sorusu üzerinde yoğunlaşmış gibi gözükmektedir. Vergi indirimleri yüzünden hazinenin kısa vadede zarar görme ihtimaline karşılık bu etkinin uzun dönemde ekonomik büyüme ile refaha yol açması ve bu yüzden vergi hasılatı üzerinde pozitif bir etki yaptığı gerçeği vergi işlemlerinin analizlerinde genellikle ihmal edilen bir olgudur. Vergiler çok yüksek olduğu zaman vergi indirimleri aşırı vergi yükünü azaltacaktır. Sonuçta vergi indirimleri ekonomik faaliyetleri canlandırır ve vergi tabanını genişletir. Böylece hazine bu vergi indirimlerinden yararlanmış olur. Bu durum, özellikle toplam vergi yükünün yüksek olduğu zaman doğru olabilir. Çünkü, vergi yükü marjinal vergi oranının düzeyi ile birlikte hızlı bir şekilde artar.[79]

Arz taraftarları insanları ek yatırım yapmaya ve kazanılan ek gelirden hükümetin daha az vergi alacağının bilinciyle onları daha fazla çalışmaya sevk edeceği (gelir etkisi) düşüncesiyle vergi indiriminin kazançlı olduğu düşüncesine dayanır. Vergi oranlarındaki bir azalış, vergi mükelleflerini çalışmaya ve üretim yapmaya teşvik eder. Bunun yanında vergi indirimleriyle birlikte beyan edilmeyen gelir ve üretim yer altından yer üstüne çıkar ve vergi tabanı böylece genişler.[80]

1-Bulgular

Amerika'da 1921-28 yılları arasında en yüksek vergi oranları % 73'ten % 25'e düşürülmesine karşılık bu dönem içinde yıllık 100.000 $'ın üzerinde kazananların oranı % 28'den % 51'e çıkmıştır. Bir başka deyişle toplumda zenginleşme oranı yükselmiştir.[81] Yine bu indirime rağmen vergi gelirlerindeki artış, tersine gelişmiş ve aynı dönemde bu gelirler 719 milyon $'dan 1.16 milyar $'a ulaşmıştır. Bu dönemde vergi yükü dağılımında da gelişmeler yaşanmış ve 1921 yılında vergi yükünün % 44'ünü üslenen zenginler (yıllık 50.000 $ ve daha fazla kazananlar) dönem sonunda (1928) % 78'e yükselmiştir. Bu sonuçlar arz yönlü vergi politikasının temel felsefesini doğrulayıcı niteliktedir.

1960'lı yıllarda yapılan değişiklikte ise gene dikkat çekici gelişmeler olmuştur. Bu dönemde de (1963 yılında) % 91 olan vergi oranlarının üst limiti 1965 yılında % 70'e indirilmiştir. Vergi gelirleri 1963-66 yılları arasında % 16'dan daha fazla artmıştır. Yine bu dönemde vergi yükü zenginler (yıllık 50.000 $ ve daha fazla kazananlar) yönünde

---

[79] BERGEICK, a.g.e., s. 11.
[80] KIMZEY, 1983 (b), a.g.e., s. 18.

artmış ve % 57'ye çıkmış ve bu gruba girenler % 11 oranında artmıştır. Ayrıca en üst gelir diliminden vergi ödeyenlerin oranı % 12'den % 15'e çıkmıştır. [82]

Yine aynı dönemde vergi indirimine gitmeden üst gelir gruplarının % 5'i toplam vergilerin % 35.6'sını ödüyordu. 1965 yılında üst vergi oranı % 70'e düşürüldüğünde yine aynı % 5'lik kesim, vergi oranı düşmesine rağmen, toplam gelir vergisinin % 38.5'ini ödemeye başlamıştır. Yani hem vergi oranları düşmüş ve hem de vergi yükü dağılımı düzelmiştir.

1980'li yıllardaki değişiklikler de benzer sonuçlar doğurmuştur. Bu dönemde de (1981-1989) üst vergi oranı % 70'ten % 28'e indirilmiştir. Vergi gelirleri ise 1983-89 yılları arasında yavaş yavaş artarak % 54'e çıkmıştır. En fazla kazanan % 1 toplum kesiminin ödediği verginin toplam vergiye oranı ise 1981 yılındaki % 18'den dönem sonunda % 28'e çıkmıştır.

Bu dönemde en üst orandan vergi ödeyenlerin miktarı da artmıştır. Nitekim üst limitten 1981'de mükelleflerin % 18'i vergi öderken bu oran 1988'de % 27'ye çıkmıştır.[83] Buradan anlaşıldığı gibi, vergi yükü üst gelir dilimindekilere kaymış, böylece az kazanan mükellefler korunmuştur.

1980'li yıllarda gelir vergisinde esaslı bir artış yaşandı. 1981'de toplam gelir vergisi hasılatı 347 milyar $'dan % 58 artarak 1989'da 549 milyar $'a yükseldi. Bu dönemdeki gelir vergisi hasılatındaki artış vergi indirimleri yapılmasına rağmen, vergi oranlarının artırıldığı Bush-Clinton döneminden daha fazla idi. [84]

Tablo 12: Reagan Dönemi Vergi İndirimleri İle Reagan Sonrası Vergi Artırımlarının Toplam Vergi Gelirleri Üzerindeki Etkisinin Karşılaştırılması (Milyar $)

Reagan Dönemi			Reagan Sonrası Dönem (Bush-Clinton)		
Yıllar	Toplam Vergi Gelirleri	% Değişme	Yıllar	Toplam Gelirler	% Değişme
1982	738		1990	914	
1983	684	-7.3	1991	895	-2.1
1984	730	6.7	1992	895	0.0
1985	777	6.4	1993	922	3.7
1986	790	1.7	1994	982	6.5
1987	854	8.1	1995	1.034	5.3
1988	877	2.7	1996	1.082	4.6
1989	916	4.4	1997	1.090	0.7
Toplam		24.1	Toplam		19.3

Kaynak: Historical Tables, Budget of the United States Government, Fiscal Year 1997.

[81] Eric V. SCHLECHT, "Tax Reform: Challanges and Possibilities", **National Taxpayers Union Foundation,** February 3, 1999, Policy Paper, no: 107, 3.2.1999.
[82] Daniel J. MITCHELL, "Supply Side Alchemy at Work", **Wall Street Journal**, January 17 1996.
[83] SCHLECHT. a.g.e., s. 34.
[84] NISKANEN, a.g.e., s. 5

ABD'de yapılan üç vergi indiriminin de vergi gelirleri açısından müspet sonuçlar doğurduğu görülmektedir. Gerçekten de vergi oranlarında bir indirim olmasına rağmen vergi gelirlerinde bir atış yaşanmıştır. 1963-67 yılları arasında yapılan vergi indirimleri vergi gelirleri yanında vergi teşviki etkisi göstererek tasarrufların ve yatırımların artmasına da yol açmıştır.[85]

Vergi indirimlerinin kayıt dışı ekonominin kayıt altına alınması dolayısıyla verginin tabana yayılması üzerinde de etkisi vardır. Şekilde görüldüğü gibi Reagan'ın iktidara geldiği 1981 yılında kayıt dışı ekonomi % 31 olarak gerçekleşmiştir. Yine şekilden anlaşıldığı üzere, bu oran Reagan'ın iktidardan ayrıldığı 1989 yılında % 21'lere inmiştir. Bu da arz iktisadının vergi indirimleri sonucu kayıt dışı ekonominin kayıt altına gireceği tezinin bir ispatıdır. Reagan döneminde iniş gösteren kayıt dışı ekonomi, Reagan'ın iktidardan ayrılmasıyla birlikte tekrar yükselmeye başlamıştır. Bu bilgi Reagan sonrasında (Bush ve Clinton dönemi) vergi oranlarının artırıldığı dikkate alınarak değerlendirilirse daha anlamlı olur.[86]

Şekil 16: ABD'de 1973-1993 Yılları Arasında Kayıt Dışı Ekonominin Resmi Ekonomiye Tahmini Oranları

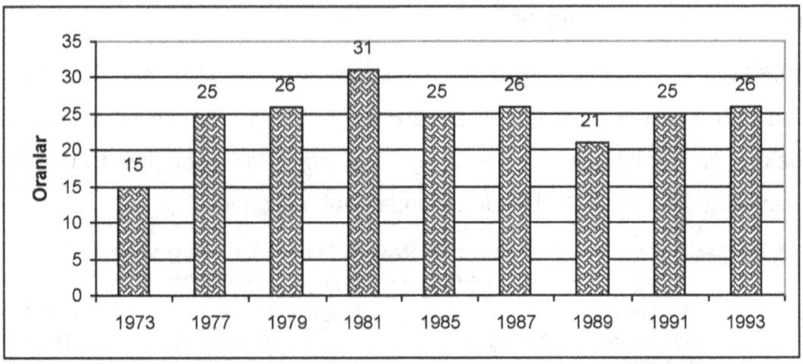

KACAPYR, s. 34.

Thatcher dönemi İngiltere'sinde de gelir vergisi oranlarında bir indirim yapılmışken KDV gibi tüketim vergilerinin oranları artırılmıştır. Bu durum vergi yükünü dolaysız vergilerden dolaylı vergilere kaydırmıştır. Muhafazakarlar bu yolla insanların daha fazla çalışmaya teşvik edildiğini ileri sürerler. Bunun yanında kişilerin paralarını nereye harcayacağı hususunda tercih haklarının doğduğunu savunurlar. Çünkü gelir vergisinin oranının düşürülmesi harcanabilecek gelirlerin miktarını artırmıştır. Dönem sonunda vergi yükünde bir artış olduğu gözlemlenmektedir. 1979 yılında vergi yükü, % 34.75 iken bu yük 1991 yılında % 37.75'e çıkmıştır.

---

[85] KIMZEY, 1983 (b), a.g.e., s. 33.

1970'li yıllardaki sorunlar nedeniyle İşçi partisi bile yüksek vergi uygulamalarından vazgeçmişti. Nitekim 1991 seçim kampanyasında üst vergi oranının en fazla % 50'ye çıkarılacağını ve mevcut vergi ödeyenlerin 3/4'ünün vergi dışı tutulacağı sözünü vermişti.[87] Bu durum Thatcher dönemi vergi politikasının tabana yayılmış olduğunun da bir göstergesidir. İşçi partililer önerdikleri yeni vergi uygulaması ile vergi oranlarını eskiye nazaran ciddi oranda düşürme planları yaptıkları halde, sosyal devlet olgusunun bir gereği olarak geniş toplum kesimlerini vergi dışı tutmayı vaat etmişlerdi. Bu durum Muhafazakarların vergi yükünü dolaylı vergilere kaydırmalarından kaynaklanan adaletsizlikten çok farklı değildir.

2-Ekonomik Büyüme ve Vergi Hasılatı

Arz iktisadında vergi gelirleri artışı dolaylı bir etkidir. Bir başka deyişle vergi oranlarında yapılan indirim vergi gelirlerini doğrudan artırmaz. Çünkü, ekonomideki arza dayalı çözümler uzun dönemlidir. Vergi indirimleri de arza dayalı bir çözümdür ve etkisi hemen görülmez. Bunun önemli bir neneni; vergi indirimleri sonunda toplam piyasa üretiminde bir artışın meydana gelmesini beklemek iken, diğer nedenler arasında gerek vergi kaçakçılığı ya da vergiden kaçınmanın azalması gerekse mevcut istisna ve muafiyetlerin azaltılması nedeniyle vergi tabanının genişlemesidir. Ayrıca marjinal vergi oranları indirildiği, bir başka deyişle kişilerin ek gelirleri üzerindeki yeni vergiler azaldığı, için ekonomide gelir etkisi hakim olacak ve üretim artacaktır. Öte yandan vergi mükelleflerini vergi oranlarının bir süre değişmeyeceği ya da indirimlerin devam edeceği hususlarında ikna etmek, bir başka deyişle vergi mükelleflerinin güvenini kazanmak gerekmektedir. Bu yüzden vergi indirimleri sonunda vergi hasılatının artışa geçmesi için bir süre beklemek gerekmektedir.

Vergi gelirleri büyümeye paralel olarak artar. Bazı iktisatçılar (Jenkins ve Marsden gibi) düşük vergi oranının tasarrufları ve yatırımları teşvik ederek büyümeyi canlandırdığını ileri sürerler. Örneğin Srilanka ile ilgili olarak yapılan bir çalışmada 1977 yılı ile ilgili olarak bir karşılaştırma yapılmıştır. 1977 yılından önce Srilanka'da vergiler oldukça yüksekti. Ancak aynı etki vergi gelirlerinin artışında görülemiyordu. 1977 yılındaki hükümet değişikliğiyle birlikte vergi sistemi dolaylı vergilere kaydı. Bu değişiklikle birlikte 1978-82 yılları arasında ortalama GSYİH'nin % 14.5'i kadar arttı.

[86]Elia KACAPYR, "Notes From Underground", **American Demographis**, Jan. 98, Vol: 20, Issue: 1, s. 30.
[87] Bill JONES, **Politics UK,** Harvester Wheatsheaf Philip Allan, Cambridge University Press, 1991, s. 132-135.

Reel GSYİH ise 1978-85 yılları arasında % 5.5 oranında arttı. Oysa bu oran 1971-1977 arasında ortalama % 2.8 idi.

Bir başka ampirik çalışma ise Marsden (1990) tarafından yapılmıştır. 20 ülke ile ilgili olarak yaptığı çalışmada vergilerin büyüme oranları üzerindeki etkilerini analiz etmiştir. 1970-79 yılları arasını kapsayan bu çalışma, yüksek ve düşük oranlı vergilerin büyüme üzerindeki etkilerini incelemiştir. Bu çalışmada daha düşük oranlı vergilerin yürürlükte olduğu ülkelerin GSYİH'deki büyüme oranlarının yüksek vergi oranlarının mevcut olduğu ülkelere göre daha başarılı olduğu görülmüştür. Buna göre 1970-79 yılları arasında düşük vergi oranlarına sahip olan ülkelerde ortalama yıllık büyüme % 7.3 iken bu oran yüksek vergi oranlarının geçerli olduğu ülkelerde % 1.1'dir. Ortalama vergi/GSYİH oranı vergi oranları düşük olan ülkelerde 1970 yılındaki 13.3'lük seviyesinden 1979 yılında 15.2'ye yükselirken bu oran yüksek oranlı ülkelerde aynı dönemde % 21'den % 23.9'a yükselmiştir. Bunun yanında düşük oranlı vergilerin olduğu ülkelerde teşvikler daha verimli sektörlere kaydırılmıştır.[88]

Aşağıda bazı ülkelere ait vergi oranları ve büyüme ilişkisi vardır. Arz iktisatçıları vergi oranlarının düşürülmesi neticesinde toplam üretimin artacağı ve dolayısıyla toplam vergi gelirlerinin artacağı görüşündedirler.

Tablo 13: Bazı Ülkelerde Vergi Oranları-Büyüme İlişkisi (%)

Ülkeler/Yıllar	1984	1989	Kişi Başına Yıllık GSYİH'de Yıllık Büyüme (1980-1990-% Olarak)
İran	90	75	-1.2
Fas	87	87	1.4
Zambiya	80	75	-2.9
Dominik Cum.	73	73	-0.1
Tanzanya	95	50	-0.3
Zimbabve	63	60	-0.5
Zaire	60	50	-1.4
Kamerun	60	60	-0.7
Ort. Büyüme			-0.7
Hong Kong	25	25	5.7
Endonezya	35	35	3.7
Mauritius	30	35	3.7
Singapur	40	33	4.2
Malezya	35	45	2.6
Ort. Büyüme			4.2

Kaynak: J. D. Gwartney and R.L. Stroup, Economics and Property, Tallahassee, F.L. The James Madison Institute for Public Policy Studies, 1993.

Tabloda açıkça görüldüğü gibi vergi oranları düşük olan ülkelerde 1980-90 yılları arasında ortalama büyüme hızı % 4'leri aşmışken, bu oran vergi oranları nispi olarak yüksek olan ülkelerde küçülme şeklinde yaşanmıştır. Elbette ki bu büyüme ve

[88] Iann KERR and Vasanthi MONSINGH, "Taxation Mix and Tax Policy in Developing Economies", www.cbs. curtin.edu.au/ef/9801.html, 2.4.2000.

küçülmenin sadece vergi oranları ile bağlantılı olduğunu söylemek doğru olmaz. Örneğin vergi oranları düşük olan ülkeler daha çok nispi gelişmişlik düzeyi yüksek olan Uzakdoğu Asya ülkeleridir ve bu ülkelerde yoğun bir yabancı yatırım söz konusudur. Vergi oranları yüksek olan ülkeler ise genellikle az gelişmiş Afrika ülkeleridir. İran 1980'li yıllar boyunca bir savaşın içinde yer almıştır. Ancak bununla birlikte vergi oranlarının düşük olduğu ülkelerde büyümenin yüksek ve vergi oranlarının yüksek olduğu ülkelerde büyümenin düşük hatta negatif olması bir tesadüf değildir. Büyüme sonunda vergilendirilebilecek mal ve hizmetlerin artması anlamına geldiğine göre aynı zamanda vergi hasılatının da artması demektir.

E-Vergi İndirimleri Enflasyon İlişkisi

Arz iktisadının temel politika aracı vergi oranlarıdır. Vergi oranlarının önemli bir politik araç olarak kullanılmasının öncüsü Avusturyalı iktisatçı Colin Clark'tır. Clark 1940'lı yılların sonlarında yaptığı bir ekonometrik araştırmada vergi yükünün % 25'in üzerine çıkması halinde enflasyonun başlayacağını öne sürmüştür.[89]

Vergi indirimleri hem arz hem de talep etkisi yapabilir. Arz iktisadı daha çok uzun dönemli politikalar öngördüğünden vergi indirimleri ilk yıllarda talep yönlü etki gösterebileceğini kabul eder. Bu etki özellikle gelir vergisi indirimlerinde kendisini daha fazla hissettirir. Bu ise beraberinde enflasyonist baskıyı getirir. [90] Gerçekten de vergi indirimleri için en büyük handikap enflasyona yol açma ihtimalidir. Kamu harcamalarını azaltmadan vergi indirimine gitmek veya parasal bir sınırlamaya gitmemek enflasyonist olacaktır.[91]

Tasarruf ve yatırımı teşvik eden vergi indirimleri üretim artışına da neden olur. Bu durum enflasyonu azaltıcı etki yapar. Ancak ülkelerin şartları birbirinden farklı olduğundan hangi vergi indiriminin yapılacağı, indirimin boyutu ve zamanını iyi tespit etmek gerekmektedir. Bu yüzden öncelikle vergi indirimlerinin beklenen sonucu verebilmesi için yatırımı teşvik edici olmalıdır. Ayrıca yapılan vergi indiriminin boyutu arzı ne kadar teşvik edeceği ve talep üzerindeki etkisi dikkate alınmalıdır.[92]

Arz iktisatçıları vergi indirimleri yoluyla tasarruf ve sermaye birikiminin artması sermaye/emek oranını yükselterek emeğin prodüktivitesini maliye politikalarını üç ayaklı masaya benzetmektedirler. Bunlar gelir vergisi indirimi, kurumlar vergisi indirimi

---

[89] SAVAŞ, 1997, a.g.e., s. 957.
[90] BERGEICK a.g.e., s. 13.
[91] EVANS, 1983, a.g.e., s. 109.
[92] "The Integration of Demand..., a.g.e., s. 241-242.

ve bütçe harcamaları indirimidir. Bu üç indirim arasında denge kurulmazsa vergi indirimleri enflasyonist baskı oluşturacaktır. Onlara göre vergi indiriminin özellikle ilk iki yılı talep etkisi gösterecektir.[93] Bu yüzden vergi indirimlerinin ilk yıllarında enflasyonun biraz artması ve vergi hasılatında düşme yaşanması normaldir. Çünkü ekonomide arz yanlısı politikalar uzun dönemli etki gösterirler. Bununla birlikte arz iktisatçıları enflasyonist baskının yaşanmaması veya düşük düzeyde tutulabilmesi için sıkı para politikası ile birlikte uygulanması gerektiği görüşündedirler. [94] Yani vergi indiriminin başarılı olması için "kamu harcamalarının da beraberinde indirilmesi ve parasal bir sınırlama" olmazsa olmaz iki temel şarttır. Bu düzenlemeler birlikte yapıldığında yapılacak olan geniş tabanlı bir vergi indirimi enflasyonu azaltacaktır. Çünkü bu durumda tasarruflar yükselecek, iş verimliliği artacak ve ücret talepleri normalleşecektir. [95]

Arz iktisatçıları enflasyonla mücadele amacı ile altın standardına geçmeyi de önermiştir. Buna göre altın standardı, para arzının aşırı artışına ve enflasyona mani olur. Para sadece ihtiyaç duyulduğunda ve altın mevcudu kadar basılır. Öncelikle para arzı kontrol altına alınır ve enflasyon ortadan kaldırılır. Altın standardı, açık bütçeler parasal genişlemeye sebep olduklarından hükümetlerin açık harcama yetkilerini de ortadan kaldırır. Böylece parada istikrar ve bütçede de denge oluşturulur. Özel sektör vergi teşviki nedeniyle yatırıma yönlenir. Bunu istihdam ve ekonomik büyüme takip eder. Ancak bu öneri (altın standardı) hayata geçirilememiştir.[96]

Arz iktisadının fikir babalarından olan Robert Mundell, vergi indirimlerinin enflasyonu azalttığı görüşündedir. Çünkü, Vergi indirimleriyle mal ve hizmet arzı artar. Ayrıca vergi indirimleri sonunda maliyetler azalır. Mal ve hizmetlerin azalması ise enflasyonist bir etki gösterir. Mundelin enflasyonla mücadelede hareket noktası talebi sınırlandırmaktan ziyade arzı artırmaya yönelikti. Ona göre vergi indirimleri enflasyonist değil ekspansiyonisttir.[97]

Buna karşın bazı iktisatçılar vergi indirimlerinin enflasyonist olduğu hususunda fikir ileri sürmüşlerdir. Örneğin Otto Eckstein 1981 yılı başlarında "işletme vergilerinin sermaye oluşumuna yardımcı olduğu, enflasyon oranını düşürdüğü, buna karşılık kişisel vergilerde yapılan indirimlerin enflasyoniet eğilimli olabileceğini" ileri sürmüştür.

---

[93] SERIN, a.g.e., s. 34.
[94] The Integration of Demand..., a.g.e., s. 245-246.
[95] EVANS, 1983, a.g.e., s. 109.
[96] KIMZEY,1983 (a), s. 2.
[97] Tight Money and Fiscal... a.g.e., s. 50-51.

Walter Heller ise vergi indirimlerinin özellikle ilk yıllarda enflasyonist etki göstereceğini kabul etmiş, fakat uzun dönemde Kemp-Roth'un görüşlerine[98] katıldığını ifade etmiştir.

ABD'de Reagan döneminde yapılan vergi indirimleri basın ve iktisatçılardan oluşan bazı çevreler tarafından küçümsendi ve alaya bile alındı. Hatta Başkan yardımcısı George Bush "büyü ekonomisi" (voodoo economics) olarak isimlendirdi ve enflasyon oranının % 30'lara tırmandıracağını iddia etti. [99]

Bu iddialara karşın Reagan 1981 yılında Carter döneminin son üç yılından beri devam eden iki haneli enflasyonu devraldı. 1980'de tüketici fiyat endeksi % 13.5'e kadar yükseldi. Reagan döneminin ikinci yılının sonunda bu oran % 6.2'ye geriledi. 1988'de ise bu oran % 4.1 olarak Reagan tarafından devredildi. Reagan'ın ekonomi politikasının temelinde ise vergi indirimleri vardı. [100] Amerika'da eflasyonun yükselmesi, zaten yüksek olan vergi oranları nedeniyle gelir dilimi sürüklenmesine neden olmuştur.[101]

Hemen hemen aynı dönemlerde vergi indirimi politikasını da içeren düzenlemelere giden Thatcher dönemine kadar İngiltere'de hakim olan görüş, vergilerde yapılacak bir indirimin vergi gelirlerini azaltacağı ve enflasyonu artıracağı, sanayie yapılan sübvansiyonun azaltılmasının durgunluğu artıracağı, özel sektörün kamu sektörü kadar iş alanları oluşturamayacağı yönünde idi. [102]

Thatcher iktidara geldiğinde ekonomideki temel sorunun enflasyon olduğunu ve diğer sorunların enflasyondan kaynaklandığını, dolayısıyla enflasyonun çözülmesiyle diğer problemlerin de çözüleceğine inanıyordu.[103]

1961-70 arasında İngiltere'de enflasyon ortalama % 4.1 iken bu oran 1971-80 arasında % 13.7'ye fırlamıştır. Thatcher hükümetinin en öncelikli politikalarından biri de bu yüksek enflasyonla mücadele idi. Gerek kamu harcamaları ve gerekse vergilerde yapılan indirimler ve para arzının sınırlandırılması bu amaca yönelikti.[104] Petrol fiyatlarının hala yüksek olması ve hükümetin ücretlerde artışa gitmesi neticesinde enflasyon daha da yükseldi ve % 21.9'a kadar çıktı (1980). 1982 ortalarında % 5 ile

---

[98] Jack KEMP ve William ROTH Senatördür. Kemp 1977 yılında Senatör Roth ile Kennedy benzeri bir vergi indirimi için beraber çalışmaya başladı.
[99] EVANS, 1983, .a.g.e., s. 108.
[100] NISKANEN, a.g.e., s. 5.
[101] Lawrence KUDLOW, "Reaganomics: What Worked? What Didn't," www.larrykudlow.com/reagan.htm, 28.8.2000.
[102] THATCHER, a.g.e., s. 38.
[103] JONES, a.g.e., s. 132-135.
[104] Dennis KAVANAGH, **Thatcherism and British Politics**, New Edition, Oxford Press 1995, s. 61.

OECD ortalamasını yakalayan enflasyon daha sonra Temmuz 1986'da Thatcher döneminin en düşük seviyesi olan % 2.5'e inmiştir.[105]

F-İbn-i Haldun'un Vergiler ve Vergi İndirimlerine İlişkin Görüşleri

İbn-i Haldun, vergiler ve vergi indirimleri ile ilgili olarak Mukaddimede 39. Fasılda Vergiler, Vergilerin Azlık Ve Çokluğunun Sebepleri başlığı altında verilen bilgiler aşağıda özetlenmiştir:

> "Devletin ilk kuruluş çağında tebaa üzerine yüklenen vergilerin miktarı azdır. Fakat bu vergiler toplanırken çok mal ve para toplanır. Devlet yıkılma çağına geldiğinde tebaaya ağır ve çok vergiler yükletilirse de vergilerden az mal ve para elde edilir. Bunun sebebi şudur: Devlet din ve şeriatın hükümlerine göre tebaayı idare ederse, tebaasına ancak haraç, kafa vergisi (cizye) ve sadaka yüklenir. Bunlarsa hafif vergilerdir. Çünkü mal ve servetten alınan zekat az nispettedir. Hububattan ve hayvanlardan alınan zekatlar da azdır. Kafa vergisi (cizye) ve haraç da az nispettedir. Bütün şer'i vergiler bellidir, sınırları çizilmiştir, belli miktardan fazla alınmaz. Devlet zorla, güçle ve asabiyet kuvvetiyle kurulmuşsa ve bunlarla idare ediliyorsa, o devletin göçebeler devleti olacağı tabiidir. Göçebelik ise, kolaylığı, saygı göstermeyi, ahalinin mal ve servetlerinden uzak bulunmayı, bazı az görülen haller hariç olmak üzere, vergiler tahsilinde gafil davranmayı icap ettirmektedir. Bundan dolayı tebaadan alınacak vergilerin çeşit ve miktarı az olur. Bir devlette tebaaya yüklenilen vergilerin miktarı az olursa, tebaa çalışarak para ve servet kazanmaya heves ve rağbet eder, yurt bayındırlanır. Vergiler azalınca istihsal artar, mal ve para kazanmanın yolları çoğalır. Bir yurdun bayındırlığı artar, vergileri azalırsa, o devletin hakimiyeti devamlı ve istikrarlı olur.
>
> Göçebeliğin kötülük ve sadelikleri yok olup giderken, tebaaya çeşitli vergiler yüklemekte, mal ve para toplamakta gaflet göstermek dahi göçebeliğin sadeliği ile birlikte ortadan kaybolur. Bunun yerini devletin menfaat ve işlerine riayet eden ve onu medeniyete doğru götüren, akıl ve zeka ile idare sistemi alır. Bunun üzerine uzmanlar ve ustalıkla idare edenler devletin başına geçerler. Gelenek itiyat ve refah çok olduğu için bunların ihtiyaçları çoğalır. İhtiyaçlarını kapatmak için, tebaaya yeni ve ağır vergiler yükletirler: Ekincilere, fellahlara, tacire ve tebaanın her sınıfına çeşitli vergiler koyarlar; ellerine çok para ve mal geçsin diye bunu büyük ölçüde artırırlar. Pazarlarda satılan eşya, mal ve her nesneden vergiler alınır, her çeşit vergiler ihdas olunur, devletin ricalinin israfı, refah ve bolluğa alışması arttıkça ihtiyaç ve masraflar derece derece artar ve çoğalır. Bunun tesiri ile tebaaya yükletilen vergiler ağırlaşır. Tebaa da buna dayanmaya alışır. Bu suretle bu vergiler ödenmesi farz ve mecburi bir hale gelir. Çünkü, vergiler derece derece ve yavaş yavaş arttığı için tebaa da bunları toplayan da açık olarak artış nispetini bilmez. Fakat çalışma ve istihsallerin tebaaya faydası az dokunduğu ve ümitler boşa çıktığı için yurdun bayındırlığı bundan müteessir olur. Tebaadan bir çoğu kazandığı ile ödediği vergileri mukayese ettiğinde, çalışmasından istifadesi az olduğu için işten el çeker. İmar ve istihsalin azlığı nispetinde

---

[105] KAVANAGH, a.g.e., s. 22.

vergilerden elde edilen paralar da azalır. Devlet memurlarının vergilerin azaldığını gördüklerinde yeni vergiler ihdas ettikleri de olu. Memurlar bu vergileri zorla toplarlar. Tebaa istihsal ve kazancından hiç de istifade edemeyecek bir duruma düşer. Bundan fazlasını almak mümkün olmayacak hale gelinceye kadar vergileri artırırlar ve zorla toplarlar. İsraftan, sarfiyat ve vergiler çok olduğu için; istihsal ve imar için çalışmanın faydası görülmez. Bu suretle, istihsal azalmakta, vergiler çoğalmakta devam eder. Onlar bu yolla azalmış olan vergileri dolduracaklarına inanırlar. Yurdun bayındırlığı eksilinceye, istihsal ve imardan ümitler kesilinceye kadar bunlar, vergileri artırmaya, bu vergileri zorla toplamaya devam ederler. Bundan devlet zarar görür. Çünkü yurdun bayındırlığından ve istihsalin çokluğundan o istifade eder. Bunu düşünürsen görürsün ki, yurdu imar etmenin temeli, yurdu imar edenlere (müstahsillere) imkan dahilinde az vergi yüklemektir. Bu taktirde müstahsiller istihsallerinden istifade edeceklerine güvenirler ve sevinerek istihsallerini artırmaya çalışırlar."[106]

İbn-i Haldun adaletsiz ve yüksek vergilerin devleti yıkılışa götüreceği üzerinde de durur. Ona göre devlet yıkılmaya yüz tuttuğunda pazarlarda satılan her şeyden vergi alır. Devlet ricali bolluk, refah ve zevk içinde yaşamaya alıştıklarında masrafları da artar. Kendisinin ve devlet ricalinin masrafları o kadar artar ki devamlı yeni vergiler ihdas edilir. Bolluk, refah, zevk ve israfa dalmak derece derece arttığı için, vergiler son haddini bulur. Bu suretle devletin ihtiyarlama çağı gelmiş olur. Bunların kötü tesiri ile devleti kuran ve koruyan güçler de zayıf düştüğünden uzak yerlerden vergi toplayabilme kudreti zayıflar. Bunun sonucu olarak vergi gelirleri azalır. Ancak harcamalar azalmaz. Bunun sonucu olarak satılan ve satın alınan her şeye, mal ve servete ve ticarete vergi konur. Ancak bunlar da harcamaları kısamaz. Bu durumda kazanmaktan ümit kesildiği için pazarlarda alış veriş durur. Bu durum ise bayındırlık hizmetlerinin durması demektir.

İbn-i Haldun devletin ticaretle iştigal etmesinin halk için zararlı olduğu ve vergilerin düzenini bozduğunu düşünmektedir. Toplanan vergiler harcamaları karşılamaktan uzaklaşınca ve vergiler son haddine gelince harcamaları karşılamak üzere, devlet ricali devlet adına ticaret yapmaya başlarlar. Bu durum sermayeleri yetersiz olan tacirleri güçlü rakipleri karşısında zorlar. Böylece hem devlete gelir kazandırdıklarını ve hem de ticareti canlandırarak vergi tabanı oluşturduklarını düşünürler. Ancak bu büyük bir hatadır. Bunun halka büyük zararları vardır. Çünkü zaten serveti ve sermayesi az olan tacirlerin bu büyük tacir karşısında şansları azdır. Zamanla halk zaruri ihtiyaçlarını karşılamakta güçlük çeker. Çünkü kolay kolay kendisine rekabet eden çıkamayacağından piyasada fiyat dengeleri bozulur. Önce

---

[106] Ibn-i HALDUN, **Mukaddime**, Cilt: II, Milli Eğitim Bakanlığı Yayınları, s. 58-60.

fiyatları düşürerek mal toplar ve daha sonra zamansız bir şekilde harcamaları karşılayabilmek için piyasaya pahalı olarak sürerler.

Bu durum vergi toplamayı da zorlaştırır. Çünkü devletin gelirinin en büyük kısmını yeni vergiler teşkil eder. Devletin ticareti sonucu gerileyen piyasa, vergi tabanını zayıflatır. Devlet eğer ticaretten elde ettiği gelirleri vergilerinde meydana gelen kayıplarla karşılaştırırsa, alış verişten kazandığının vergilerden kaybettiğinden çok cüz'i bir gelir elde ettiğini görür. Üstelik devlet tarafından yapılan ticaret halk tarafından yapılsa idi vergilendirilecek yeni kaynaklar ortaya çıkmış olacaktı. Devlet kendisi ticaretle uğraşmadan, bu alış veriş tebaa tarafından yapıldığı taktirde, bunlardan toplayacağı vergilerden daha çok gelir temin edecektir.

Devletin mal ve geliri, ancak vergilerle ve vergilerin bol ve çok olmasıyla çoğalır. Vergiler mal ve servet sahiplerinin ve onların işlerinin dikkate alınmasıyla verimli olur. Bu durum onların daha fazla gayretle çalışmalarına ve kazançlarını artırmalarına sebep olur. Onların serveti artınca devletin geliri de artar. Hükümdar devletin vergilerini ve umumiyetle gelirini eksilten ve devletine zararı dokunan bu gibi alış verişlere teşvik edenlerin teşvik, politika ve sözlerine kulak asmamalı; bunlardan devletin bozulmasına sebep oldukları için sakınmalıdır.[107]

G-Vergilemenin Ekonomik Sınırı

Ekonomide asıl olan "rasyonel vergi sistemine" ulaşmaktır. Bu vergi sistemi, mevcut vergi kaynaklarından optimal bir biçimde yararlanmaya gayret eden, doktrinci, ön yargıların ve zayıf siyasal kararların ürünü olan vergi şekillerine bünyesinde yer vermeyen, rasyonel bir vergi sisteminin nasıl kurulabileceği sorusu ile öteden beri meşgul olan sistemdir.[108]

Vergiler, yasal sınırların yanında ekonomik sınırlarla da bağlıdırlar. Çünkü ancak ekonomik sınırlara dikkat edildiğinde gerek kamu maliyesi gerekse özel sektör açısından en verimli noktada olacaktır. Vergilemenin ekonomik sınırı bir ülkede mevcut vergi potansiyelinin (kapasitesinin) ekonomiye zarar vermeden en yüksek verimlilikte kullanılmasıdır. Vergilemenin ekonomik sınırı vergi yükünün hangi oranda olması gerektiği ile ilgilidir. Bu sınırın aşılması, üretimin ve gelir dağılımının ciddi zarar görmesi yönünden ekonomik, sosyal direnişlere ve karşı koymalara neden olması açısından

---

[107] HALDUN, y.a.g.e., s. 61-67'den özetlenmiştir.
[108] TURHAN, 1993, a.g.e., s. 342.

siyasal sonuçlar doğurabilir. Bu nedenle bu sınıra "vergilemenin güvenlik sınırı" da denmektedir.[109]

Bu sınırın ne olduğu hususu ülkeden ülkeye ve zamandan zamana ve hakim iktisadi anlayışa göre değişmekle birlikte artış eğilimi içinde olduğu bir gerçektir. 18. ve 19. yüzyılda olağan zamanlarda bu oran % 15 olarak kabul edilirken, günümüzde gelişmiş ülkelerde % 50'leri geçmiş ve vergilemenin ekonomik sınırı olarak kabul edilemeyecek bir seviyeye gelmiştir. Bunda en önemli etken devlete verilen ekonomiyi yönlendirme ve sınırsız harcama yapma yetkileri ile sosyal devlet uygulamaları olduğu söylenebilir. Maliyeci Colin Clark ise vergilemenin ekonomik sınırı ile ilgili olarak 1945 yılında yaptığı ve 1977 yılında revize ettiği bir çalışmada bu oranı % 25 olarak belirlemiştir. Clark GSMH'sinin % 25'inden fazlasını vergi olarak toplayan bir ülkenin iktisadi anlamda yaşayamayacağını, politik anlamda ise demokratik kalamayacağını ifade etmiştir. Vergilemenin bu kritik sınırın ötesine geçme teşebbüsleri, çalışma arzusunu ve tasarrufu yok edeceğinden ekonominin kötüleşmesine, politik olarak enflasyon yüksek vergilerden daha çekici olacağından fiyat düzeyinin yükselmesine neden olacaktır. Gerçekten de % 25 olmasa bile, teorik olarak düşünüldüğünde, vergi oranı belli bir noktaya kadar yükseldiğinde özel sektör ortadan kalkacak veya kayıt dışına kayacaktır[110]

Vergilendirmenin ekonomik sınırları konusunda değişik görüşler ileri sürülmüştür. Reaganomics de vergilemenin sınırlarıyla ilgilenmiştir.1980'i yıllarda mali literatürde en fazla tartışılan konulardan biri de Laffer eğrisidir.[111] Bu eğri belli bir noktanın (optimum nokta) üzerindeki verginin ekonomik olmaktan çıkacağı; büyümeyi engelleyeceği, vergi kaçakçılığı ve vergiden kaçınmayı, hatta yer altı ekonomisini güçlendireceği ve vergi hasılatının azalacağı düşüncesine dayanır.

İktisatçı Richard Goode (1991) optimal bir vergi sisteminde kişisel gelir vergisi oranının düşük olması gerektiği düşüncesindedir. Ona göre eğer bir hükümet tasarrufları artırmayı ve sermaye birikimini amaç edinmişse, bütçe açıklarını azaltıcı önlemler almalıdır. Vito Tanzi de benzer görüşler ileri sürer ve hükümetlerin yatırım kararları ve ticari kararlar üzerindeki rolünün azaltılması gerektiğini ileri sürer. Aksi

---

109 ALIEFENDIOĞLU, a.g.e., s. 596.
110 Beyhan ATAÇ, "Kamu Harcamaları Analizinde Pozitif Yaklaşım", **Eskişehir Iktisadi ve Ticari Ilimler Akademisi Dergisi**, cilt: 5, Sayı: 1, Yıl: 1987, s. 310.
111 ALIEFENDIOĞLU, a.g.e., s. 596.

halde yozlaşma artacak, kaynak dağılımı yanlış yönlenecek, bu ise özel sektöre güveni azaltacak verimli faaliyetler yerine yeraltına kayış yaşanacaktır.[112]

Yüksek vergiler çeşitli şekillerde direnişlerle karşılaşabilir. Bu direniş bir isyan noktasına varabileceği gibi demokratik ülkelerde seçimlerde vergiyi yükselten hükümetleri tekrar iktidara getirmeme ve vergiden kaçınma gibi yasal yöntemler yanında; vergi kaçakçılığı, kayıt dışı ve yeraltı ekonomisinin güçlenmesi gibi yasadışı sonuçlara da yol açabilir. Bunun dışında yüksek vergi uluslararası sermayeyi ürkütebileceği gibi, yurt içi sermayenin de kaçışına sebep olabilir.

III-Düz Oranlı Vergi Ve Tüketim Tabanlı Vergi Önerileri

Arz iktisatçıları daha çok marjinal vergi oranlarında indirim yapmaktan yanadırlar. Ancak bazı iktisatçılar artan oranlılığa bütünüyle karşıdır ve artan oranlılığın düz ve düşük oranlı olmasından ya da gelir ve kurumlar vergisini tamamen kaldırarak tasarrufları vergi dışı tutan tüketim tabanlı vergiden yanadırlar. Arz yönlü vergi politikasını savunanlar, vergi tarifesinin yapısının büyük önem taşıdığını, dik artan oranlı bir tarifenin mümkün olduğunca yumuşatılmasını, hatta düz oranlı hale getirilmesini önermektedirler. Bu vergilerin ne olduğuna geçmeden önce alternatifi olarak çıktıkları dünyada ve Türkiye'de yaygın olarak uygulanmakta olan artan oranlılığa yapılan eleştirilere değinmekte fayda vardır.

A-Artan Oranlı Vergiye Eleştiri

Artan oranlı gelir vergisinin kökeni çok eskilere dayanmakla birlikte 19. yüz yıldan itibaren bilimsel yöntemlerle incelenmeye başlanmıştır.[113] Uzun yıllar artan oranlı gelir vergisi, yapısı itibariyle diğer vergiler arasında en adil vergi olarak görülmüş ve yükselişini sürdürmüştür. Bugün bir çok ülkede artan oranlı vergi, vergi sisteminin ayrılmaz bir parçası olarak uygulanmaya devam etmektedir. Ancak son yıllarda bu vergi üzerinde ciddi tartışmalar ortaya çıkmıştır.[114] Bu eleştiriler özellikle 1980'li yıllardan sonra artan bir şekilde yoğunlaşmıştır. Arz iktisatçıları, artan oranlı gelir vergisinin nispi fiyatları negatif yönde etkilediğini, bunun neticesinde de ekonomik büyümenin yavaşladığını ve prodüktivitenin azaldığını savunmuşlardır. Başlangıçta artan oranlılığa karşı eleştiriler çok sert olmuş ve bunun bir müsadere olduğu bile ileri sürülmüştür.

---

[112] KERR and MONSINGH, a.g.e., s. 23.
[113] Funda BAŞARAN, "Artan Oranlı Vergi Tarifesi, Verginin Mali Güçle Orantılı Olması Ilkesinin Zorunlu Bir Sonucu mudur", **Prof. Dr. Adnan Tezel'e Armağan**, Istanbul, 2000, s. 87.

Artan oranlılığa yapılan eleştiriler genel olarak aşağıdaki gibidir.

*İlk eleştiri matrahın saptanmasına yöneliktir. Çünkü vergiye tabi bir kısım unsurlar (ücret, menkul sermaye iradı gibi) kaynakta tevkifat usulüne göre vergilendirilirken, diğer bir kısmı beyan usulüne göre vergilendirilmektedir. Bu durum "vergide yatay eşitlik"i bozmaktadır.

*İkinci eleştiri, artan oranlılığın siyasal iktidarlar tarafından keyfi ve yanlı olarak belirlendiğine yöneliktir. Bu durum vergi mükellefleri arasında önemli ölçüde eşitsizliğe yol açmaktadır.

Enflasyon dönemlerinde enflasyon vergisi olarak adlandırılan durum ortaya çıkmaktadır. Şöyle ki; enflasyon gelirleri nominal olarak artırmaktadır. Bu durum ise mükellefleri gelir dilimi sürüklenmesi (bracket creep)[115] nedeniyle bir üst dilimden ve dolayısıyla daha yüksek bir orandan, vergilendirilmesine neden olmaktadır.[116]

*Artan oranlı vergi sermaye birikimini engeller. Buna göre daha yetenekli ve daha fazla çalışan insanlar cezalandırılarak sermaye birikimi, dolayısıyla kalkınma engellenmektedir. Artan oranlı vergileme başarılı girişimcilerin mal varlığına el koyma anlamı taşır. Bu verginin, özellikle kalkınmakta olan ülkelerin ekonomik gelişmeleri üzerinde olumsuz etkiler doğuracağı iddia edilmektedir. 1929 Dünya ekonomik bunalımı ile birlikte yoğun olarak kullanılmaya başlanan vergiler, özellikle verginin yeniden dağıtım aracı olarak kullanılması artan oranlı vergi uygulamalarını geleneksel hale getirmiştir.

*Artan oranlı vergi, vergi sosyalizmine yol açar. Bu vergileri daha çok sosyalist düşünürlerin savunduğu ileri sürülmektedir. Nitekim Marks ve Engels 1848 yılında gelirin yeniden dağıtımını sağlamak için ağır bir artan oranlı vergi önermişlerdir. Liberaller vergide asıl amacın yeniden dağıtım değil adalet ve ekonomik tarafsızlık olduğu görüşündedirler.[117]

*Diğer bir eleştiri artan oranlılığın emek arzı, tasarruflar ve yatırımlar üzerinde olumsuz etkide bulunduğuna yöneliktir. Buna göre bir üst dilimdeki vergi dilimi kişileri daha az tasarruf ve yatırım yapmaya zorlamaktadır. Yani artan oranlılık gelir etkisi değil, ikame etkisi özelliği taşır. Bir başka deyişle artan oranlı vergi

---

[114] Nil ÖZBAKAN, "Artan Oranlı Gelir Vergisinin Teorik Temellerine Eleştiriler", **Yaklaşım,** Temmuz 1997, s. 107.
[115] Gelir dilimi sürüklenmesi konusu birinci kısımda (taksflasyon başlığı altında) açıklanmıştır.
[116] AKTAN, 1994, a.g.e., s. 117-118.
[117] ÖZBAKAN, a.g.e., s. 108-109.

tasarrufu ve yatırımı cezalandırıcı bir özellik taşır. Çünkü daha fazla çalışıp daha fazla kazanmak daha fazla vergi ödemekle eş anlamlıdır. Oysa ki daha fazla kazanmak işletmenin büyümesini sağlamak ve neticede bu büyümeden hasıl olan vergiyi ödemek hem daha fazla vergi hem de daha fazla üretim ve büyüme demektir.

*Artan oranlılıkta keyfilik söz konusudur. Artan oranlılık tarifesinin bilimsel bir formülü yoktur ve teorik olarak siyasiler istediği gibi belirleme yetkisine sahiptirler. Üstelik bu artıştan doğan geliri toplumda hiç vergi ödemeyen veya ödeyemeyen kesimlere dağıtabilir. Bu uygulama devletin mali egemenliğinin bir sonucudur. Bu durum vergi teorisinin en önemli kavramlarından biri olan "vergi adaleti"ni ihlal eder. Bir başka açıdan konuya bakılırsa artan oranlı vergi vatandaşlar arasında "ayırımcı" (disciminatory) davranır. Artan oranlı verginin bir özelliği de daha fazla kazanandan daha fazla vergi almak adına fazla kazanmayı, tasarruf etmeyi cezalandırmaktır. Bu durum artan oranlı verginin en önemli sorunlarından biridir. Ancak uygulamada artan oranlı verginin de bir üst limiti vardır ve bu limitin üzerinde kazananlardan, ne kadar fazla kazanırlarsa kazansınlar, daha fazla vergi alınmaz.

*Yine bu verginin gelir dağılımını bozduğu ileri sürülmektedir. Liberal bir çok düşünüre göre piyasa mekanizması uzun dönemde gelir dağılımını zaten adil bir şekilde gerçekleştirmektedir. Bu mekanizmaya müdahale adalete değil, adaletsizliğe yol açar. Piyasa mekanizmasında bazı bireyler ellerindeki sermayeyi diğerlerine göre daha iyi bir şekilde kullanıp gelirlerini göreceli olarak artırabilirler. Artan oranlı vergileme ile bu kişiler cezalandırılmaktadır. Araştırmalar, artan oranlı verginin çalışma, tasarruf ve yatırımlar üzerinde olumsuz etki meydana getirdiği ve bunun sonucu olarak vergilendirilebilir geliri azalttığını göstermiştir. Bunun en büyük kanıtı Laffer eğrisidir. Çünkü belli bir noktadan sonra oranlar daha da artırılsa bile gelir azalır. Bu teorinin gerçekliği de hem bilim çevrelerinde kabul görmüş ve hem de uygulama sonuçları bunu ortaya koymuştur. [118]

*Artan oranlı vergide, matrah arttıkça ortalama vergi oranı da yükselmektedir. Ortalama vergi oranındaki yükselme, matrahtaki büyümeye kıyasla eşit, daha

---

[118] Daniel J. MITCHELL , "Jobs, Growth, Freedom, And Fairness: Why America Needs A Flat Tax Senior Fellow in Political Economy", **The Heritage Foundation** Backgrounder No:1035,, http://heritage.org/library/categories/budgettax/bg1035.html, 25.5.1995.

küçük veya daha büyük olabilir; bu durum artan oranlılığın düz (eşit), azalan (küçük) ve artan (büyük) olmasına göre değişir. Düz artan oranlılıkta matrahla ortalama vergi oranı daima paralel gitmektedir.[119]

*Artan oranlı vergi sisteminde, üst gelir dilimlerinde gelir etkisinin ikame etkisine göre ağırlık kazanması ekonomik birimlerin tasarruf ve yatırım arzularını olumsuz yönde etkilemektedir. Yani artan oranlı vergiler "tarafsız" (neutral) değildir.

*Artan oranlı vergi sisteminde zengin kesimler tarifenin yapısını ve şeklini kendi çıkarlarına uygun olarak belirlemek için lobicilik girişiminde bulunabilirler. En üst gelir diliminin ve oranının saptanması konusunda çıkar gruplarının baskısı gündeme gelebilir.[120]

B-Düz Oranlı Vergi Önerisi

Düz oranlı vergi (flat rate tax) uygulaması gelir vergisi için önerilmiş ve bir kısım arz iktisatçısı tarafından da savunulan vergi türüdür. Bu vergide ya sadece tek dilim veya bir kaç dilim vardır. Düz oranlı vergideki esas amaç, düşük oranlı vergi ile vergi tabanını genişletmek, buna karşın istisna ve muafiyetleri azaltmak böylece geliri artırmaktır. Düz oranlı vergiyi savunanlar bu verginin daha adil ve basit ve ayrıca daha kapsayıcı olduğu görüşündedirler. Ayrıca vergi kanunlarından oluşan boşlukları önleyici ve kayıt dışı ekonomiye karşı da bir siper olduğunu savunurlar.[121]

Bu vergi türünde alınacak vergi miktarının hesaplanmasında matraha uygulanacak olan ortalama vergi oranı, matrahın artması halinde bile değişmemekte, bir başka deyişle matrahın her seviyesi için aynı ortalama vergi oranı uygulanmaktadır. Bu durumda ödenmesi gereken vergi miktarının, matrahın doğrusal fonksiyonu olması nedeniyle, vergi miktarı matrahtaki artışa rağmen nispi olarak aynı kaldığı halde, mutlak olarak yükselmektedir. Yani, ortalama vergi oranı ile marjinal vergi oranı birbirine eşittir.[122] Ancak bu sonuç hiçbir istisna ve muafiyetin olmadığı varsayımı altında gerçekleşir. Nitekim bazı indirimlerin, istisna ve muafiyetlerin var olduğu durumlarda bu kalemlere isabet eden marjinal vergi oranı sıfırdır. Düz ya da tek oranlı bir vergi tarifesinde sıfırdan büyük olan sadece tek bir marjinal vergi oranı vardır. Düz oranlı

[119] TURHAN, 1993, a.g.e., s. 54.
[120] AKTAN, 2000, a.g.e., s. 130.
[121] CLODFELTER, a.g.e., s. 147.
[122] TURHAN, 1993, a.g.e., s. 54.

vergilemede bütün gelirler, aynı oranda ve bir defaya mahsus olmak üzere vergilendirilir.[123]

Moneterist iktisadın kurucusu olarak kabul edilen Milton Friedman düz oranlı vergiyi savunanların başında gelir. Ona göre % 15-16 oranındaki düz oranlı bir vergi istisna ve muafiyetlerin sürdürülmesi halinde % 13-50 arasında uygulanan bir tarife kadar hasılat sağlayabilir. Eğer istisna ve muafiyetlerin miktarı artırılırsa düz oranlı vergi % 17 olarak uygulanabilir. Ancak Friedman istisna ve muafiyetlerden yana değildir. Düz oranlı vergi sisteminde istisna ve muafiyetlere yer verildiğinde temel prensibin bozulacağını belirtmektedir. Friedman'a göre vergi oranı zaten düşük olduğuna göre, belirli kesimlere muafiyetle tanımak ya da belirli vergi konularını istisna kapsamına almak doğru değildir. Friedman düz oranlı verginin basit ve uygulaması kolay bir vergi olduğunu ve istisna ve muafiyetlere kısıtlı olarak yer verildiği şeklinde iki yararından bahseder. Friedman'ın bir düşüncesi de bu verginin adil olduğu yönündedir. Çünkü bu vergi ile az kazanandan az, çok kazanandan çok alınır. Oysa artan oranlı bir vergi sisteminde çok kazanandan daha çok alınır, tasarruf ve yatırım engellenir.[124]

Buna karşın düz oranlı vergi uygulamanın vergi adaleti açısından çeşitli sakıncaları doğuracağı iddia edilmiştir. Bunun üzerine bazı iktisatçılar "yarı düz oranlı vergi"yi (Quasi Flat Tax) önermişlerdir.

Aşağıdaki şekilde düz oranlı, artan oranlı ve yarı düz oranlı vergi birlikte gösterilmiştir. Bu şekilde görüldüğü gibi artan oranlı vergiyi temsil eden eğri, gelirler arttıkça daha yüksek orandan vergilendirilmekte ve nihayet Yp noktasında düz hale gelmektedir. Aynı husus yarı düz oranlı vergi için de söz konusudur. Ancak burada düz oranlılığa geçmek daha önce başlamıştır ve artan oranlılığın etkisi daha düşüktür. Yarı düz oranlı vergi, şekilden de anlaşılacağı üzere ılımlı bir artan oranlılığa sahiptir.

---

123 Ercan TÜRKAN, Düz Oranlı ve Tüketim Tabanlı Vergi Sistemi: ABD'de Yaşanan Tartışmalar ve Bu Tartışmalardan Çıkarılabilecek Dersler, DPT Yıllık Programlar ve Konjonktür Değerlendirme Genel Müdürlüğü, Haziran 1997, s. 7.

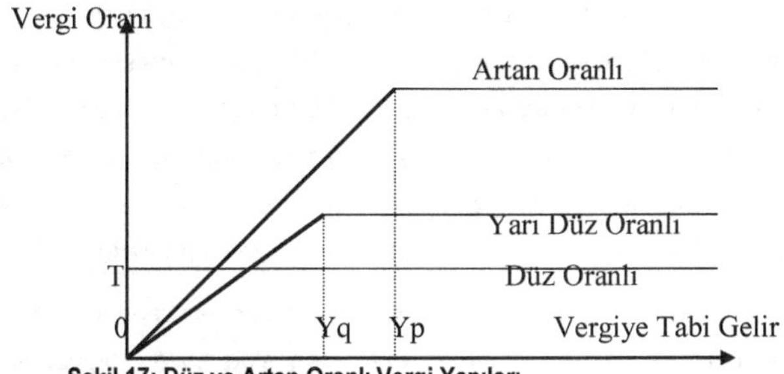

Şekil 17: Düz ve Artan Oranlı Vergi Yapıları

Yatay eksene paralel olarak çizilen çizgi, (T) doğru gerçek bir düz oranlı vergiyi temsil eder. Bir başka deyişle matrah ne olursa olsun oran değişmemektedir. Bu vergi uygulamasında vergiler nispi olarak sabit olmakla birlikte mutlak olarak artmaktadır.[125]

Gelir vergisinin özellikle "dik" artan oranlı olması halinde; daha çok çalışarak fazla kazanmanın çekiciliği azalacağı, kişilere yeni işlere atılmanın yeni yöntemleri kullanmanın riskini göze almak yerine, denenmiş eski iş yöntemlerine devam etmeyi yeğlemeye götürebileceği, sonuçta vergi gelirlerinin mahrum kalınan ve ekonomiye katılamayan fark değer kadar eksik olacağı ileri sürülebilir.[126]

Bu yüzden düşük ve ılımlı, ekonominin potansiyelini tam olarak kavrayabilen bir vergi sistemi ekonominin bütünü için daha verimli olacağı düşünülebilir. Hatta bazı maliyeciler, artan oranlılığın bir noktadan sonra "azalan" oranlı hale getirilmesini dahi savunmaktadırlar. Bu düşünceye göre yukarıda ileri sürülen artan oranlılığın sakıncaları giderilebilecektir.

C-Düz Oranlı Verginin Özellikleri

Düz oranlı vergi esas itibariyle geliri nominal olarak dikkate alır. Yani matrahtan yapılacak indirim, istisna ve muafiyetler ya hiç yoktur ya da son derece kısıtlıdır. Bu verginin katı uygulamasında kişisel gelir vergileri ile işletmelere uygulanan vergiler aynı oranda olur. Ancak uygulamada (ya da hazırlanan tasarılarda) genellikle istisna ve muafiyetlerle indirimler geniş yer kapsar. Bunun sebebi, düz oranlı verginin yapısında yer alan vergi yükünün eşit dağılımında nispi olarak gelir düzeyi düştükçe daha fazla vergi yükünün alt ve orta gelir grupları üzerine bindirilmemesi düşüncesidir.[127]

---

[124] C. Can AKTAN, "Düz ve Düşük Oranlı Vergiler ile Ekonomik Büyüme Ilişkisi", **Vergi Dünyası Dergisi**, Temmuz 1998, s. 42.
[125] AKTAN, 1994, a.g.e., s. 118-120.
[126] ALIEFENDIOĞLU, a.g.e., s. 599.
[127] Ernest S. CHIRISTIAN, "The Tax Restructuring Phenomenon: Analytical Prenciples and Political Equation", **National Tax Journal**, Sep 95, Vol: 48, Issue: 3, s. 376.

Düz oranlı vergi tasarrufları vergi dışı tutar. Bu yüzden tüketim vergisinin bir türü olarak nitelendirilebilir. Bu verginin en büyük özelliği tarafsız (neutrality) olmasıdır. Gelir bir defa ve tek bir oranla vergilendirilir. Düz oranlı vergi; kişileri, kişisel muafiyetlerden sonra ve işletmeleri, net nakit akışları üzerinden bir defa ve aynı oranda vergilendirir. Hem kişilere ve hem de işletmelere uygulanan oran aynıdır. Farklı gruplara nispi avantajlar tanımaz. Bu vergi emeğin de sermayenin de yanında değildir.

Ücret dışındaki sağlık sigortası gibi ödemeler üzerinden de vergi alınmaz. Ama bütün ücret ve maaş gibi emek üzerinden elde edilen gelirler vergiye tabidir. Buna bordro vergisi (payroll tax) denir.

Yine bu vergide her bir kişi için asgari bir miktar vergi dışıdır. Herkese (en az geçim indirimi anlamında) standart bazı indirimler öngörülür. Bu miktar çocuklar gibi diğer aile fertleri için de ayrıca uygulanır. Bunun yanında kişinin evli ya da bekar olması da asgari indirimin miktarını etkiler. Bir başka deyişle düşük gelirliler vergi ödemezler. Bununla ilgili asgari limit değişik düz oranlı vergiler için farklı olmakla birlikte hepsinde vardır. Vergi, kişinin kendisi ve aile fertleri için asgari geçim indirimi düşüldükten sonra kalan miktar üzerinden düz oranlı olarak hesaplanır.

Düz oranlı vergide genel ve spesifikleştirilmemiş bir indirim söz konusudur. Bu uygulama düz oranlı vergiyi iki oranlı (gizli artan oranlı) hale getirmektedir. Bunlardan biri standart oran (% 20 ya da buna yakın bir oran) ve ikincisi de sıfır orandır. Bunlardan ilki genel oran ve ikincisi asgari geçim oranıdır. Belirlenen miktarın altında gelir elde edenler hiç vergi ödemeyeceklerdir. Bu uygulama düz oranlı vergiyi artan oranlı hale getirmektedir ve düşük gelirlilerin aleyhine doğabilecek vergi yükünü azaltmaktadır. Ancak bazı bilim adamları özellikle seçim dönemlerinde siyasilerin bu oran üzerinde oynayabilecekleri hususunda endişelerini dile getirmişlerdir.

Kişiler sermaye gelirleri üzerinden vergi ödemezler. Çünkü hisse senetleri üzerinden, bunlar tasarruf sayıldığından, vergi alınmaz. Bu durum, sermayenin vergi dışı kaldığı anlamına gelmez. Düz oranlı vergide işletmelerin niteliğine bakmaksızın vergilendirerek sermayeyi de vergilendirilmesi sağlanmış olur. Düz oranlı vergi yatırımı da teşvik eder. Çünkü düz oranlı vergide yapılan yeni yatırımlar % 100 vergiden muaftır.[128]

İşletmeler, hisseli ya da bağımsız olmasına bakılmaksızın düz oranlı vergiye tabidir. Vergiye tabi gelir gayri safi olarak dikkate alınır. Ancak bu miktardandan bazı indirimlerin yapılmasına izin verilir. Fakat bunların neler olduğu hususunda farklı yaklaşımlar vardır. Bu indirimler daha çok işletme için satın alınan arsa, bina ve ekipmanlardan oluşur. İndirimlerin ödeme yapılana kadar ertelenmesi şart koşulur. Düz oranlı verginin işletmelere uygulanmasında işletmenin tek kişiye mi ait olduğu, çok ortaklı mı olduğu veya gelir vergisi ya da kurumlar vergisi ödediği önemli değildir. İşletmenin yatırımlarla ilgili yaptığı harcamalar vergi dışıdır.

Vergi oranı hem kişiler hem de işletmelerde aynı ve tek oranlıdır. Bu oran genellikle % 20 civarlarındadır. Örneğin bu konuda çalışma yapan Robert Hall ve Alvin Rabushka % 19 oranını önermişlerdir. Armey'in önerisi % 17'dir. Başka önerilerde vardır. Özellikle ilk yıllarda vergi kaybını azaltmak için bir-iki puan fazla uygulanabileceği de savunulmaktadır.[129]

Düz oranlı vergi mahiyeti itibariyle "tarafsız" bir vergi sistemidir. Çünkü bu vergi ile siyasilerin ekonomiye müdahaleleri önemli ölçüde azaltılmış olur. Düz oranlı vergi ekonomik birimlerin üretim, tüketim, yatırım vb kararları üzerinde önemli ölçüde etkide bulunmaz.[130]

D-Düz Oranlı Vergiye İlişkin Çeşitli Görüşler

Düz oranlı vergiyi savunanların yanında karşı olanlar da vardır. Bu çerçevede düz oranlı vergi ile ilgili olarak lehte ve aleyhte olan görüşler aşağıdaki gibi özetlenebilir:

1-Lehte Olan Görüşler

Düz oranlı vergiyi savunanlar verginin şu avantajları üzerinde dururlar.

*Düz oranlı vergi uygulamasında bir gelir iki ya da üç defa vergiye konu olmaz. Bu ise büyüme ve GSYİH üzerinde olumlu etki yapar. Oysa artan oranlı yapıda gelir kişisel gelir vergisi, kurumlar vergisi, tüketim vergisi gibi isimlerle birden fazla vergiye tabi tutulur.

*Gelirin bir defa da vergilendirilmesi basitlik sağlar. Artan oranlılıkta yer alan spesifikleştirilmiş istisna ve muafiyetler, indirimler, amortismanlar mevcut sistemleri kompleksleştirmiştir. Bütün bunların elimine edilmesi yönetimlerin yükünü de azaltacak ve bir çok masraf ortadan kalkacaktır.

---

[128] J.D. FOSTER, "Even Money", **Policy Review**, Summer 95, Issue: 73, s. 24-28.
[129] Alan L. FELD, "Living With The Flat Tax", **National Tax Journal**, Dec 95, Vol: 48, Issue: 4, s. 605.
[130] AKTAN, 2000, a.g.e., s. 133.

*Düz oranlı verginin vergi yükünü orta ve alt tabakalara kaydırdığı da doğru değildir. Çünkü belli gelir düzeyinin altındakiler ve ücretliler indirim, istisna ve muafiyetlerden yararlanmaktadır.

*Mevcut sistemler gelir elde edildiğinde harcandığında, emlake yatırıldığında veya hisse senedi alındığında vergiye tabi tutulmaktadır. Düz oranlı vergi bütün bu olumsuzlukları gidermektedir. Bu ise daha çok yatırım demektir.[131]

*Bu vergide istisna ve muafiyetler son derece sınırlı olmasından dolayı geniş kapsamlı bir matrah elde etmek mümkündür.

*Öte yandan gerçek bir düz oranlı vergide "gelir dilimi sürüklenmesi" yaşanmaz.

*Düz oranlı vergi tarafsız bir vergidir. Bu yüzden ekonomik birimlerin üretim, tüketim, yatırım vb planları üzerinde önemli ölçüde etkide bulunmaz. Tam tersine bunlar üzerinde artan oranlılığa göre pozitif etkilerde de bulunur. Nitekim ABD'de Richard Vedder tarafından yapılan bir araştırmada 1970-82 yılları arasıda düz oranlı vergi uygulamasına geçilen 13 eyalette ortalama büyüme oranı % 33.4 iken, bu oran oldukça artan oranlı bir gelir vergisi uygulayan 14 eyalette % 21.4 olarak hesaplanmıştır.[132]

*Düz oranlı vergi basit ve adildir.[133] Çünkü oran tektir ve indirimler standart olarak herkese uygulanır. Bir başka deyişle vergi dışı tutma spesifikleştirilmemiştir. İndirimlerden daha çok düşük gelirli gruplar yararlanacağından nispi adalet de sağlanmış olacaktır. Bir başka deyişle artık yüksek gelir gruplarını içeren indirimler azalacağından, artan oranlı vergide mevcut olan çok sayıda indirim istisna ve muafiyetten bu kesim yararlanamayacak ve vergisini ödeyecektir. Ayrıca vergide tek oran olması ile daha fazla kazanmak (daha yüksek oranla vergilendirilmek suretiyle) cezalandırılmaktan çıkmaktadır. [134]

*Düz oranlı vergi basit olmasının yanında aynı zamanda şeffaf bir vergidir. Bu durum mükelleflere bu vergiyi anlama ve uygulama kolaylığı sağlar. Verginin

---

[131] Alissa J. RUBBIN, "Flat Tax Takes Center Stage In GOP Political Debates", **Congresional Quarterly Weekly Report**, 1-20-1996, Vol: 54, Issue: 3, s. 147.
[132] AKTAN, 1994, a.g.e., s. 121.
[133] Verginin basit olması Adam Simith'ten beri var olan bir ilkedir. Basitlikten anlaşılması gereken sadece vergi sisteminin anlaşılır olması değil, aynı zamanda vergi toplama maliyetinin düşüklüdür. Mevcut vergi sistemleri son derece komplekstir. Hatta bazen vergi idaresi ya da vergi uzmanları bile hata yapabilmektedir. Üstelik vergi toplama maliyetleri de son derece yüksektir. Ayrıca yine mevcut sistemlerde son derece fazla ve gereksiz vergi indirimleri istisna muafiyet vb. vardır.
[134] "Is A Flat Tax The Right Cure?", **US News&World Report,** 1-15-1996, Vol: 120, Issue: 2, s. 38.

şeffaf olması hem kişilere ve hem de işletmelere ekonomik kararlarını verirken kolaylık sağlar ve vergi sisteminin adil olduğu hususunda güven verir.[135]

*Vergi oranlarının nispi olarak düşük olması yüksek gelir elde edip de bunları beyan etmeyenleri de ikna edebilir. Çünkü bu durum onlar için vergi idaresi ile yüz yüze gelmekten daha cazip olabilir.

*İşletmelerde büyüme olur. Çünkü bu vergide yatırıma yönelik kazançlar vergilendirilmez ve yatırım maliyetleri matrahtan indirilebilir. Ayrıca vergide tek ve sabit bir oran olmasından dolayı daha çok kazanmak onlar için daha fazla vergi ödemek anlamına gelmez.

*Tasarruflarda artma yaşanır. Çünkü düz oranlı vergi tasarrufları vergilendirmez. Bu durum düz oranlı vergiyi tüketim vergisine yaklaştırır. Dolayısıyla daha fazla tasarruf daha az vergi (daha az tüketim daha az vergi gibi) anlamına gelir.

*Düz oranlı vergi ile vergide adalet sağlanır. Bundan kasıt herkesin aynı vergiyi ödemesi değildir. Düz oranlı vergi ile yatay eşitlik sağlanır. Yani aynı geliri elde eden herkes aynı miktarda vergi öder. Daha fazla kazananlar daha fazla vergi öderler. Ama mevcut sistemlerde bu eşitliğin sağlanması son derece zordur.[136]

*Düz oranlı vergi, enflasyonist ortamda artan oranlı tarifenin yükümlüler aleyhine oluşturduğu aşırı ve haksız vergi yükünün giderilmesini sağlayan bir mekanizma olarak değerlendirilmektedir.[137] Bir başka deyişle düz oranlı vergi artan oranlı verginin yol açtığı gelir dilimi sürüklenmesi olayına izin vermez.

*Düz oranlı vergi "kanun önünde eşitlik" ilkesine uyun bir vergidir. Kanun önünde eşitlik mevcut yasaların hiçbir ayırım özetmeksizin herkese eşit olarak uygulanmasını ifade eder. Düz oranlı vergi ise hiçbir ayırım yapmadan herkese aynı oranı uygular. Bu ise vergi tabanını, dolayısıyla vergi hasılatını artırıcı bir etki yapar.

*Düz oranlı vergi, vergi kaçakçılığı eğilimini azaltır. Düz oranlı vergi sistemini savunanların üzerinde durduğu en önemli konulardan birisi, ağır vergi yükünün mikro ve makro ekonomi üzerinde doğurduğu olumsuz sonuçlardır. Düz oranlı vergi sisteminde vergi oranlarının çok yüksek olarak tespit edilmemesi

---

135 FOSTER, a.g.e., s. 25.
136 "Is A Flat Tax..., a.g.e., s. 38.
137 Murat ÇETİN, Ihsan GÜNAYDIN, "Enflasyon-Vergi Yükü Ilişkisinin Türkiye Açısından Incelenmesi", **Vergi Sorunları Dergisi**, Şubat 1998, s. 141.

savunulmaktadır. Buradan hareketle düz oranlı vergi sisteminde vergi kaçakçılığının azalacağı savunulmaktadır.

Bunların dışında düz oranlı verginin; düşük vergi nedeniyle tasarruf ve yatırımları artıracağından büyüme ve kalkınmayı sağlayacağı, vergi sonrası geliri artıracağından servet birikimi ve sermaye terakümünü yükselten bir etki oluşturacağı vergi yükünü azalttığı için işletmelerin rekabet gücünü artıracağı savunulmaktadır.[138]

2-Aleyhte Olan Görüşler

Düz oranlı verginin lehinde görüşler yanında bir kısım iktisatçılar da bazı dezavantajlarından bahsetmişlerdir. Bunlar aşağıdaki gibi sıralanabilir.

Düz oranlı vergilerle ilgili en önemli eleştiri bu verginin adil olmadığı yönündedir. Buna göre, düz oranlı vergi iddia edilenin aksine adil değildir. Çünkü bu vergi uygulamaya girdiğinde yüksek gelir gruplarının vergi yükünün düşeceği bir gerçektir. Düşük gelirliler vergi dışı tutulsa da vergi yükü, düşük gelirli olmayan ancak yüksek gelirli de sayılamayacak olan orta sınıfın sırtına biner. Bir başka deyişle vergi yükü orta sınıf aleyhine daha çok yüklenecektir. Elbette ki bu durum yüksek gelir gruplarının lehinedir. Düşük gelir grupları da vergi dışı tutulacağından, düz oranlı vergi sanılanın aksine adil bir vergi değildir.[139]

Bunu bir örnekle açıklamak gerekirse, örneğin yıllık 50.000 $ kazanan bir ücretli (bu miktardan asgari indirimin düşüldüğü varsayılarak) bunun üzerinden (vergi oranı % 20 varsayımı altında 10.000 $ vergi öderken örneğin bir milyon $'lık bir hisse senedi olan bir başka mükellef (bu gelirler istisna olduğu için) hiç vergi ödemeyecektir. Ancak aslında bu gelirler üzerinden de vergi ödenir. Çünkü hisse senedinin bağlı olduğu şirket vergiye tabidir. Düz oranlı vergiyi savunanlar zaten bu verginin bir avantajının da çifte vergilendirmeyi önlemek olduğunu ileri sürerek bu iddialara cevap verirler.[140]

Bunun dışında düz oranlı vergi, kanun önünde eşitlik ilkesine, yani yasalar önünde hiçbir ayırım özetilmeksizin herkesin eşit muamele örmesi ilkesine daha uygun olduğu için adildir. Zira kanun önünde eşitlik adalet kavramını doğru açıklayan temel kriterlerden birisidir. Herkese hiçbir ayırım özetilmeksizin aynı vergi oranını öneren düz oranlı vergi, kanun önünde eşitlik ilkesine uyundur. Dolayısıyla adildir.[141]

---

[138] AKTAN, 2000, a.g.e., s. 132-133.
[139] Is A Flat Tax ..., a.g.e., s. 38.
[140] "A Flat Tax for The US: The Advantages and Disadvantages of A Flat Tax", http://www.itsnet.com/flint/flattax.html, 13.9.2000.
[141] AKTAN, 2000, a.g.e., s. 135.

Düz oranlı vergi, vergi gelirlerini yeterince artıramaz. Çünkü Amerika'da yapılan hesaplamalarda düz oranlı vergi için teklif edilen % 17 oranı yetersizdir. Bu ülkede mevcut gelirler kadar gelir toplanabilmesi için bu verginin oranının en az % 21 olması gerekir. Aksi halde bütçe açıkları meydana gelir.[142]

Artan oranlı vergiden düz oranlı vergiye geçişin maliyeti yüksek olabilir. Çünkü bu düzenleme reform niteliğindeki köklü değişikliktir ve kısa vadede ekonomi üzerinde olumsuz etkiler meydana getirebilir.[143]

İndirimlerin ayrıntılı olmaması (genel olması ve spesifikleştirilmemiş olması) bazı kesimlere zarar verebilir. Örneğin karşılıksız yardım ve bağışlar eğer vergi dışı tutulmazsa bu kuruluşların faaliyetleri zorlaşır. Bir başka deyişle bazı düz oranlı vergi karşıtları bu verginin mevcut indirimleri kaldıracağından hayır (charity) amaçlı bağışları azaltacağını ileri sürerler. Ancak bu abartılı bir yorumdur. Çünkü bağışlar zaten ekonomik amaçlı değildir. Ayrıca bağışlar ekonomik refahla doğrudan ilgili olduğundan, ilk yıllarda bazı azalmalar yaşansa da, düz ve düşük oranlı vergi ile geliri artacak olan kişiler bağışlarını yapmaya devam edecektir. Nitekim 1980'li yıllarda uygulanan ekonomi politikası ile vergi oranları düşürülmüş ve indirimler azaltılmış olmasına rağmen bağış ve yardımlar bundan çok fazla etkilenmemiş ve dönem sonunda karşılıksız bağış ve yardımlarda artış yaşanmıştır.[144]

E-Artan Oranlı Vergi ve Düz Oranlı Vergi Karşılaştırması

Artan oranlı vergi ile düz oranlı vergi karşılaştırıldığında aşağıdaki gibidir:

*Düz oranlı verginin basitliği sayesinde hem bakanlıklar gereksiz kırtasiye masrafından kurtulurlar, hem vergilerin hesaplanması bir uzman işi olmaktan çıkar ve hem de zaman kaybının önüne geçilir. Amerika'da IRS'nin (İç Gelir İdaresi) yaptığı bir araştırmada vergi mükellefleri 5.4 milyar saatini vergi borçlarını hesaplamak için harcadıklarını ortaya koymuştur. Ayrıca mevcut vergi sistemi o kadar komplekstir ki bazen bu işle uğraşan vergi uzmanları ve vergi idaresi de hatalar yapabilmektedir.

*Düz oranlı vergide esas olan genel indirimler olduğundan, politikacıların seçim kazanmak ya da değişik amaçlarını gerçekleştirmek üzere vergi sistemi üzerinde sık sık oynamalarına mani olur. Oysa artan oranlılıksa

142 Dikkat edilirse burada önerilen de düz oranlı bir vergidir. Ancak sadece oran yükseltilmiştir.
143 Is A Flat Tax ..., a.g.e., s. 38.
144 SCHLECHT, a.g.e., s. 36.

spesifikleştirilmiş indirim, istisna ve muafiyetler siyasi amaçlarla kullanılabilmektedir.[145]

*Artan oranlı vergi gerek vergi oranlarının yüksekliği gerekse geliri birden fazla vergilendirmesi nedeniyle tasarruf ve yatırımı cezalandırıcıdır. Düz oranlı vergide ise tasarruf ve yatırımlar üzerindeki yüksek vergi ve birden fazla vergi sona erer.

*Artan oranlı vergilerde aynı geliri elde eden toplum kesimleri birbirinden farklı vergilendirilir. Yani özel bir takım muafiyetler söz konusudur. Düz oranlı vergi ise herkese aynı uygulanır. Bir başka deyişle indirim istisna ve muafiyetler genelleştirilmiştir.

*Artan oranlı vergi, vergi sığınakları (tax sherters) vasıtasıyla yatırımları verimsiz alanlara yönlendirir. Oysa düz oranlı vergide böyle vergi sığınakları yoktur ve yatırımlar daha verimli alanlara yönlenir.

*Artan oranlı vergi yatırımları birden fazla vergilendirmesinden dolayı kişileri tasarruftan ziyade harcamaya yönlendirir. Düz oranlı vergide tasarruf ve yatırım cezalandırılmadığından kişi tasarruf harcama veya yatırım hususunda özgürce karar verir.

*Artan oranlı vergi son derece kompleks ve maliyetli iken düz oranlı verginin basit olduğu hususunda genel bir kabul vardır.[146]

*Düz oranlı verginin yürürlüğe girmesiyle servet vergisi, sermaye kazançları vergisi ve faiz, kira, hisse senedi gibi gelirler üzerinden alınan vergiler kaldırılır. Bu vergiden sosyal güvenlikle ilgili harcamalar ve sağlık harcamaları etkilenmez.[147]

F-Bazı Düz Oranlı Vergi Önerileri

Düz oranlı vergi değişik zamanlarda ABD gündemine gelmiştir. Ortak özelliği düz ve düşük tek oran olan bu önerilerin detaylarda bazı farklılıklar söz konusudur. Bunun yanında bazı önerilerde düz oranlı vergi ile tüketim tabanlı vergilerin zaman zaman birbirine çok yakınlaştığı da görülecektir. Bunun yanında 1970'li yıllarda ABD'de bazı eyaletlerde düz oranlı vergi uygulaması yoluna gidilmiştir. Bu başlık altında ABD

[145] Daniel J. MITCHELL, "A Brief Guide to the Flat Tax", **The Heritage Fondation**, March 1992, s. 2.
[146]The Comparison of the Current Income Tax System to the Flat Tax, www.senate.gow/jec/fltxcomp.html, 9.4.1999.
[147] A Flat Tax for The US: The Advantages..., a.g.e., 3-4.

merkezli bazı düz oranlı vergi önerileri ile 1970'li yıllarda uygulanan düz oranlı vergilerin sonuçları analiz edilecektir.

Düz oranlı vergi 1982 yılında ABD Kongresine Senatör Helms tarafından teklif edilmiştir. Bu teklife göre gayri safi gelir üzerinden % 10 vergi alınması öneriliyordu ve 2000 $'ın altında kazananları kapsamıyordu. Ancak % 10 oranı çok düşük görüldü.[148]

Amerika'da değişik zamanlarda düz oranlı vergilerle ilgili birbirinden çok fazla farklı olmayan teklifler önerilmiştir. Örneğin Senatör Arlen Specter de bunlardan birisi idi. Onun önerisinde ipotek faizleri ve karşılıksız yardımlarla ile ilgili indirimlerde farklı öneriler getiriyordu ve bu faaliyetlerin biraz daha yüksek vergilendirilmesini istiyordu.

Diğer bir öneri de Senatör Phil Gramm'dan gelmiştir. Onun önerisinde verginin oranı % 16 idi ve istisna indirim ve muafiyetlere daha az yer veriyordu. Ayrıca mevcut vergi sisteminin hemen kaldırılmasına karlı idi ve bunun zamana yayılmasını öneriyordu. Yıllık % 4 büyüme ve kamu harcamalarındaki kısıntıları da içeren öneri, dört yıllık bir sürede bütçe açıklarını gidermeyi hedefliyordu.[149]

Senatör Phil Gramm diğerlerinden farklı olarak tüketim tabanlı bir gelir vergisi sistemi önermemekte, ancak yatırım ve tasarrufun da vergilendirildiği düz oranlı bir gelir vergisi sistemi önermekte idi.[150]

Düz oranlı vergi Amerika'da 1995 yılında tekrar gündeme gelmiştir. Ekonomik Büyüme ve Vergi Reformu Ulusal Komisyonu'nun (National Commission on Economic Growth and Tax Reform) hazırladığı raporda mevcut vergi sisteminin ilga edilmesi yerine tek oranlı bir verginin getirilmesini öneriyordu.

Senatör Kemp'in önerisi olarak da bilinen bu verginin belirgin özellikleri, daha basit daha adil ve şeffaf olmasında yoğunlaşıyordu. Başkanlığını Cumhuriyetçilerin liderliğini yaptığı Komisyonun hazırladığı ve 17 Ocak 1996 tarihinde kamuoyuna sunulan raporun ayrıntıları ve önerileri şöyle idi:

Mevcut vergi sistemi hayatiyetini tamamlamıştır ve ilga edilmelidir. Onun yerine spesifikleştirilmemiş olmak şartıyla bir çok istisna ve muafiyetleri de içeren genel bir tek oranlı vergi konmalıdır. Bazı değişiklikler yapılması Kongre Çoğunluk Lideri Dick Armey tarafından da desteklenen rapor, ilk olarak yıllık 33.300 $ aile gelirlerinin gayri safi

---

[148] CLODFELTER, a.g.e., s. 132.
[149] Richard BROMLEY, Jonathan P. BILLER, "Additional Proposals for Fundamental Tax Reform: A Brief Review of The Kemp Commission Report and the Gramm Flat Tax, The Flat Tax: The Potential for Economic Growth", http://www.hopsut.com/briefs/flattax.html, 9.4.1999.
[150] TÜRKAN, a.g.e., s. 20.

tutarını vergi dışı tutmayı öneriyordu. Raporda önerilen bir husus da vergi oranının % 20'yi geçmemesi idi. Oysa mevcut sistemde oranlar % 15-39.6 (15-28-31-36-39.6) arasında değişiyordu.

Vergi oranlarının düşük tutulması Komisyonun ısrarla üzerinde durduğu hususlardan birisi yönünde idi. Ancak bunun bütçe açıkları ile mücadeleyi engelleyici olmaması gerekirdi. Çünkü bir anda aşırı düşürülen vergi oranları kamu gelirlerini azaltır. Bu yüzden % 20 olarak uygulanacak olan tek oranlı bir vergi ekonomiyi canlandıracak ve Kongreden geçmesini kolaylaştıracaktır.

Tasarruflar ve yatırımlar üzerindeki vergilerin kaldırılması önerilerden diğer biri idi. Komisyona göre bir gelir bir defa vergilendirilmelidir. Sermaye kazançları üzerinden vergi alınmamalıdır. Kar payları ve faiz tasarruftur ve vergi dışı kalmalıdır. Veraset ve intikal vergisi kaldırılmalıdır. İşletmelere yeni yatırımları ile ilgili sermaye ve ekipmanların tamamı maliyet olarak yazılmasına izin verilmelidir.

Komisyon işverenlerin ücretliler adına ödediği vergilerin ödenecek vergiden indirilmesine izin verilmesini de önermiştir. Ayrıca çalışanlardan alınan dolaysız vergiler minimum düzeye indirilmelidir.

Diğer bir öneri de vergi oranlarında yapılacak artışların Kongre'nin 2/3 nitelikli çoğunluğu ile yapılmasıdır. Böylece hükümetler oranlar üzerinde politik nedenlerle oynayamayacaktır.

Senatör Kemp bir konuşmasında bu konuyla ilgili olarak şunları söylemiştir:

> "Bizim arzumuz o ki eğer tek ve düşük oranlı bir vergi sistemi, beraberinde ücretlilerin vergilerinin indirimine izin veriyor ve gelir düzeyi düşük vatandaşları vergi dışı bırakıyorsa ekonominin büyümesi iki katına çıkacaktır."

İşadamı (Gazete Patronu) ve Cumhuriyetçi Parti Başkan Adayı Steve Forbes ve Senato çoğunluk lideri Dick Armey gibi bazı işadamı ve siyasetçiler de öneriyi destekliyordu. Ancak onlar oranın % 20 değil, % 17 olması gerektiğini ve indirimlere yer verilmemesini savunuyorlardı. Bununla birlikte onlar da ilk iki sene oranın % 20 olabileceğini kabul ediyorlardı. Clinton yönetimi de düz oranlı vergi üzerinde durmuştur. Fakat onların endişesi daha çok bu verginin bütçe açıklarına yol açacağı ve vergi yükünü zengin kesimden orta-düşük gelirlilere kaydıracağı yönündeydi.[151]

---

[151] Alissa J. RUBBIN, "Kemp's Recommendations", **Congresional Quarterly Weekly Report,** 1-20-1996, Vol: 54, Issue: 3, s. 146.

Bir öneri de Senatör Sam Nunn ve Senatör Pete Domenici tarafından yapılmıştır. Bu vergi de düz oranlı ve nakit akışı vergisine benzeyen tüketim tabanlı ve tasarrufları vergi dışı bırakmayı amaçlayan bir vergidir ve bu iki kişi bu verginin ismini Unlimited Saving Allowance (USA) olarak isimlendirmeyi benimsemişlerdir. Onlara göre bir vergi sistemi tasarrufları, yatırımları ve dolayısıyla ekonomik büyümeyi teşvik edici olmalıdır. Aynı zamanda bu vergi sisteminin adil anlaşılabilir ve düşük maliyetli olması gerekir. Uluslararası rekabeti de teşvik edici olması gereken bir vergi sisteminin mali amacı da göz ardı etmemesi gerekir.

USA vergi sistemi kişisel tasarrufları ve işletme yatırımlarını vergi dışı tutuyordu. Bu vergi sisteminde gelir mevcut gelir tanımı ile aynı özellikleri taşıyordu. Ancak vergi mükellefine kişisel tasarruf ve yatırımlarını yıl içinde elde ettiği hasılattan indirilmesine izin veriliyordu. Bu vergi sisteminde kişisel temel harcamalar ve düşük gelirli işçi ve benzeri bordrolular için yapılan sosyal güvenlik ödemeleri vergi dışı idi.

İşletmelerin vergi açısından şirket olup olmadıkları dikkate alınmıyor ve her ikisi de aynı vergiyi ödüyordu. Yine işletmeler mevcut sistemde olduğu gibi maliyetlerini hasılattan indirebildikleri gibi yatırıma yönelik harcamalarında indirilmesine izin veriliyordu. Bu indirimler yatırımla ilgili yeni makine ekipman vb harcamaları içeriyordu. Bu verginin diğer bir özelliği de vergi oranının düz ve düşük olması idi.[152]

ABD'de 1998 yılı bütçe tasarısının 6 Şubat 1997'de Kongreye sunulması ile, vergi reformu konusundaki tartışmalar yeniden alevlenmiştir. Cumhuriyetçi Kongre liderleri 9 Şubat 1997'de Başkan Clinton'a bir mektup[153] göndererek 1 Mayıs 1997 tarihine kadar Kongre'ye köklü değişiklikler getiren bir vergi tasarısının sunulmasını istemişlerdir. Mektupta Amerikan vergi sistemini basitleştirerek, istisna, muafiyet ve indirimler gibi uygulamaları asgariye indirecek, tasarrufları teşvik edecek bir vergi değişikliği ihtiyacını vurgulamışlardır. Diğer taraftan temsilciler Meclisi çoğunluk lideri Dick Armey, tarafından düz oranlı ve tüketim tabanlı vergileme yeniden gündeme getirilmiştir.[154]

ABD'de önerilen vergilerin ortak özelikleri; (1) artan oranlı bir gelir vergisi yerine düz oranlı ya da düzleştirilmiş bir gelir vergisi sisteminin getirilmesi, (2) tasarruf ve

[152]Sam NUNN, "The Unlimited Savings Allowance (USA) Tax Proposal", www.gpppf.org/pubs/commentaries/nunn.html, 18.9.2000.
[153] Söz konusu mektup, Temsilciler Meclisi'nin Başkanı Newt Gingrich, çoğunluk lideri Dick Armey, komisyon başkanı Bill Archer, ve Senato'nun çoğunluk lideri Trent Lott, Komisyon Başkanı William Roth, çoğunluk lideri yardımcısı Don Nicles tarafından imzalanmıştır.
[154] TÜRKAN, a.g.e., s. 6.

yatırımların vergilendirilmeyerek tüketim tabanlı bir gelir vergisi sistemine geçilmesi ya da gelir vergiler yerine tüketim vergileri uygulanması (3) vergi muafiyet, istisna, indirim gibi mekanizmaların mümkün olduğunca en aza indirilmesi, (4) vergi sisteminin basit ve kolay uygulanabilir hale getirilerek vergi toplama maliyetinin azaltılması (5) vergi artışları ya da değişikliklerinin temsilciler meclisindeki oylama sisteminin değiştirilerek ağırlaştırılması.[155]

Düz oranlı vergi 1970-82 yılları arasında ABD'de bazı eyaletlerde[156] uygulama alanı da bulmuştur. Yine aynı dönemde on dört eyalette oldukça yüksek artan oranlı gelir vergisi uygulaması söz konusu idi. Bununla ilgili olarak 1970-80 yıllarına ilişkin reel medyan gelir karşılaştırması yapılmıştır ve sonuçlar aşağıdaki gibidir:

Tablo 14: Düz Oranlı ve Artan Oranlı Vergi Uygulamasına İlişkin Bir Karşılaştırma

Kategori	1970	1980	Büyüme (%)
Düz oranlı vergi uygulaması	4.132	5.551	33.4
Yüksek oranlı vergi uygulaması	4.134	5.020	21.4
Toplam (50 Eyalet)	4.311	5361	24.3

Kaynak: AKTAN, 1994, s. 121.

Tabloda açıkça görüldüğü gibi bu döneme ait büyüme oranı hem yüksek artan oranlı ve hem de genel ortalamanın üzerindedir. Bu da düz oranlı verginin büyüme üzerindeki müspet etkisine işaret eder. Ancak büyüme üzerinde vergi oranları dışında çeşitli faktörlerin etkisi de bir gerçektir. Bununla birlikte büyüme üzerinde düşük ve düz oranlı verginin etkisi göz ardı edilemez.

IV-Tüketim Tabanlı Vergi Önerisi

Bilindiği gibi vergiler gelir harcama ve servet üzerinden alınır. Bu vergiler çoğu zaman birlikte uygulanır. Bir başka deyişle bir ülkenin vergi sistemi bunlardan herhangi birine daha ağırlık verse bile bu üç tür temel vergi genellikle ilgili ülkenin vergi sistemi içerisinde yer alır. Örneğin Türkiye'de gelirden (gelir ve kurumlar vergisi) harcamadan (KDV gibi) ve servetten (emlak vergisi gibi) olmak üzere üç temel vergi türünden de vergi alınır.

Pek çok ülkede vergi sisteminin temelini teşkil eden gelir vergisine karşı yapılan eleştiriler neticesinde bir çok arz iktisatçısı bu vergilerde indirim yapılmasını savunurken, bazıları bu vergi türünün kaldırılarak bunun yerine tüketimi matrah olarak esas alan bir vergi türünün uygulanmasını savunmuşlardır. Nakit akışı vergisi (cash flow tax) olarak da bilinen bu vergi, literatürde daha çok "tüketim tabanlı vergi" ya da

[155] TÜRKAN, y.a.g.e., s. 30.
[156] Bu eyaletler; Illinois, Indiana, Michigan, Pennsylvania, Missisipi, Florida, Nevada, New Hampshire, Soutth Dakota, Texas, Washinton, Connecticut, Wyoming, olmak üzere on üç adettir.

"tüketim vergisi" olarak anılmaktadır. Bunların dışında nakit akışı gelir vergisi (cash flow income tax), tüketilmiş gelir vergisi (consumed income tax) ve harcama vergisi (expentditure tax) olarak da bilinmektedir. Bu çalışmada literatürde daha fazla bilinen ve kullanılan şekli ile ve daha kavrayıcı üst bir kavram olduğu düşüncesi ile "tüketim tabanlı vergi" kavramının kullanılması benimsenmiştir.

A-Tüketim Tabanlı Verginin Gündeme Gelişi

Bu vergi esasında tamamen yeni (ya da arz iktisatçıları ile birlikte gündeme gelmiş) bir vergi değildir. Tüketim tabanlı vergi iktisat bir bilim olmadan önce de savunulmuştur. Nitekim Thomas Hobbes ünlü eseri "Leviathan"da (Ejderha) şu görüşleri ileri sürmüştür:

> "Daha çok çalışıp, emeğinin meyvelerini saklayan ve az tüketen bir kimsenin avare yaşayıp az kazanan ve kazandığının hepsini tüketen bir kimseye bakışla daha çok vergilendirilmesinin sebebi ne olabilir?"

Benzer görüşleri daha sonra John Stuart Mill, Alfred Marshall, A.C. Pigou, Irving Fisher ve İtalyan iktisatçı Lougi Einaudi de savunmuştur.

İngiliz iktisatçı Nichols Kaldor 1955 yılında yayınlamış olduğu "An Expenditure Tax" (Tüketim Vergisi) adlı çalışma ile bu vergi türünün ayrıntılarını ortaya koymuştur. [157] Daha sonra bir çok ekonomist bu öneriyi ilgi çekici bulmuştur. Ancak özellikle 1970'li yıllardan önce bu verginin uygulamasının çok zor olduğu düşünülmüştür. Fakat özellikle 1970'li yılların ortalarından itibaren tüketim tabanlı vergi tekrar gündeme gelmiş ve iktisatçılar yeniden inceleme konusu yapmışlar, mevcut gelir vergilerinden bazı üstün yönlerinin olabileceğini düşünmüşlerdir. [158] Bu dönemde tüketim tabanlı vergi ile ilgili olarak bazı ülkelerde de komisyonlar toplanmış, raporlar hazırlanmış ve uygulama imkanları değerlendirilmiştir. Örneğin; İsveç'te 1976 yılında yayımlanan raporda (Proressive Expenditure Tax: An Alternative), 1977 yılında ABD'de de Hazine Bakanlığı'nca yayımlanan raporda (Blueprint for Basic Tax Reform) ve 1978 yılında İniltere'de J. M. Meade başkanlığında hazırlanan bir Komite raporunda (The Structure and Reform of Direct Taxation) bu konu gündeme gelmiştir.[159]

Tüketim tabanlı vergiyi ABD'de 1970'li yıllarda savunan bazı iktisatçılar şunlardır: David Bradford (Princeton), Martin Feldstein (Harward), Lawrence Summers (Harward), Lester Thurow (MIT), Michael Boskin (Stanford), John Shoven (Stanford),

---

[157] AKTAN, 2000, a.g.e., s. 142-143.
[158] Laurance S. SEIDMAN, "A Better Way to Tax", **Puplic Interest,** Winter 94, Issue: 114, s. 66.
[159] AKTAN, 2000, a.g.e., s. 144.

Henry Aaron (Brookings), Harvey Galper (Peat Marwiks) ve William Andrews (Harward).[160]

B-Tüketim Tabanlı Verginin Özellikleri

Öncelikle tüketim tabanlı vergi dolaysız bir vergidir. Bu özellik tüketim tabanlı vergiyi diğer tüketim vergilerinden farklı olarak nihai bir vergi olması yönüyle ayırır. Başka bir ifade ile tüketim tabanlı vergide ödenen verginin diğer tüketim vergilerinde olduğu gibi başka kimselere aktarılması söz konusu değildir. İkinci olarak bu vergi subjektif bir vergidir. Tüketim tabanlı vergi bu özelliğiyle mükellefler açısından yine diğer tüketim vergilerinden farklı olarak, alternatif uygulama şekillerine izin verir. Bir başka deyişle gelir vergisinde yer alan kişisel indirimlerin bu vergi bünyesinde yer alması mümkündür.[161]

*Tüketim tabanlı vergide matrah; elde edilen gelir değil, yapılan tüketimdir. Bir başka deyişle bu vergide ne kadar gelir elde edildiği değil, ne kadar harcama yapıldığı önemlidir. Bu yüzden insanlar paralarını iki şekilde kullanabilirler; harcama veya tasarruf. Dolayısıyla bu vergide gelir; harcama ve tasarruf fonksiyonuna sahiptir.[162]

*Bu verginin gelir vergisinden önemli bir farkı da tüketilmiş gelirlere uygulanıyor olmasıdır. Oysa gelir vergisi, elde edilen bütün gelirler için geçerlidir. Bu özelliği nedeniyle bazı iktisatçılar tarafından tüketilmiş gelir vergisi (consumed income tax) olarak da adlandırılmıştır. Yani gelirin gelir vergisinde olduğu gibi gelirin tamamı değil, tüketilen kısmı vergilendirilmektedir.

*Tüketim tabanlı vergi nispeten daha basit ve anlaşılabilir bir yapıdadır. Bu vergide istisna ve muafiyetler daha azdır. Bu uygulama vergiyi daha adaletli kılmaktadır.[163]

*Tüketim tabanlı verginin hesaplanmasında kayıtlı hesaplar (qualified accounts) özel bir önem taşımaktadır. Kayıtlı hesaplara dahil edilen değerler vergiye tabi gelirin hesaplanmasında toplam gelirden tümüyle indirilir. Bu hesaplardan çekilen değerler ise, toplam gelirlere ilave edilir. Bu şekilde vergi miktarı tespit

---

[160] SEIDMAN, a.g.e., s. 65.
[161] AKTAN, 2000, a.g.e., s. 144.
[162] Stephen L TUNNEY, "Consumption Tax Pathfinder, Pros and Cons of a Consumption Tax" http://forums. law.arizona.edu/library/Chiorazzi/stunneyPATHF-2.html, 18.9.2000.
[163] Savers' Tax Relief: Revisitinga a Good Idea, **National Tax Journal,** Sep 93, Vol: 46, Issue: 3, s. 323.

edildikten sonra, gelir vergisi sisteminde olduğu gibi, bazı indirimlerin hesaplanan tutardan indirilmesine izin verilebilir.[164]

*Vergilendirme dönemi KDV'de olduğu gibi aylık olabilir ya da farklı dönem uygulamaları getirilebilir. Herhangi bir dönem uygulamasının söz konusu olmadığına yönelik öneriler de vardır.[165]

*İşletmeler vergilendirilirken her işletme aynı vergilendirilir. Yani işletmenin tek kişiye ait olması, çok ortaklı olması, kurum olması gibi özellikler o işletmenin vergilendirilmesinde belirleyici değildir. Hepsine aynı oran ya da oranlar uygulanır. İşletmelerin vergi matrahlarını net gelirleri değil, net nakit akışları oluşturur. Bu, tüketim tabanlı verginin tasarrufları vergi dışı bırakma özelliğinden ileri gelir.[166]

*Net nakit akışı işletmeye alınan her türlü mal ve hizmetten bu malların alımı için yapılan maliyetin satış tutarı üzerinden düşülmesiyle ortaya çıkan miktarı içerir. Bu yöntemde alınan borçlar girdi gibi kabul edilir, ancak geri ödendiğinde ise maliyet olarak değerlendirilir ve hasılattan indirilir. Ayrıca yatırımla için ayrılan paylar da vergiden istisnadır. Biraz daha açmak gerekirse, net nakit akışından kasıt, yıl boyu bütün kaynaklardan elde edilen hasılattan diğer işletmelere yapılan mal, hammadde, ekipman ve demir baş gibi bütün ödemelerin çıkarılması neticesinde meydana gelen hasılattır. İşletmeler yatırım için yaptıkları bütün maliyetleri gelirden indirebilirler. İsterlerse bu harcamaları yıllara yayabilirler. İşletmeler net nakit akışları üzerinden vergi ödeyerek hem önemli ölçüde vergi avantajı yakalarlar ve hem de tasarruflar vergilendirilmediğinden yatırım kapasiteleri artar. Bu ise daha fazla yatırım ve dolayısıyla daha fazla vergi demektir.

*Tüketim tabanlı vergide nakit akışları son derece önemlidir ve bunlar nakit akışı hesabı (cash flow account) olarak bilinir. Bu kavram nakit akışı vergisinin (ya da tüketim tabanlı verginin) en önemli kavramlarındandır. Bu hesaba tasarruflar yatırılır ve bunlar sermayeye eklenmez. Bu hesapta hem işletmeler ve hem de kişilerin tasarrufları muhafaza edilebilir. Eğer bu hesaptan bir geri çekme söz konusu ise bu tasarruf sayılmaz ve dolayısıyla vergilendirilir.

---

[164] AKTAN, 1994, a.g.e., s. 124.
[165] M. Çetin HACIOSMANOĞLU, "Nakit Akış Vergisi Gelir, Kurumlar ve KDV'ye Alternatif Bir Yaklaşım", **Vergi Dünyası,** Şubat 1997, s. 33-34.
[166] FOSTER a.g.e., s. 26.

*Tüketim tabanlı vergilerde yapılan harcamaların ilgili yılda bütünüyle indirilmesine izin verilir. Ancak gelir vergisinde bu indirim genellikle yıllara bölünmüş olarak indirilir. Örneğin işletme için bir makine alınsa bu makinenin maliyetinin tüketim tabanlı vergide hemen, gelir vergilerinde de bir kaç yıl içinde indirilmesine izin verilir.

*Tüketim tabanlı vergide nakit akışları son derece önemlidir ve bunlar nakit akışı hesabı (cash flow account) olarak bilinir. Bu kavram nakit akışı vergisinin (ya da tüketim tabanlı verginin) en önemli kavramlarındandır. Bu hesaba tasarruflar yatırılır ve bunlar sermayeye eklenmez. Bu hesapta hem işletmeler ve hem de kişilerin tasarrufları muhafaza edilebilir. Eğer bu hesaptan bir geri çekme söz konusu ise bu tasarruf sayılmaz ve dolayısıyla vergilendirilir.

*Tüketim tabanlı vergilerde yapılan harcamaların ilgili yılda bütünüyle indirilmesine izin verilir. Ancak gelir vergisinde bu indirim genellikle yıllara bölünmüş olarak indirilir. Örneğin işletme için bir makine alınsa bu makinenin maliyetinin tüketim tabanlı vergide hemen, gelir vergilerinde de bir kaç yıl içinde indirilmesine izin verilir.[167]

C-Tüketim Tabanlı Verginin Oranı

Tüketim tabanlı verginin oranının ne olacağı hususunda da farklı görüşler vardır. Bu alanda çalışma yapan David F Bradford'un iki önerisi vardır. Bunlardan bir tanesi firmalara ve çalışanlara uygulanmak üzere tek oranlı vergi önerisi (Nakit akışı vergisinde diğer vergilerden farklı olarak işçilere yapılan ödemelerde matrahtan indirilir) ve ikinci olarak kişilere uygulanan ve kişinin ailevi durumuna göre farklılaşan bir öneri. Bunlardan birincisi tipik bir düz oranlı vergisi uygulaması iken ikincisi (kişilere uygulanan) artan oranlılık örneğidir ve mevcut gelir vergileri uygulamalarıyla benzerlik taşır.[168]

Bu verginin oranının ne olacağı hususu tartışmalıdır. Örneğin bu alanda çalışma yapan Eric Schlect and Jared Adams oranın tek olması gerektiği ve belli fakirlik düzeyi altında bulunanların vergi dışı bırakılmasının bunların dışındaki bütün vatandaşlara aynı oranın uygulanması önermişlerdir.[169]

---

[167] "Fundamental Tax Reform", http://www.dtonline.com/taxref/trissue.htm, 26.9.2000.
[168] David F. BRADFORD, "Transition to and Tax-Rate Flexibility in a Cash Flow Typ Tax", **Tax Policy&The Economy**, Issue: 12, 1998, s. 152.
[169] Restoring Equality and Equityto America, http://members. nbci.com/_XMCM/drscat/finalpaper.htm.

Yine bu alanda çalışma yapan Alan J Auerbach, hem kişiler ve hem de şirketler için nakit akışını dikkate alan tek bir oran üzerinden vergi alınmasını önermiş ve gerçek kişilerle kurumların farklı vergilendirilmesinin ekonomi mantığına aykırı düşeceğini savunmuştur. Ayrıca bu tür ayırımcı uygulamaların tüketim vergisinden beklenen faydayı (daha fazla tasarruf, üretim ve yatırım) engelleyeceği görüşünü dile getirmiştir.[170]

D-Tüketim Tabanlı Vergiye İlişkin Çeşitli Görüşler

Düz oranlı vergide olduğu gibi tüketim tabanlı vergiyi de savunanlar ve bu vergiye karşı çıkanlar vardır. Bu görüşlerin ne olduğu aşağıda açıklanmıştır.

1-Lehte Görüşler

Tüketim tabanlı vergi ölüme dayalı olarak ortaya çıkan tasarrufların devri ile ortaya çıkan meblağın vergilendirilmesi ile veraset ve intikal vergisine gerek kalmayacaktır. Bu durum vergi sisteminde basitliği beraberinde getirir.

*Tüketim tabanlı vergi enflasyondan etkilenmez ve böylece gelir dilimi sürüklenmesiyle ortaya çıkan yüksek vergi çıkmazı buna bağlı olarak oluşan taksflasyon hadisesi yaşanmaz.

*Bu vergi ile toplam tasarrufların artacağı beklenebilir. Çünkü tasarruflar vergi dışı tutulduğundan kişilerin cari tüketim yerine gelecekte tüketime yönelmeleri söz konusu olabilir. [171]

*Ayrıca bu vergide hayır işleri için yapılan bağış ve yardımlar vergiden indirilebildiğinden toplumsal dayanışma ve demokratik toplumlarda toplumsal yaşamın bel kemiğini oluşturan sivil toplum örgütlerinin güçlenmesi beklenebilir. Buna bağlı olarak bazı toplumsal hizmetler yerelleşmiş olur. Bu hizmetlerin sivil toplum örgütleri tarafından yerine getirilmesi merkezi hükümetin mali yükünü de hafifletir.

*Tüketim tabanlı vergi tüketimle vergi yükü arasında doğrudan bir ilişki kurduğundan tüketimi azaltıcı üretimi artırıcı bir etki meydana getirir. Bu ise

---

[170] J. AUERBACH, "Flat Taxes: Some Economic Considirations, From The California Policy Seminar Brief Series", Marh 1998 www.ucop.edu/cprc/auerbach.html, 18. 12. 2000.
[171]AKTAN, 1994, a.g.e., s. 127.

refah artışı anlamına gelir. Bu vergide düz oranlı vergide olduğu gibi gelirin türüne bakılmaksızın gelir üzerinden vergi alınmaz. [172]

*Tüketim tabanlı vergide kişinin topluma ne kadar katkı yaptığı önem taşımaz. Yani bu vergide herkes toplumdan ne kadar faydalanırsa (tüketirse) o kadar vergi öder. Oysa mevcut vergilerde vergiyi doğuran olay, kişinin ne kadar üretim yaptığı dikkate alınarak belirlenir.

*Bu vergi tüketim vergisi olmasından dolayı daha fazla tasarruf, dolayısıyla daha fazla üretim enflasyonist baskıyı azaltır. Hatta fiyat düşmeleri bile yaşanabilir.

*Bu vergide zengin olmak bir suç olmaktan çıkacak ve bazen uzmanlarının bile içinden çıkamadığı ve sayısı on binleri bulan mevzuat azalacak, basitleşecek ve şeffaflaşacaktır.

*Bu vergi aynı zamanda çevreci bir vergidir. Global ısınma, çevre kirliliği ve bozulması bu vergi ile azaltılabilir. Çünkü kirlenme ve çevre bozulmaları kişinin tüketiminin belli nispetinde bu maliyete katılmak üzere vergilendirilir.

*Tüketim tabanlı vergi tüketimi vergi konusu yaptığından gereksiz ve israf niteliğindeki harcamaların da kısılmasını sağlar.[173]

*Nakit akış vergisi bir tüketim vergisi olduğundan gelir vergilerine nispetle kayıt dışı ekonomi ile mücadelede daha kolaylık sağlar. Çünkü tüketim vergilerinde örneğin bir boyacı işini yapabilmek için boya satın almak zorundadır. Bu da yapılan harcamanın kayıt altına alınması bir başka deyişle vergilendirilmesi anlamına gelir.

*Bu vergide ayrıca maliyetleri şişirici bazı gerçekdışı beyanlar da azalır. Bilindiği gibi gelir tabanlı vergilerde vergiye tabi geliri daha az göstermek amacıyla kanunun izin verdiği bazı indirim kalemleri olduğundan yüksek gösterilmekte ve bu suretle hem kayıt dışı ekonominin boyutu büyümekte ve hem de ödenecek olan vergi azalmaktadır. Oysa tüketim tabanlı vergide bu tür bir yola başvurma ihtiyacı söz konusu değildir.[174]

---

172 Stephen L TUNNEY, "Consumption Tax Pathfinder, Pros and Cons of a Consumption Tax" http://forums. law.arizona.edu/library/Chiorazzi/stunneyPATHF-2.html, 18.9.2000.

173 "Real Tax Reform", http://home.att.net/~wmech/taxrform.htm, 2.25.2000.

174 Bill ARCHER, "Rethinking Federal Taxation" www.mit.edu/people/howes/revolt/economic/text1.htm, 26.9.2000.

*Genellikle kişilerin yıllık tüketimleri yıllık gelirlerinden azdır. Üstelik gelir yıllık olarak belirlenirken tüketimde böyle bir sınırlama yoktur. Çünkü tüketim hayat boyu (lifetime) devam eder ve buna göre vergilendirilir. Tüketim vergisi taraftarları, aslında gelir vergisinde geliri belirlemede bir ölçüt olan, ödeme gücünün tüketim vergisi ile daha iyi ölçüldüğü görüşündedirler. Çünkü kişiler bir anlamda elde ettikleri kadar harcama yaparlar. Yine tüketim vergisini savunanlar bu verginin tüketim tabanı kişilerin refah düzeyini ölçmekte gelir vergisinden daha elverişlidir. [175]

2-Aleyhte Görüşler

Bu vergi türü bazı zorlukları da beraberinde taşımaktadır. Öncelikle "kayıtlı hesaplara" dayanan tüketim tabanlı vergi hesapların daha çok bankacılık ve diğer mali kuruluşların daha gelişmiş olduğu ülkeler açısından daha kolay uygulanır. Ayrıca vatandaşların işlemlerini geniş ölçüde kayıtlara dayalı olarak yürütmesi gerekir. Bu yüzden "mali derinliğin" ya da "parasal ekonominin" yeterince gelişmiş olmadığı ülkeler açısından bazı uygulama zorlukları söz konusudur. Yani bu verinin az gelişmiş ve gelişmekte olan ülkelerde uyulama güçlüğü vardır.

Tüketim tabanlı vergide yer alan bazı harcamaların tüketim mi yoksa yatırım mı olduğu açık değildir. Yatırım harcamaları da verginin hesaplanmasında bir nakit çıkışı olarak kabul edilmektedir. Ancak bu sorunun vergiden veya verginin hesaplanmasında matrahtan indirim yoluyla (yatırımı teşvik etmek için) çözülmesi mümkün olabilir.

Bu verginin dünyada henüz olarak uygulanmıyor olması da tüketim tabanlı vergi ile ilgili diğer bir sorundur. [176]

Tüketim tabanlı verginin diğer bazı dezavantajları da söz konusudur. Bunlar;

*Özellikle düşük gelirli mükelleflerin tasarruf etme imkanı olmaz ve dolayısıyla, en az geçim indiriminin olmadığı varsayımı altında, bu mükelleflerin gelirleri üzerinden nispi olarak daha fazla vergi ödeyecektir.

*Tüketim tabanlı vergilere adalet açısından yöneltilen bir eleştiri; bu verginin azalan gelirin marjinal faydasının artacağı yönündedir. Bir başka deyişle düşük gelirliler tasarruf yapma imkanları olmadığından gelirlerinin tamamını tüketeceği bu yüzden bütün gelirlerinin vergilendirileceği, buna karşın yüksek gelirlilerin bir kısım gelirlerinin vergi dışı kalacağı yönündedir. Bunun yanında azalan gelirin

[175] "Fundamental Tax Reform", http://www.dtonline.com/taxref/trissue.htm, 26.9.200.

marjinal faydasının artacağı düşüncesinden hareketle kişiler üzerindeki etkisinin yüksek olacağı düşünülmektedir.

*Yine bu vergi ekonominin daraldığı dönemlerde, tüketim vergilendirileceği için, firmaların harcama yapmasını zorlaştırır.

Tüketim tabanlı vergi uygulamada bazı düzenlemeleri de gerektirir. Konuyu bir örnekle açıklayalım: Bir vergi mükellefinin 100.000 $ gelir elde ettiğini varsayalım. Yine bu kişi cari harcamalarında geçmiş yıl tasarruflarını kullanarak 100.000 $'ı ilgili yılda tasarruf etmiş olsun. Mükellef ilgili yılda hiçbir harcama yapmadığı varsayımı altında hiç vergi ödemeyecektir. Ancak tüketim tabanlı vergi bu tür olumsuzlukların önüne geçmek için bazı önlemler almıştır. Bu çerçevede, bir yılda elde edilen gelir bağımsız olarak değerlendirilmemekte, ertesi yıla devretmektedir. Toplam tüketimi belirlemek için tasarruflar yıl sonunda matrahtan indirilmektedir.

Diğer bir dezavantaj ise elde edilen gelirlerin tasarrufmuş gibi tasarruf hesabına yatırarak maişetini borç alarak sağlamak şeklindedir. Çünkü bu durumda elde edilen gelirden tüketim yapılmayacaktır. Tüketim tabanlı vergi bunun da önüne geçmek için borç alma işlemlerini gelir olarak değerlendirmektedir.

Bu vergi tüketime dayalı bir vergidir ve daha çok tüketeni vergilendirmeyi tasarrufu korumayı amaçlar. Ancak bir görüşe göre devletlerin sosyal güvenlik şemsiyesi altında koruduğu ve bir çoğu çalışamaz durumda olan özellikle emeklilerin nispi tüketimi daha fazladır. Bu durum yaşlıların korunması açısından olumsuz sonuç doğuracaktır. [177]

Tüketim tabanlı vergiler gerçekten de düşük gelirliler üzerinde olumsuz etli yapar. Nitekim düşük gelirli kişiler ya gelirlerinin büyük bir çoğunluğunu veya tamamını tüketime ayırırlar. Üstelik bu kişilerin gelirleri düşük olduğundan marjinal faydaları da yüksektir. Yani düşük gelirliler gelirlerinin tamamı ya da tamamına yakın bir kısmı üzerinden vergi ödemek zorundadırlar. Ancak yüksek gelirliler için aynı şey söz konusu değildir. Elbette ki bu kişilerin tüketimleri daha fazladır. Ancak bu fazlalık mutlak rakamlarladır. Bir başka deyişle gelir ne kadar yükselirse harcama nispi olarak azalır. Bu düşünce aşağıda somutlaştırılmıştır

---

[176]AKTAN, 1994, a.g.e., s. 127.
[177] Stephen L TUNNEY, "Consumption Tax Pathfinder, Pros and Cons of a Consumption Tax" http://forums. law.arizona.edu/library/Chiorazzi/stunneyPATHF-2.html, 18.9.2000.

Örnek 1: 2001 yılı içerisinde Türkiye'de orta büyüklükteki bir şehirde (örneğin Afyon'da) iki çocuklu bir ailenin fizyolojik ihtiyaçlar anlamında asgari geçim standardı 300 milyon kabul edildiğinde, bu aile bütün gelirlerini tüketime harcayacak ve dolayısıyla gelirinin % 100'ü üzerinden vergi ödemek zorunda kalacaktır. Vergi oranının düz ya da artan oranlı olması tüketimin vergilendirilmesi açısından bir anlam ifade etmemektedir. Ancak bunun yanında gelirinin ne kadarını vergi olarak ödediği anlamında elbette ki vergi oranının ne olduğu önemlidir.

Örnek 2: Bu örneğimizde de gelir standardı yüksek bir kişiyi dikkate alalım: Bu kişinin aylık geliri 50 milyar TL olsun. Bu kişinin tüketiminin de yine aynı dönemde 10 milyar TL olduğunu varsayalım. Geri kalan kısım tasarruf sayıldığı için vergilendirilmeyecektir. Dolayısıyla yüksek gelirli bu şahsın gelirinin sadece % 20'si harcamaya gittiği için vergilendirilecek diğer kısmı vergi dışı kalacaktır. Eğer bu kişinin geliri daha yüksek olsa idi tüketime ayıracağı pay nispi olarak daha da azalacaktı. Çünkü her ne kadar tüketim zorunlu ya da lüks olarak ayırıma tabi tutulsa da nihayetinde bir sınırı vardır ve gelir düzeyi yüksek de olsa gelirinin tamamını tüketime ayrılmaz. Buradan anlaşıldığı üzere vergilerde oran sadece tek başına bir anlam ifade etmemektedir.

E-Tüketim Tabanlı Verginin Tespiti

Tüketim tabanlı vergide vergiye tabi gelir, yani matrah, toplam gelirlerden toplam tasarrufların indirilmesi ile bulunur. Nihai vergi vergiden istisna edilmiş harcamaların indirilmesi suretiyle hesaplanmaktadır. Toplam gelirler elde edilen her türlü gelirin toplamıdır. Toplam tasarruflar ise elden çıkarılan (bankalara veya diğer mali kuruluşlara yatırılan paralar, satın alınan menkul kıymetler gibi) değerleri temsil eder.

Vergi matrahının tespitinde ve ödenecek verginin hesabında dikkate alınan unsurlar özet halinde aşağıda verilmiştir.

-Açılış ve kapanıştaki nakit; bu kavram işletmenin kasasındaki nakit tutarı ile bankadaki vadesiz mevduatı içerir (vadeli mevduat ilgili mali yıla ait olmayabilir).

-Dönem başı ve dönem sonu alacaklar reeskont edilmek suretiyle nakit emsali bir kaynak haline gelmektedir. Ancak bu alacaklar mal ve hizmet alımından kaynaklanmalıdır.

-İşletmenin her türlü satışları nakit girişi (gelir) için kaynak hükmündedir.

-Kapanıştaki senetli-senetsiz borçlar da kaynak kabul edilir. Açılıştaki borçlar da dikkate alındığından borç değişmesi hesaba katılır.

-Sermaye artırımından sağlanan kaynaklar da vergi matrahının tespitinde matrah artırıcı bir unsur olarak dikkate alınmaktadır. Böylece o dönemdeki bütün kaynaklar dikkate alınmış olur.

-Mükerrerliği önlemek için kapanıştaki kasa ve alacaklarla açılıştaki borçların indirilmesine izin verilir. Ayrıca sosyal ve ekonomik nedenlerle de bazı indirimlerin yapılmasına izin verilmektedir. Tedavi giderleri, çevre korumaya ilişkin harcamalar, bağış ve yardımlar ve yatırım harcamaları bu indirim iznine örnek teşkil eder.

Bu verginin uygulaması ise şöyledir: Vergilendirme dönemi KDV'de olduğu gibi aylık olabilir ya da farklı dönem uygulamaları getirilebilir.

Bu vergilemede götürü matrah tespiti yoktur.

Tüketim tabanlı vergide işletmelerin vergi matrahı aşağıdaki şekilde hesaplanacaktır:

Nakit Girişleri

Açılıştaki nakit tutarı + açılıştaki alacaklar + her türlü satıştan sağlanan net hasılat + kapanıştaki her türlü borç + sermaye artırımından sağlanan kaynaklar + hisse senedi ihraç primleri = toplam nakit gelişleri (gelirler) veya vergilenebilir kaynaklar

İndirilebilir Unsurlar

Kapanıştaki nakit tutarı + kapanıştaki alacaklar + Alçılıştaki borçlar + personele ait ilaç tedavi ve yemek giderleri + çevre korunmasına ilişkin harcamalar + yatırım harcamaları + bağış ve yardımlar = toplam mahsup edilebilir harcamalar

Vergi Matrahı = Nakit girişleri – indirilebilir unsurlar

Vergi Matrahı x vergi oranı = ödenecek vergi

Tüketim tabanlı vergide ödenecek vergiden bazı mahsupların yapılmasına izin verilmektedir. Bunlar aşağıdaki gibidir.

Ödenecek vergiden mahsuplar:

Önceki dönem ve dönemlere ilişkin cari dönemde ödenen vergiler,

Önceki dönem veya dönemlere ilişkin cari dönemde ödenen işveren payları dahil sosyal sigorta primleri,

Önceki dönem veya dönemlere ilişkin cari dönemde ödenen her türlü vergi ve harçlar (emlak vergisi, gümrük vergisi vb.)[178]

Bu verginin nasıl hesaplanabileceğini basit bir örnekle hesaplayalım:[179]

Mükellefimizin vergi oranı % 25 olsun. Mükellefe ait gelirler aşağıdaki gibidir.

Nakit Girişleri

Ücret Gelirleri: 1.200.000.000
Kira Gelirleri: 450.000.000
Kar Payı: 325.000.000
Borç Alınan Para: 425.000.000
Menkul Kıymet Satışı: 650.000.000
Nakit Giriş Toplam: 3.050.000.000
Nakit Çıkışları
Menkul Kıymet Alımı: 850.000.000
Borç Verilen Para 400.000.000
Banka Hesapları: 550.000.000
Toplam Nakit Çıkışı:1.800.000.000
Vergiden indirilecek kalemler
Ücret İndirimi: 45.000.000
Hayır Kurumlarına Bağış:40.000.000
Nakit Çıkış Toplam : 85.000.000
Hesaplanan Vergi: 3.050.000.000-1.800.000.000=1.250.000.000 x 0.25=312.500.000
Vergi Miktarı-İndirimler:(312.500.000-85.000.000)
Nihai Vergi : 227.500.000

178 HACIOSMANOĞLU, a.g.e., s. 33-34.
179 Hesaplamalar AKTAN, 1994, s. 125'teki verilerin bir kısmı rakamlandırılarak yapılmıştır.

F-Tüketim Tabanlı Verginin Uygulama Önerisi

Nakit Akışı Vergisi Amerika'da Meade Komisyonu tarafından önerilmiştir. Verginin konusu hem reel ve hem de finansal alandaki nakit akışlarıdır. Bu vergide işletmelere yanlarında çalıştırdıkları kişilerle ilgili harcamaların indirilmesine izin verilir. Komisyonun önerisine göre, ihraç edilen mal ve hizmetler vergilendirilir ama ithalatta vergilendirilmez. Bu öneri AB'nin KDV uygulamasına aykırıdır.

Tüketim vergisi ile gelir vergisi karşılaştırıldığında gelir vergisinde gelir, tüketim vergisinde tüketim kavramı öne çıkar.

Gelir= tüketim +tasarruf ve Tüketim=gelir –tasarruf

Tüketim vergisinde formülün farklı olması bu verginin tasarrufları vergi dışı tutmasındandır. Tüketim vergisinde mükelleflerin toplam gelirlerinden tasarruflarını çıkararak oluşturdukları değer "nakit akışı yaklaşımı" olarak isimlendirilir. Bunu bir örnekle açıklamak gerekirse, Örneğin A şahsı yıllık 50.000 $ kazansın bu kişi bu kazancının 21.000 $'ını bankaya tasarruf hesabına yatırmış olsun. Bu arada 6.000 $ da faiz geliri elde etsin. Bu kişi daha sonra 2.000 $ı bankadan geri çekse bu kişinin vergiye tabi geliri 37.000 $ olur. (50.000+6000)-(21.000)+ (2000)=37.000 $.

Görüldüğü gibi bu vergide tasarruf ve faiz gelirleri (tasarruf sayıldığından) vergi dışı tutulmuş ve vergi sadece tüketime konu olan kısımdan (37.000 $ üzerinden) alınmıştır.[180]

Bu vergide kaynağı ne olursa olsun bütün gelirlere eşit muamele edilir. Tasarruf amacıyla bankaya yatırılan, hayır işleri ve yatırım içim kullanılan paralar vergi dışıdır ve vergilendirilecek gelirden düşülür. Bu uygulama hayatı yönlendiren temel aktivitelerin vergi dışı kalması anlamına gelir.

Bunu bir örnekle açıklamak gerekirse:

X şahsına ait

50.000 $ ücret geliri

4000 $ hisse senedi geliri

2000 $ sermaye kazancı geliri olsun

(A) Toplam gelir 56.000 $

Yatırımlar

-hisse senedi alımı 5.000 $

---

[180] Annette NELLEN, "Possible Future Changes to the Tax Law and the Tax System", www.prenhall.com/nellen/html/ch18.htm, 18.9.2000.

-diğer yatırımlar 4000 $

-hayır amaçlı yardımlar 1000 $

(B) Toplam 10.000 $

A-B (56.000-10.000)= 46.000 $

Muaflıklar (kendisi, eş ve çocuklar için) 35.000 $

Vergilendirilecek gelir 11.000 $

% 20 düz oranlı vergi uygulandığı varsayımı altında

Ödenecek vergi= (11.000x0.20) 2200 $

Bu vergi için düz oran uygulaması artan oran uygulamasından daha makul gelmektedir.

Bu vergi uygulamasında aşağıdaki sonuçların meydana gelmesi beklenir:

*Tasarruf ve yatırımlarda ciddi artışlar yaşanacaktır.

*Yatırımların artması istihdam fırsatı doğuracaktır ve üretim artışıyla birlikte fiyatlar ve faiz oranları düşecek yaşam standartları yükselecektir.

*Fiyatların düşmesi ve istihdamdaki artış, fakirliği ve işsizliği azaltacaktır.

*Aşırı ve israfa yönelik tüketimin vergiyle frenlenmesi, kirlilik ve çevresel bozulmaların azalması sağlanacaktır.

*Mevcut olan pek çok formalite ortadan kalkacağından bu yönde harcanan vakit ve efor üretime yönlenecektir.[181]

Bu vergide bütün kişisel tasarruflar vergi dışı iken bunun yanında her türlü tüketim vergiye tabidir. Her yıl Nisan ayının 15. günü ise her bir bütün nakit girdi ve çıktılarını beyan edip tasarruflarını çıkarttıktan sonra geriye kalan vergiye tabi tüketimini bildirecektir.

Bu vergiyi savunanlar alt gelir gruplarının nispi olarak daha fazla üst gelir gruplarının da daha az vergi ödemelerine karşılık her iki grubun da daha fazla tasarrufta bulunacaklarını ileri sürerler. Bunu bir örnek yardımıyla açıklayalım: S ve C bu iki grubu temsil etsin ve her ikisinin de yıllık geliri 100.000 $ olsun. S her şeyi tasarruf ederken C'nin bütün gelirini tükettiğini varsayalım. % 20'lik bir oranla gelir vergisi uygulamasında her iki kişi de 20.000 $ vergi öderler. Böylece devlet 40.000 $ gelir elde etmiş olur. Bu koşullar altında S'nin tasarrufları (bütün gelirlerini tasarruf ettiği varsayımı altında) 80.000 $ olacaktır. C'nin ise hiç tasarrufu yok (çünkü hepsini tükettiğini varsayılmıştır). Böylece S ve C'ye ait toplam tasarruf da 80.000 $ olmaktadır.

---

[181] "Real Tax Reform", http://home.att.net/~wmech/taxrform.htm, 25.2.2000.

Nakit akışı vergisi uygulaması söz konusu olduğunda ise durum biraz farklılaşmaktadır. Burada vergiyi sadece C (tüm gelirini harcadığından) ödeyecektir ve S hiç vergi ödemeyecektir. Böylelikle toplam tasarruflar 100.000 $'a yükselecektir. Bunun yanında üst gelir gruplarının harcamalarının daha fazla ve alt gelir gruplarının ise daha az olduğu bir gerçektir.[182]

Tüketim tabanlı vergi ekonomik büyümeyi sağlamak amacıyla önerilmiştir. Ekonomik büyüme uzun dönemde özel tasarrufların artması ve bu tasarrufların yatırıma dönüşmesiyle olur. İşte tüketim tabanlı vergi bu amacı sağlamaya yönelmiştir. Yatırımların artması ise vergi tabanını genişletir ve hükümetlerin hem vergi gelirleri artar ve hem de zorunlu harcamalarda azalmalar yaşanır.

Bu vergi ile birlikte vergi yükünde bir azalma meydana gelir. Tasarrufların ne kadarının ve hangi süreyle yatırıma dönüşeceği ise tartışmalıdır. Yapılan çalışmalar tasarrufların önemli ölçüde yatırıma dönüştüğü ve özellikle şirket donanımları üzerinde etkili olduğu yönündedir. Gerçekten de vergi yükünün hafiflemesi sermayenin maliyetini azaltacaktır. Bu ise yatırımları güçlendirecektir. Buna karşın vergi yükünün azalmasının mutlaka yatırımla sonuçlandığı hususunda bir "görüş birliğinden" (consensus) söz edilemez. Michael Boskin'in 1978 yılında yaptığı bir çalışma tasarrufların yatırımlara dönüştüğü sonucunu gösterirken daha sonralarda yapılan bazı çalışmalar, bu konu etrafında bazı soruları beraberinde getirmiştir.[183].

---

[182] SEIDMAN, a.g.e., s. 65-66.
[183] Savers' Tax Relief:.., a.g.e., s. 323.

Üçüncü Bölüm

Arz Yönlü Vergi Politikasının Uygulama Örnekleri

Vergi indirimlerine dayanan arz iktisadı, 1980'li yıllar boyunca bir çok ülkede uygulama alanı bulmuştur. Ancak bunlardan ABD ve İngiltere uygulamasının özel bir yeri vardır. ABD'de doğduğu söylenebilecek olan arz iktisadı en saf şekli ile yine bu ülkede Başkan Reagan döneminde uygulama alanı bulmuştur. "Reaganomics"[1] olarak da bilinen bu dönemdeki vergi indirimleri politikası, aşağıda bütün yönleriyle ele alınmıştır. Ancak Reagan dönemi uygulamalarından önce 1920'li yıllardaki Mellon Vergi İndirimleri ve 1960'lı yıllardaki Kennedy Vergi İndirimleri inceleme konusu yapılmıştır.

Arz iktisadının etkin olarak uygulandığı ikinci ülke İngiltere'dir. Yine 1980'li yıllarda uygulama alanı bulan ve Thatcherism olarak da adlandırılan vergi indirimleri politikası; kamu harcamaları indirimleri, sıkı para politikası, kamu kesimi borçlanma gereğinin azaltılması gibi politikalarla da desteklenerek daha başarılı sonuçlara imza atmıştır. Amerika'da da aynı politikalar öngörülmesine rağmen harcama indirimleri ile birlikte uygulanamaması olumsuz sonuçları beraberinde getirmiştir.

I-Amerika Birleşik Devletleri Uygulaması

ABD vergi sisteminde, ilk kapsamlı indirimleri 1920'li yıllarda yapmıştır. Dönemin Hazine Sekreteri olan Andrew Mellon vergi indirimleri politikasının uygulanmasında önemli rol oynamıştır. Bu indirim politikası 1929 ekonomik bunalımına kadar devam etmiştir. 1929 dünya ekonomik buhranı ve daha sonraki yıllarda II. Dünya Savaşı vergi oranlarının tekrar yükseltilmesine neden olmuştur. 1954 yılında Kore Savaşı'nın bitiminden sonra vergi oranları tekrar indirilmiştir.

[1] Başkan Reagan esas olarak arz iktisadını savunur. Ancak söz konusu politikaları uygulamada düştüğü farklılıklar nedeniyle arz yönlü ekonomi politikalarının Reagan tarzı uygulamasına "Reaganomics" adı verilmektedir.

Amerika'da Mellon Vergi indirimlerinden sonra en kapsamlı vergi indirimleri politikası 1960'lı yıllarda Başkan Kennedy döneminde yapılmıştır.

Amerika'da Reagan yönetimi döneminde yürürlüğe konulan ve kısaca "Reaganomics" olarak adlandırılan vergi indirimleri politikası, arz iktisadının analizi açısından önem arz etmektedir.[2]

Bu bölümde Amerika'da uygulanan vergi indirimleri politikaları; Mellon Vergi İndirimleri, Kennedy Vergi İndirimleri ve Reagan'ın Vergi İndirimleri olarak üç başlıkta incelenmiş ve çeşitli değerlendirmeler yapılmıştır. Bu arada Reagan başkan olmadan önce Amerika'da gündeme gelen tasarılar da "Reagan Öncesi Vergi İndirim Önerileri" başlığı altında incelenmiştir.

A-Mellon Vergi İndirimleri ve Etkileri

Savaşlar vergi artışlarının önemli bir nedenidir. Böyle dönemlerde vergi oranlarını artırmak veya yeni vergiler ihdas etmek kolaydır. Çünkü ülke sınırlarının tehdit altında olması vatandaşların vergi vermesini kolaylaştırmaktadır. Barış döneminde kabul edilemeyecek uygulamalar bu dönemlerde normal karşılanır. Ancak bunu etkileyen unsurlar da vardır. Bunlar; savaş ya da barış ortamının derecesi, devletin meşruiyeti veya tehdidin yakınlık-uzaklık derecesi gibi nedenlerdir.

Birinci Dünya Savaşı'ndan hemen önce federal gelir vergisi 1913'te ABD'de yürürlüğe girdiğinde, kişisel gelir vergisinin maksimum marjinal vergi oranı sadece % 7 idi. Ancak savaş döneminde Federal hükümetin ihtiyaçları arttı ve yüksek oranlı uygulamalar bütün kesimleri etkiledi. 1916 yılında en düşük oran % 1'den % 2'ye ve en yüksek oran % 7'den % 15'e çıkarıldı.[3] Bu dönemde kişisel muafiyet 3.000 $ idi ve 20.000 $'dan başlayan yedi dilim vardı. Yedinci dilim 500.000 $ ve üzeri şeklinde idi. I. Dünya Savaşı sırasında (1917'de) oranlar artırıldı ve % 6-77 şeklinde uygulanmaya başlandı.[4] Savaş 1918'de bitmesine rağmen, bu oranlar 1919 ve 1920'de de muhafaza edildi.

Birinci Dünya Savaşı'ndan sonra yapılan seçimde Senato ve Temsilciler Meclisinde büyük bir çoğunluğu elde ederek seçimi kazanan Warren G. Harding'in Hazine Sekreteri Andrew Mellon, ABD'de vergilerin indirilmesini şiddetle savunuyordu. Mellon, "savaş döneminde ihdas edilen yüksek vergilerin Amerikan halkının omuzları

---

[2] AKTAN, a.g.e., s. 45.
[3] LACOUDE, "La Mellon..., a.g.e., s. 1-3.
[4] KIMZEY, 1983 (b), s. 30.

üzerindeki yükünün hafifletilmesinden daha acil bir iç problem olmadığı" fikrini iddia ediyordu.[5] Mellon yüksek marjinal vergi oranlarının ekonomik büyüme üzerinde olumsuz etkileri olduğuna inanmakta idi. Mellon'a göre vergi indirimleri vergiden kaçınmayı ve vergi kaçakçılığını azaltarak toplam vergi gelirlerini artıracak bir etkiye sahipti.[6]

Amerika'da ilk ciddi vergi indirimleri bu dönemde yapılmıştır. Bu dönemde marjinal vergi oranları % 6-77'den % 1-25'e indirilmiştir. 1922'de yapılan ilk indirimde en yüksek dilim % 77'den % 58'e indirilmiş ve vergi istisna ve muafiyetleri de artırılmıştır. Ayrıca Birinci Dünya Savaşı döneminde çıkan ve aşırı yüksek vergi düzenlemesini içeren yasa yürürlükten kaldırılmış ve sermaye kazançları üzerinden alınan bir vergi ilk defa yürürlüğe konmuştur.

1923'te Başkan Harding'in ölümüyle bu boşluktan yararlanmak isteyen Mellon marjinal vergi oranının düşürülmesi için yeni bir deneme yaptı. Bu dönemde Mellon Demokratlarla da mücadele edebilmek için bugün arz ekonomisi olarak bildiğimiz teorinin bütün hatlarını içeren bir kitap yazmayı zorunlu hissetti.[7]

Bu çerçevede Mellon tarafından arz yönlü politikalara öncelik veren indirimler yapıldı. Kongre 1924 yılında yeni bir vergi indirimi yoluna gitti. Bu indirimde vergi nispetleri % 2-46 arasında değişiyordu. Ayrıca geriye dönük olarak % 25 oranında ödeme yapıldı. Böylece vergi mükellefleri % 25 oranında kredi temin etmiş gibi oldu.[8] 1929 yılında % 24'e kadar indirilmiştir.[9] Amerika'da bu dönemde yapılan vergi indirimleri toplu olarak aşağıdaki gibidir.

Tablo 15: Mellon Dönemi Vergi İndirimleri

Yıllar	İlk Gelir Dilimi ($)	En Düşük Oran (%)	En Yüksek Gelir Dilimi ($)	En Yüksek Oran (%)
1913-15	2000'e kadar	1	5.000.000'dan fazla	7
1916	2000'e kadar	2	2.000.000'dan fazla	15
1917	2000'e kadar	2	2.000.000'dan fazla	67
1918	4000'e kadar	6	1.000.000'dan fazla	77
1919-21	4000'e kadar	4	100.000'den fazla	73
1922	4000'e kadar	4	200.000'den fazla	58
1923	4000'e kadar	3	200.000'den fazla	58
1924	4000'e kadar	1	500.000'den fazla	46
1925-28	4000'e kadar	1	100.000'den fazla	25
1929	4000'e kadar	3	100.000'den fazla	24

Kaynak: Bruce Bartlett, Reaganomics, Supply-Side Economics In Action Connecticut: Arlineton House Pub., 1981, s. 103.

5 LACOUDE, "La Mellon..., a.g.e., s. 1-3.
6 AKTAN, 1991, a.g.e., s. 47.
7 LACOUDE, "La Mellon..., a.g.e., s. 1-3.
8 KIMZEY, 1983 (b), a.g.e., s. 30.
9 AKTAN, 1991, a.g.e., s. 47.

Tablodan anlaşıldığı gibi gelir vergisi oranları bu dönemde geniş ölçüde azaltılmıştır. Tabloda dikkat çeken diğer bir özellik de vergi indirimlerinin daha çok üst dilimlerde olmasıdır. Ayrıca gelirleri 4.000 $'ı geçmeyen vergi mükellefleri için kademeli bir indirime gidilmiş ve 1918'de % 6 olan bu oran % 1'e kadar düşürülmüştür. Bu uygulamanın daha çok sosyal amaçlı olarak yapıldığı söylenebilir. Böylece bu dönemde en az geçim indirimi uygulaması hayata geçirilmiştir.

Mellon vergi indirimleri esasen iki özelliğe sahipti:

*Marjinal vergi oranlarının azaltılması; yüksek vergi oranlarının özellikle üst gelir dilimlerinde bulunan yükümlüler üzerinde olumsuz etkilerinin bulunduğu kabul edilerek bu oranların azaltılması öngörülmüş ve bu amaçla vergi indirimini öngören çeşitli yasalar yürürlüğe konmuştur.

*İkinci özellik; alt gelir dilimlerindeki yükümlülere vergi istisna ve muafiyetlerinin artırılması; böylece düşük gelir elde edenlerin gelir vergisi yükümlülüğü hemen hemen tamamıyla kaldırılmıştır.[10]

Mellon vergi indirimleriyle birlikte Amerika'da en yüksek vergi oranı % 73'ten % 28'e indirilmişti. Bu indirime rağmen vergi gelirlerindeki artış tersine gelişmiş ve aynı dönemde bu gelirler 719 milyon $'dan 1.16 milyar $'a ulaşmıştır. Bu dönemde vergi yükü dağılımında da gelişmeler yaşanmış ve 1921 yılında vergi yükünün % 44'ünü üstlenen zenginler (yıllık 50.000 $ ve daha fazla kazananlar) dönem sonunda (1928) % 78'e yükselmiştir.[11]

Ancak bu indirimler neticesinde 1922-23 yılları arasında vergi gelirlerinde % 23'lük bir azalma oldu. (861 milyon $'dan 664 milyon $'a indi.) Fakat gelirler daha sonra tekrar arttı. 1925'te 735 ve 1926'de 1.16 milyon $'a yükseldi.

Mellon vergi indirimlerinin uygulandığı 1921-28 yılları arasında bütün vergi kalemlerinde % 28-113 arasında bir artış olmuştur. Ayrıca bu vergi indirimleri neticesinde alt gelir gruplarının % 44'ünün vergi yükü sıfırlanmıştır.[12]

Bu dönemde ABD'de milli gelir de artmıştır. 100.000 $ ve üzerinde kazananlar 1920'de 3.649 iken bu sayı 1928'de 15.977'ye yükselmiştir. Ayrıca bu dönemde 5.000

---

[10] AKTAN, 1991, a.g.e., s. 47-48.
[11] MITCHELL, 1996, a.g.e., s. 7.
[12] KIMZEY, 1983 (b), a.g.e., s. 21.

$'dan az beyanname verenlerin sayısında % 55 azalma olmuştur. Bu rakam da gelir artışının bir başka göstergesidir.[13]

Ayrıca vergi yükü üst gelir dilimindekilere kaymış, böylece az kazanan mükellefler korunmuştur. Bir başka deyişle vergiyi zenginler ödemiştir. [14]

Tablo 16: Mellon Vergi İndirimlerinin Vergi Gelirleri Üzerindeki Etkileri

Yıllar	Mükellef Sayısı*	Vergi Gelirleri (%)	Ortalama Oran
1918	4.499.000	470.000.000	47
1920	3.649.000	321.000.000	44
1924	5.715.000	304.000.000	25
1928	15.977.000	714.000.000	16

*100.000 $ ve üzerinde kazanan mükellefler dikkate alınmıştır.
Kaynak: LACOUDE, La Mellon, s. 3.

Son sütunda görüldüğü gibi ortalama vergi oranı giderek düşmüştür. Buna karşın kamu gelirlerinde ters yönde bir gelişme olmuştur. Yine tabloda görüldüğü gibi mükellef sayısında ciddi artış yaşanmıştır. Bir başka deyişle vergi tabana yayılmıştır. Bunun dışında vergi indirimleri gelir etkisi göstererek faaliyetler üretime yönlenmiştir. Bunun sonucu olarak vergi hasılatında artış yaşanmıştır. Ayrıca bu dönemde GSMH'de artışlar yaşanmıştır.

Ancak 1929 krizi vergi hasılatını da düşürdü ve vergi oranlarının üst seviyesi 1932'de % 25'ten % 63'e ve 1936'da % 79'a çıkarıldı. II. Dünya Savaşı'nda ise oranlar olağanüstü arttı ve 1941'de % 84, 1942'de % 88 ve savaş sonunda % 94.4'e yükseldi. Daha sonra (1954 yılında) % 90 olarak uygulanan oran 1962'ye kadar böyle devam etti.[15]

Mellon vergi indirimleri arz iktisadının önerilerinden bazılarının kanıtı olmuştur. Öncelikle vergi indirimi yoluna gidilmiş olmasına rağmen, vergi gelirlerinde bir artış yaşanmıştır. Ancak ilk yıllarda bir azalma söz konusudur. Artış üç ve dördüncü yıllardan sonra gerçekleşmiştir. Bu durum ise arz iktisadında savunulan vergi artışlarının hemen gerçekleşmeyeceğini düşüncesi ile uyumludur. Bundan başka ABD'de GSMH 1921 yılındaki 70 milyar $'dan 1929 yılında 103 milyar $'a tırmanmıştır. Vergi indirimlerinin asıl etkisi gelir vergisinde görülmüştür. Bu durum arz iktisadının öne sürdüğü yüksek oranlı vergilerin vergi hasılatı üzerindeki olumsu etki yaptığı yönündeki görüşü ile paraleldir.[16]

---

[13] LACOUDE, "La Mellon..., a.g.e., s. 1-3.
[14] AKTAN, 1991, a.g.e., s. 48.
[15] LACOUDE, "La Mellon..., a.g.e., s. 1-3.
[16] KIMZEY, 1983 (b), a.g.e., s. 31.

B-Kennedy Vergi İndirimleri ve Etkileri

Başkan Kennedy'den önce başkanlık koltuğunda oturan Başkan Eishenower döneminde sekiz yıl içerisinde ABD'de işsizlik % 7'lere yükselmişti. Ayrıca yine bu dönemde ABD'de durgunluk (resesyon) yaşanmıştı. 1960 yılında J. Kennedy seçimi kazanıp başkanlık koltuğuna oturduğunda vergi oranları hala % 20-91 oranlarında seyrediyordu. Ayrıca ortalama büyüme yıllık % 1-2'yi geçememişti.

Başkan Kennedy, o dönemde ABD'de var olan sorunların ortadan kaldırılmasının vergi indirimleri politikası ile mümkün olabileceğine inanıyordu. Kennedy bununla ilgili olarak ilk kapsamlı vergi indirim yasa tasarısını 24 Ocak 1963'te Kongreye sunmuştur. Bu tasarı ile gelir ve kurumlar vergisi oranlarında önemli ölçüde indirimler yapılmıştır.[17]

Bu çerçevede gelir vergisinin marjinal oranları 1963'te % 91'den 1964'te % 77'ye, sonra 1965'te % 70'e indirilmiştir.[18] Böylece yeni oranlar % 14-70 olarak belirlenmiştir. Kurumlar vergisinde de indirime gidilmiş ve % 52 olan oran % 48'e indirilmiştir. Ayrıca sermaye kazançları istisnası artırılmıştır. Bunun dışında Kennedy döneminde gelir vergisinde bazı yapısal değişikliklere de gidilmiştir. Bu indirimler çok kazananlar ve kişisel tasarrufu olan bir çok kimse için geniş avantajlar sağlamıştır.[19]

Kennedy vergi reformu Keynezyen iktisadın hakim olduğu dönemde olmuştur. Talebi canlandırmaya yönelik olarak uygulamaya konan vergi indirimlerinde önemli başarılar elde edilmiştir. Bu başarının Keynezyen iktisadın önerileri çerçevesi içerisinde elde edildiği düşünülebilir. Ancak bu yorum abartılıdır. Bu dönemde ekonomide hızlı bir büyüme yaşanmasına rağmen, bu büyüme toplam talebin canlanması nedeniyle değildir. Aslında bu dönemde GSMH'de gerçek bir artış yaşanmamıştır. Bundan da öte 1960'ların sonlarından itibaren enflasyon artmaya başlamıştı. Bu dönemde Amerika'da enflasyonun artmaya başlaması açık harcama politikası ve savaşa rağmen (Vietnam Savaşı) vergi artışı yoluna gidilmemesi ile açıklanabilir. Bir başka deyişle 1970'li yıllarda yaşanan sorunların sebepleriyle açıklanabilir.[20]

1960'lı yıllarda yapılan değişiklikte ise gene dikkat çekici gelişmeler olmuştur. 1963 yılında % 91 olan vergi oranlarının üst limiti 1965 yılında % 70'e indirilmesine rağmen, vergi gelirleri 1963-66 yılları arasında % 16'dan daha fazla artmıştır. Yine bu

---

[17] AKTAN,1991, a.g.e., s. 48.
[18] LACOUDE, "La Mellon..., a.g.e., s. 19.
[19] KIMZEY, 1983 (b), a.g.e., s. 32.
[20] BOSKIN, a.g.e., s. 31-32.

dönemde vergi yükü zenginler (yıllık 50.000 $ ve daha fazla kazananlar) yönünde arttı ve % 11 artarak % 57'ye çıktı. Ayrıca en üst gelir diliminden vergi ödeyenlerin oranı % 12'den % 15'e çıkmıştır.[21]

Bunun dışında, vergi indirimleri Kennedy vergi indirimleri öncesi üç yıl içerisinde (1961-63) beyan edilen gayri safi gelirdeki ortalama artış oranı % 7 iken, bu oran vergi indirimlerinden sonraki üç yılda (1964-66) % 17.5'e yükselmiştir. Aynı dönemlerde vergi tahsilatındaki ortalama artış oranı, % 6.1'den % 14.1'e yükselmiştir. Benzer bir şekilde, Kennedy vergi indirimlerinin gerçekleşen bütçe rakamlarına göre bütçe açıklarını artırmamış aksine azaltmıştır. Arz iktisatçılarının savunduğu, marjinal vergi indirimleri sonucunda, kişilerin marjinal tüketim eğilimlerinin azalıp, marjinal tasarruf eğilimlerinin artacağı fikri, bu indirimlerle desteklenmektedir.[22]

Görüldüğü gibi bu vergi indirimleri neticesinde vergi gelirleri azalmamış aksine hemen hemen bütün gelir dilimlerinde artmıştır. Ayrıca Amerikalılardan en zengin % 50'lik bir grubun kamu gelirleri içindeki payı iki yıl içinde % 15'ten % 18'e çıkmıştır. Bu oran gelir dağılımında bir düzelme işaretidir.[23]

Buna karşın Kennedy vergi indirimleri düşük gelirliler üzerinde olumsuz etkiler meydana getirmiştir. Buna göre; yılda 5.000 $'dan az kazanan bireyler Kennedy vergi indirimlerinden yararlanamamıştır. Bu dönem içinde fakirlerin gelirleri azalmıştır. Bu durum Kennedy vergi indirimlerinin düşük gelirli grupların lehine sonuç doğurmadığını gösterir. Aslında vergi indirimleri sosyal eşitsizliğe yol açmaz. Bununla birlikte vergi indirimlerinden yüksek gelirlilerin daha fazla yaralandığı da bir gerçektir.[24]

Kennedy vergi indirimlerini takip eden ilk iki yıl içinde kişisel tasarruflarda % 50'den fazla bir artış oldu ve sermaye harcamaları geçmiş on yılla karşılaştırıldığında 1/3 oranında artmıştır. Toplam gelir 1963 yılında 48.2 milyar $'dan 47.2 milyar $'a geriledi. Fakat daha sonra tekrar yükseldi ve 1955'te (49.5 milyar $), 1967'de (62 milyar $) olarak gerçekleşti. Bu miktar 1963 yılına göre % 31 oranında bir artışı temsil eder.

Kennedy döneminde izlenen vergi politikası; gerçekten de vergi oranlarında bir indirim olmasına rağmen vergi gelirlerinde bir artışa yol açmıştır. Ancak herhangi bir vergi indirimi yapılmadığı halde 1959-63 yılları arasında da vergi gelirlerinde % 31 oranında artış olmuştur. Bununla birlikte 1963-67 yılları arasında yaşanan vergi gelirleri

---

[21] MITCHELL, 1996, a.g.e., 9.
[22] ÇİÇEK, a.g.e., s. 123.
[23] LACOUDE, "La Mellon..., a.g.e., s. 19.
[24] LACOUDE, "La Mellon..., y.a.g.e., s. 21.

yanında yapılan vergi indirimleri vergi teşviki etkisi göstererek tasarrufların ve yatırımların artmasına da yol açmıştır. Buna rağmen vergi indirimlerinin arz yönlü etkiler gösterip göstermediği tartışmaya açıktır.[25]

C-Reagan Öncesi Vergi İndirim Önerileri

Amerika'da Reagan döneminden önce de bazı vergi indirimleri önerileri yapılmıştı. New York Senatörü Jack Kemp, 1974 yılında hazırladığı Tasarruflar ve Yatırım Yasası (Savings and Investment Act) ismindeki tasarısında vergi ile ilgili ilk adımı atmıştır. Bu tasarı yatırım teşvikini % 7'den % 15'e çıkarmayı amortismanlarda % 20-40 arasında bir artırıma gitmeyi sermaye kazançlarında 10.000 $ istisnaya izin vermeyi ve kişisel tasarrufların artırılması için vergi teşviki yoluna gidilmesini öneriyordu.

1975 yılında Kemp, Wanninski ve Laffer tanıştı. Wall Street Journel'in editörü olan Wanninski zaten o yıllarda gazetesinde vergi indirimlerini savunan yazıları kaleme alıyordu. Ayrıca tanıştıktan sonra Kemp'in en önemli destekçilerinden biri haline geldi. Kemp 1977 yılında Senatör Roth ile Kennedy benzeri bir vergi indirimi için beraber çalışmaya başladı.

Kemp ve Roth Temmuz 1977'de yasa tasarılarını birleştirdiler ve Cumhuriyetçilerin desteğini aldılar. Ortak tasarı vergi oranlarını % 14-70'ten % 8-50'ye indirmeyi öneriyordu. Daha sonraları tasarıda değişikliğe gittiler ve üç yıllık bir süre içerisinde her yıl için % 10 oranında indirimi öngören yeni bir tasarı hazırladılar.

Kemp-Roth'un önerileri, 1980'de Başkan olan Reagan yönetimi tarafından kabul gördü ve seçim kampanyasının temelini oluşturdu. Daha sonra halefi olan George Bush ve selefi Demokrat Başkan Jimmy Carter tarafından eleştirilen bu politika Reagan seçimi kazandıktan sonra Ekonomik Yeniden Yapılanma Planının (Ekonomic Recovery Plan) bir parçası oldu. [26]

Bunun dışında California eyaletinde de vergi indirimlerine yönelik düzenlemeler yapılmıştır. 1978 yılında yapılan ve servet vergisi ile ilgili olan bu düzenleme servet vergilerinde % 60'a varan indirimler öngörüyordu. Bu indirimin rakamsal karşılığı ise yaklaşık 7 milyar $ idi. Bu vergi indirimi servetlerin parasal değerinin % 1'ine tekabül ediyordu. Ayrıca düzenleme ileriye dönük bazı tedbirleri de içeriyordu. Buna göre daha sonra yapılacak vergi artışları satım söz konusu olmadıkça servet değerinin yıllık %

---

[25] KIMZEY, 1983 (b), a.g.e., s. 33.
[26] KIMZEY, 1983 (b), a.g.e., s. 34-36.

2'sini geçemeyecekti. Ayrıca yeni vergiler koymayı ve mevcut vergilerde artış yapabilmeyi parlamentonun 2/3 çoğunluğunun onayına bağlıyordu.[27]

D-Reagan Vergi İndirimleri

Cumhuriyetçi muhafazakarlar 1920'li yıllardan beri ekonomik istikrara yönelik bir felsefeye sahiptiler. Amerikan ekonomisi dünyanın en güçlü ekonomilerinden biri olmasına rağmen, bu ülkede geçmişten beri geniş bir orta sınıf vardı. 1980'de Reagan'ın kampanyasına kadar çoğu seçmenin gözünde muhafazakar hareket ürkek ve olumsuz bir imaja sahipti. Reagan göreve geldiği 1980 başlarında kapsamlı bir ekonomik reform planı yürürlüğe koymuştu. Temel olarak vergi indirimlerine dayalı olan arz iktisadı ABD'de Başkan Reagan tarafından 1981-1989 yılları arasında geniş çapta uygulanmıştır. Reaganomics olarak da bilinen bu terim Başkan Reagan'ın ekonomik yeniden yapılanma programını (economic recovery program) tanımlamak için kullanılmaktadır.

Reagan'ın görüşleri, hükümetlerin yetkilerinin sınırlandırılması gerektiği ve özel sektörün güçlendirilmesi yönündedir. Buna karşın, başkanın muhafazakar dünya görüşü savunma harcamalarının artırılmasını gerektirmektedir. Bu görüş; vergi indirimleri, kamu harcamalarının kısılması ve özel sektörün güçlendirilmesi düşüncesiyle çelişmektedir. Çünkü savunma harcamalarının kısılmaması daha fazla gelir toplamayı gerektirir.[28]

Hiç şüphesiz Reagan'ın amacı ekonomik büyümeyi sağlamaktı. Reagan bunu başarmak için enflasyonsuz bir ekonomi oluşturmayı amaçladı. Bu amaca yönelik olarak hükümetin iç harcamalarında, vergilerde, regulasyonlarda indirim yolunu seçti. Ayrıca yerinden yönetime önem verdi. Bunun yanında kaynakları özel sektöre yönlendirdi. Reagan bütçe önceliklerini mal ve hizmet üretimine yönlendirmenin yollarını araştırdı.[29]

1-ABD Vergi Sistemi ve Ekonomisinin Genel Sorunları

II. Dünya Savaşı'nı takip eden yirmi yılda ABD'de sosyal refah harcamaları artmış ve kamu harcamaları içindeki oranı yükselmiştir. Bu artışlar daha çok sosyal güvenlik ve sağlık harcamalarında olmuştur. Avrupa'da ise bu dönemde sosyal refah harcamaları transfer harcamalarında yoğunlaşmıştı. Transfer harcamalarının içeriği ise

---

[27] AKTAN, a.g.e., s. 53-54.
[28] KIMZEY, 1983 (b), a.g.e., s. 27.
[29] BOSKIN, y.a.g.e., s. 222.

meslek ve konut edinimi, ana ve çocuk sağlığı ve buna benzer diğer bazı alanları içeriyordu.[30]

1980'lere gelindiğinde 1970'li yıllarda dünyada yaşanan genel sorunların da etkisiyle Amerika'da vergi sistemi krize girdi ve yeni vergi reformları için baskılar oluşmaya başladı. Bunun bir kaç sebebi vardı. 1970'li yıllarda enflasyon ve gelir dilimi sürüklenmesi gibi nedenlerle yatırımlarda durgunluk olmuş ve marjinal vergi oranları yükselmişti. Vergi sisteminin bu yapısı tüketimi teşvik edici, yatırım ve tasarrufu engelleyici nitelikte idi. Bu durum enflasyonun da varlığı nedeniyle yeni gelirlerin oluşmasını zora soktu. İktisatçılar bu durumun marjinal vergi oranlarını yükselttiği ve şirket yatırımlarını azalttığı görüşünde idiler. Bu durum vergi tabanını da aşındırmıştır.[31]

Başkan Reagan devletin ekonomideki rolünün sınırlandırılması gerektiğine inanıyordu. Ayrıca para politikasının kurallara bağlanması gerektiğini ve para arzının büyüme kadar olması gerektiğini düşünüyordu. Ancak Reagan Beyaz Saray'a geldiğinde aşağıdaki ciddi sorunlarla karşı karşıya idi.

*ABD tarihinde 20. yüzyılda yaşanan en yüksek enflasyon oranı,

*Bütün ABD tarihindeki en yüksek faiz oranları,

*Devam eden yüksek işsizlik,

*İkinci Dünya Savaşı'ndan sonra kişisel tasarruflarda meydana gelen en düşük seviye,

*Özel sektördeki yatırım düşüklüğünden kaynaklanan ekonomik durgunluk ve iş dünyasında yaşanan kötümserlik,

*İş gücü veriminde düşüş,

*Enerji sorunu ve diğer kıtlıklara karşı artan baskı,

*Kamu kesiminde mutlak ve nispi büyüme,

*Bürokraside ve özel sektör üzerinde kamusal düzenlemelerin (regulation) hızla yayılması,

*Yüksek vergi uygulamalarına karşı vergi mükelleflerinin mükellefiyetlerinin artışı.[32]

---

[30] BOSKIN, y.a.g.e., s. 241.
[31] BOSKIN, y.a.g.e., s. 31-32.
[32] KIMZEY, 1983 (a), a.g.e., s. 12.

İşte Başkan Reagan bu sorunlarla baş edebilmek için, temelinde vergi indirimlerinin olduğu; kamu harcamaları indirimi, sıkı para politikası ile yasal ve kurumsal serbestleşme (deregulasyon) politikaları ile desteklenen arz iktisadının çözüm olabileceğini düşündü. Zaten seçim kampanyasını da vergi indirimleri politikasına dayandırmıştı.

2-ABD'de Vergi İndirimleri Politikasının Ana Hatları

Amerikan Kongresi'nde çeyrek yüzyıl üyelik yapmış ve emekli olmuş profesyonel bir politikacı olan Jack Kemp, 1980'deki seçim kampanyası için bu kampanyanın temelini "vergi indirimleri politikasının" oluşturması hususunda Reagan'ı ikna etti. Bir kaç liberal iktisatçı buna itiraz etti. Kennedy ve Johnson'un ekonomi danışmanlığını yapmış olan Walter Heller, Kemp'in çoğu referansının 1962 Federal vergi indirimlerine dayandığını belgelerle ortaya koydu. Ancak bu itirazları kimse dikkate almadı.

Reagan seçim kampanyasında köklü vergi indirimleri ve bütçede denge sağlamayı öngören bir plan ortaya koydu. Cumhuriyetçilerin odaklandığı şey; % 30'lara varan vergi indirimleri ve federal bütçe açıklarının 1984'e kadar ortadan kaldırılması idi.

Reagan'ın kampanyasının önemli bazı avantajları vardı. Bir önceki Başkan olan J. Carter İran'la yaşanan rehine krizi, ekonomik durgunluk ve yüksek enflasyon yüzünden beceriksiz, popülaritesini yitirmiş ve hareketsiz bir durumdaydı.[33]

Amerikan vergi reformu aşağıdaki amaçlara yönelikti;

-Marjinal vergi oranlarını düşürmek,

-Özel ekonomik kararlara müdahaleyi azaltmak,

-Uygulamayı basitleştirmek,

-Aileler için daha adaletli vergileme getirmek,

-Bütün gelir kalemlerini eşit koşullarda vergilendirmek,

-Ekonomik büyümeye yardımcı olmak.[34]

Reaganomics bu amaçların yanında 1970'li yılların enflasyon, düşük büyüme hızı gibi ekonomik sorunların çözümüne yönelik olarak dört araca sahiptir.

---

[33] Gordon MCINNES, **Wrong for All the Right Reason: How White Liberals Have Been Undone by Rase,** New York University Press, New York: 1995, s. 321.

[34] Yücel ERGÜN, "Başkan Reagan'ın Vergi Reformu Üzerine, **İktisat ve Maliye,** Cilt: XXXIII, Sayı: 5 Ağustos 1986, s. 167.

-Dolarının değerini korumak ve enflasyonu istikrara kavuşturmak için sınırlayıcı (sıkı) para politikası uygulamak,

-Tasarrufu yatırımı çalışmayı ve ekonomik etkinliği artırmaya yönelik olarak kapsamlı vergi indirimleri yapmak,

-Bütçe dengesini sağlamak için iç harcamalarda sınırlamaya gitmek,

-Kamusal düzenlemeleri (regulations) azaltmak.[35]

1970'li yıllarda yüksek enflasyonla birlikte sermaye gelirleri üzerinde yaşanan yüksek efektif marjinal vergi oranları, yatırımlarda yaşanan düşüş ve son derece düşük bir büyüme hızı gibi sebepler vergi politikasında ciddi yapısal değişiklikler yapılmasına yol açmıştır. Bu sıkıntıları aşmaya yönelik olarak yapılan düzenlemeler aşağıdaki gibidir:

*Marjinal vergi oranlarında indirim programı başlatıldı. Reagan yönetimince ilk kapsamlı vergi reformu 1981 yılında yürürlüğe konulmuş, sonraki yıllarda da vergi sisteminde bazı önemli değişiklikler yapılmıştır. Özellikle 1986 yılında yürürlüğe konulan yasa ile vergi tarifesi önemli ölçüde basitleştirilmiş ve marjinal oranlarda önemli ölçüde indirimler yapılmıştır.

*Yatırımlara ilişkin üst gelir dilimi öncelikli olarak % 70'ten % 50'ye düşürüldü.

*Amortisman yeni hızlandırılmış maliyet düzenlemesi vasıtasıyla hızlandırıldı ve yatırımlara yönelik vergi teşvikleri genişletildi.[36]

*1982 yılında yeni muhasebe sistemi hatalarından arındırılarak daha iyi hale getirildi.

*Genel IRA (Individual Retirement Account=Kişisel Emeklilik Hesabı) Sistemi onaylandı.

*Kaynak yaratma ve genişletmeye yönelik olarak vergi teşvikleri yürürlüğe kondu. [37]

Başkan para politikası alanında Federal Merkez Bankası'nı moneterist politikalar çerçevesinde teşvik etmiştir. Reagan'ın arz iktisadı ve moneterizmi açıkça

---

[35] NISKANEN, a.g.e., s. 2.

[36] Yatırım indirimi (investment tax credit) Türkiye'deki yatırın indirimine benzer bir uygulama olup, temel farkı yatırım tutarının bir bölümünün vergilendirilebilir gelir yerine hesaplanan vergiden düşülmesidir. Bu uygulama 1986 yılında yürürlükten kaldırılmıştır.

[37] BOSKIN, a.g.e., s. 145-146.

benimsemesi, ekonomik yeniden yapılanma programını bazen bu teorilerle açıklanmasına neden olmuştur.[38]

ABD'de Reagan döneminde temel olarak üç düzenleme yapılmıştır. Bu reformlar; 1981 ERTA Reformu, 1982 TEFRA Reformu ve 1986 TRA Reformudur. Bu vergi reformlarının içeriği aşağıda açıklanmış ve daha sonra bu politikaların etkileri analiz edilmiştir.

a-1981 ERTA (Economic Recovery Tax Act) Reformu

1981'de Başkan Reagan Vergide Ekonomik İyileşme Yasası'nı (ERTA) takdim etti. İlk dönemde (1981'den 1983 sonuna kadar) kişisel vergiler üzerindeki marjinal vergi oranları muazzam ölçüde düşürüldü.[39]

Bu yasa ile gelir ve kurumlar vergisi oranlarında indirimler yapılmıştır. Gelir vergisinde maksimum oran % 70'den % 50'ye indirilmiş, öte yandan gelir vergisi tarifesinin enflasyona göre endekslenmesi kararlaştırılmıştır.[40] Bu düzenleme enflasyonun daha yüksek bir vergi yüküne neden olmaması amacına yöneliktir. Ayrıca ERTA reformu ile önemli yatırımlar teşvik edilmiştir.[41]

ERTA'daki en önemli unsur, kurumlar vergisindeki oranların hatırı sayılır ölçüde düşürülmüş olmasıydı. Marjinal kurumlar vergisi oranı ciddi anlamda düştü. Değişik çalışmalara göre bu düşüş % 25-35 arasında gerçekleşti. Örneğin değerli kağıtlara yapılan yatırımlar artık vergilendirilmiyor, tam aksine sübvanse ediliyordu.[42]

Reagan yönetimi 1981 ERTA reformu ile düşük marjinal gelir vergisi oranları neticesinde emek arzının, tasarruf ve yatırımların seviyesinin artırılmasını amaçlamıştır. Reagan yönetimi bu vergi reformu ile tasarrufların artırılmasına yönelik bir Şahsi Emeklilik Hesabı, (Individual Retirement Account) uygulamasına gitmiş ve emeklilik kapsamı dışındaki maaş ve ücret geliri elde eden kimselerin oluşturulan Şahsi Emeklilik Hesabına 2.000 $ yatırmaları halinde bu miktarın vergiden istisna tutulacağı hükmünü getirmiştir.[43]

---

[38] KIMZEY, 1983 (a), a.g.e., s. 13.
[39] BERGEICK, a.g.e., s. 13.
[40] AKTAN, 1991, a.g.e., s. 54.
[41] TÜRKAN, a.g.e., s. 3.
[42] BERGEICK, a.g.e., s. 14.
[43] AKTAN, 1991, a.g.e., s. 54.

ERTA reformuyla 1982-88 yılları arasında toplam olarak 787 milyar $ vergi indirimi yapılması planlanmıştı. Bunun yaklaşık 500 milyar $'ı gelir vergisi 200 milyar $'ı kurumlar vergisi ve geri kalanı da diğer vergilerden olacaktı.[44]

b-1982 TEFRA (Tax Equity and Fiscal Reponsibility Act) Reformu

Eylül 1982 yılında yapılan bu düzenleme ERTA vergi reformunun bazı yönleriyle revize edilmesi amacını taşıyordu. Bu kanun ile yatırım indirimi ve hızlandırılmış maliyet iyileştirme sistemi yeniden gözden geçirilerek bazı değişiklikler yapılmıştır.[45] Ayrıca bu yasa ile vergi sistemi güçlendirildi, vergi boşlukları kapatıldı ve bazı alanlarda ERTA reformu öncesine dönüldü.[46]

Bu dönemde resesyonun da etkisiyle meydana gelen daralmalar nedeniyle bütçe performansının iyileştirilmesi amacı ile vergiler artırılmış, ancak bu artırımlar daha ziyade çeşitli indirimlerin daraltılması ya da kaldırılması şeklinde yapılmıştır.[47]

TEFRA vergi reformu değişik alanlarda üretime imkan tanıdı ve değişik sektörlerde efektif marjinal vergi oranları üzerinde geniş etkiler meydana getirdi. Bu reformla birlikte 1981-82 yılları arasında vergi oranları azaldı ve bunun sonucu olarak sermaye yatırımlarına yönelik yeni talepler oluştu. Ancak bu dönemde vergi indirimlerinden bağımsız bir şekilde sermaye arzında artış yaşandı ve bunun sonucu olarak faiz oranları yükseldi.

ERTA ve TEFRA reformlarıyla birlikte yatırımların maliyeti azaldı. Bir başka deyişle bu reformlar yatırımları teşvik edici idi. Böylece vergi sistemi geçmiş dönemde olduğu gibi tüketimi teşvik edici olmaktan çıkarak, tasarruf ve yatırımlara tekrar yöneltildi. Böyle olmakla birlikte bu düzenlemeler yine de bazı iyileştirmelere ihtiyaç duymuştur. Ancak 1981 öncesi kötü durum dikkate alındığında çarpıklıklar ciddi oranda azaltılmıştı.

TEFRA reformunda, toplam olarak 244 milyar $ vergi indirimine gidilmişti. Bunun 131 milyar $'ı kurumlar vergisi 72 milyar $'ı gelir vergisi ve geri kalanı ise diğer vergiler kaynaklı idi.[48]

---

[44] BOSKIN, a.g.e., s. 151.
[45] BOSKIN, y.a.g.e., s. 60.
[46] BOSKIN, y.a.g.e., s. 66.
[47] TÜRKAN, a.g.e., s. 3.
[48] BOSKIN, a.g.e., s. 151.

c-1986 TRA (Tax Reform Act) Reformu

Demokrat Parti Başkan Adayı Walter Mondale'nin 1984 yılı seçim kampanyasında vergi reformunu işlemesi Reagan'ı harekete geçirmiş[49] ve ayrıca 1981 ve 1982 yılı reformlarından sonra Başkan Reagan Amerikan vergi sisteminin daha fazla reforma ihtiyacı olduğunu ve vergi sisteminin daha da basitleştirilmesi gerektiğini ifade ederek, Hazine Sekreterliğine vergi oranlarında indirim yapmayı, ancak vergi matrahını önemli ölçüde genişletmeyi öngören 1984 ve 1985 yıllarında iki adet rapor hazırlattı. Bu raporlar vergi indirimlerinin yanında adillik, tarafsızlık, kolaylık ve ekonomik büyümeyi de öngörüyordu. Bu planlarla vergi oranlarının üst limiti % 50'den % 35'e indirilmiştir. Bu plan taslakları uzun süren tartışmalardan sonra 1986 yılında bir vergi yasası (Tax Reform Act of 1986) yürürlüğe konulmuştur.[50]

Bu yasa ile 1987 yılından itibaren 14 dilimlik tarife beş dilim olarak yürürlüğe girmiş ve oranlar % 11 ile % 38.5 arasında belirlenmiştir. Daha sonra (1988 yılında) oranlar sadece ikiye indirilmiştir: 15-28. Bu ılımlı bir artan oranlılıktır. ABD'de zaman zaman % 90'lara varan üst dilimler ve dilim sayılarındaki fazlalıklar dikkate alınırsa bu düzenlemenin gerçekten de bir reform olduğu ve tek oran ile düz oran uygulamasına yakın bir düzenleme olduğu ortaya çıkar.

Bu düzenleme ile bir çok kalemde artık indirimlere izin verilmedi ve yatırımlara karşı takınılan tavır yeniden gözden geçirildi. Reagan yönetimi bütün özel yatırım türleri için öncelikli yatırımı teşvik etmek üzere derecelendirme yaptı. Vergi tabanındaki genişlemeyi tanzim etmek için kurumlar vergisinin en üst yasal vergi oranı % 46'dan % 34'e indirildi.[51]

Tablo 17: ABD'de 1988 Yılı Gelir Vergisi Tarifesi (Bin $)

Vergiye Tabi Gelir		Vergi Oranı (%)
Ortak Beyanda Bulunanlar İçin	Bekarlar İçin	
0-29.750	0-17.850	15
29.750 ve Fazlası	17.850 ve Fazlası	28

Kaynak: NISKANEN and MOORE, s. 12.

Bu düzenleme ile gelir elde eden eşi ve kendisine bağımlı çocuklarının her birisi için 1.080 $ olan muafiyet miktarı 2.000 $'a yükseltilmiş, bekarlar için 2.480 $, müşterek beyanname verilmesi halinde 3.670 $ ve aile reisi için 2.480 $ olan vergi matrahındaki standart indirimler sırasıyla 3.000 $, 5.000 $ ve 4.400 $ olarak yükseltilmiştir. Ayrıca sağlık giderleri için yapılan harcamalardan % 5 olan indirim % 7.5'e çıkarılmıştır. Buna

49 TÜRKAN, a.g.e., s. 4.
50 AKTAN, 1991, a.g.e., s. 55.
51 BERGEICK, a.g.e., s. 13.

benzer ekonomik ve sosyal amaçlı olan bazı alanlarda da vergi düzenlemesine gidilmiştir.

Görüldüğü gibi 1987 yılına göre hem dilim sayısı azaltılmış, hem de vergi oranının üst limiti % 38.5'ten % 28'e indirilmiştir. Bu düzenleme ile yılda 142 milyon olan vergi mükellefi içerisinde 6 milyonu teşkil eden düşük gelirli grup muafiyet kapsamına alınmıştır. Kurumlar vergisinde teşviklerin kaldırılması ile birlikte yıllık yaklaşık 20-24 milyar $ kadar bir vergi yükü gelir vergisi mükelleflerinden kaldırılarak kurumlar vergisi mükelleflerine kaydırılmıştır. Kurumlar vergisinde yapılan % 12'lik indirimin menkul kıymetler borsasını canlandıracağı düşünülmüştür.[52]

Bu bilgilerden anlaşılacağı üzere Reagan döneminde vergi reform yasalarıyla vergi oranlarında önemli oranda indirimler yapılmıştır. Reagan döneminden önce % 70 olan üst limit % 28'e indirilmiştir. Alt limitte ise önemli bir değişiklik olmamış, daha önce % 14 olan oran % 15'e çıkarılmıştır. Bu reform kanunları ile dilimlerde de önemli bir değişiklik yapılmış ve daha önce on dört olan dilim sayısı ikiye kadar indirilerek bu alanda bir sadeleşmeye gidilmiştir. Bunların dışında vergi düzenlemeleri kişisel muafiyet sınırını genişleterek en az geçim indirim miktarından yararlanan toplum kesimlerini genişletmiştir.

1986 vergi reformu vergi tabanını da genişletmeyi amaçlamıştır. Bu çerçevede, özellikle eyalet satış vergileri ve faizlerin indirim imkanının kaldırılması ve bazı zararların indirimi konusunda getirilen sınırlamalar nedeniyle, vergi tabanının önemli ölçüde genişletilmesi 1986 vergi reformunun ana temasını oluşturmuştur. [53]

E-Reagan Vergi İndirimlerinin Etkileri

1980'li yıllarda etkin olarak uygulanan vergi indirimleri politikası elbette ki ekonomi üzerinde çeşitli etkiler meydana getirmiştir. Bu etkilerden bazıları beklenen etkiler iken, diğer bazıları programda öngörülmeyen etkilerdi. Bu başlık altında Reagan dönemine ait kamu harcamaları politikası ve bütçe açıkları, vergi indirimlerinin toplam vergi gelirleri vergi yükü ve verginin tabana yayılması üzerindeki etkisi ile yine bu döneme ait bazı veriler kısaca irdelenmiş ve Reagan dönemindeki vergi indirimleri ile bağlantısı ortaya konulmaya çalışılmıştır.

---

[52] TÜKENMEZ, a.g.e., s. 19-20.
[53] TÜRKAN, a.g.e., s. 4.

1-Reagan Dönemi Kamu Harcamaları ve Bütçe Açıkları

Daha önce de ifade edildiği gibi arz iktisadının öngördüğü vergi indirimleri politikasının başarılı olabilmesinin olmazsa olmaz şartlarından birisi kamu harcamaları indirimleri ile desteklenmesidir. Ancak planlarında olduğu ve hazırlanan programlarda öngörüldüğü halde Reagan dönemi Amerika'sının kamu harcamalarının azaltılması konusunda başarılı olduğu söylenemez. Bu dönemde bütçe açıkları ile kamu harcamalarının özellikle savunma harcamalarının ciddi bağlantısı olması nedeni ile kamu harcamaları ve bütçe açıkları aynı başlık altında incelenmiştir.

1980'deki Amerikan seçim kampanyasında Reagan seçmenlere vergilerin ve harcamaların 1960'lı yıllardaki seviyeye getirileceği sözünü vermişti. Bu, Amerikan ekonomisinin gelişmesine ve bütçenin dengeye gelmesine yardımcı olacaktı. Verilen sözün bir kısmı yerine geldi: Vergilerde indirim yaşandı, ancak harcamalar için aynı şey söylenemez.[54] Bu döneme ait kamusal harcamalarla ilgili veriler şöyledir:

Federal Harcamalar: Reagan döneminde federal bütçe küçültülmedi tam tersine büyüdü. Reagan başkanlıktan ayrıldığında harcamalar % 69 daha büyümüştü. Ancak reel artış % 22'dir. Ancak Federal harcamalar GSMH'ye oranlandığında % 1 civarında azalmıştır.

Savunma Harcamaları: Bu dönemde savunma harcamaları da arttı ve 158 milyar $'dan 304 milyar $'a çıkarak ikiye katlandı. Askeri bütçedeki artış en fazla 1978-87 yılları arasında yaşandı ve bu dönemde Pentagon bütçesi 180 milyar $'dan 280 milyar $'a çıktı.

Tablo 18: 1980'li Yıllarda Savunma Harcamaları ve Açıklar (Milyar $)

	GSYİH'ye Oranı (%)		(Milyar $)		Askeri Harcamalarındaki Artış	
Yıllar	Savunma	Açık	Savunma	Açık	Savunma	Açık
1981	5.3	2.7	134	79		
1982	5.9	4.1	158	128	24	49
1983	6.3	6.3	185	208	51	129
1984	6.2	5.0	210	185	76	106
1985	6.4	5.4	227	212	93	133
1986	6.5	5.2	253	221	119	142
1987	6.3	3.4	273	150	139	71
1988	6.0	3.2	282	155	148	76
1989	5.9	2.9	290	152	156	73
Değişme	0.2	0.6	156	73	806	779

Kaynak: NISKANEN and MOORE, s. 15.

[54] RUTLEDGE, a.g.e., s. 60.

İç Harcamalar: Diğer başkanların dönemleriyle karşılaştırıldığında bütün iç harcamalar Reagan döneminde artmıştır. Ancak GSYİH' ye oranlandığında 1981-89 arasında % 15.3'ten % 12.9'a bir düşme yaşandığı görülür.[55]

Amerika'da harcamalar 1940-1950 arasında % 10/GSMH'den % 16/GSMH'ye yükseldi. 1970'lerin ilk yıllarından itibaren bu oran % 20'lere yükseldi. 1980 yılında ise aynı oran % 22.1 olarak gerçekleşti. Reagan'ın iktidara gelmesi ile uygulanan yarım reform ile (vergi indirimi yapılmasına rağmen harcama indirimine gidilmemesi) 1980'li yılların ortalarında % 24'lere ulaştı. [56]

Amerikanın 1980'li yıllardaki vergi indirimleri politikası kamu harcamalarıyla smultane olarak yapılmamıştır. Bu ikisinin beraber olarak götürülmediği bir programdan olumlu sonuç alınması son derece zordur.[57]

1980'li yıllarda Amerika'da kamu harcamalarının GSYİH'ye oranı artmıştır. Bu döneme ait veriler aşağıdaki gibidir.

Tablo: 19: 1980'li Yıllarda Amerika'da Kamu Harcamalarının GSYİH'ye Oranı (%)

Yıllar	Harcamalar
1981	22.7
1982	23.8
1983	24.3
1984	23.1
1985	23.9
1986	23.7

Kaynak: RUTLEDGE, s. 60.

Tabloda görüldüğü gibi kamu harcamalarının GSYİH'ye oranında genel bir artış vardır. Bu artışın yaşanan büyüme de dikkate alınarak değerlendirilmesi rakamları daha anlamlı kılmaktadır.

Vergi indirimleri beraberinde harcama indirimini de getirmeyince Reagan döneminde daha önce hiç olmamış bütçe açıkları yaşandı. 1980'li yıllarda bütçe açıkları anormal derecede arttı. 1981 yılında 101 milyar $ ve % 2.7/GSYİH iken, 1983'te zirve noktaya ulaştı ve 236 milyar $ 6.3/GSYİH seviyesine ulaştı. Reagan'ın Başkanlıktan ayrıldığı 1989 yılında ise tekrar azaldı ve 141 milyar $ ve 2.9/GSYİH seviyesinde gerçekleşti. Bu oran II. Dünya Savaşı sonrası yaşanan artıştan daha fazladır.[58]

[55] NISKANEN, a.g.e., s. 9.
[56] RUTLEDGE, a.g.e, s. 60.
[57] BOSKIN, a.g.e., s. 244.

Tablo 20: Reagan Dönemi Bütçe Açıkları (Milyar $)

Yıllar	Federal Devlet Gelirleri	Federal Devlet Harcamaları	Bütçe Dengesi
1980	517.1	590.9	-73.8
1981	599.3	678.2	-78.9
1982	617.8	745.7	-127.9
1983	600.6	808.3	-207.8
1984	666.5	851.8	-185.3
1985	734.1	946.3	-212.3
1986	769.1	990.3	-221.2
1987	854.1	1.003.8	-149.7
1988	909.0	1.064.0	-155.1
1989	975.5	1.137.0	-161.5
1990	1.059.3	1.151.8	-92.5

Kaynak: AKTAN, 1991, s. 60.

Görüldüğü gibi Reagan yönetiminde bütçe açıkları yıllar itibariyle genellikle artış göstermiştir. Ancak özellikle 1986'dan itibaren bir azalma yaşanmaya başlanmıştır. Bütçe açıklarının yüksek olması yüzünden Reagan'ın ekonomik programının esasını teşkil eden vergi indirimleri politikası sürekli eleştirilmiştir. ABD, II. Dünya Savaşı'ndan bu tarafa ilk defa bu derece yüksek bir bütçe açığı ile karşı karşıya kalmıştır. Bu artışta vergi indirimlerinin payı inkar edilemez. Ancak bütçe açıklarını sağlıklı değerlendirebilmek için kamu harcamalarıyla birlikte göz önünde tutmak gerekmektedir.

Tablo 21: Reagan Dönemiyle Karşılaştırmalı Bütçe Trendi (Milyar $)

Yıllar/Veriler	1973 Mali Yılı	1981 Mali Yılı	1989 Mali Yılı	1996 Mali Yılı
Toplam Harcamalar	620.3	867.7	1.057.2	1.170.5
Savunma Harcamaları	197.2	198.2	285.9	197.0
İç Harcamalar	380.0	581.1	615.0	790.0
Faizler	43.1	88.4	156.3	183.5
Toplam Gelirler	582.7	766.6	916.2	1.062.1
Gelir Vergisi Hasılatı	260.7	365.8	412.2	469.6
Bütçe Dengesi	-37.6	-101.0	-141.0	-108.4

Kaynak: NISKANEN and MOORE, s. 18.

Yukarıdaki tabloda Reagan dönemi kendisinden önceki ve sonraki dönemlerle karşılaştırılmıştır. Tabloda görüldüğü gibi 1981 yılında 101.1 milyar $ olan açık dönem sonunda artmış ve 141.0 milyar $'a yükselmiştir. Bu miktar 1996 yılı ile karşılaştırıldığında da aynı sonuç ortaya çıkar. Ancak tabloda gözükmemekle birlikte bu açıklar Bush döneminde daha da artmıştır. Bu açıklarda Reagan döneminde yapılan savunma harcamalarının payı büyüktür. Çünkü yine tabloya bakıldığında savunma harcamaları 1973-81 döneminde hemen hemen sabit kalmışken Reagan dönemi sonunda (1989) neredeyse 100 milyar $ artmış ve 198.2 milyar $'dan 285.9 milyar $'a tırmanmıştır. Savunma harcamaları Clinton döneminin ilk yılları ile karşılaştırıldığında da benzer bir sonuç ortaya çıkar. Çünkü 1996 yılında savunma harcamaları 1981 yılındaki seviyesinin de altına inmiştir. Reagan dönemi Amerikasında savunma harcamalarının altında yatan asıl nedenin Cumhuriyetçilerin savunma harcamalarını

---

[58] BOSKIN, a.g.e., s. 169.

artırma eğilimleri ile yine bu dönemdeki iki kutuplu dünyanın halen mevcudiyetini devam ettirmesi ve yine buna bağlı olarak Reagan döneminde büyük önem verilen "Yıldız Savaşları Projesinin" etkili olduğu düşünülmektedir.

Tablo 22: Bütçe Kalemlerinin Yüzde Değerler Olarak GSYİH'ye Oranlama Oranı (%)

Yıllar/Veriler	1973	1981	1989	1996
Toplam Harcamalar	19.3	22.9	22.1	21.4
Savunma Harcamaları	6.0	5.3	5.9	3.6
İç Harcamalar	11.9	15.3	12.9	14.5
Faizler	1.4	2.3	3.3	3.3
Toplam Gelirler	18.1	20.2	19.2	19.4
Gelir Vergisi Hasılatı	8.1	9.6	8.6	8.6
Açık	1.2	2.7	2.9	2.0

Kaynak: NISKANEN and MOORE, s. 24.

Ancak rakamların GSYİH'ye oranlanmasında farklı sonuçlar ortaya çıkmaktadır. Bu açıdan bakıldığında savunma harcamalarında 1980'li yıllar boyunca neredeyse hiç bir artış olmadığı söylenebilir. Çünkü bu dönemde yaşanan artış sadece % 0.6'dır. Toplam harcamalarda ise % 0.8'lik bir azalma yaşanmıştır. İç harcamalarda da ciddi azalmalar vardır. Bu dönemde harcamaların rakamsal olarak artmasına rağmen yüzde değer olarak azalmasının iki temel nedeni vardır; bunlardan bir tanesi bu dönemde yaşanan ve nispeten yüksek olan enflasyon olgusu ve diğeri yaşanan ekonomik büyümedir. Aynı etkiler vergi gelirlerindeki artışlar için de geçerlidir. Çünkü tabloya bakıldığında benzer sonuçların ortaya çıktığı görülür.

Tablo 23: Bütçe Kalemlerinin Bütçe Gelirlerine Oranı (%)

	Reagan Dönemi Öncesi (1973-81)	Reagan Dönemi (1981-89)	Reagan Dönemi Sonrası (1989-1996)
Toplam Harcamalar	39.9	21.8	10.7
Savunma Harcamaları	0.5	44.2	-31.1
İç Harcamalar	52.9	5.8	28.5
Faizler	105.1	76.8	17.4
Toplam Gelirler	31.6	19.5	15.9
Gelir Vergisi Hasılatı	40.3	12.7	13.9
Açık	168.6	39.6	-23.1

Kaynak: NISKANEN and MOORE, s. 11.

Bütçe kalemlerinin bütçe gelirlerine oranı ise yukarıdaki tabloda verilmiştir. Bu tabloda da yukarıdaki tabloya benzer sonuçlar ortaya çıkmıştır. Toplam harcamalarda Reagan dönemi öncesine göre bir azalış varken bu azalış Reagan dönemi sonrasında daha da artmıştır. Bütçe açıklarına yoğunlukla neden olan savunma harcamalarındaki artış her iki dönemle karşılaştırıldığında çok belirgin olduğu görülür.

2-Toplam Vergi Gelirleri ve Vergi Yükü

Arz iktisatçılarının düşüncesi yapılan vergi indirimleriyle birlikte toplam piyasa üretiminin artması ve vergi tabanının genişlemesi ile birlikte vergi gelirlerinin artacağı ve vergi yükünün azalarak geniş toplum kesimlerine yayılacağı yönündedir. Bu çerçevede Amerika'da yapılan Mellon vergi indirimleri ile Kennedy vergi indirimlerinin etkisi yukarıda analiz edilmişti. Burada ise Reagan vergi indirimlerinin etkisi incelenecektir.

Yukarıda açıklandığı üzere Reagan döneminde; 1981, 1982 ve 1986 yıllarında üç temel vergi indirimi yasası çıkarılmıştır. Ancak bunlardan en kapsamlısı 1986 TRA reformudur. Vergi indirimlerinin sonuçları daha çok uzun dönemde ortaya çıkar. Bu yüzden 1981 Reagan vergi indirimlerinin ilk üç yılında vergi hasılatında bir azalma olmuştur. 1984 yılında bir artış söz konusu iken 1986 TRA reformu ile artış hızında bir azalma olmuştur. Aşağıdaki tabloda bu yıllarla ilgili bilgiler mevcuttur.

ABD'de 1980'li yıllarda gelir vergisinde esaslı bir artış yaşandı. 1981'de toplam gelir vergisi hasılatı 347 milyar $'dan % 58 artarak 1989'da 549 milyar $'a yükseldi. Aslında bu dönemdeki gelir vergisi hasılatındaki artış vergi indirimleri yapılmasına rağmen, vergi oranlarının artırıldığı Bush-Clinton döneminden daha fazla idi. Gerçek vergi hasılatı ise 1982-89 arasında üst vergi oranları 1983'te % 70'ten % 50'ye ve 1986'da da % 28'e indirildiği halde % 16.3 oranında artma yaşanmıştır.[59]

Tablo 24: Reagan Dönemi Vergi İndirimleri İle Reagan Sonrası Vergi Artırımlarının Toplam Vergi Gelirleri Üzerindeki Etkisinin Karşılaştırılması (Milyar $)

Reagan Dönemi			Reagan Sonrası Dönem (Bush-Clinton)		
Yıllar	Toplam Gelirler	% Değişme	Yıllar	Toplam Gelirler	% Değişme
1982	738		1990	914	
1983	684	-7.3	1991	895	-2.1
1984	730	6.7	1992	895	0.0
1985	777	6.4	1993	922	3.7
1986	790	1.7	1994	982	6.5
1987	854	8.1	1995	1.034	5.3
1988	877	2.7	1996	1.082	4.6
1989	916	4.4	1997	1.090	0.7
Toplam		24.1	Toplam		19.3

Kaynak: NISKANEN and MOORE, s. 14.

Aşağıdaki tabloda ise Reagan döneminde gelir vergisi tahsilatında yaşanan gelişmeler yer almaktadır. Bu tabloda da görüldüğü gibi gelir vergisinde yukarıdaki tabloda olduğu gibi 1983 yılında bir azalma yaşanmıştır. Ancak burada da 1984 yılından itibaren bir artış trendi söz konusudur.

Tablo 25: Reagan Döneminde Gelir Vergisi Tahsilat Miktarı ve Artış Yüzdesi (Milyar $)

Yıllar	Tahsilat Miktarı	Artış Yüzdesi
1980	244.069	-
1981	285.917	17.1
1982	297.744	4.1
1983	288.938	-2.9
1984	298.415	3.2
1985	334.531	12.1
1886	348.959	4.3
1987	392.557	12.4
1988	401.181	2.1
1989	425.193	5.9
1990	466.711	9.7

Kaynak : AKTAN, 1991, s. 60.

Vergi gelirleri ise bu dönemde (1983-89 yılları arasında) yavaş yavaş artarak % 54'e çıkmıştır. En fazla kazanan % 1 toplum kesiminin ödediği verginin toplam vergiye oranı ise 1981 yılındaki % 18'den % 28'e çıkmıştır.[60]

Tablo 26: Reagan Döneminde Toplam Vergi Gelirlerinin Rakamsal, Bütçe Rakamlarına Yüzdesi ve GSYİH'ye Oranı

Yıllar/Veriler	1973-81	1981-89	1989-1996
Toplam Gelirler (Rakam Olarak)	582.7	766.6	916.2
Gelir Vergisi Hasılatı (Rakam Olarak)	260.7	365.8	412.2
Toplam Gelirler/Bütçe Gelirleri	31.6	19.5	15.9*
Gelir Vergisi Hasılatı/Bütçe Gelirleri	40.3	12.7	13.9*
Toplam Gelirler/GSYİH	18.1	20.2	19.2
Gelir Vergisi Hasılatı/GSYİH	8.1	9.6	8.6

*sadece 1989 yılına aittir.
Kaynak: NISKANEN and MOORE, s. 13.

Yukarıdaki tabloda ise Reagan dönemi gelirleri toplam gelirler ve gelir vergisi hasılatı; rakamsal değerler itibariyle ve yine vergi gelirlerinin bütçe gelirleri ile GSYİH'ye oranı verilerek bir karşılaştırma yapılmıştır. Tabloda görüldüğü üzere, toplam gelirler ve gelir vergisi hasılatında bir önceki döneme göre önemli bir artış vardır. Ancak sonraki dönemde yaşanan artış, bu dönemde vergi oranları artırıldığı halde, daha düşüktür. Reagan döneminde toplam gelirlerin bütçe gelirlerine oranı bir önceki döneme göre azalma varken, bir sonraki dönemden daha yüksektir. Bu oran bir olumsuzluğa işaret eder. Çünkü devletin en sağlıklı kaynağı olan verginin bütçe bileşimindeki oranı azalmıştır. Toplam gelirlerin GSYİH'ye oranında ise bir artma olmakla birlikte bir önceki ve bir sonraki dönemler arasında bir uçurum yoktur. Ancak Reagan döneminde vergilerin % 70'ten % 28'e indirildiği ve Reagan sonrası vergi oranlarının tekrar artırıldığı dikkate alınırsa Reagan dönemi vergi politikasının başarısı ortaya çıkar. Çünkü Reagan döneminde hem toplam gelirler hem de gelir vergisi hasılatının

[59] NISKANEN, a.g.e., s. 9.
[60] MITCHELL, 1996, a.g.e.,

GSYİH'ye oranının her iki dönemden daha yüksek olması Reagan dönemi vergi politikasının başarısını ve arz iktisadının öngörülerinin gerçekleştiğini ortaya koyar.

Reagan dönemi vergi uygulamalarında mükelleflerin vergi yükü genellikle azalmıştır. Ancak orta gelirli vergi mükelleflerinin vergi yüklerinde bir artış söz konusudur. Vergi yükündeki azalış yüksek gelirli mükellefler için de geçerlidir. Aşağıdaki tablodan anlaşılacağı üzere vergi yükü sadece 50-75.000 $'a dahil gruplarda artmıştır. Diğer gelir gruplarında ise vergi yükünde bir azalma söz konusudur.[61]

Amerika'da 1981-1983 yılları arasında yapılan vergi indirimleri kişisel vergi yükünü % 24'ten % 18'e indirdi. Amerikan ticaret Departmanına göre (Commerce Department) bu dönemde yapılan vergi indirimleri Amerikan vergi mükelleflerinin 1982 yılında 32 milyar $ 1983'te 75 milyar $ 1984'te 113, 1985'te 135 ve 1986 yılında 160 milyar $ tasarruf yapmasına yol açtı. Toplam tasarruf 515 milyar $ olarak tahmin edilmektedir. 1982, 1984 ve 1986 yıllarında yapılan vergi indirimleri ile vergi yükü/GSYİH azaldı ama 1960'lı yılların seviyesine inmedi. Bu dönemde vergi yükünün GSYH'ye oranı ortalama olarak % 18.9 olarak gerçekleşti.[62]

3-Reagan Dönemine Ait Bazı Makro Ekonomik Veriler

Reagan dönemi Amerikasında vergi indirimlerinin vergi hasılatı ve bütçe dengesi üzerindeki etkilerin dışında da çeşitli etkileri mevcuttur. Aslında bu bir etki olmaktan ziyade bir etkileşimdir. Bir başka deyişle Reagan döneminde oluşan bazı veriler vergi indirimlerinin bir sonucu iken, ekonomik büyüme, hane halkı gelirinin artışı, verimlilik ya da işsizliğin azalması gibi sonuçlar vergi hasılatı üzerinde etkide bulunmuştur.

Ekonomik Büyüme: GSYİH'de yıllık ortalama ekonomik büyüme 1981-1989 yılları için yıllık % 3.2'dir. Üstelik bu büyüme 1980'li yılların ilk yıllarında yaşanan resesyona rağmen gerçekleşmiştir. Buna karşın 1974-81 arasındaki büyüme oranı % 2.8 olarak gerçekleşmişti. Reagan dönemi sona erdiğinde Amerikan ekonomisi 1/3 oranında büyümüştü.

Ortalama Hane Halkı Geliri: Ortalama hane halkı geliri 1981'deki 37.868 $'dan 1989'da 42.049 $'a yükselmiştir. Oysa ortalama aile geliri Reagan döneminden önceki sekiz yılda değişmemişti. Reagan döneminden sonra ise uygulamaya konan arz iktisadı karşıtı vergi artışları neticesinde 1990-1993 yılları arasında 1438 $ azaldı.

---

[61] AKTAN, 1991, a.g.e., s. 56-57.
[62] RUTLEDGE, s. 60.

İstihdam: 1981-89 yılları arasında 17 milyon yeni iş alanı oluşturulmuştur. Bu rakam her yıl yaklaşık olarak iki milyon iş demektir. Bu miktar Reagan dönemi öncesiyle karşılaştırıldığında önemli bir artışı ifade eder. Çünkü önceki yıllarda bu miktar yıllık ortalama 1.3 milyon idi. [63]

İşsizlik: Amerika'da yapılan üç vergi indirimi politikasının üçünde de işsizliğin düştüğü görülmüştür. İş alanı meydana getirme ile vergilendirme seviyesi arasında çok sıkı bir ilişki vardır. Vergi oranlarının azalması yeni iş sahalarının oluşmasını teşvik eder. ABD'de 1981-1989 yılları arasında asgari ücretlilerin vergi dışı bırakılması da işsizliğin azalmasında etkili olmuştur.[64] 1981'de Reagan iktidara geldiğinde işsizlik oranı % 7.6 idi. 1981-82 yıllarında yaşanan resesyon döneminde bu oran % 9.7 ile en yüksek düzeyine ulaştı. Fakat takip eden yedi yılda bu oran düştü ve Reagan başkanlığı bıraktığında bu oran % 5.5 idi. İşsizlik oranındaki bu düşüş, Reagan'ın performansının bir zaferi idi.

Verimlilik (Üretim Artışı): Ücret artışı için verimliliğin de artması bir zorunluluktur. Reagan döneminden önceki son 30 yıl içinde Amerika'da verimlilik süregelen bir düşüş yaşıyordu. Reagan döneminde ise yıllık % 1.5 büyüme yaşandı.

Enflasyon: Reagan 1981 yılında Carter döneminin son üç yılından beri devam eden çift haneli enflasyonu devraldı. 1980'de tüketici fiyat endeksi % 13.5'e kadar yükseldi. Reagan döneminin ikinci yılının sonunda bu oran % 6.2'ye geriledi. 1988'de ise bu oran % 4.1 olarak Reagan tarafından devredildi.

Faiz: Faiz oranları 1980'de 30 yıllık ipotek faizi için % 15 idi. Bu oran 1981 yılında % 18.9 ile en yüksek düzeye ulaştı. Faiz oranları gitgide daha da azaldı ve 1987 yılında % 8.7'ye indi. Hazine bonolarına ait oran da 1981'deki % 14'lük seviyesinden 1988'de % 7'ye düştü. [65]

Kamu Borçları: Kamu borçları 1981'deki 1.004 milyar seviyesinden 1989 yılında ikiye katlandı ve 2028 milyar $'a yükseldi. Bu oran borçların Reagan döneminde GSYİH'nin % 27'den % 42'ye çıkması anlamına gelir. 1985 yılında çıkarılan bütçe dengesi yasası da başarılı olamadı.[66].

Tasarruf: Vergi indirimleriyle birlikte 1982 ve 1983 yıllarında özel tasarruflardaki artış beklentisi gerçekleşmedi. Arz iktisatçılarının tahmin ettiklerinin tam tersine kişisel

---

[63] NISKANEN, a.g.e., s. 4.
[64] LACOUDE, "L'effect..., s. 33.
[65] NISKANEN, a.g.e., s. 4-5.

tasarruflar % 8'den % .5'e düştü. Bu oran 1990'lı yıllarda daha da azaldı ve % 4.9'a düştü. Bu da göstermektedir ki, vergi indirimlerinin etkisi uzun vadededir. Bunun böyle olduğu sonraki yıllarda özel yatırımların çok hızlı bir şekilde artmasından anlaşılmaktadır. Bu yüzden arz yönlü vergi indirimlerinin başarısı ihmal edilemez. [67]

II-İngiltere Uygulaması

Bu bölümde vergi indirimlerinin İngiltere uygulaması üzerinde durulacaktır. Bilindiği gibi 1980'li yıllarda İngiltere'de içinde vergi indirimlerinin de önemli yer aldığı arz yanlısı politikalar uygulama imkanı bulmuştur. Oysa İngiltere'de 1970'li yılların ortalarına kadar muhafazakar ve Keynezyen politikalar hakimdi. Öyle ki şehirlerarası otobüs işletmeleri bile bir dönem devlet tarafından işletilir hale gelmişti.[68] Bu politikalar İngiltere'de 1945 yılından 1979 yılına, yani Thatcher'in iktidarına kadar, hem İşçi Partisi hem de Muhafazakar Parti tarafından uygulanmıştır. Ancak 1976 yılından itibaren İşçi Partisi iktidarı durumun farkına varmış ve IMF'nin de desteğiyle para arzındaki artışa sınırlama getirmiş, kamu harcamalarında indirime gitmişti. 1979 yılında Thatcher'in iktidara gelmesiyle Keynezyen politikalar tamamen terkedilmiş ve piyasa ekonomisine dayalı, para arzını, kamu harcamalarını ve vergiyi sınırlandıracak yeni politikalar benimsenmiştir.[69]

Politika değişikliği üzerinde gerek bu dönemde yaşanan petrol krizi merkezli bunalım ve gerekse Keynezyen ekonomik önerilerin sonuçlarının olumsuzluğu etkili olmuştur. 1979 yılındaki seçimleri kazanan M. Thatcher, liberal politikaları savunuyordu. İngiltere'nin muhafazakar tabandan gelen ancak muhafazakarlığa yeni bir bakış açısı getiren Thatcher, aynı zamanda İngiltere tarihinin ilk kadın başbakanı olmuştur.[70]

A-Thatcher Dönemi İngilteresi'nin Genel Sorunları

1975'te Muhafazakar Partinin başına geçen Thatcher için İngiltere'de uygun ortam da vardı. Çünkü İşçi Partisi'nin müdahaleci devlet anlayışı ve Keynezyen iktisadi görüşün çöküşü ile petrol şokları gibi nedenlerle bu dönemlerde İngiltere'de enflasyon hızla yükselmeye başlamış, sanayi üretimi azalmış ve işsizlik artmıştı. Aslında Keynezyen iktisat bunu öngörmüyordu. Yani enflasyon içinde durgunluk (ya da

---

[66] BOSKIN, a.g.e., s. 169.
[67] BOSKIN, y.a.g.e., s. 153.
[68] KAVANAGH, s. 42.
[69] Henry DRUCKER, **Development British Politics**, Revised Edition, Macmillen, 1988, s. 192.
[70] Martin DURHAM, The Conservative Party and Conservatism: In L. Tiveyand A Wright eds Party Ideology in Britain, London: 1989, s. 63.

gerileme) ve işsizliğin (slumpflation) yaşanmaması gerekirdi. Zaten bu çelişkinin yaşanması Keynezyen iktisadın çöktüğünün en somut delilerinden birisidir.[71]

Thatcher ekonomideki temel sorunun enflasyon olduğu, diğer sorunların buna bağlı olarak ortaya çıktığı kanaatinde idi. İngiltere'de 1961-70 arasında enflasyon ortalama % 4.1 iken bu oran 1971-80 arasında % 13.7'ye fırlamıştı. Thatcher'in temel politikaları olan kamu harcamaları ve vergilerde yapılan indirimler ve para arzının sınırlandırılması bu temel sorunu çözme+0ye yönelikti.[72]

Thatcher iktidara geldiğinde enflasyonla mücadele politikasını yürürlüğe koymasına rağmen, petrol fiyatlarının hala yüksek olması ve hükümetin ücretlerde artışa gitmesi neticesinde enflasyon daha da yükseldi ve % 21.9'a kadar çıktı (1980). 1982 ortalarında % 5 ile OECD ortalamasını yakalayan enflasyon daha sonra Temmuz 1986'da Thatcher döneminin en düşük seviyesi olan % 2.5'e inmiştir.[73]

Thatcher amacına ulaşmak üzere dört tedbirin alınması gerektiğini düşünüyordu. Bunlardan birincisi, enflasyonu frenlemek için para arzını sınırlandırmak, ikincisi kamu kesimini küçültmek ve bu amaçla özelleştirmeye giderek özel sektörü güçlendirmek. Yine bu amaca yönelik olarak kamu harcamalarında ve vergilerde indirime gitmek. Üçüncüsü, işgücü yasalarında değişikliğe giderek hükümeti bu alanda daha güçlü kılmak. Son olarak da bu politikaları birbiriyle bağlantılı ve uyumlu olarak uygulamak idi.[74]

Esasen 1979 yılında seçimi kazandığında Thatcher'in İngiltere'de karşı karşıya kaldığı sorunlar Amerika'daki veya dünyadaki genel sorunlarla aynı idi: Yüksek enflasyon, ekonomide durgunluk, kamu harcamalarındaki aşırı artışlar, yüksek vergiler ve buna rağmen vergi gelirlerindeki düşüşler gibi... Zaten yeni kabinenin iç güvenlikle ilgili kararlardan sonra gündemine aldığı ilk konulardan birisi ekonomiyi bu kötü gidişten kurtarmaya yönelikti. Öncelikle hükümet bir mali disiplinsizliğin var olduğu ve bu disiplinsizliğin de parasal kökenli olduğu üzerinde durdu.[75]

B-Thatcher Hükümetinin Genel Ekonomi Politikası

İşçi Partisi, uyguladığı karma ekonomi ağırlıklı sosyal liberalizmle başarısız olmuştu. Thatcher'in tercihi ise ekonomik liberalizmden yana idi.[76] Thatcher, aldığı

[71] KAVANAGH, a.g.e., s. 12.
[72] KAVANAGH, y.a.g.e., s. 61.
[73] KAVANAGH, y.a.g.e., s. 22.
[74] KAVANAGH, y.a.g.e., s. 12-13.
[75] THATCHER, a.g.e., s. 32-33.
[76] Paul HIRST, **After Thacher,** 1989, London: Collins, s. 21.

eğitimin ve ilgisinin de bir gereği olarak ekonomi ve siyasette yeni ve liberal politikaları savunmaya başladı. Moneterist ağırlıklı ekonomi düşüncesi daha çok Milton Fridman kaynaklı iken, politikada Frederick Von Hayek'in düşüncelerinin etkisinde idi.[77]

Buradan anlaşıldığı üzere moneterizm Thatcher'in temel politika aracı idi. Ancak moneterizmin piyasaları güçlendirici arz iktisadının önerileri doğrultusunda da ilkeleri vardır.[78] Bir başka deyişle Thatcherizm'de moneterizm önemli bir politika aracı olmakla birlikte, tek politika aracı değildi. Vergi indirimleri de aynı derecede önem taşımakta idi. Thatcher'e ilham kaynaklığı yapan bilim adamlarından Geoffrey Howe, vergi sisteminin "girişimcilik, yenilikçilik ve riske atılma hususlarında ciddi bir engel teşkil ettiği" görüşünde idi. Amerika'da olduğu gibi burada da vergi indirimlerinin insanların kayıt dışı ekonomiye girişini teşvik eden hususları azaltacağına inanılmakta idi.[79]

Thatcher hükümetinin politikası üç amaç üzerine bina edilmiştir: 1-para arzındaki artış oranını aşağıya çekmek, 2-kamu kesimi borçlanma gereğini azaltmak, 3-kamu harcamalarında ve vergilerde indirime gitmek. Bunlardan birincisi enflasyonu kontrol altına almak, ikinci ve üçüncüsü ise ekonomide özel sektörü güçlendirmeye yöneliktir.[80]

Thatcher'in ekonomi politikası serbest piyasa ekonomisi çerçevesinde güçlü devlet, moneterizmin öngörüleri altında para arzının kontrolü, kamu harcamalarında azalma, özelleştirme politikası ve vergilerde yapılan indirimler gibi araçlarla kamu sektörünün küçültülmesi, özel sektörün teşvik edilmesi, işgücü piyasasında serbestlik ve devletin rolünün yeniden belirlenmesi gibi ana politikalar çerçevesinde şekilleniyordu.[81] Thatcher bunların dışında bireycilik, güçlü ve sorumlu bir toplumsal yapı, mali sorumluluk gibi ilkeleri savunuyordu. Yani piyasa ile bireyler arasında karşılıklı ve çift taraflı sorumluluk olması gerektiğini düşünüyordu.[82]

Thatcher'in ekonomi ve politikadaki temel görüşlerini aşağıdaki gibi özetleyebiliriz:

*küçük ve etkin bir devlet,

---

[77] KAVANAGH, a.g.e., s. 10.
[78] Evans BRENDOR, Andrew TAYLOR, From Salisbury To Major: Continuity and Change in Conservative Politics, Manchester, Manchester University Press, 1996, s. 221.
[79] ALTUĞ, a.g.e., s. 181-184.
[80] Peter HOLMES, **The Conservative Government 1979-1984**, London: 1986, s. 16.
[81] B. JESSOP, K. BANNET, **Thatcherism: A tale of Two Nations**, Polity Press Cambridge, 1988, s. 7.
[82] Andrew TAYLOR, **From Salisbury To Major: Continuity and Change in Conservative Politics** Manchester, Manchester University Press, 1996, s. 221

*güçlü devlet; bu devletin sadece savunma adalet ve iç güvenlik hizmetlerinde öncelikli görevli olmalı,

*Bireysel sorumluluk: sorunları devlet yerine kişiler kendileri, yakınları ve komşuları vasıtasıyla çözmeli,

*Daha fazla kamusal harcama daha fazla vergi ve daha az kişisel sorumluluk demektir,

*Piyasa ekonomisi; ekonomik büyüme, kişisel sorumluluk ve özgürlük anlamına gelir,

*Harcamaların kısılmaması, borçlanma ve enflasyona yol açar. Bu ise gerçekte fakirleştirici bir etki yapar,

*Kamusal müdahalelerin yoğun olması kişilerin dünyadaki değişime ayak uydurmasını geciktirir.[83]

*Para arzının kontrolü enflasyonu kontrol edecektir. Bu görüşü moneterizmin kurucusu Milton Friedman savunmuştu.

*Kişisel özgürlük ve piyasa özgürlüğü bir bütündür. Birbirinden kesinlikle ayrılamaz. Bu görüş de esasen Hayek'e aitttir.

*Piyasanın etkin işlemesi tüm toplumun faydasınadır. Bu görüş ise hem Hayek hem de Friedman tarafından ileri sürülmüştür.

*Devlet müdahaleleri özgürlük ve etkinliği ortadan kaldırır.

*Refah devleti uygulamaları aşırılık ve etkinsizliği beraberinde getirir. Çünkü refah devletiyle birlikte kamu harcamaları aşırı artar.

*Sendikalar milli çıkarları tehdit etmektedir ve güçleri azaltılmalıdır. Çünkü sendikalar demokratik yapıyı bozar.[84] Thatcher hükümetinin sendikalarla ilgili düzenlemesi, vergi oranlarında ve kamu harcamalarında yapılan indirimler, özelleştirme ve diğer politikalar ekonominin arz yönünü güçlendirmeye yönelikti.[85]

---

[83] KAVANAGH, a.g.e., s. 11.
[84] JONES, a.g.e., s. 132-135.
[85] THATCHER, a.g.e., s. 672.

C-Vergi İndirimleri Politikası

Thatcher'in önemli politikalarından biri de bu çalışmanın konusunu oluşturan vergi indirimleri politikasıdır. Thatcher iktidarla birlikte İşçi Partisi'nden grevdeki bir ekonomi ve yüksek enflasyonun yanı sıra yüksek vergileri de devraldı. Zaten Muhafazakar Partinin 1979 yılı seçimlerini kazanmasında İşçi Partisi'nin bu yüksek oranlı vergi uygulamasının önemli yeri vardı. Seçim kampanyasının önemli bir yönünü vergi oranlarının ve kamu harcamalarının azaltılması oluşturuyordu. Bu yüzden Thatcher iktidara geldiğinde vergi oranlarında indirim yapması yönünde beklentilere yol açtı.[86] Ayrıca gelir vergisinin oranlarını daha düşük hale getirilmesi ve vergilendirmenin bileşimini kazançtan harcamaya kaydırılması ve özel sektörü güçlendirecek teşviklerin artırılması hükümetin öncelikleri arasında idi.[87]

Vergi indirimlerinden beklenen diğer sonuçlar da şunlardır: Firmalar daha az vergi ödeyeceklerinden yatırıma ayıracakları pay artacaktır. Yabancı yatırımlarda ve mevcut yatırımlardaki üretim artacaktır. Çünkü yönetim vergi oranlarının düşük olmasının yatırımları teşvik edeceği kanaatinde idi. Ayrıca yine vergi oranlarındaki indirim gelirlerin beyanını da kolaylaştıracaktır.[88]

Ancak vergi oranlarının düşürülmesi vergi gelirlerini azaltacağı gerekçesiyle hükümet içinde tartışmalara yol açtı. Çünkü mevcut % 33-83 arasında değişen gelir vergisinin oranının ilk etapta % 30-60'a düşürülmesi öneriliyordu. Bu ise dokuz milyar sterlin borçlanma gereği anlamına geliyordu. Bunu telafi edebilmek için, KDV oranının % 8-12.5 oranının % 15 olarak ve tek oranlı olması gerekiyordu.(Bunun yanında % 0 uygulaması temel ihtiyaç maddeleri için vardı ve bunun devamı öngörülüyordu) Bu uygulama önerisi gerçekten de hükümetin baştan koyduğu gelir üzerinden alınan vergilerin oranlarının düşürülmesi ve vergi yükünün dolaylı vergilere kaydırılması hedefine uygundu.

Gelir vergisinde yapılacak indirimler hükümet için hayati önem taşıyordu. Hatta bu nedenle KDV'deki yapılacak artırımların etkisi göz ardı ediliyordu. Hükümetin bu önerisi Mayıs 1979 yılında hayata geçirilerek gelir vergisinin oranı % 33-83'ten % 30-60'a indirildi ve KDV oranı % 15 olarak tekdüzeleştirildi.[89] Ancak bu ilk adımdı. Maliye Bakanı bu oranların uzun dönemde en fazla % 25-40 olarak değiştirileceğini ifade

[86] Martin HOLMES, **The First Thatcher Government 1979-83: Contemporary Conservatism and Economic Change**, 1985, Bringhton: Wheatsheaf, s. 15.
[87] THATCHER, a.g.e., s. 39.
[88] Chris MACNEIL, **The Paradox of Liberalism**, http://darkwing.uoregon.edu/~ucurrent/2-illiberal2.html.
[89] THATCHER, a.g.e., s. 42-43.

etmiştir. Çünkü 1970'li yılların yüksek vergileri geniş toplum kesimleri üzerinde ciddi memnuniyetsizlikler oluşturmuştu.[90]

1987 yılında seçimi tekrar kazanınca hükümet daha önceden planlanmış olan vergi indirimlerini 1988 yılı bütçesine koymak istedi. Bu plana göre gelir vergisinin standart oranı %33'ten % 25'e ve üst oranı da % 40'a indiriliyordu. Bu indirim aslında seçim kampanyasındaki verilen sözün yerine getirilmesi için idi. Nitekim hükümet verdiği sözü tuttu ve 1987-88 yılı bütçesinde gelir vergisi oranlarını % 25-40'a indirdi[91]

Aşağıdaki şekilde Thatcher dönemi öncesi (1978-79) ile Thatcherin son yıllarına ait (1988-89) vergi oranlarındaki değişmeler gösterilmiştir.

Şekil 18: İngiltere'de 1978-79 ve 1988-89 Yıllarında Vergi Oranları (%)

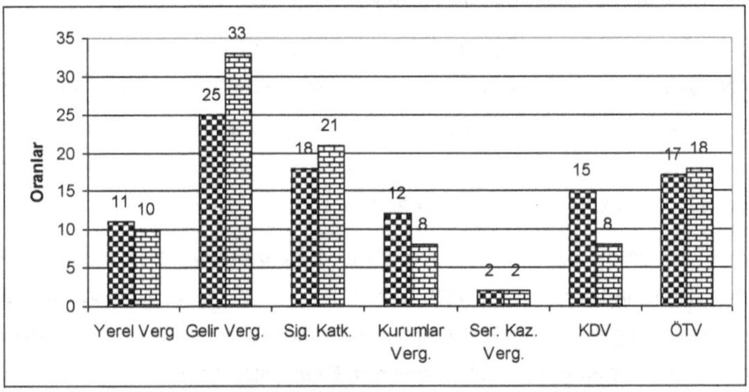

Kaynak: CULLIS and JONES, s. 279

Şekilde birinci seriler 1988-89, ikinci seriler 1978-79 yıllarını temsil etmektedir. Verilerden anlaşıldığı üzere Thatcher dönemi İngilteresinde vergi oranlarında genel bir indirim yapılmıştır. Burada sadece KDV oranlarında bir yükselme vardır. Bu yükselme yukarıda belirtildiği gibi hükümetin bir politikası idi. Bu arada yerel yönetim vergisinde de küçük bir yükselme vardır. Ancak bu yükselme yerel yönetimlerin lehine bir düzenleme olarak değerlendirilebilir. Kurumlar vergisindeki yükselme ise İngiltere'de bu dönemde arz iktisadına tam olarak uyulmadığını göstermek açısından önemlidir.

Vergi oranlarındaki bu genel düşüşe rağmen, toplam vergi yükünde de bir artış yaşanmıştır. Nitekim 1979 yılında vergi yükü, % 34.75 iken bu yük 1991 yılında %

[90] HOLMES, 1985, a.g.e., s. 22.
[91] HIRST, a.g.e., s. 115.

37.75'e çıkmıştır.[92] Bunun nedenleri arasında gelir düzeyinin yükselmesi, şirketlerin daha yüksek dilimlere kayması, daha fazla kişinin vergi öder hale gelmesini sayabiliriz. Bu oran OECD ülkelerinin ortalama oranları civarında idi.[93]

Vergi düzenlemeleri neticesinde toplam 1.3 milyon kişi vergiden arındırıldı ve emeklilik ödenekleri 2.7 milyon sterlin artırıldı. Bu uygulamalarla seçim kampanyasında verilen sözler yerine getirilmişti.[94]

D-Thatcher Dönemine Ait Diğer Bazı Temel Politikalar

Thatcher 4 Mayıs 1979 yılında Başbakan olduğunda, öncelik verdiği temel konudan biri ülkesinde yaşanan ekonomik gerilemenin önüne geçmekti. Muhafazakar Parti'nin ve dolayısıyla Thatcher'in ekonomik hedeflerinin başında, yüksek enflasyonla mücadele ve İngiltere'nin dünya ticaretindeki payında meydana gelen küçülmeyi gidermek geliyordu. Thatcher, öteden beri uygulanmakta olan ve İşçi Partisi'nin başını çektiği devletçi politikalara son verilmesini ve devletin ekonomideki payının sınırlandırılması gerektiğini savunuyordu. Bunun araçları da sıkı para politikası, vergi oranlarının düşürülmesi, kamu harcamalarının azaltılması ve özelleştirme gibi piyasayı etkinleştirilecek politikalardı.[95] Bu yüzden, enflasyonla mücadele edebilmek için para arzını ve kamu kesimi borçlanma gereğini azaltma yönünde politikaları uygulamaya koymuştur. Thatcher'in diğer politikası kamu harcamalarında bir azaltma ve kamu kesimini küçültme yönünde özelleştirmedir. Bir başka temel politikası ise, üretimi artırmak yeni işletmelerin faaliyete girmesini kolaylaştırmak ve bireyleri teşvik etmek üzere vergi indirimleri politikası ve deregulasyonları benimsemiştir.[96]

Bu başlık altında arz iktisadı üzerinde etkili olan ve İngiltere'de enflasyonla mücadelede, kamu kesiminin küçültülmesinde, vergi hasılatında sağlanan artış üzerinde etkisi olan politikalardan kamu harcamaları politikası, sıkı para politikası ve özelleştirme politikası üzerinde durulacaktır.

1-Kamu Harcamaları Politikası

İngiltere'de sıkı para politikası ve vergi indirimleri yanında kamu harcamalarının azaltılması hükümetin en fazla önem verdiği hususlardan birisi idi. Bu yüzden hükümet kamu harcamalarının nasıl daha fazla kısılabileceğinin yollarını devamlı araştırıyordu.[97]

---

[92] JONES, a.g.e., s. 132.
[93] KAVANAGH, a.g.e., s. 230-231.
[94] HOLMES, 1985, a.g.e., s. 22.
[95] MARSH, a.g.e., s. 170.
[96] DERBYSHIRE, a.g.e., s. 228-229
[97] THATCHER, a.g.e., s. 39.

Çünkü toplam kamu harcamalarının GSYİH'ye oranı 1975 yılında neredeyse % 60'a yükselmişti.[98] 1970'li yıllarda ortalama % 48/GSYİH olan kamu harcamalarının oranı Thatcher'e % 43 civarında teslim edilmiştir.[99]

Bu yüzden kamu harcamaları ve vergilerde yapılacak indirim, dolayısıyla kamu kesimi borçlanma gereği ve bütçe açıklarını azaltmak Thatcher hükümetinin en öncelikli politikalarından birisi idi. Bu görüş özel sektörden de destek alıyordu. Aslında 1970'li yılların sonlarında durgunluk bütün dünya ülkelerinde yaşanan bir gerçekti. 1979-80 yılı bütçesi ile kamu harcamalarında kısılmaya gidilmesi önerilmişti. Ancak bu harcama kısıntısı sağlık harcamalarını kapsamadığı gibi savunma, hukuk sistemi ve sivil toplum örgütlerine ayrılan kaynakların da artırılması öngörülüyordu.[100]

İşçi Partisi doğası gereği kamu harcamalarının artışından yana idi. Nitekim seçimden önceki planlarında bu parti yetkilileri, 1979-80 yılı bütçesinde bir önceki bütçeye göre % 2-3 civarında 1980-81 yılı bütçesinde ise % 5 bir artış öngörüyordu. Seçimleri Muhafazakar Parti kazanınca bu partinin programı gereği kamu harcamaları azaltıldı ve 1979-80 yılı bütçesinde 6.5 milyar sterlin indirime gidildi. Bu indirim İşçi Partililerin yapmayı düşündükleri kamu harcaması miktarından daha fazla idi ve kamu kesimi borçlanma gereğini 9 milyar sterlin düzeyinde tutuyordu.

Ancak İngiliz halkının ve ekonomisinin alışık olmadığı bu politikalara kabineden karşı çıkanlar oldu ama yeni hükümet bu engeli aştı. Bununla birlikte öngörülen politikalar uygulamaya konulduğunda gerçekten de olumsuz sonuçlar görülmeye başlandı: İşsizlik arttı, enflasyondaki yükseliş trendi devam etti, rekabet gücü azaldı. Bu yüzden hükümet, bu politikadan vazgeçmek zorunda kaldı ve Eylül ayından itibaren kamu harcamaları politikasına tekrar döndü. Harcama indirimi yapılması düşünülen alanlarda bir artırıma da gidilmedi ve bir önceki bütçe yılı düzeyinde tutuldu. Böylece kamu harcamaları politikası bir süre ertelendi. Aslında hükümet, politikalarının yanlış olduğunu düşünmüyordu. Ancak bu konuda gerek hükümet içinde ve gerekse kamuoyunda yeterince konsensüs sağlanamamıştı. Ayrıca muhalefet etkili oluyordu. Bunun dışında indirimler aşırı yapılmıştı ve özel sektörün bundan nasıl etkileneceği dikkate alınmamıştı. Bu yüzden politikaların daha dikkatli hayata geçirilmesi gerekiyordu ve ilk uygulama tecrübe olarak kabul edildi.

---

[98] KAVANAGH, a.g.e., s. 44.
[99] CULLIS and JONES, a.g.e., s. 281.
[100] THATCHER, a.g.e., s. 49.

İngiltere'de 1980-81 bütçe yılında kamu harcamalarında tekrar indirimler yapılması öngörüldü. Bu amaçla bir rapor hazırlandı ve kabine üyelerine dağıtıldı. Bu raporda 1980-81 yılları arasında 1 milyar ve takip eden iki bütçe yılı için 2 milyar sterlinlik bir indirim programı öngörülüyordu. Hükümet bu üç yıllık planı çok önemsiyordu ve bu dönem içerisinde yükselen enflasyon ve faiz oranlarıyla mücadele etmek, vergi oranlarını düşürmek ve böylece durgunluktan kurtulmak gibi makro ekonomik hedefler belirlemişti. [101]

Bu planların dışında 1982'de hükümet ekonomiye ilişkin bazı kararlar aldı. Bunlar aşağıdaki gibidir:

*Hükümetin enflasyona ilişkin stratejisi, halen çift haneli rakamlarda seyreden enflasyonu % 5 ve daha aşağıya çekmek,

*İktidara geldiğinde para arzını sınırlandırmak ve 1982-83 bütçe yılında para arzındaki artışları % 5-8 arasında tutmak,

*Vergi ile ilgili ödemeleri enflasyona endekslemek ve kamu kesimi borçlanma gereği 8 milyar sterlinle sınırlandırmak (bu miktardan en fazla 2 milyar sterlin bir sapma kabul ediliyordu).[102]

Uygulanan yeni politikalar sonucu 1982-1983 yıllarında bütçe açıklarında düşmeler yaşanmıştır. Bu dönemde bütçe açığı, OECD ülkelerinde yükselme yönünde iken İngiltere'de Thatcher'in ilk döneminde düşüş yönünde yaşanmıştır. Nitekim OECD ülkelerinde 1979 yılında bütçe açığının GSMH'ye oranı % 2.7'den 1983 yılında 4.3'e yükselirken aynı dönemde bu oran İngiltere'de 3.2'den 2.7'ye düşüş şeklinde yaşanmıştır. Bu düşüşün nedeni vergi gelirlerini artırmaktan ziyade kamu harcamalarında yapılan kısıntılardır. Ayrıca bu dönemde OECD ülkelerinin vergi yükünde de bir artış yaşanmıştır. 1979 yılında bu yük % 34.7 iken 1982 yılında % 39.1 olarak gerçekleşmiştir. Bu yüke sosyal sigorta ödemeleri de dahildir.[103]

---

[101] THATCHER, y. a.g.e., s. 52-54.
[102] DRUCKER, a.g.e., s. 188.
[103] HOLMES, 1986, a.g.e., s. 26.

Şekil 19: İngiltere'de 1980-91 Yılları Arasında Kamu Harcamalarının GSYİH'ye Oranı

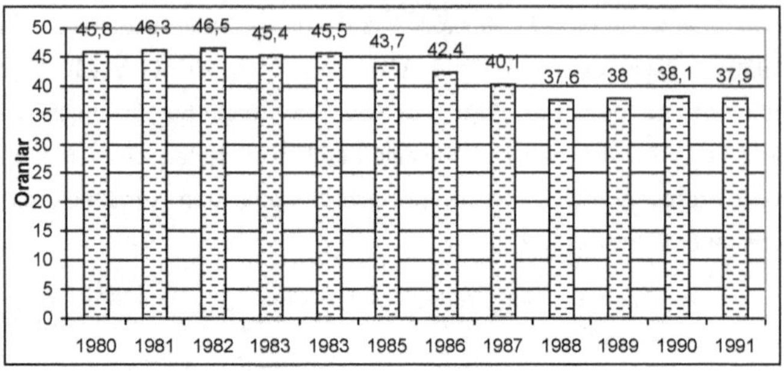

Kaynak: JONES, s. 133.

Kamu harcamalarındaki indirimler de ilk yıllarda olumsuz sonuçlar vermesine rağmen bu alanda bir başarı elde edildiği söylenebilir. Çünkü Thatcher hükümeti devralmadan önce (1978 yılında) kamu harcamalarının GSYİH'ye oranı % 43 iken bu oran Thatcher'in Başbakanlıktan ayrılmasına yakın olan 1989 yılında % 37.6'ya inmiştir. [104] Bu oran İngiltere'nin 1966'dan beri sahip olduğu en düşük orandır.[105] Üstelik özellikle 1982 yılında yaşanan durgunluk nedeniyle bu oran % 46.8'e kadar yükselmişti. Bu oranların aynı dönemde enflasyonist baskı ve ekonomide yaşanan büyüme dikkate alınarak değerlendirilmesi daha sağlıklı sonuçlar verecektir.[106]

2-Sıkı Para Politikası

Sıkı para politikası mometerizmin öngördüğü bir politikadır. Moneterist görüşe göre ekonomik yaşamı etkileyen temel faktör parasal değişmelerdir. Dolayısıyla toplam talebi ve buna bağlı olarak üretim, istihdam ve genel fiyat seviyesini belirleyen temel unsur para arzında meydana gelen değişmelerdir. [107]

Enflasyonu da tümüyle parasal bir olay olarak gören moneteristler; para arzındaki artışın, milli gelirdeki artışı aşan kısmının doğrudan fiyatlar genel seviyesini yükselttiği görüşündedirler. Örneğin toplam para arzı % 12 ve toplam milli gelir % 4 ise o yılki enflasyon % 8 olacaktır.[108] Milton Friedman kendisine Nobel Ekonomi Ödülü verilirken yaptığı konuşmada bu konuyla ilgili olarak şunları söylemiştir:

> "Enflasyon her zaman ve her yerde parasal bir olay olmuştur. Enflasyon ile işsizlik arasında uzun dönemde iddia edildiği gibi bir alış veriş (trade

---

[104] DERBYSHIRE, a.g.e., s. 229.
[105] JONES and KAVANAGH, a.g.e., s. 200.
[106] DERBYSHIRE, a.g.e., s. 230.
[107] Aytaç EKER, Asuman Altay, Mustafa SAKAL, **Maliye Politikası Teori, İlkeler ve Yöntemler**, Ankara 1994, Takav Matbaacılık, Yayıncılık San. Ve Tic. AŞ., s. 52.
[108] SAVAŞ, 1994, a.g.e., s. 223.

off) söz konusu değildir. Çünkü uzun dönem Philips eğrisi, doğal işsizlik oranından çıkan bir dikey gibidir. Dolayısıyla fiyat artış hızı işsizlik oranına değil, para miktarındaki artışlara ve beklenen enflasyon oranına (expected rate of inflation) bağlı olacaktır."[109]

Sıkı para politikası Thatcher'in temel politikalarından birisi olmakla birlikte İngiltere'de 1976 yılında İşçi Partisi döneminde de uygulanmıştı. Çünkü İngiltere'de bu dönemde yaşanan istikrarsızlık gitgide bazı kamu hizmetlerinin, özellikle sosyal refah devleti harcamalarının finanse edilmesini güçleştirmişti. Üstelik kamu kesimi borçlanma gereği ve bütçe açıkları da artmıştı. Sonunda İşçi Partisi IMF'nin de baskısı ve desteğiyle kamu harcamalarının azaltılması yanında para arzındaki artışa sınırlama getirmişti.[110]

Moneterist düşünceyi politikasının temeline oturtan Thatcher, İngiltere ekonomisindeki temel sorunun enflasyon olduğunu ve diğer sorunların enflasyondan kaynaklandığını, dolayısıyla enflasyonun çözülmesiyle diğer problemlerin de çözüleceğine inanıyordu.[111] Bu yüzden Thatcher İktidara geldiğinde belirlenen politikanın gereği olarak para arzını sınırlandırmak ve 1982-83 bütçe yılında para arzındaki artışları % 5-8 arasında tutmayı öngörüyordu.[112]

Bu programın bir gereği olarak İngiltere'de yeni hükümetin ekonomi politikası yönünde ilk ele aldığı konulardan birisi para arzını kontrol etmek oldu. Çünkü hükümet İngiltere'de yaşanan fiyat artışlarının parasal kökenli olduğunu düşünüyordu. Bu yüzden sıkı para politikasını uygulamaya koydu. Thatcher, iktidarı devraldığında hem enflasyon hem de faiz oranları çift haneli idi.[113]

Enflasyonla mücadelede ilk yıllarda başarısızlıklar yaşanmıştır. Ancak 1982-1987 yılları arasında hem dünya ekonomisindeki iyileşme hem de izlenen sıkı para politikasının uzun vadeli yararları görülmeye başlanmış işsizlik en alt düzeye inmiştir. Buna karşılık Thatcher'in son yıllarında enflasyonda bir artış yaşanmakla birlikte (örneğin 1990 yılında % 9.7) iktidarı bıraktığı yıl (1991 sonu) bu oran % 3 idi.[114] Ancak hükümet enflasyonla mücadele politikasını ve çıkan sonucu memnun edici olarak görüyordu. Çünkü bu başarı uygulanan sıkı para politikasının bir sonucu idi.[115]

---

[109] Besim ÜSTÜNEL, **Makro Ekonomi,** Beşinci Baskı 1990, s. 273.
[110] KAVANAGH, a.g.e., s. 12.
[111] JONES, a.g.e., s. 133.
[112] DRUCKER, a.g.e., s. 188.
[113] THATCHER, a.g.e., s. 39.
[114] JONES and KAVANAGH, 1995, a.g.e., s. 202.
[115] GARNETT, a.g.e., s. 75.

Amerika ile aynı dönemde uygulanan arz yönlü politikalar İngiltere'de etkin bir piyasa yapısı sağlamıştır. Reagan dönemine nazaran Thatcher İngiltere'sinde bu politikalar önemli ekonomik başarılar sağlamıştır. İngiltere'de daha etkin uygulanan bu politikalar, sıkı para politikası (ve kamu harcamaları indirimi) ile destekli olarak yürütülmüş olmasına bağlanmaktadır.[116]

3-Özelleştirme Politikası

Özelleştirme Thatcher hükümetinin öncelikli politikalarından biriydi. Thatcher'e göre "İngiltere'de ileri derecede sosyalist kalıntılar vardı" ve "tedavisinin ilk şartı kamu işletmelerinin özelleştirilmesi" idi. Diğer yandan kamu harcamaları içindeki sosyal harcamalar azaltılmalıydı. Özelleştirme sonrası gelen yüksek paralar, Kuzey Denizi'nde bulunan petrolden elde edilen 100 milyar sterlinlik gelir, işsizlik paralarının ödenmesinde hükümete çok faydalı oldu. Artık büyük kamulaştırılmış sektörlere, güçlü sendikalara, yüksek oranlı vergilendirmelere geri dönmek mümkün değildi.[117]

İlk yıllarda yaşanan başarısızlıklara karşın izlenen politikaların uzun dönemli etkilerinin görülmesi ve sıkı bir özelleştirme faaliyeti ile bu durum sonraki yıllarda tersine dönmüştür. 1987'ye kadar başarılı bir şekilde yürütülen özelleştirme politikasına ilave olarak üreticiyi teşvik etmek ve piyasadaki beklentileri olumlu kılmak amacıyla vergi indirimleri yapılmıştı. Artan para arzı ve izlenen politikalarla çalıştıkları şirketin hisselerine sahip olan işçiler nedeniyle sınıflar arası farklılıklar yumuşadı, özelleştirme sonrası kurumların verimliliği arttı.

Bu politika devletin ekonomideki payını azaltmak ve piyasaları güçlendirmek adına önemli bir yere sahipti. Bu çerçevede Thatcher döneminde İngiltere'de özelleştirilen bazı kamu kuruluşları şunlardır: British Petroleum (1979-81-83), British Sugar Corporation (1981), Cable&Wireless (telecommunation) (1981-83), Britoil (1982), British Rail Hotels (1983), British Gas (1984), Enterprice Oil (1984), Jaguar (1984), British Telecom (1984), British Airway (1987), Rolls Royce (1987), British Steel (1988), Rover Group (1988).

Bu sayılan kuruluşların çoğu dünya çapındaki firmalardır. Şüphesiz özelleştirme uygulamaları burada sayılanlarla sınırlı değildir. Oysa İşçi Partisi'nin böyle bir politikası

---

[116] EKER, 1994, a.g.e., s. 70.
[117] Ahmet HELVACI, Turgut DEMİRTEPE, "Muhafazakar Partinin Dönüşümü:Thatcherizm ve Yeni Sağ", **Liberal Düşünce Dergisi**. Cilt:3, Sayı: 9, Kış 1998, s. 101-111.

yoktu. Hatta 1951 yılında özelleştirilen demir-çelik endüstrisini 1967 yılında tekrar kamulaştırmıştı.[118]

E-Thatcher Dönemi Politikalarının Etkileri

1980'li yıllar piyasa ekonomisinin İngiltere'de tekrar doğmasına şahitlik etmiştir. Çünkü İkinci Dünya Savaşı sonrası İngiltere (1945-1979) resmen Keynes'in önerdiği müdahaleci devlet anlayışını benimsemiş ve karma ekonomi (mixed economy) politikası uygulanmıştır. 1979 yılında Thatcher'in iktidara gelmesiyle bu politika resmen terkedilmiş ve yerini piyasa ekonomisini güçlendirici politikalara bırakmıştır. (kamu harcamaları ve vergilerde azalma, deregulasyonlar, para arzının kontrolü, özelleştirme... gibi) Bu sayede İngiltere'de ekonomi İspanya hariç tüm AB ülkelerinden daha fazla büyüdü. Oysa bütün 1960'lar ve 70'ler boyunca İngiltere AB ülkelerinin gerisinde idi.

Thatcher'e göre İngiltere'de 1980 öncesi sorunların kaynağı talep yönlü iktisat, para arzının ve kredilerin aşırı genişlemesi, fiyatların yükselmesi gibi sorunlardı ve bu sorunlar teşvik kırıcı etki yapıyordu. Buna karşılık ekonomiyi arz yönünden dikkate almak hayli başarılı sonuçlar doğurmuştu. Çünkü bu sayede ekonomide daha büyük etkinlik ve esneklik sağlandı ve şirketler güçlendi. 1980'li yıllardaki hızlı büyümede işletmelerin arz yönüyle dikkate alınmasının büyük etkisi vardır.[119]

Thatcher'in politikasını oluşturmakta yardımcı olanlar arasında akademisyen moneteristler, serbest piyasa yaklaşımını savunanlar, hararetle vergi indirimlerinden yana olanlar, kamu harcamalarında indirime gidilmesini savunanlar, kamu sektörünün ekonomideki varlığına şiddetle karşı çıkanlar ve özel sektörün güçlendirilmesinden yana olanlar gibi temelde piyasayı güçlendirmeye yönelik politikaları savunan kişiler yer alıyordu ve bu kişiler birbirlerini destekliyorlardı. [120]

Bu başlık altında Thatcher döneminde yapılan vergi indirimleri politikasının etkileri ve çalışma açısından önem taşıyan diğer etkiler incelenecektir. Thatcher dönemi politikalarının sadece vergi indirimi merkezli olmaması ekonomide meydana gelen etkilerin bir bütün olarak değerlendirilmesini daha anlamlı kılmaktadır.

Thatcher'in 1980'li yıllarda uyguladığı politikalar sonunda özellikle vergi indirimleri ile birlikte İngiliz ekonomisi durgunluktan kurtulmuştur. Üretim sektöründe

---

[118] KAVANAGH, a.g.e., s. 222.
[119] THATCHER, a.g.e., s. 668.
[120] Peter RIDDEL, **The Thatcher Government**, Basil Black well, Updited ed. 1985, Oxford, s. 16.

beklenen etki özellikle 1980-82 yılları arasında yaşanan durgunluk nedeniyle, oluşmamıştır ve bu sektördeki canlanma 1986 yılından itibaren yaşanmıştır. Bu durum ilk yıllarda İngiltere'nin dünya üretim sektöründeki payının % 8'den % 6'ya inmesine neden olmuştur.

Thatcher'in vergi indirim politikası sonucunda vergi indiriminden faydalananların gelir düzeyinde belirgin yükselmeler yaşanmıştır. Daha önce belli gelir düzeyinde olup en zengin % 20'yi oluşturanların oranı Thatcher döneminde % 30'a ve daha sonra % 40'a çıkmışken yine aynı dönemde % 20'lik en alt düzeydeki gelir grubunun oranı % 7.4'e ve daha sonra % 6'ya inmiştir. Bu, gelir dağılımında bir düzelmeyi gösterir. Ancak aynı dönemde vergi yükü dağılımında düşük gelirlilerin aleyhine sonuçlar ortaya çıkmıştır. Bu çerçevede 1978-79 bütçe yılında iki çocuklu ortalama bir çiftin vergi yükü % 35.2 iken bu oran 1989-90 yılı döneminde % 37.6'ya yükselmiştir.[121]

Bu dönemde İngiltere'de vergi gelirleri % 3-9 arasında artmıştır. İlk zamanlardaki iflaslara karşın sonraki yıllarda yeni iş alanları açılmış ve 1979-87 yılları arasında 1.5 milyon yeni iş alanı açılmıştır. Bunun yanında 1.1 milyon insan da kendi işini kurmuştur.[122]

Thatcher döneminde gelir vergisi artan oranlı olmakla birlikte sadece iki oranın olması (% 25-40) bu vergi sistemini düz oranlı vergiye yaklaştırmaktadır. KDV'de ise tek oran uygulaması vardı (% 15). Ancak verginin bu özelliği daha çok zenginlere yaradı. Çünkü 1987 yılında yapılan bir araştırmaya göre 1979 yılında en fakir % 10 nüfusun kazançları % 5 artarken, en zengin % 10'un kazançları % 28 artmıştır.[123]

Thatcher döneminde gelir vergisi oranlarında bir indirim yapılmışken KDV gibi tüketim vergilerinin oranları artırılmıştı. Bu durum vergi yükünü dolaysız vergilerden dolaylı vergilere kaydırmıştır. Muhafazakarlar bu yolla insanların daha fazla çalışmaya teşvik edildiğini ileri sürerler. Bunun yanında kişilerin paralarını nereye harcayacağı hususunda tercih haklarının doğduğunu savunurlar. Çünkü gelir vergisinin oranının düşürülmesi harcanabilecek gelirlerin miktarını artırmaktadır.[124] Ancak Thatcher iktidara geldiğinde (1979) toplam gelirlerin % 30'u gelir vergisinden elde edilirken bu oran 1989 yılında % 24'e inmiştir. Bunun anlamı dolaylı vergiler lehine bir gelişme yaşandığıdır.[125]

---

121 JONES and KAVANAGH, a.g.e., s. 204.
122 DERBYSHIRE, a.g.e., s. 234-235.
123 KAVANAGH, a.g.e., s. 230-231.
124 JONES, a.g.e., s. 132.
125 KAVANAGH, a.g.e., s. 230.

1980 sonrası gerek dünyada ve gerekse İngiltere'de uygulanan vergi indirimleri politikasını İşçi Partisi de gündemine almak zorunda kalmıştır. Nitekim 1979 yılında % 83 olarak devrettiği üst vergi dilimini 1983 seçimlerinden önce bu partinin başına geçen Neil Kinnock tekrar eskisi gibi yüksek vergi uygulamasına gidilmeyeceği, en yüksek oranın maksimum % 50 olacağı vaadinde bulunmuştur.[126]

İşçi partisi aynı teklifini 1991 seçim kampanyasında da tekrarladı ve üst vergi oranının en fazla % 50'ye çıkarılacağını ve mevcut mükelleflerin 3/4'ünün vergi dışı tutulacağı sözünü verdi.[127]

Aslında bu durum Thatcher dönemi vergi politikasının tabana yayılmış olduğunun da bir göstergesidir. İşçi partililer önerdikleri yeni vergi uygulaması ile vergi oranlarını eskiye nazaran ciddi oranda düşürme planları yaptıkları halde, sosyal devlet olgusunun bir gereği olarak geniş toplum kesimlerini vergi dışı tutmayı vaad etmişlerdi. Gerçekte bu öneri Muhafazakarların vergi yükünü dolaylı vergilere kaydırmalarından kaynaklanan adaletsizlikten çok farklı değildir.

Thatcher döneminde enflasyonla yapılan mücadele ilk yıllarda olumsuz sonuçlar verdi ve Temmuz 1980'de % 21.9'a kadar yükseldi. Ancak 1983-89 yılları arasında % 3-6 arasında nispeten istikrarlı bir oran yakalamasına rağmen diğer bazı gelişmiş ülkelerden daha yüksek idi. [128]

Thatcher dönemine ait ilginç bir sonuç da 1987-89 yılları arasında hükümetin kamu kesimi borçlanma gereğini ortadan kaldırması, bir başka deyişle bu yıllarda İngiltere'de bütçe fazlasının yaşanmış olmasıdır. Bu sırasıyla % 0.7, % 3.0 e % 2.7 olarak gerçekleşmiştir. Bunun anlamı 1987-89 yıllarında bütçenin belirtilen oranların GSYİH'ye oranı kadar bütçe fazlası verdiğidir. Oysa İngiltere'de bütçe en son İkinci Dünya Savaşı'ndan önce fazla vermişti. Bu sonucun elde edilmesinde hükümetin kamu harcamalarında kesintilere gitmesi, özelleştirmeye ağırlık vermesi deregulasyonlar ve vergi indirimleri politikalarının etkili olduğu söylenebilir. Yine bu dönemde hükümet refah devleti ve popülist politikalar uygulamaktan kaçınmışken özel sektörü teşvik edici vergi politikalarına ağırlık ermiştir. [129]

---

[126] JONES and KAVANAGH, a.g.e., s. 43.
[127] JONES, a.g.e., s. 134.
[128] GARNETT, a.g.e., s. 75.
[129] DERBYSHIRE, s. 230-231.

Thatcher hükümeti, bu politikaları uygularken ABD uygulamasını da dikkate almıştır. Çünkü bu ülkede vergiler indirilmesine rağmen kamu harcamalarının azaltılmaması bütçe açıklarını artırmıştır.[130]

Ancak Thatcher ile Reagan'ın ekonomi politikaları arasında ihmal edilemeyecek bazı farklılıklar vardır. Aslında özellikle iki lider iktidara gelmeden önce politikalarında ciddi benzerlikler vardı ve Amerikalılar Thatcher'i iktidara geldikten sonra takibe aldılar. Her iki ülkede de bu dönemde ekonomide bir düşüş yaşanıyordu ve seçim kampanyalarını özellikle bu düşüşü tersine çevirmek için uygulayacakları politikalar üzerine kurmuşlardı. Bu amaca ulaşmada ise savunma harcamaları dışında kamu harcamalarında indirim politikaları önemli bir yer tutuyordu. Ancak farklılıklar daha fazla idi. Öncelikle Thatcher yönetimi hiçbir zaman politikasını arz iktisadı üzerine oluşturmamıştır. Oysa Amerika'da başta Arthur Laffer olmak üzere, kişisel vergi oranlarında geniş vergi indirimlerini öngören politikalar izlenmiştir. Çünkü arz iktisadı önerileri vergi oranlarında yapılacak indirimin ekonominin arz yönünü canlandıracağı ve vergi gelirlerinde nispi bir artışa yol açacağı düşüncesi üzerine kurulmuştur. İngiltere'deki politikanın en önemli farkı, vergi indirimlerinin çok keskin olmayışının yanında özellikle kamu harcamalarında söz verildiği gibi bir indirim programının uygulanması idi. Bu durum İngiltere'de bütçeyi disiplin altına sokmuş ve kamu kesimi borçlanma gereğini azaltmışken, aynı dönemde ABD'de bir bütçe açığı artışı yaşanıyordu.[131]

Özetlemek gerekirse Thatcher'in altı noktada dönüşüm gerçekleştirdiği görülür: Devletin sınırlandırılması, bireysel sorumluluğun önemi, ülke savunması ve kanunilik ilkesi gereği güçlü devlet anlayışı, pazar ekonomisinin geliştirilmesi, yüksek borçlanmanın reddi ve düşük vergi oranı. Diğer taraftan Thatcher temelde üç hususa karşıdır: İkinci Dünya Savaşı sonrası oluşan, özellikle Keynezyen ekonomi ve sosyal refah devleti yaklaşımını esas alan merkez sol mutabakata, yaygın sosyal devlet harcamalarına, sendikaların güçlerini suiistimal etmelerine....[132]

---

[130] HOLMES, 1986, a.g.e., s. 14-16.
[131] RIDDEL, a.g.e., s. 16.
[132] HELVACI, s. 101-111.

Dördüncü Bölüm

Arz Yönlü Vergi Politikasının Türkiye Analizi

Türkiye uzun yıllar bütçesi makul sınırın ötesinde açık veren ve bu açığı gidermek için vergilerin oranlarını daha fazla artırarak ya da mevcut vergi mükelleflerine yeni yükümlülükler getirerek veya para basma, borçlanma gibi ekonomi açısından sağlıksız olan yöntemlerle karşılama yoluna giden bir ülke görünümündedir. Bu durum süregelen enflasyonun, yani ekonomik istikrarsızlığın da en önemli kaynakları arasında gösterilmektedir.

Türkiye'de vergi yükü çok fazla düşük olmamasına (hatta bazı hesaplamalara göre ağır olmasına) rağmen, kamu harcamalarını karşılamaktan çok uzaktır. Bunun sebepleri arasında ekonomik, sosyal ve daha da önemlisi siyasi gerekçelerle toplumun büyük bir kesiminin vergi dışı bırakılması, mevcut vergi mükelleflerinin vergi kaçırma veya vergiden kaçınma faaliyetleri ya da af gibi idari nedenlerle gerekenin çok altında vergi ödenmesi yer almaktadır. Bir başka deyişle burada iki temel sorun vardır; bunlardan bir tanesi ülkemizde vergi tabana yayılmamıştır, ikincisi ise faaliyetler kayıt dışı olarak yürütülmektedir. Arz iktisadı, bu sorunlara çözüm önermektedir. Bu çerçevede arz iktisadında ekonominin piyasa ekonomisinin şartlarına uygun bir biçimde işleyebilmesi, yani yatırım kararlarının vergiler dolayısıyla sapmaya uğramaması için özellikle gelir ve kurumlar vergilerinin oranlarının indirilmesi gerekmektedir. Çünkü düşük oranlı vergi ekonomik büyüme yanında yeraltında faaliyet yapmayı da cazip olmaktan çıkaracağından bu faaliyetler legal olarak yürütülecek dolayısıyla vergi kaçak ve kayıpları azaltacaktır.

Birinci bölümde arz iktisadının doğuş nedenleri, genel esasları, ikinci bölümde vergi indirimleri ve bu indirimlerin etkileri, üçüncü bölümde de uygulama örnekleri işlendikten sonra, bu bölümde arz iktisadının vergi indirimleri boyutu ile, özellikle 1980 sonrası uygulamaların değerlendirilmesi ve sonuçların analizi, Türkiye'nin günümüzdeki temel vergisel sorunları da dikkate alınarak yapılması gerekenler ortaya konarak, ülkemizin kendine has şartları çerçevesinde analiz edilmiştir. Özellikle 1998 yılında

4369 sayılı yasa ile getirilen değişikliklerin arz iktisadı açısından değerlendirilmesi yapılarak, genel ekonomi perspektifi yardımıyla günümüzde ve gelecek yıllarda arz iktisadının Türkiye'de uygulanabilirliği ya da uygulanamazlığı veya hangi şartlara bağlı olarak uygulanabileceği analiz edilmiştir.

I-Türkiye'de 1980 Sonrası Vergi Politikası Ve Arz İktisadı

1980 yılı Türkiye tarihi açısından pek çok yönüyle bir milattır. Bunun biri ekonomik diğeri de siyasi olmak üzere iki temel nedeni vardır. Ekonomik neden 24 Ocak 1980 karalarıdır. Siyasi neden ise 12 Eylül 1980 askeri müdahalesidir. Bu çalışmanın bir gereği olarak burada ekonomi politikaları ve bu politikaların özellikle 1980 sonrası dönüşümle bağlantısı ele alınacaktır.

1980 sonrası dönemde Türkiye ekonomisinde yaşanan yapı değişikliğinin ekonomiye yeni bir anlayış getirmesi; vergilerin bir ekonomi politikası aracı olarak etkinleştirilmesi, yatırımların, ihracatın ve sermaye piyasasının özendirilmesi, işlemlerin hızlandırılması vb amaçlar doğrultusunda kullanılmasına neden olmuştur. Vergi politikasının bu amaçlar doğrultusunda kullanılması, vergi sistemimizde bir çok değişikliğin yapılmasına ve vergi sistemimizin bu değişiklikler doğrultusunda hızlı bir gelişme göstermesine yol açmıştır.

KDV'nin sisteme girmesi, fon uygulamalarının yaygınlaşması, vergi iadesi uygulaması 1980 sonrası yapılan önemli değişiklikler arasındadır. Bunların dışında yeniden değerleme müessesesi, hayat standardı esası, geçici vergi uygulaması finansman fonu uygulaması 1980 sonrası sisteme giren uygulamalardan diğer önemli değişiklikler arasındadır. Ayrıca mevcut vergi yasalarda da günün değişen şartlarına uygun olarak ekonomik, mali ve sosyal açıdan gerekli düzenlemeler yapılmış, vergi sistemimize yeni bir anlam ve yön verilmeye çalışılmıştır.[1]

A-Ekonomide Dönüşüm: 24 Ocak Kararları

24 Ocak kararları alınmadan önce Türkiye'de içe dönük bir sanayileşme stratejisi hakimdi. Korumacılığı öngören ithal ikameci politika, 1970'li yıllardan itibaren yıkılmaya başlamıştır. Türkiye'de de o dönemde hakim olan bu politika 24 Ocak karalarıyla ortadan kaldırılmış ve Türk sanayii rekabete açılmıştır. Bu kararlar ile serbest piyasa ekonomisine geçiş yönünde temel adımlar atılmıştır. 24 Ocak kararlarının temel amaçlarını şu şekilde özetlemek mümkündür.

---

[1] Mehmet TOSUNER, 1980 Sonrası Türk Vergi Sisteminin Yapısı ve Gelişimi, İzmir: 1989, s. 26.

*KİT'lerin milli ekonomi üzerindeki yükünü azaltmak ve bunların serbest piyasa ekonomisi kurallarına göre çalışmalarına ortam hazırlayarak rehabilitasyon çalışmalarına başlamak ve KİT'leri zaman içerisinde özel sektöre bütünüyle devretmek.

*Fiyat oluşum sürecini serbestleştirmek. Bu amaçla;

-mal ve hizmetlerin fiyat oluşumunda piyasaya müdahalede bulunmamak,

-Faiz oranlarının piyasada serbestçe oluşmasına izin vermek,

-Döviz kurlarının serbestçe oluşması için serbest kur sistemine geçmek ve Türk parasının konvertibilitesini sağlamak,

-İthal ikamesine dayalı içe dönük iktisat politikası yerine ihracatı artırmayı ve ithalatı serbestleştirmeyi esas alan bir dış ticaret politikası uygulamak,

-yabancı sermaye girişini özendirici tedbirler almak[2]

Görüldüğü gibi 24 Ocak Karalarının altında yatan temel amaç ekonomide devletin payını küçültmeye ve piyasaları güçlendirmeye yöneliktir. Bu çerçevede; özelleştirme politikası benimsenmiş, ekonomiyi rekabete açmak ve bu amaçla ihracatı özendirmek ve yabancı sermayeyi ülkeye çekmek gibi global politikaların Türkiye açısından yasal altyapısı oluşturulmuştur.

B-Türk Vergi Sistemi ve Arz İktisadı

Yukarıda 1980'li yıllara kadar ve bu yıllara ait genel ekonomi ve vergi politikasının gelişimi ortaya konduktan sonra, bu başlık altında Türk vergi sisteminin 1980 sonrası dönemde yapılan düzenlemeler itibariyle değerlendirmesi yapılacaktır. Bu çerçevede 1980'li yıllarda uygulanan vergi politikaları daha somut olarak ortaya konulacak ve bu döneme ait veriler de kullanılarak değerlendirilecektir. Bunun yanında yine 1980'li yıllara ait politikalar kamu harcamaları, yasal kurumsal serbestleşme, para politikası açısından da gözden geçirilerek bu dönemdeki vergi politikasının arz iktisadına ne kadar uyumlu olduğun analiz edilecektir. Ancak bütün bunlardan önce Türk vergi sisteminin hangi aşamalardan geçtiği ve bugünkü duruma nasıl geldiği ile ilgili kısa bilgi vermekte fayda vardır.

---

[2] AKTAN, 2000, a.g.e. s. 265.

1-Türk Vergi Sisteminin Gelişimi

Osmanlı devletinin mirasçısı olan TC bu devletten vergi sistemini de devralmıştır. 1925'te aşarın kaldırılması, 1950 yılında yürürlüğe giren gelir vergisi, kurumlar vergisi, esnaf vergisi (1955'te kaldırılmıştır) ve vergi usul kanunu ile 1985 yılından itibaren uygulanmaya başlanan KDV Türkiye Cumhuriyeti tarihinde yapılan köklü değişiklikler (reform) olarak kabul edilir. Bunun dışında 1982 yılında İtiraz ve Temyiz Komisyonları kaldırılarak, Bölge İdare Mahkemeleri, İdare Mahkemeleri ve Vergi Mahkemelerinin kurulması da idari yargıda yapılan bir reform olarak kabul edilir. 1950'de çıkarılan 5421 sayılı yasa 1960'ta 193 sayılı gelir vergisi yasası ile revize edilmiştir.[3]

a-Gelir Vergisi Tarifesindeki Gelişmeler

Türkiye'de gelir vergisi oran ve dilimleri uygulanmaya başladığı 1951 yılından itibaren ekonomik ve sosyal amaçlara ulaşmak için zaman içerisinde azaltılıp artırılmıştır. 1951 yılında % 15-45 olan alt ve üst oranlar yedi dilim halinde uygulanıyordu. 1958 yılından itibaren dilim sayısı 11'e çıkarılarak ilk dilim aynı kalmak şartıyla son dilim % 60'a yükseltilmiştir. Türk gelir vergisi tarifesinin 1960 yılından itibaren gelişmesi ve bu konudaki değerlendirmeler aşağıdaki gibidir:

1.1.1960-31.12.1960 tarihleri arasında (193 Sayılı kanundaki ilk tarife) % 10-70 arasındadır ve toplam yedi dilimden oluşmaktadır. Artışlar 10'ar puan (10, 20, 30, 40, 50, 60, 70) olarak ele alınmıştır. Bunun dışında kazanç 500.000 TL ve daha fazla ise % 60 oranının uygulanacağı getirilerek belirli bir düzeyden daha fazla kazananlar bir noktadan sonra azalan oranlı bir tarifeye tabi tutulmuşlardır.

1.1.1963-31.12.1980 arasında vergi tarifesinde bir değişiklik yapılmamıştır. Bu dönemde vergi oranları arasındaki fark azaltılmış ve vergi dilimleri 10'a çıkarılmıştır. Artışlar ise genellikle farklılaştırılmıştır. Son oran % 68 olarak belirlendiği tarife şöyledir: (10, 15, 20, 25, 35, 45, 55, 60, 65, 68). Azalan tarife uygulaması burada da vardır. Ancak burada miktar 1.000.000 TL'dir. Oran % 60'tır.

1963'te gelir vergisi tarifesindeki dilimler ve oranlar, yaşanan enflasyona rağmen, 1980 yılına gelinceye kadar değiştirilememesi uygulamada gelir vergisini düz oranlı hale getirmişti. [4]

1981'den itibaren, 1986 hariç, her yıl yenilenen tarifenin gelişimi ise şöyledir:

---

[3] Türkiye Odalar ve Borsalar Birliği (TOBB), **Vergi Özel İhtisas Komisyonu Raporu**, Ankara 1992, s. 11.
[4] TOBB, y. a.g.e., s. 11.

1.1.1981-31.12.1981 tarihleri arasında % 40-65 arasında 5'er puanla artırılan yedi tarife vardır. Burada dikkati çeken ilk husus ilk dilimin çok yüksek olduğudur. Bunun nedeni 1980 askeri müdahalesiyle bozulan ekonominin vergilerle düzeltilme çabaları olarak gösterilebilir. Daha sonraki uygulama aşağıdaki gibi olmuştur.

Tablo 27: Türkiye'de 1980'li Yıllarda Vergi Oran ve Tarifesi

1981	40-65 arasında yedi dilim,
1982	33-65 arasında yedi dilim,
1983	36-65 arasında yedi dilim,
1984	30-60 arasında yedi dilim,
1985	25-55 arasında yedi dilim,
1987	25-55 arasında altı dilim,
1988	25-55 arasında altı dilim,
1989	25-55 arasında altı dilim,

Kaynak TOBB, Vergi Raporu, s. 33.

Görüldüğü gibi 1980 öncesi uygulanan tarife sert oranlı bir tarifedir ve alt gelir unsurlarını ağır bir vergi yükü altında bırakmaktadır. 1980 sonrası yapılan düzenlemelerde ise dilimler genişletilmiş, dilim sayısı azaltılmış ve oranlar arasındaki geçişler yumuşatılmıştır.

b-1980'li Yıllardaki Vergi Dilimleri ve Arz İktisadı

1980 sonrası gelir vergisinde yapılan düzenlemelerde indirime gidildiği bir gerçektir. Nitekim oranlar % 40-68'den % 25-50'e indirilmiştir. Ancak aynı dönemde ABD'de yapılan indirimler (% 15-28) dikkate alındığında çok fazla anlamlı olmadığı söylenebilir. Üst oranın en az % 68'den % 50'ye kadar inmiş olması marjinal vergi anlamında bir indirim olmakla birlikte bu oran üzerinden vergi ödeyenlerin sayısının az olması bu indirimi anlamlı olmaktan çıkarmaktadır. Ancak 1963-1980 arasında vergi tarifesi değiştirilmediğinden uygulamada düz oranlı bir hal alan gelir vergisi tarifesi dikkate alındığında % 68 üst oranının aşamalı olarak % 50'ye indirilmesi Türk vergi sistemi ve arz iktisadı açısından olumlu bir gelişme olduğu söylenebilir.

Türkiye'de 1980-1981 yıllarında vergi yasalarında yapılan değişiklikler vergi yükünde nispi bir artışa neden olmuştur. Ancak istenilen sonuca yine de ulaşılamamıştır. 1980 yılı gelir vergisi tarifesi gelir dilimleri geniş tutulmakla vergilemede adalet ilkesinden fedakarlık pahasına enflasyona karşı daha az duyarlı bir sistem oluşturulmuştur. Daha önceki paragraflarımızda savaş ve olağanüstü dönemlerin ülkelerde vergi gelirlerinin GSMH içindeki payını artıracağını, çünkü bu dönemlerde halkın vergiye karşı direncinin azalacağını belirtmiştik. Bilimsel çalışmalarla ispatlanan bu durum ülkemizde gerçekleşmemiş, aksine bu olayların olduğu dönemlerde vergi yükü 1980-1981 yılları hariç düşük çıkmıştır. Bu da bize ülkemizde bu dönemlerde bile radikal değişikliklerin yapılamadığını ve vergi gelirlerinin artırılamadığını göstermektedir.

Türkiye'nin 1980'li yıllarda uyguladığı politika her ne kadar vergi indirimi olarak değerlendirilse de gerek arz iktisadının önerileri çerçevesinde genel olmaması ve gerekse başta kamu harcamaları indirimleri olmak üzere diğer şartların yerine getirilmemesi ve piyasa ekonomisinin kurum ve kurallarının yerleşmemesi bu yıllarda yapılan düzenlemelerin arz iktisadı çerçevesinde değerlendirilmesini güçleştirmektedir.

Aşağıdaki tabloda gelir üzerinden alınan vergilerin payı gösterilmektedir. Görüldüğü gibi 1970 yılında nispi önemi düşük olan (% 5.7) gelirden alınan vergilerin 1980 yılında % 10'lara yaklaştığı ve özellikle 1981 yılında OECD ortalamasını yakaladığı görülür. Ancak şunu belirtmek gerekir ki 1983'e kadar (1973-83) gelir üzerinden alınan ve 1984'te kaldırılan mali denge vergisi ve 1971-82 yıllarında uygulanan gayrimenkul kıymet artışı vergisinin de bu oranın yüksek çıkmasında etkisi vardır. Bununla birlikte oranlar üzerinde köklü değişiklikler yapılmadığı halde gelir üzerinden alınan vergilerin GSYİH içerisindeki payının azalmasının en önemli nedeni bu dönemde istisna ve muafiyetlerin fazlalığıdır.

Tablo 28: Gelir Vergilerinin Vergi Gelirleri İçindeki Yeri ve Önemi (%)

Yıllar	Gelir Vergileri/ Toplam Vergi Gelirleri	Gelir Vergileri/ GSMH	Toplam OECD/ GSYİH
1970	34.7	5.7	11.2
1980	55.4	9.5	14.0
1981	61.2	12.8	14.3
1982	12.4	11.1	14.4
1983	59.5	10.2	14.1
1984	58.4	7.3	14.2
1985	51.2	6.6	14.4
1986	48.6	7.1	14.7
1987	47.8	7.2	14.7
1988	44.9	6.7	14.8

Kaynak TOBB Vergi Raporu, s. 43-44.

Aynı durum kurumlar vergisi için de geçerlidir. 1989 yılında % 46 gibi yüksek bir vergi oranına rağmen bu verginin GSMH içindeki payı % 2.4'tür. OECD ortalaması ise % 2.9 olarak tespit edilmiştir. Ancak bu dönemde bir çok ülkede kurumlar vergisi oranı Türkiye'deki kadar yüksek değildir. Bu sonuç, Türkiye'de kurumlar vergisi oranının yüksekliğine rağmen, uygulanmakta olan istisnalar nedeniyle vergi hasılatındaki oranının düşük çıkmasına yol açmıştır.[5]

[5] TOBB, y.a.g.e. , s. 72-73.

b-1980'li Yıllarda İstisna ve Muafiyetler

1980'li yıllarda arz iktisadına ilişkin esas gelişme istisna ve muafiyetlere sistemde geniş olarak yer verilmesi ile yaşanmıştır. Örneğin 1989 yılında Maliye Bakanlığı'nın yaptığı bir çalışmada istisna ve muafiyetler dolayısıyla alınmasından vazgeçilen verginin, toplanan vergilerin 36.3'ünü oluşturduğu saptanmıştır.[6] Kurumlar vergisinde de benzer bir durum söz konusudur ve bu vergide toplam kurum kazancının % 76'sı vergiye tabidir. Bir başka deyişle 100 TL'lik kurum kazancının 24 TL'si indirim, istisna şeklinde vergi dışıdır. Bunlar indirim ve istisnaların Türk vergi sisteminde hala ne ölçüde yaygın olduğunu gösteren kanıtlardır.[7] Avrupa Birliği ve OECD ülkelerinde ise bu oran en fazla % 5 dolayındadır.[8]

1980'li yıllarda döviz darboğazından kurtulmak amacıyla, ihracatı artırıcı nitelikteki uygulamalara gidilmiş, ihracata yönelik faaliyette bulunan kurumların vergi yükünü düşürücü nitelikteki istisna ve teşvikler yoğun olarak kullanılmıştır. Yatırımları artırmak ve üretim kapasitesinde artış sağlamak için, tasarruf kabiliyetinin yüksek olduğu varsayılan yüksek gelire sahip kişi ve kurumların vergi yükünü düşürecek nitelikteki istisna ve muafiyetler yaygın olarak kullanılmıştır.[9]

İhracat politikası; vergi iadeleri, vergi, resim, harç istisnaları, ihracat karşılığı yapılan ithalat (gümrük vergisi diğer vergi ve fonlardan muaf tutularak), kaynak kullanım destekleme fonu gibi sübvansiyonlara dayandırılmıştır.[10]

1980'li yıllarda ekonomik ve sosyal amaçlı bir çok istisna uygulama alanına girmiştir. Şüphesiz sosyal amaç güden istisnalar bu araştırmanın kapsamı dışında değerlendirilmelidir. Bu dönemde geniş oranda uygulanan ve esasen ekonomik etki gösteren istisna uygulamalarından gelir ve kurumlar vergisine ait olanlarının bazıları aşağıda sayılmıştır.

Bunlardan en önemlisi yatırım indirimi istisnasıdır. Bu istisna, 1962 yılında uygulanmaya başlamış ve 1980'li yıllardan sonra yeni bir boyut kazandırılmıştır. Belli sektörler ve bölgeler itibariyle farklılaştırılarak uygulanan ve yatırımları özendirmek

---

[6] TOBB, y.a.g.e., s. 24.
[7] TÜRKAN, a.g.e., s. 34.
[8] Adnan GERÇEK, "Rasyonel Vergi Sistemi Kriterleri Açısından Türk Vergi Sisteminin Değerlendirilmesi", **Prof. Dr. Nezihe SÖNMEZ'e Armağan**, İzmir: 1997, s. 286.
[9] Ayşegül MUTLU, "Türkiye'de Liberalizasyon Sürecinde Özel Kesimin Vergi Yükü", **XI. Maliye Sempozyumu,** 4-8 Mayıs 1995, Salamis-Bay Oteli Gazi Magosa-KKTC, s. 55.
[10] TOSUNER, a.g.e., s. 121.

amacına yönelik olan bu uygulama bir vergi istisnası niteliğindedir. Devlet, özel sektör yatırımlarına yatırım indirimi mekanizmasıyla dolaylı katkıda bulunmaktadır.[11]

Halen uygulamaya devam edilen ve bir vergi teşviki niteliğindeki yatırım indirimi istisnasının arz iktisadının önerileri çerçevesinde değerlendirilmesi son derece zordur. Zaten 1980 öncesinde de var olan bu istisna esasen maliye politikası aracı özelliği taşır ve sınırlı süreli olarak uygulanmaktadır. Yatırım indirimi istisnası vergi indirimi sağlamakla birlikte temel olarak üretimi artırmaktan ziyade yatırımları yönlendirmek amacı ile bölgesel ya da sektörel olarak uygulanmıştır ve uygulanmaktadır. Bununla birlikte sonuç itibariyle alınması gereken verginin bir kısmından veya tamamından belirli sürelerle vazgeçilmekte, vazgeçilen miktar kadar kısım yatırıma dolayısıyla üretime ve vergi hasılatında artışa sebep olmaktadır. Bu yönüyle dikkate alındığında yatırım indiriminin arz etkisi gösterdiği düşünülebilir.

Diğer önemli bir istisna ihracatta KDV iadesidir. Türkiye'nin en önemli sorunlarından birisi ödemeler dengesi açığıdır. Bu sorunu halletmenin bir yolu da ihracatı geliştirmektir. 24 Ocak 1980'de alınan karaların bir gereği olarak ihracatı teşvik için, ihracattan vergi alınmayarak ihracatçının alışları esnasında ödedikleri verginin iade edilmesi, ihraç malları üzerindeki vergi yükünün tamamen ya da kısmen kaldırılması gerekmektedir.

1980 sonrasında ihracatı teşvik etmek amacı ile KDV iadesi getirilerek ihracat teşvik edilmiş, ithalattan ise vergi alınarak kısılmıştır. Bir tür ihracatta sıfır vergi uygulaması olan bu düzenleme arz iktisatçılarının önerdiği anlamda bir vergi indirimi olarak değerlendirilemez. Çünkü arz iktisadında indirimler gelir ve kurumlar vergisi için önerilmektedir. Ancak bazı arz iktisatçılarının tüketim tabanlı vergi önerdiklerini de unutmamak gerekir. Bununla birlikte arz iktisatçılarının önerdikleri tüketim tabanlı vergilerde istisna ve muafiyetlere ya hiç yer verilmez ya da çok sınırlı olarak yer verilir. Ancak her verginin piyasayı sınırlandırdığı veya saptırdığı düşünülecek olursa bu uygulama Türk ekonomisinin büyümesine etkisi olduğu söylenebilir. Bu iki önemli istisna dışında getirilen ve ekonomik, dolayısıyla mali özellik taşıyan bazı istisna ve muafiyetler ise şunlardır;

Özel kanunların veya devlete akdedilmiş mukavelelerle her türlü vergiden istisna edilmiş olan menkul kıymetlerin faiz, temettü ve ikramiyelerine ilişkin istisna (GVK 22).

---

[11] TOSUNER, y.a.g.e., s. 63.

Yabancı ülkelerde bulunan sosyal güvenlik kurumları tarafından ödenen emekli, maluliyeti dul ve yetim aylıkları (GVK 23/13).

Kanuni ve iş merkezi Türkiye'de bulunmayan dar mükellefiyete tabi işverenlerin yanında çalışan hizmet erbabına, işverenin Türkiye dışında elde ettiği kazançları üzerinden döviz olarak ödediği ücretler(GVK 23-4).

Yüz ve daha aşağı sayıda işçi çalıştıran işyerinde bir, yüzden fazla işçi çalıştıran işyerinde iki.... kişinin ücretlerinin istisna kapsamında değerlendirilmesi (GVK 23/15).

GVK'da yapılan bu düzenlemelerin yanında KVK'da da bazı ekonomik amaçlı düzenlemeler yapılmıştır.

-Dar mükellef kurumların getirdikleri dövizlere istisna getirilmiştir.

-Turizm istisnasının kapsamı genişletilmiştir.

-Tam mükellefiyete tabi kurumların iştirak hisselerinin veya gayri menkullerin 1987, 88 ve 89 yıllarına ait satışlarından doğan kazançların tamamının satışın yapıldığı yılda kurum sermayesine ilave edilmesi, anonim şirketler yönünden sermaye artırımı nedeniyle çıkarılacak hisse senetlerinin nama yazılı olması ve en geç altı ay içerisinde borsaya kote ettirilmesi şartıyla eklenen bu kazançlar 1-1-1987'den itibaren kurumlar vergisinden istisna edilmiştir (KVK m.14).

Bunların dışında 1980'li yıllarda bazı muafiyetler de getirilmiştir. Ancak gerek gelir vergisi kanunun gerekse kurumlar vergisi kanunlarında yapılan muafiyetlerin tamamı sosyal amaçlıdır.[12]

Yukarıda örneklerde görüldüğü gibi ekonomik karakter taşıyan bütün istisnalar kişileri ya da kurumları teşvik etmek, böylece ekonominin arz yönünü büyütmek amacına yönelmiştir. Ancak üretim artışı demek aynı zamanda vergi artışı anlamına gelmekle beraber etkisini daha çok istisna kapsamı dışında gelir etkisi göstererek veya harcamaların artışı yoluyla gösterir.

c-1980'li Yıllardaki İstisna ve Muafiyetlerin Değerlendirilmesi

1980'li yıllarda Türkiye'de getirilen istisna ve muafiyetlerin çoğu ekonomik ve mali olmaktan çok sosyal amaçlıdır. Doğrudan mali amaçlı olan hiçbir düzenlemeye rastlanmazken daha çok sosyal amaçlı olan 1980'li yıllardaki istisna ve muafiyet

---

[12] Bu bilgiler TOSUNER, s. 65-67. sayfalardan alınmıştır.

uygulamaları, zaman zaman ekonomik amaca da yönelmiştir. Şüphesiz ekonomik amaca yönelen en önemli istisna halen de devam eden yatırım indirimi uygulamasıdır. Yatırım indirimi uygulaması ile yeni yatırımların yapılması kolaylaştırılmıştır. Bu uygulama ise beraberinde ekonomik büyümeyi dolayısıyla vergi gelirlerinde hasılat artışını getirmiştir.

İstisna uygulaması başlı başına vergilerdeki genellik ilkesine ve bunun yanında arz iktisadının vergilerde yapılacak indirimlerin istisna ve muafiyet şeklinde spesifikleştirilmiş değil de, bütün mükellefleri kapsayacak şekilde genel yapılması ilkesine aykırılık teşkil eder. Zira, bir çok arz iktisatçısı vergi indirimleri yoluyla vergi gelirlerinin azalmaması, hatta artması için; büyüme, kayıt dışı ekonomi gibi etkilerin yanında vergi tabanının genişletilmesinden yanadır. Bu yüzden istisna ve muafiyete mümkün olduğunca az yer verilmeli, hatta bazılarına göre hiç yer verilmemelidir. Böylece vergi indirimleri nedeniyle ortaya çıkacak kayıp vergi tabanının genişletilmesi ile giderilecek sonraki yıllarda ise vergi hasılatında artışlar yaşanacaktır.

Öte yandan istisnalar vergi yükünün bazı mükelleflerin lehine azalmalar doğurduğu için piyasa ekonomisinin işlerliğini de azaltmaktadır. Zira; arz-talep çerçevesinde oluşması beklenen piyasa, istisna ve muafiyet uygulaması ile yönlendirilmektedir. Bu uygulama esasen piyasayı güçlendirmeye yönelmiş olan arz iktisadının ruhuna aykırılık teşkil eder. Devletin ekonomiye dolaylı müdahalesi anlamına gelen istisna ve muafiyet uygulaması vergi adaletine de aykırılık teşkil etmektedir. Baskı gruplarının etkilerine açık olan bu politika, her zaman ekonomik ya da sosyal ihtiyaçlara paralel olarak uygulanmaz. Bu ve benzer nedenlerden dolayı arz iktisadı istisna ve muafiyetlerin geniş olarak uygulanmasına karşıdır ve devletin yönlendirilmesi ile değil, piyasa etkileri ile büyümenin sağlanabileceği, dolayısıyla vergi hasılatında artışlar yaşanacağı düşüncesini ileri sürer.

Yüksek oranlı vergilerin olumsuz etkilerini istisna ve muafiyetlerin artırarak çözmek hem vergi adaleti açısından sakıncalıdır ve hem de kayıt dışı ekonomiyi güçlendirir. Çünkü istisna ve muafiyetten yararlananlar hiç vergi ödemezken (veya kısmi vergi öderken) yararlanamayanlar vergi oranlarının yüksekliği nedeniyle kaçakçılığa yöneleceklerdir. Ayrıca istisna ve muafiyetlerin ekonominin gerekleri için değil de baskı gruplarının etkisiyle yapılması, ki bu durum genellikle yaşanır ve istisna ve muafiyetlerin fazlalığı rekabet eşitsizliğine yol açar. Bu durum piyasa ekonomisiyle çelişir. Bu yüzden arz iktisadının önerileri çerçevesinde vergi indirimlerini genelleştirmek, istisna ve muafiyetlerin sınırlarını daraltarak vergiyi tabana yaymak isabetli bir çözümdür.

Muafiyet ve istisnalar yaygın olarak kullanıldığında, vergi kaçakçılığı ile birlikte, vergi erozyonunun en önemli nedeni olmaktadır. Türk vergi sisteminde istisna ve muafiyet uygulamasının yaygınlığı nedeniyle oluşan vergi kaybı, toplam vergi gelirlerinin 1989'da %36'sı, 1990'da ise %30'udur. İstisna ve muafiyetlerin vergi matrahlarını azaltıcı etkisi olduğu bilinmesine rağmen, vazgeçilen gelirlerle ilgili olarak yapılan nesnel değerlendirmelerin sağlıklı olduğu konusunda kuşkular vardır. Vergi ayrıcalıklarının getirilmemesi halinde, tahmin edilen vazgeçilen gelirin toplanabilmesi mümkün olabilecek midir? Kanımızca bu mümkün değildir. Çünkü, getirilen ayrıcalıkların bir kısmı mali idarenin etkin olmaması ile ilgilidir. Diğer taraftan, istisna ve muafiyetlerin büyük bir bölümünün ekonomik ve siyasi gerekçelere bağlı olması, bu konudaki kayıpların gelir idaresinin etkinliğinin değerlendirilmesinde esas alınması gerçekçi görülmemektedir.[13]

Tablo 29: 1980'li Yıllarda Enflasyon Oranları, Vergi Artışı ve Bütçe Açıkları Karşılaştırması (%)[14]

Yıllar	Enflasyon	Vergi Artışı	Bütçe Açıkları
1980	107.2	84.9	14.3
1981	36.7	58.7	6.1
1982	27.0	9.7*	8.4
1983	30.4	48.4	7.8
1984	50.3	22.5	11.6
1985	43.2	61.7	8.4
1986	34.6	55.8	13.9
1987	38.8	51.4	18.3
1988	75.4	58.2	13.4
1989	69.6	58.9	18.7

*ilk on aya aittir.
Kaynak: AKTAŞ, s. 146.

Yukarıda tabloda görüldüğü gibi 1980-89 yılları arasında vergi gelirleri genellikle enflasyon artışını takip edebilmiş, hatta genel görünüş itibariyle vergi gelirlerinin enflasyondan daha yüksek artmış olduğu söylenebilir. 1980 yılında yüksek düzeyde seyreden enflasyon yüzünden, vergi artışları enflasyonu takip edememiştir. 1981 yılında Milli Güvenlik Konseyi'nin aldığı olağanüstü önlemlerle enflasyon düşmüş ve vergi artışı enflasyonu aşmıştır. Diğer yıllarda vergi gelirleri daima enflasyonun üzerinde olmuştur. Özellikle 1985 ve 1986 yıllarında KDV'nin de sisteme girmesi ile yüksek oranda vergi artışı yaşanmıştır.

---

[13] H. Hüseyin SAVAŞ, "Vergi Gelirlerinin Denetimi ve Denetimde Etkenlik Kavramı," **Mevzuat Dergisi**, Aralık 2000, s. 12.
[14] Vergi oranları yıllık vergi hasılatlarında yapılan karşılaştırmalar dikkate alınarak hesaplanmıştır.

Bu rakamlar göstermektedir ki, 1980'li yıllarda en sağlıklı kamu geliri olan vergi hasılatında önemli artışlar yaşanmıştır. Ancak bu dönemde kamu harcamalarında bir kısıtlama yapılmadığından dalgalı bir seyir izlemekle birlikte bütçe açıkları artmaya başlamıştır.

1980'li yıllarda üretimi teşvik edici politikalar ekonominin arz cephesini güçlendirmiştir. Ancak arz ile talep arasındaki dengesizlikler buna rağmen giderilememiştir. Yani enflasyon düşürülememiştir. Bunda önemli bir neden ekonominin arz yönüne ait politikaların sonucunun uzun dönemde görüleceği yanında, arz ile birlikte talebinde artmış olmasıdır. Talep artışında 24 Ocak kararlarının da etkisiyle 1980 sonrası ithal ikameci ekonomi politikası terk edilerek ihracata yönelik sanayileşme politikasının bir gereği olarak ithalatın liberalleştirilmesinin büyük rolü vardır.

1980'li yıllarda vergiler kurumlaşmayı, tasarrufları ve yatırımları özendirmek amacıyla kullanılmak istenmiş; vergileme yapılırken, yatırımları, tasarrufları ve kurumlaşmayı özendirmek için gelir vergilerinin toplam vergi gelirleri içerisindeki ağırlığı azaltılmak istenmiştir. Yani ekonomik kalkınmanın finansmanı dolaylı vergilere kaydırılmak istenmiştir.[15]

Elbette ki bu uygulamada dolaylı vergilerin payı artacaktır. Nitekim tablo 30'da gösterildiği gibi dolaylı vergilerin bu yıllarda payında bir artma yaşanmıştır. Tabloda görüldüğü gibi 1980 yılında dolaysız vergilerin genel bütçe vergi gelirleri içerisindeki payı; % 62.7 iken, dolaylı vergilerin payı % 37.3 idi. 1985 yılında dolaysız vergilerin payı % 47.7'ye düşmüş, dolaylı vergilerin payı ise, % 48.1'e yükselmiştir. 1985 yılında gelir vergisindeki düşme nedeniyle azalan vergi gelirleri vergi sistemimize 1-1-1985 tarihinde giren KDV ile dolaylı vergi gelirleri tahsilatında artışa yol açmıştır. 1987 yılında dolaysız vergilerin genel bütçe vergi gelirleri tahsilatı içerisindeki payı % 49.6 iken, dolaylı vergilerin payı % 50.4 olmuştur.

Dolaylı vergilerdeki artışın en önemli nedeni bu yıllarda özellikle ABD ve İngiltere'de uygulanan vergi indirimleri politikasının Türkiye'de farklı bir şekilde (istisna ve muafiyetlerin uygulama alanını genişletme ve vergi yükünü dolaylı vergilere kaydırma şeklinde) uygulamaya konulmasının büyük etkisi olmuştur. Ayrıca bu dönemde tablo 29'da gösterildiği gibi reel vergi gelirlerinde artış yaşanmıştır. Ancak kamu harcamaları indirimleri yoluna gidilmemesi bütçe açıklarını azaltmadığı gibi dönem boyunca borç yükünde artışlar yaşanmıştır.

---

[15] TOSUNER, a.g.e., s. 106.

Tablo 30: 1980-87 Yılları İtibariyle Genel Bütçe Vergi Gelirlerinin Dolaylı Vergi Dolaysız Vergi Ayırımına Göre Dağılımı (%)

Yıllar	1980	1981	1982	1983	1984	1985	986	1987
Dolaysız vergi	62.7	64.5	60.4	58.6	58.2	47.7	52.0	49.6
Dolaylı vergi	37.3	35.5	34.9	39.2	41.0	48.1	47.6	50.4
Toplam	100.0	100.0	100.0	100.0	100.0	100.0	100.0	100.0

Kaynak: TOSUNER, s. 111.

Vergi yükünün dolaysız vergilerden dolaylı vergilere kaydırılması vergi adaleti açısından ciddi sakıncaları beraberinde getirmiştir. Buna karşılık vergi yükünün dolaysız vergilerden dolaylı vergilere kaydırılması ekonomik kalkınmaya yardımcı olmuştur. Çünkü dolaylı vergiler gelişmekte olan ülke modellerine daha uygundur ve bu vergilerde verimlilik daha yüksektir. Dolaysız vergiler daha bilinçli ve bilgi düzeyi yüksek bir mükellef yanında alt yapının güçlü olmasını gerektirmektedir. Bunun yanında dolaysız vergilerin subjektif vergi yükü ağır olduğundan vergi psikolojisi açısından da sakıncalar doğurabilmektedir.

Tabloda yer alan bilgiler 1980'li yıllarda Türkiye'de uygulanan istisna ve muafiyetlerin etkisini göstermek bakımından ilginçtir. Zira bu dönemde Türkiye'de arz iktisadının önerdiği genel vergi indirimlerinin aksine istisna ve muafiyetlerin genişletilmesi yoluna gidilmiştir. Bunun bir sonucu olarak bu vergilerin toplam vergiler içerisindeki payı azalmıştır. Böyle olmakla birlikte tablo 29'da gösterildiği gibi bu dönemde vergi gelirlerinde reel artışlar yaşanmıştır. Ancak özellikle KDV'nin yürürlüğe girmesi ile birlikte dolaylı vergilerdeki artış daha fazla olmuştur. Bilindiği gibi dolaylı vergilerdeki artış, vergi adaleti açısından sakıncalı ancak vergi psikolojisi ve mali açıdan pozitif sonuçlar doğuran bir etki yapar.

Vergi gelirlerinin arzulanan düzeyde artırılabilmesi için bir yandan vergilendirilmeyen sektörlerin daha etkin vergileme kapsamına alınması, diğer yandan da vergi denetimine ciddi ağırlık verilerek, vergi kaçak ve kayıplarının asgari düzeye indirilmesi gerekmektedir. Çünkü vergiler kamu harcamalarının gerisinde kaldıkları zaman, aradaki açık borçlanma (veya para basma) ile karşılanmaktadır. Kamu kesiminin genel dengesi içinde iç ve dış borçlara giderek daha ağırlık verilmesi, çok ciddi ekonomik sonuçları da beraberinde getirmektedir. Dış borçlar, siyasal endişeler yanında, milli paranın yapay olarak aşırı değerlenmesine yol açarak, ithalat ve ihracat politikalarına ters yönde etki yapar. İç borçlara gelince, borç miktarının artması, faiz haddini ve böylece üretim maliyetlerini yükselterek, maliyet enflasyonu için ortam hazırlar.[16]

---

[16] TOSUNER, y.a.g.e., s. 112-113.

d-Neden İstisna ve Muafiyetler Değil de Genel İndirimler

Vergi oranlarının yüksek olması istisna, muafiyet ve indirim isteklerinin yoğunlaşmasına neden olmaktadır. Çünkü her mükellef kesimi kendi faaliyetlerinin ekonomik ve sosyal yararlarını ileri sürerek istisna kapsamı içerisinde olmaya çaba sarf etmektedir. Bu istekler kabul edilmediğinde mükellefler kayıt dışı çalışmayı tercih etmektedirler. Bunun yanında istisnaların fazlalığı fiili olarak vergi hasılatını da azaltır. Bu yüzden yüksek vergi oranı belirleyerek bir kısım mükelleflerin bazı istisna, muafiyet ve indirimlerle, bir kısım mükelleflerin de vergi kaçırması yada vergiden kaçınması yoluyla vergi hasılatını düşürmelerine yol açmaktansa; yasalarda yer alan vergi oranlarını düşürerek istisna, indirim ve muafiyetlerin kaldırılması veya azaltılması daha sağlıklı sonuç verecektir.[17]

Şunu belirtmek gerekir ki arz iktisadı daha çok genel vergi indirimlerinden yanadır. Bir başka deyişle 1980'li yıllarda Türkiye'de olduğu gibi istisna ve muafiyetlerin artırılması, yani özel vergi indirimleri esasen arz iktisadının bir önerisi değildir. Tam tersine arz iktisadı vergi oranlarının indirilmesi buna karşılık istisna ve muafiyetlerin azaltılması, böylece vergi tabanının genişletilmesi yönünde uygulamalardan yanadır.

Bunun dışında arz iktisadında esas olan marjinal vergi oranlarında yapılacak olan indirimlerdir. Bu kavram ödenen vergideki artış ile, gelirdeki artış miktarı arasındaki ilişkiyi gösterir. Dolayısıyla arz iktisadı uygulamasının bir anlam ifade edebilmesi için üst vergi oranının düşük tutulması gerekir Böylece kişiler daha fazla gelir elde etmelerine rağmen, nispi olarak daha az vergi ödemelerler.

Bir vergi sisteminde çeşitli nedenlerden dolayı bir kısım vergi konusu veya bir kısım kişiler vergi dışı tutulabilir. Ancak bu tür imtiyazların gerçek amaçlarından (ekonomik kalkınma, bölgesel kalkınmayı destekleme, yatırımları teşvik, ihracatı teşvik... gibi) her zaman sapma ihtimali vardır. Vergi imtiyazlarına açık bir sistemde belirli kesimlerin siyasal iktidarla gizliden ya da açık olarak lobicilik girişimlerini artırma ve kaynakların bir kısmını yasal ya da yasal olmayan (rüşvet gibi) yollardan verimli olmayan faaliyetlere yöneltmeleri mümkündür. Nitekim bütün dünyada vergi imtiyazlarına açık olan vergi sistemlerinde lobicilik ve rant kollama faaliyetlerinin çok yaygın olduğu görülmektedir. Bu tür faaliyetler lobicilik gücü ve pazarlığı yüksek olan çıkar ve baskı gruplarının başarısı ile sonuçlanırsa gerçekte teşvik verilmesi gereken kişi ve kurumların bundan yeterince yararlanmaması durumu ortaya çıkabilir. Bu ciddi kaygılar nedeniyle günümüzde maliyecilerin önemli bir kısmı "standart indirim" (en az geçim indirimi) dışında vergi sisteminde –mümkün olduğu kadar- hiçbir imtiyaza yer verilmemesi gerektiğini savunmaktadırlar. Vergi imtiyazları devlet açısından da ciddi vergi kayıplarına neden olmakta ve bunun neticesinde ister istemez vergi oranlarının artırılması gündeme gelmektedir.[18]

Amerika'da da 1970'li yıllarda vergi oranları yüksek idi (% 70). Ancak önemli ölçüde istisna ve muafiyetleri (tax shelter) içeriyordu. Ancak bu uygulama Reagan döneminde vergi oranları azaltılarak daraltılmış, Clinton döneminde ise vergi oranları biraz yükseltilmesine rağmen, (gelir vergisinde en yüksek oran % 39.6 ve sermaye kazançları vergisinde % 28) vergi barınakları sınırlı tutulmuştur.[19]

Ayrıca Bill Clinton, 1998 2002 dönemini kapsayan beş yıllık dönemde 97 milyar $'lık, on yıllık dönemde ise 224 milyar $'lık bir vergi azaltımı öngörmekle birlikte vergi muafiyet ve istisnalarının kısılması suretiyle sağlanacak 73.3 milyar $'lık vergi artışını da içermektedir. Alınacak harcama kısıcı önlemler sonunda söz konusu dönemde denk bütçenin[20] sağlanacağı ifade edilmektedir.[21]

Yukarıda "A" başlığı altında 1980'li yıllarda Türkiye'de uygulanan vergi politikaları daha çok arz iktisadının omurgasını oluşturan "vergi indirimleri" yönüyle ele alınmıştır. Arz iktisadının temeli vergi indirimlerine dayanmakla birlikte ikinci bölümde vergi indirimlerinin başarılı olabilmesi için sadece vergi indirimlerinin yeterli olmadığı, bunun yanında kamu harcamaları indirimi, yasal ve kurumsal serbestleşme ve sıkı para politikasının da birlikte uygulanması gerektiği, aksi halde bütçe açıkları enflasyon gibi ekonomik istikrarsızlıkların ortaya çıkabileceği üzerinde durulmuştur.

1980'li yıllarda Türkiye'de arz iktisadının ne derece uygulandığı, dolayısıyla ortaya çıkan sonuçların arz iktisadıyla ilişkisinin sağlıklı analiz edilebilmesi için vergi indirimleri yanında diğer politikaların uygulanıp uygulanamadığının ortaya konması gerekmektedir. Bu yüzden aşağıda arz iktisadının başarı koşulları ilgili yıllar itibariyle değerlendirilmiştir.

---

[17] Şinasi AYDEMİR, **Türkiye'de Kayıt Dışı Ekonomi,** Maliye Hesap Uzmanları Derneği, İstanbul: 1997, s. 182.
[18] AKTAN, 2000, a.g.e., s. 160.
[19] TÜRKAN, a.g.e., s. 4.
[20] 2000 yılı itibariyle ABD bütçesi fazla vermiştir.
[21] TÜRKAN, a.g.e., s. 6.

C-1980 Sonrası Kamu Harcamaları Politikası

Kamu harcamaları, 1975-80 döneminde GSMH'nın %20'si düzeyinde seyretmekte iken; 1981-90 döneminde bu oran %15-18 seviyesine gerilemiştir. Kuşkusuz bu durum kamu harcamalarının azaldığı ya da azalma eğiliminde olduğu anlamına gelmemektedir. Özellikle 1980'li yılların ilk yarısında fon uygulamaları yoluyla bütçe dışına kaçış eğiliminin hız kazanmasının bu sonuca yol açtığı söylenebilir.[22]

Tablo 31: 1980 Sonrası Türkiye'de Kamu Harcamalarının Artış Seyri

Yıllar	Konsolide Bütçe Harcamaları	Artış:1980=100 (%)	GSMH Artışı (%)	GSMH/ Harcamalar (%)
1980	1.115.5	100.0	100.0	25.1
1981	1.564.7	140.2	147.8	23.9
1982	1.689.0	151.4	241.2	19.3
1983	2.513.0	234.2	318.1	24.2
1984	3.784.0	339.2	512.2	22.2
1985	5.395.0	483.7	811.1	21.5
1986	8.311.0	745.0	1173.9	21.1
1987	12.791.0	1146.7	1727.5	21.7
1988	21.447.0	1922.7	3033.8	21.3
1989	38.871.0	3484.7	5305.6	22.8
1990	68.355.0	6127.8	9015.6	23.8
1991	132.401.0	11869.2	14222.9	29.2

Kaynak: Maliye Bakanlığı 1992 Yıllık Ekonomik Rapor, 1993 Yılı Mali Yılı Bütçe Gerekçesi.

Yukarıdaki tabloda 1980-1991 yılları arasında Türkiye'de kamu harcamalarının gelişimi ortaya konmuştur. Tabloda görüldüğü gibi Türkiye'de kamu harcamaları 1980'li yıllarda artış eğilimi içerisindedir. Buradan anlaşıldığı üzere kamu harcamaları Türkiye'de de diğer ülkelerde olduğu gibi artış göstermiştir. Kamu harcamalarının oranı 1990'lı yıllarda da artmaya devam etmiştir. Nitekim 1991 yılında kamu harcamalarının GSMH'ye oranı % 29.2 iken, 2001 yılı bütçe gerekçesine göre bu oran 1996 yılı itibariyle % 27.5, 1997'de %28.5, 1998 yılında % 30.3 ve 2000 yılı itibariyle % 36.6 olarak gerçekleşmiştir.

1980 sonrası dönemde vergi gelirleri artarken, harcamaların gelirdeki artış hızından daha fazla artması konsolide bütçe açıklarının genişlemesine neden olmuştur.[23] Vergilerin kurumlaşmayı, tasarrufları ve yatırımları özendirmek amacıyla kullanılması, vergi yükünün dolaysız verilerden dolaylı vergilere kayması nedeniyle, vergi sisteminde adalet unsuru zayıflamış ve vergi yükünün ödeme gücü ilkesine göre teşekkülüne engel olmuştur.

Bu bilgilerden anlaşılmaktadır ki, 1980'li yıllar boyunca arz iktisadının başarılı olmasının en önemli ayağı olan kamu harcamaları indirimine gidilmemiştir. Bir başka

---

[22] SAVAŞ, a.g.e., s. 12.
[23] Bu konuyla ilgili bilgiler tablo 31'de verilmiştir.

deyişle kamu kesiminin büyümesi 1980'li yıllar boyunca da devam etmiş, vergi gelirlerindeki artış yanında, bütçe açıkları da gittikçe artmıştır. Doğal olarak bunun sonucunda açıkların giderilmesi için borçlanma, para basma yoluna gidilmesi enflasyonla mücadeleyi zora sokmuştur.

D-1980 Sonrası Yasal-Kurumsal Serbestleşme

1980'li yıllardaki vergi politikasını arz iktisadı açısından sağlıklı olarak değerlendirebilmek için vergi indirimlerinin başarılı olabilmesinin temel şartlarından biri olan yasal-kurumsal serbestleşmeyi de mercek altına almak gerekir. 1980'li yıllar boyunca yasal kurumsal serbestleşmede yapılan faaliyetler aşağıda özetlenmiştir.

24 Ocak 1980'de alınan tedbirler, Türkiye'de serbest piyasa ekonomisine dayanan yeni ekonomi politikasına geçilmesi yönünde atılan önemli bir adımın başlangıcı oldu. Yeni strateji, derece derece dünya ekonomisi ile tamamıyla entegre olacak üstün bir piyasa ekonomisine doğru hızlı bir eğilim gösterme çabasıdır.

24 Ocak 1980 tarihinde uyulamaya konulan ekonomik istikrar programı ile getirilen tedbirler, verimliliğin artırılması, kaynak dağılımının iyileştirilmesi ve dolayısıyla sürekli bir ekonomik büyümenin sağlanabilmesi amacı ile ekonomik politikanın devletin kontrolünden ziyade piyasa güçlerine ve dış rekabete ağırlık verecek şekilde yeniden düzenlenmesi gerektiğini ortaya koymuştur. 1980'li yıllarda vergi sistemindeki değişiklikler bu amaçlara uygun yapılmıştır.[24]

Bu döneme damgasını vuran 24 Ocak kararları ile temel mal ve hizmet kapsamı daraltılmış, daha önce temel mal hizmet içerisinde yer alan bir çok kalem kapsam dışı olarak değerlendirilmiştir. Bu daraltma yanında temel mal ve hizmet kapsamında bulunan mal ve hizmetlerin fiyatlarında maliyet artışları göz önüne alınarak ayarlamalar yapılmıştır. Böylece KİT'lerin fiyat ayarlama ve kaynak oluşturma imkanları genişletilmiştir.

1980 sonrası dönemde yasal kurumsal serbestleşme adına enerji iletim ve dağıtım tekelinin kaldırılması, tütün tekelinin kaldırılması ve yabancı sigaraların girişine izin verilmesi, çay tekelinin kaldırılması, özel öğretim kurumlarının faaliyetlerine izin verilmesi gibi uygulamalara gidilmiştir.[25]

1980 sonrası vergi politikasının bir özelliği de vergisel teşviklerle yatırımların ve ihracatın özendirilmesidir. Bu dönemde özendirme önlemleri artırılmış ve indirim

[24] TOSUNER, a.g.e., s. 119.

oranları genişletilmiştir. Bunun dışında kurum kazançlarından yatırım ve finansman fonu ayrılması imkanı sağlanmış, vergi iadesi, istisna ve muafiyetlerle ihracat özendirilmiştir.[26]

E-1980 Sonrası Para Politikası

1980'li yıllarda zaman zaman sıkı para politikası uygulamasına gidilmiştir. Emisyon, faiz oranları, açık piyasa işlemleri ve zorunlu karşılık oranları bu dönemdeki daraltıcı para politikaları uygulamalarının araçları arasında yer alır. Ancak 1980'li yıllarda uygulanan para politikasında bir istikrar yoktur. Para politikası, politik gereklere veya finansman açıklarına göre dalgalanmalar göstermiştir. Bu dönemdeki para politikasının gelişimi şöyle olmuştur:

1980 yılının başından itibaren daraltıcı bir para politikasının uygulanmasına başlanmıştır. İlk olarak mevduat ve kredi faizleri yükseltilmiştir. Ancak 1982 yılının ortalarından itibaren banker krizlerinin gündeme gelmesi nedeniyle hükümet ve Merkez Bankası banka sistemine müdahale etmiş ve likit desteği sağlanmıştır.

1983 yılında para politikasında bir gevşeme görülmüştür. Vadeli mevduat ve kredi faiz oranları, bu dönemde aşağıya çekilmiştir. Aynı şekilde zorunlu karşılıklarda da indirime gidilmiştir.

1983 yılı sonunda yeni işbaşına gelen hükümet daraltıcı para politikasını tekrar yürürlüğe koymuştur. Mevduat, munzam ve disponibilite karşılık oranları sırasıyla % 21 ve 15 olarak uygulanmıştır. Vadeli mevduat ve reeskont faiz oranları yükseltilmiş ve tercihli ihracat kredileri ortadan kaldırılmıştır. 1986 yılında da munzam karşılıklara faiz ödeme ilkesi kaldırılmıştır.

1986 yılından itibaren hükümet daraltıcı para politikalarını tekrar gevşetmeye başlamıştır. Bu dönemde munzam karşılık ve disponibilite oranları yeniden düşürülmüş, diğer bir anlatımla böylece bankaların elinde kullanabilecekleri daha fazla fon bırakılmıştır. Ayrıca ihracattaki teşvikli kredi uygulaması ve sübvansiyonlar yeniden uygulanmaya başlanmıştır. Merkez Bankasının kamu ve özel sektöre açtığı kredilerde yeniden bir artış gözlenmiştir.

Enflasyonda baş gösteren artış nedeniyle 1988 yılı Şubat ayından itibaren yeniden daraltıcı politikalar devreye konulmuştur. Her zaman olduğu gibi zorunlu karşılıklar ve teşvikli kredi faizleri ile yine oynanmıştır. Mevduat munzam ve

---

[25] AKTAN, 2000, a.g.e., s. 265-266.

disponibilite oranları sırasıyla, % 16 ve 27'ye yükseltilmiştir. Ayrıca teşvikli kredilerdeki faiz oranları en az % 60 olmak üzere artırılmıştır. Ancak uygulanan daraltıcı politikalara rağmen enflasyon artmaya devam etmiştir. 1988'in sonlarına doğru en yüksek vadeli mevduat faiz oranı % 85'e yükselmiştir ve mevduat türleri itibariyle tek oran olarak uygulanan mevduat munzam karşılık sistemi terk edilmiş ve bu oran vadesiz mevduat için % 25 ve vadeli mevduat için % 14 olarak belirlenmiştir. Ayrıca döviz tevdiat hesabı için uygulanan mevduat munzam karşılık oranı % 25'e yükseltilmiştir.[27]

1980'li yıllar arz iktisadının temel ilkeleri yönüyle değerlendirildikten sonra, konu bu dönemdeki politikaların mimarı olan Turgut ÖZAL açısından ele alınmıştır.

F-Özallı Yılların Ekonomi Politikasının Değerlendirilmesi

1980'li yıllara damgasını vuran lider şüphesiz bu dönemde müsteşarlık, başbakan yardımcılığı, başbakanlık ve nihayet Cumhurbaşkanlığı yapmış olan Turgut Özal'dır. Dolayısıyla 1980'li yılları bir de Özal'ın politikaları açısından değerlendirmekte fayda vardır. Aşağıda Turgut Özal'ın politikalarını konu alan bir yazı geniş olarak özetlenmiştir.

> Özal, vizyona ve misyona sahip bir liderdi. Görüşleri ile Türkiye'de zihniyet değişiminin gerçekleşmesine öncülük yaptı. 1979 yılında "Yeni Görüş" adını verdiği düşünce felsefesini sürekli geliştirdi. Bugün için aykırı olmayan, ancak söylendiği yıllarda tepki çekebilecek görüşlerini cesaretle söyledi. Serbest piyasa ekonomisine yönelik kararların alınmasında ve uygulanmasında liderlik ve teknisyenlik görevini üstlendi.
>
> Özallı yıllarda Türkiye ekonomisi hızla büyüdü. Türkiye, dünya ekonomisinde 1980'li yıllarda en hızlı büyüyen ülkeler arasında yer aldı. Devletin mal ve hizmet piyasalarına yaptığı müdahaleleri geniş ölçüde kaldırdı. Türk lirasını devalüe ettikten sonra, kontrollü dalgalanmaya bıraktı ve ardından konvertibiliteye geçişi sağladı.
>
> Döviz işlemlerinde serbestlik sağladı. KİT'lerin özelleştirilmesi konusundaki hazırlık çalışmalarını başlattı. Sermaye piyasasının oluşmasına önem verdi. Bu amaçla İstanbul Menkul Kıymet Borsası'nın kurulmasına öncülük etti. Özel sektörün gelişmesine yönelik kararlar aldı ve uyguladı. Bazı alanlarda bürokratik işlemlerin azaltılması ve kaldırılması yönünde kararların alınmasını ve uygulanmasını sağladı.
>
> Türk Parasının Kıymetini Koruma Kanunu ve ilgili mevzuat ile kambiyo sisteminde değişiklikler yaptı. Dış ticarete yeni kolaylıklar ve serbestlikler getirerek ihracatın artmasını sağladı. Dış ticarette sermaye şirketlerine izin vererek, Türk ürünlerini uluslararası pazarlara soktu. Güdümlü faiz politikasından serbest faiz politikasına geçiş yönünde ilk kararları aldı.

---

[26] TOSUNER, a.g.e., s. 120.

[27] Mehmet AKTAŞ, "1980 Sonrası Türk Ekonomisinde Uygulanan Ekonomik İstikrar ve Liberal Politikaların Genel Bir Değerlendirilmesi", **1993 Yılı Hesap Uzmanları Kurulu Konferansları IV**, s. 140-141.

Onun döneminde katma değer vergisi uygulamasına geçildi. Ölümünden bir kaç yıl evvel yaptığı konuşmalarda vergiler konusunda bazı önemli görüşlerini kamuoyunda tartışmaya açtı.

Altyapı yatırımlarına önem verdi. Haberleşme, enerji ve ulaştırma alanında dev projelere başlandı ve bu alanda önemli başarılar elde edildi. Sınır ticaretini yasal konuma getirerek, geri kalmış sınır bölgelerinde ekonomik yaşamın canlanmasını sağladı. Serbest ticaret bölgeleri kurulmasına öncülük ederek, uluslararası ticarete avantajlar sağladı. Yabancı sermayeyi ülkemize çekmek için çok sayıda mevzuat değişikliği ve teşvikler getirilmesine öncülük etti. İthalatta serbestliği getirerek, geçmişte lüks sayılan bir çok ürünün ülkemizde de tüketilmesine ve böylece yurt içi ürünlerin kalitesinin artmasına öncülük etti.

Bazı bütçe dışı fonlar kurulmasını sağlayarak finansman sorununu halletti ve böylece bazı alanlarda önemli başarılar elde edildi. Kamu Ortaklığı Fonu ve Toplu Konut Fonu, altyapı ve konut yatırımlarına kolaylık sağladı. Devletin ekonomik faaliyetlerden çekilmesini ısrarla savundu. Her ne kadar iktidarda bulunduğu yıllarda devletin yeniden yapılanması ve küçültülmesi projelerini gerçekleştiremediyse de, bu alanda en azından toplumun bilinçlenmesi ve geleneksel devletçi zihniyetin kırılmasına öncülük etti. Baba devlet ve sosyal devlet anlayışlarını sorguladı. Son yıllarda anayasal iktisat adı verilen bir yeni araştırma alanındaki gelişmeleri yakından izleyen Özal, devletin güç ve yetkilerinin sınırsız olamayacağını ve yetkilerin anayasada sınırlandırılması konusu üzerinde durdu. Özal'ın devlet konusundaki fikirleri toplumda zihniyet değişiminin gerçekleşmesine katkı sağladı. İnsanlarımızın ekonomik düşünmesine öncülük etti. Anadolu'nun her yanından cesaretli müteşebbislerin ortaya çıkması ve dış pazarlara yönelmesinde Özal'ın küçümsenmeyecek katkıları oldu. Herkes parasını en verimli alanda kullanmayı düşünmeye başladı. Turizm sektörünün gelişmesinde önemli katkıları oldu.

Özallı yıllar Türkiye'ye çok şeyler kazandırdığı gibi, yapılan objektif değerlendirmeler bu yılların ülkemize çok şeyler kaybettirdiğini de ortaya koymaktadır. Özallı yıllarda Türkiye neler kaybetti? Yine, ana başlıkları itibariyle sıralamaya çalışalım:

Özal döneminde liberalleşme yönünde Türkiye kötü bir deneyim yaşadı. Serbest piyasa ekonomisi ile bağdaşmayacak uygulamalar yapıldı. Devletin ekonomik faaliyetlerinin azaltılması yönünde bir başarı elde edilemedi. Özal döneminde devlet küçüleceğine büyüdü. Özelleştirme reformu yapılamadı. Güçlü bir hükümet olmasına rağmen Özal hükümeti KİT'lerin özelleştirilmesi yönünde önemli mesafe alamadı. Sağlık ve sosyal güvenlik reformu gerçekleştirilemedi. Özal'ın savunduğu özel sigortacılık sistemi ile ilgili önemli adımlar atılamadı. Dar gelirli vergi yükü altında ezildi. Teşvik mevzuatının iyi düzenlenememesi dolayısıyla hayali ihracat ve hayali yatırım skandalları ortaya çıktı.

Türkiye kronik enflasyonla yaşamaya başladı. Türkiye'de tarım ve hayvancılığa darbe vuruldu. Köylü ve çiftçi fakirleşti. Gelir dağılımı daha da bozuldu. Özal, mahalli idareler ile ilgili savunduğu reformları gerçekleştiremedi. Sayıları 100'ü aşan bütçe dışı fonlar oluşturuldu.[28]

Özal'ın vergilere ilişkin politikası da şöyledir: 1979 yılında hazırladığı "Kalkınmada Yeni Görüşün Esasları" başlığını taşıyan raporda vergi sistemi ve vergi politikası ile ilgili görüşleri yer almaktadır. Bu raporda Özal vergilemenin ana prensipleri üzerinde durmakta ve vergilerin basit, açık, kolay, anlaşılabilir olmasını belirtmektedir. Bir başka prensip olarak vergilerin herkesin kolaylıkla vereceği bir oranda olmasını ve oranların düşük tutulmasını önermektedir. Özal'ın 1990 yılı sonrasında yaptığı konuşmalarda vergi reformu ile ilgili olarak ortaya attığı en önemli ve dikkate değer iki konu bulunmaktadır. Özal, ilk olarak vergilerin esasen harcamalar üzerinden alınmasının daha doğru olduğunu belirtmektedir. İkinci olarak, vergi oranlarının düz oranlı (flat rate) ve düşük olarak tespit edilmesinin daha doğru olduğunu ifade etmektedir. Özal, gelir, servet ve harcamalar üzerinden alınan vergilerin düz oranlı olarak uygulanmasının devlete daha çok hasılat sağlayacağını belirtmektedir. Özal'ın düz oranlı vergi ve vergi oranlarının indirilmesi hakkındaki düşüncelerinin esasen 1980 sonrasında çokça tartışılan arz iktisadı (supply-side economics) felsefesine dayalı olduğunu söylemek mümkündür.[29]

II-Türk Vergi Sisteminin Günümüzdeki Sorunları

Türk vergi sisteminin bugünkü temel sorunları arasında vergi oranlarının yüksekliği, verginin ayırımcı olarak uygulanması, (istisna ve muafiyetlerin sayıca fazla olması) verginin tabana yayılmamış olması, iyi niyetli mükelleflerin mağdur edilmesi, vergilerin kamu finansmanını karşılayacak nitelikte olmaması gibi sorunlar yer almaktadır. Bu başlık altında çalışmamız açısından önem taşıyan bazı temel sorunlar analiz edilecektir. Bu sorunlar; Türkiye'deki mali disiplinsizlikler, kamu harcamalarının artışı, vergi yükü analizi ve uluslararası vergi yükü karşılaştırması, kayıt dışı ekonomi, vergi kaçakçılığı ve kayıt dışı vergi gibi esasen vergi gelirlerinin artırılması ve verginin tabana yayılması açısından önem arz eden konulardır.

A-Türkiye'de Mali Disiplinsizlik Realitesi

Türkiye'deki makro ekonomik sorunların en önemli sebeplerinden birisi de mali disiplinsizliktir. Mali disiplinsizliğin ifade ettiği şey; kamu gelir ve giderleri arasında bir dengenin olmamasıdır. Ancak bu sorun Türkiye ile sınırlı değildir. Dünyadaki pek çok

---

[28] C. Can AKTAN, "Turgut ÖZAL: Liberal Reformist mi Yoksa Liberal Deformist miydi?", **Yeni Türkiye Dergisi,** Yıl: 5, Sayı: 25, Ocak-Şubat 1999, s. 459-462.

gelişmiş ve gelişmekte olan ülkelerde var olan bir sorundur. Bu yüzden incelememizde karşılaştırma ve analiz yapabilmek için dünyadaki hem gelişmiş hem de gelişmekte olan ülkelere ait verilere de yer verilmiştir.

Türkiye'de mali disiplinsizliğin hangi boyutlarda olduğunu vergi faiz ilişkisinin ortaya konmasıyla daha açık bir şekilde ortaya çıkmaktadır. Mali disiplinsizliğe neden olan en önemli etken bütçedeki faiz ödemelerinin 1983 sonrasında hızlanan iç borçlanma nedeniyle hızlı bir şekilde büyümüş olmasıdır. 1980 öncesi faiz ödemelerinin bütçe içindeki payı % 2.7 iken bu oran 1998 yılı bütçesinde % 39.9'a çıkmıştır.

Bunun yanında vergi gelirlerinin büyük bir kısmı faiz ödemelerine gitmektedir. Buna göre vergi gelirlerinin 1991 yılında % 31'i faize aktarılırken bu oran 1993 yılında % 44 ve 1994'te % 51'e çıkmıştır. 1995'te % 53 olan bu oran 1996 yılı için % 66.6'ya yükselmiştir. Bir başka deyişle en önemli ve en sağlıklı gelir kalemi olan vergilerin 2/3'ü rant kesimine faiz olarak aktarılmaktadır. Önü alınmaz hale gelen bu durumun sonraki yıllarda tüm vergi gelirlerini aşmaması için bir neden yoktur. Bu oranlar bütçe disiplininin ciddi olarak bozulduğunu göstermesi açısından önemlidir[30] Aşağıdaki tabloda ise son yıllara ait veriler vardır.

Tablo 32: Son Yıllara Ait Bazı Karşılaştırmalar (Milyar TL)

Yıllar/Veriler	1999	1998	1997
Toplam Vergi Gelirler	14.807.287	9.232.930	4.750.451
Toplam Giderler	28.017.791	15.614.441	8.050.252
Karşılama Oranı (%)	0.52.8	0.59.1	0.59.0
Transferler	17.329.673	9.427.281	4.621.820
Faiz Giderleri (İç ve Dış)	10.720.840	6.176.595	2.277.917
Faiz/ Vergi (%)	0.72.4	0.66.9	0.47.9
Faiz/ Transfer (%)	0.61.8	0.65.5	0.49.2
Faiz/ Kamu Giderleri (%)	0.38.2	0.39.5	0.28.2

Kaynak: Maliye Bakanlığı 2000 Yılı Ekonomik Raporu
(Oranlar tarafımızdan hesaplanmıştır).

Tabloda görüldüğü üzere son yıllarda toplam vergi gelirlerinin harcamaları karşılama oranı gittikçe azalmıştır. Aynı şey faizler için de söz konusudur. Yine tablodaki rakamlardan anlaşıldığı üzere toplanan vergilerin gittikçe daha çok kısmı faiz ödemelerine gitmektedir. Bir başka deyişle kamu giderlerindeki artışta en büyük rolü, transfer harcamaları oynamaktadır. Transferler içinde ise faiz ödemelerinin payı büyüktür. Bu pay, 1999 yılı için 0.61.8, 1998 için 0.65.5 ve 1997 için 0.49.2 olarak gerçekleşmiştir. Faiz ödemelerinin toplam kamu giderlerine oranı ise 1999 yılı için 0.38.2 1998 yılı için 0.39.5 ve 1997 yılı için 0.28.2 olarak gerçekleşmiştir.

---

29 Coşkun Can AKTAN, "Turgut Özal'ın Değişim Modeli ve Değişime Karşı Direnen Güçlerin Tahlili", **Türkiye Günlüğü Dergisi,** Sayı: 40, Mayıs-Haziran 1996, s. 5-32.

30 Aziz KONUKMAN ve Oğuz OYAN, "1998 Bütçesinin Mali, İktisadi ve Hukuki Açılardan Analizi", **Ekonomide Durum,** Bahar Sayısı, 1998, s. 43.

Mali disiplinle ilgili diğer bir gösterge de kamu gelirleri ve vergi gelirlerinin kamu harcamalarını karşılama oranıdır. Gerçekleşen sonuçlar itibariyle plan hedefleri açısından harcamalarda daha fazla bir artış olduğu, buna karşın gelir hedeflerinde ise hedeflerin gerisinde kalındığı görülmektedir. Dolayısıyla, gelir idaresinin en azından hedeflenen gelirler açısından etkinliğinin beklenenin altında olduğu sonucunu çıkarabiliriz.

Kamu gelirlerinin kamu harcamalarını karşılama oranı 1975 yılında % 95'dir. 1977 yılı hariç tutulursa 1975-83 yılları arasında bu oran ortalama % 90 dolayındadır. 1983 yılından 1993'e kadar ortalama % 80 düzeyinde inişli çıkışlı bir seyir izlemiş; vergi gelirlerinin konsolide bütçe giderlerini karşılama oranı 1990'da % 66.5 1991'de % 59.5 1992'de %62.9, 1993'te % 62.8, 1994'te % 65.1, 1995'te % 63.1'dir. 1996 yılından itibaren harcamaları karşılama oranı sürekli düşerek 1997'de % 72.2, 1998'de 70.5 ve 1999 yılı itibariyle % 67.4 olarak gerçekleşmiştir.[31]

Türkiye'de son yıllarda rant ekonomisi özendirilmiş, kayıt dışı ekonomi aşırı büyümüş, ücretliler ile serbest meslek erbabı ve tüccarların ödedikleri vergi farkı ücretlilerin aleyhine yükselmiştir. Gelir vergisi adeta stopaj vergisi veya ücretliler vergisi haline gelmiştir. Toplam vergi gelirinin yaklaşık % 83'ü tevkifat yoluyla ödenmektedir.

1995 yılında vergi gelir tahsilatının tahakkuka oranı % 85.6'dır. 1997 yılım için bu oran % 89.9 iken 1999 da % 86.7 olarak gerçekleşmiştir.[32] Bu orana göre kayıtlı mükelleflerin bile 1995 yılı için % 14.4'ü vergisini ödememektedir.[33]

Devletin kamu hizmetlerinin finansmanında kullanacağı en sağlam gelir kaynağı olarak nitelendirilen vergi gelirlerinin, kamu harcamalarının ancak yaklaşık 2/3'ünü karşılıyor olması; kamu kesiminin finansmanındaki sorunun önemli bir göstergesi olmaktadır. Böylece vergi alamamaktan doğan adaletsizlik, görevlerini yerine getiren bir vatandaşı cezalandırmaktan başka bir anlam taşımamaktadır.

---

[31] Oranlar 2000 Yılı Ekonomik Rapordaki veriler dikkate alınarak tarafımızdan hesaplanmıştır.
[32] 1997-99 yıllarına ait veriler 2000 Yıllık Ekonomik Rapordan alınmıştır.
[33] Ali Rıza GÖKBUNAR, "Türk Vergi Sisteminde Reform Gereği", **Prof. Dr. Nezihe SÖNMEZ'e, Armağan,** İzmir: 1997, s. 304-305.

Şekil 20: Konsolide Bütçe Gelirleri Kamu Harcamaları ve Bütçe Açıklarının GSMH'ye Oranı

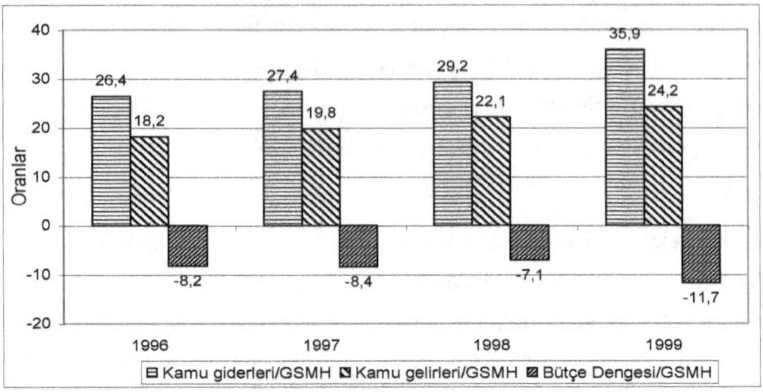

Kaynak. TC Maliye Bakanlığı 2000 Yıllık Ekonomik Rapor, s. 77.

Yukarıda 1996-1999 yılları arasında kamu geliri, gideri ve bütçe dengesi gösterilmiştir. Şekilden anlaşıldığı gibi hemen hemen her yıl hem bütçe giderleri, hem gelirleri ve hem de bütçe açıklarının GSMH'ye oranında bir yükselme vardır. Bu rakamlar bizlere Türkiye'de son yıllarda da kamu kesiminin büyümeye devam ettiği, vergi yükünün ağırlaştığı ve bütçe açıklarının arttığı sonucunu verir. Oysaki bütçede esas olan dengedir. Türkiye'de bu durum tersine işlemektedir. Yani vergi gelirleri artmaya devam ettiği halde harcamalardaki artış baskın gelmekte ve bütçe açıkları artmaktadır.

Bu yüzden bir program dahilinde bütçe açıklarının makul bir düzeye çekilmesi artık bir zorunluluktur. Öte yandan bütçe açıklarını azaltmak harcamaların bütçe dışına kaydırılmasıyla çözülemez. Sadece sorun bir süre gizlenmiş olur. Bir başka deyişle bütçe dışı fon uygulamaları aslında bir yasal yanıltmadan başka bir şey değildir. Devlet bütçesini mali disipline kavuşturulması önemli bir gerekliliktir. Bu sebeple bütçe dışı fonlar bütçe ile ilişkilendirilerek kullanılmalı, bütçe açıklarının hiç değilse orta ve uzun dönemde azaltılmasını ve ortadan kaldırılmasını öngörecek "bütçe denkliği" ilkesi ile her yıl bütçe açığının bütçe ödenek toplamının belirli yüzdesini aşamayacağı hükmü getirilmelidir.[34]

Bunların dışında bütçenin küçülmesi baskı gruplarının etkisine açık olarak yapılmamalıdır. Yani bütçenin küçülmesi organize olmamış ancak çoğunluğu teşkil eden ortanca seçmenin haklarını kısıcı olmamalıdır. Çünkü organize olmuş küçük gruplar organize olamamış büyük grupları yönlendirebilmektedir. Türkiye'de ve

---

[34] Aytaç EKER, "Anayasal İktisat Açısından 1982 TC Anayasası, Ekonomik Anayasa Sempozyumu, Takav Mat. Ankara 1992, s. 42.

dünyanın pek çok ülkesinde kantitatif olarak küçük fakat, siyaset çevrelerinde son derece etkili iş, medya ve banka çevreleri vardır. Çeşitli yöntemlerle (lobicilik, şantaj, tehdit) bu gruplar hükümetlerden zaten haklarını fazlasıyla almaktadırlar. Bu yüzden bütçe büyüklüklerinin sınırlandırılması beraberinde bazı toplum kesimlerini mağdur edici olmamalıdır.

Bütçe açıklarının dünyada artış eğilimi göstermesi, müdahaleci devlet önerilerinin taraftar kaybetmesi, anayasal iktisat ya da ekonomik anayasa gibi eğilimlerin güç kazanmasıyla birlikte bütçe açıklarının GSYİH içerisindekini payını azaltmaya yönelik eğilimler güç kazanmıştır. Bu eğilim AB ülkeleri için, Maastrict kriterlerinde ifadesini bulmuştur. Buna göre AB üyesi ülkelerin bütçe açıklarının GSYİH'ye oranı % 3'ü aşmayacaktır. OECD üyesi ülkelerde de bütçe açıklarının GSYİH'ya oranında belirgin bir düşme gözlenmektedir. Bu gelişmeyi aşağıdaki tablodan daha net bir şekilde görebiliriz (OECD, 1996).

Şekil 21: Çeşitli Ülkelerde Bütçe Açığı GSYİH Oranı (%)

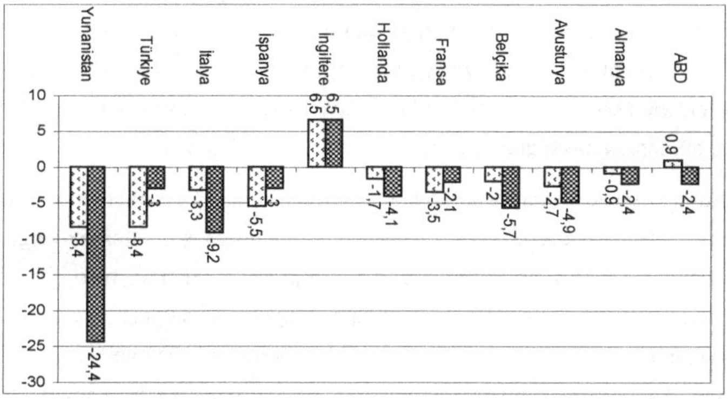

Kaynak: Dünyadaki Yerimiz; Kamu Finansmanı, Asomedya, Ekim 2000.

Bu şekil, Türkiye'yi bütçe açıkları açısından hem bazı AB ülkeleri ve hem de ABD ile karşılaştırmaktadır. Bu şekilde birinci seriler 1998, ikinci seriler ise 1990 yılı verilerini göstermektedir. Burada görüldüğü gibi AB ülkeleri bu kritere genellikle uyum sağlamaya çalışmış olmakla birlikte İspanya ve Fransa'da artışlar yaşanmışken, özellikle Yunanistan'da ciddi düşüşler vardır. Türkiye ise 1990'dan 1998'e bütçe açıkları neredeyse üç kat artmıştır. Tabloda dikkat çeken bir husus da İngiltere ve ABD'nin bütçe fazlası vermiş olmasıdır. ABD'nin 1980'li ve 90'lı yıllarda ciddi bütçe açıklarıyla karşı karşıya olmasına rağmen, 2000'li yılların eşiğinde bütçe fazlası vermesi ilginç bir sonuçtur.

Yukarıdaki iki şekilde olduğu gibi 1990'lı yıllarda Türkiye'de vergilerin GSYİH'ye oranı artmış olmasına rağmen, kamu harcamalarında bir azalmanın olmaması bilakis artış yaşanması bütçe açıklarının GSYİH'ye oranını artırmıştır.

B- Kamu Harcamalarının Artışı ve Kamu Kesiminin Büyüklüğü

Bir ülkede var olması mutlak bir gereklilik olan kamu kesimi ile ilgili sorun, büyüklüğünün ne olması gerektiği ile ilgilidir. Bu konudaki iktisadi görüşler devletin bir gereklilik olmadığı (anarşist-libertarianist) ile ekonominin bir bütün olarak devletin kontrol ve denetiminde olması gerektiği (sosyalist-komünist) arasında geniş bir yelpazede farklılık göstermektedir. Ancak gerek anarşist-libertarianist gerekse sosyalist görüş iki zıt uçta olup uygulama imkanları yoktur.[35] Anarşist ve Sosyalist görüşün dışındaki diğer görüşler, devleti zorunlu ancak kötü kabul eden klasik iktisadi görüş ile devletin ekonomiye aktif müdahalesini öngören sosyal refah devleti arasında yer alır.

Birinci bölümde incelendiği üzere, kamu kesimi bütün dünyada özellikle İkinci Dünya Savaşı'ndan sonra büyüme eğilimindedir. Bu büyüme Türkiye'de de kendisini göstermiştir. Kamu harcamalarının artışında en belirgin rolü, kamu mal ve hizmetlerine olan talebin artışı, kamusal ve yarı kamusal mal ve hizmetlerin fiyatlarındaki değişmeler, ekonomik süreç içerisinde kamusal mal ve hizmetlerin arz edilmesinde politik ve bürokratik baskı gruplarının davranışları etkili olmuştur.[36]

Sorumsuz ve sınırsızca artan kamu harcamaları, makro ekonomik sorunları da beraberinde getirmektedir. Sürekli artan kamu harcamaları ister istemez vergi ve vergi dışı finansman kaynaklarının daha fazla kullanımını kaçınılmaz hale getirmektedir. Kamu harcamalarının finansmanında verginin aşırı kullanılması piyasa ekonomisi üzerinde olumsuz etkiler yapar. Ağır vergi yükünün ekonomik birimlerin yatırım, tasarruf ve çalışma kararlarını olumsuz etkilemesi sonucu işsizlik ve ekonomide durgunluk ortaya çıkmaktadır. Artan harcamaların ve bunun sonucu olarak ortaya çıkan bütçe açıklarının vergi dışı kaynaklarla finanse edilmesi ise rant ekonomisini özendirmekte ve enflasyon sorununu gündeme getirmektedir.[37]

---

[35] Her ne kadar sosyalist görüş bir süre uygulama şansı yakalamışsa da insan tabiatına aykırı olması nedeniyle bütün baskı ve zorlamalara rağmen, yıkılıp gitmekten kurtulamamıştır.
[36] Mustafa SAKAL, "Kamu Harcamalarının Hacminin Ölçülmesinin Gelişmiş ve Gelişmekte Olan Ülkeler Açısından Değerlendirilmesi", **DEÜ İİBF Dergisi,** 1997, cilt:12, Sayı:1, s. 112.
[37] Güneri AKALIN, "Kayıt Dışı Devlet ve İstikrar Programı," **Asomedya,** Nisan 2000, s. 33.

James Buchanan, aşırı büyüyen (excessive) devleti "Leviathan"[38] olarak nitelendirmektedir. Buna göre, seçmenlerin bilgisizliği, basit çoğunluk sistemindeki belirsizlikler ve seçilmişler arasındaki gizli anlaşmalar gibi sebeplerle, devleti genişletme arzusu vardır. Bunun için devletin vergileme ve borçlanma üzerindeki gücü anayasal bir sınırlama ile gerçekleştirilmelidir. Çünkü vatandaşlar devletten kendilerine ne kadar çok ekonomik hak verilmesini isterlerse devletin de ekonomiye müdahalesi o kadar çok artar ve fertlerin ekonomik ve hatta siyasi örgütlenmeleri kısıtlanır.[39]

Kamu harcamalarının hızlı bir şekilde arttığı günümüzde devletler çeşitli yollarla bu artışları frenlemeye çalışmaktadır. Bu yüzden kronik hale gelmiş bütçe açıkları daha da artmaktadır. Artan kamu harcamalarını karşılayabilmek için açık finansman yoluna gidilmekte bu uygulama ise makro ekonomik dengeleri bozmaktadır. Bu yöntem, Türkiye'de devlete yüksek faizle borç veren kesimin artışına neden olmaktadır.

Kamu harcamalarının bu kadar yüksek olması ve yükselmeye devam etmesi üzerinde kamu kesiminin büyüklüğünün de etkisi vardır. Türkiye'de devlet GSMH'nin hemen hemen yarısını kontrol etmektedir. Bunu aşağıdaki rakamlardan da görmek mümkündür. 1995 yılında Türkiye'de devletin ekonomik hacmi/GSMH aşağıdaki gibidir.

Tablo 33: Türkiye'de Kamu Kesimini Gerçek Büyüklüğü

Mali Birimler	%
Konsolide Bütçe	21.8
KİT'lerin Toplam Giderleri	12.9
Mahalli İdareler Harcamaları	3.3
Sosyal Güvenlik Kurumlarının Harcamaları	5.1
Fonların Giderleri	3.9
Toplam	47

Kaynak: AKALIN, 1997, s. 37.

Görüldüğü gibi GSMH'nin yarısına yakın bir kısmı devlet tarafından kontrol edilmektedir. Üstelik bu rakamlara döner sermayeli kuruluşlar, kamu vakıfları, kamu kuruluşu niteliğindeki dernekler gibi kuruluşlar dahil değildir. Bunlarla birlikte % 50'lere varan kamu kesiminin ekonomideki payının en az yarı yarıya azaltılması gerekir. Merkezi idare ile mahalli idarelerden oluşan bu kuruluşların da (mahalli idareler lehine) yetki ve mali kaynak paylaşımı yeniden düzenlenmelidir.[40]

[38] American Heritage Dictinoary'de geçen bilgilere göre Leviathan alışılmamış bir şekilde büyük bir şeyi ifade eder, örneğin bir gemi ya da bir balina gibi. İncil'de ise eski çağlarda yaşadığı varsayılan bir deniz yaratığının ismidir ve Latince'ye İbranice'den geçmiştir. Bu kelime esasen 1651 yılında Thomas Hobbes'in ünlü "Leviathan" adını taşıyan eseri ile egemen bir devleti ifade etmek için kullanılmıştır. Literatürde ise bu kavram aşırı ölçüde genişlemiş kamu sektörü faaliyetleri ve bunun tehlikelerine işaret etmek için kullanmışlardır.

[39] AKTAN. 1994, a.g.e., s. 71.

[40] AKALIN, 1997, a.g.e., s. 43.

Tablo 34: Kamu Kesimi Geliri ve Harcamalarının GSMH'ye Oranı (%)

Yıllar	1996	1997	1998	1999	2000*
Kamu Gelirleri	22.0	23.6	25.3	24.1	30.1
Kamu Harcamaları	30.9	31.2	34.5	38.4	42.3
Borçlanma Gereği	8.9	7.6	9.2	14.3	12.1

Kaynak: AKALIN 2000, s. 31.
*program

Devlet Planlama Teşkilatı (DPT) tarafından belirlenen kamu kesimi büyüklüğü ve kamu kesimi borçlanma gereği yukarıdaki gibidir. Ancak her yıl yeniden belirlenen ve kamu kesiminin büyüklüğünü gösteren bu çizelgenin gerçeği tam olarak yansıttığı şüphelidir. Örneğin bu rakamlar IMF'yi tatmin etmediğinden "konsolide kamu sektörü" tanımını kullanma ihtiyacı hissetmiştir. Çünkü bu kavram, zorunlu bağışlar, askerlik, katma bütçeye dahil idareler, KİT'ler, sosyal güvenlik kuruluşları, TÜBİTAK, TODAİE, MTA, TRT ve Merkez Bankası, mahalli idareler, bütçe dışı fonlar, döner sermayeler, özerk bütçeli kuruluşlar, kamu vakıfları, (Mehmetçik Vakfı gibi) kamu dernekleri, (Kızılay Derneği gibi) kamu personeli özel emeklilik sandıkları, (OYAK, İLKSAN gibi) ve bunların tümüne bağlı kamu teşebbüslerini içerir.

Tablo 35: Türkiye'de Konsolide Kamu Sektörünün GSMH'ye Oranı (%)

Konsolide Bütçe	33,8
KİT Giderleri	15,6
Sosyal Güvenlik Kuruluşlarının Giderleri	6,3
Fon Giderleri	3,5
Mahalli İdareler Giderleri	4,7
Toplam	63,9

Kaynak: AKALIN, 2000, s. 29.

Burada iki noktayı dikkate almak gerekmektedir: Bunlardan birincisi değerler brüt olarak dikkate alınmıştır. Yani kurumlar arası transferler dikkate alınmamıştır. İkincisi ise kayıt dışı ekonomi nedeniyle GSMH düşük gözükmektedir. Bu da kamu harcamalarının yüzdesini artırmaktadır. Ancak burada yukarıda sayılan tüm konsolide kamu sektörü dikkate alınmamıştır. Ayrıca askerlik gibi bedeni vergiler de parasal olarak ölçülemez niteliktedir. Bununla birlikte kamu kesimi büyüklüğünün DPT verilerinin çok üzerinde olduğu bir gerçektir.[41]

Türkiye'de 1991 yılından itibaren bütçede gerek gelirler ve gerekse giderlerin GSMH'ye oranı giderek artmıştır. Ancak anılan dönemde giderlerdeki artışın gelirlerdeki artıştan daha yüksek olması bütçe açıklarının artmasına neden olmuştur. 1991-99 yıllarını kapsayan dönemde bütçe giderlerinin GSMH içerisindeki payı %

[41] AKALIN, 2000, a.g.e., s. 27-28.

20.9'dan % 35.9'a yükselerek 15 puan, bütçe gelirlerinin GSMH içindeki payı, % 15.6'dan % 24.2'ye yükselerek 8.6 puan artmıştır.[42]

C-Türkiye'de Vergi Yükü ve Uluslararası Vergi Yükü Karşılaştırması

Vergi yüklerindeki büyük farklar hem yatırım yerlerini etkiler hem de aynı ülke içinde teşebbüslerin hukuki statülerinin seçiminde rol oynar. Yalnız sermayenin değil, işgücünün serbest dolaşımı da vergi sisteminden etkilenir.[43]

Sosyal kriz ve harp dönemlerinde devletler daha çok harcama yapmak durumunda kalmaktadır. Söz konusu olaylar halkın vergi yükü hakkındaki kanaatlerini de değiştirir. Dolayısıyla toplumun bu dönemlerde vergiye karşı direnci azalır ve kamu gelirleri artar. Bir defa artan gelir ve harcama seviyesi eski durumlarına dönmez.[44]

Vergi yükündeki adaletsizlikler benzer gelir düzeyine sahip olan vergi mükellefleri arasında önemli ölçüde farklı vergi ödemelerine neden olmaktadır. Bu durum vergide yatay eşitlik ilkesine aykırıdır. Bunun sonucu ise vergi ahlakının zayıflamasıdır. Yüksek marjinal vergi oranları ekonomik kararları olumsuz yönde etkilemektedir. Mükellefler daha az çalışmaya veya kayıt dışına çıkmaya itilmektedir. Ya da bireysel tasarruflar engellenmektedir.[45]

Türkiye'de vergi yükü büyük ölçüde kayıtlı işletmeler üzerindedir ve üretimi, yatırımı ve istihdamı cezalandırıcı niteliktedir. Vergi oranlarının yüksekliği, kayıt dışı sektörün kontrolsüz şekilde genişlemesine, buna karşılık kayıtlı çalışan ve çalıştıranların sürekli artmasına neden olmakta; vergi gelirleri de düşük kalmaktadır.[46]

Aşağıda önce daha çok yurt içi bilgilere dayalı olarak Türkiye'de vergi yükü ile ilgili bilgiler verilecek arkasından da çeşitli uluslararası karşılaştırmalar yapılacaktır.

1-Türkiye'de Vergi Yükü

Genel bütçe vergi gelirlerinin milli gelire oranına toplam vergi yükü denir. Türkiye'de vergi yükü konunun teorik yönüne değinilmeden sayısal verilere göre bulunan sonuçlara yer verilerek açıklanmaya çalışılacaktır.

---

[42] Maliye Bakanlığı 2001 Yılı Bütçe Gerekçesi, s. 27.
[43] Türkan ÖNCEL, **Parafiskal Yükümlülükler**, İ.Ü.İktisat Fakültesi Yayın no:94,1983, s. 31.
[44] Hikmet URGANCI, "Vergi Yükü Sorunları ve Türkiye'de Vergi Yükü", **Adana İTİA Dergisi**, Nisan 1975, s. 241.
[45] Jeffry OWENS, "Vergi Reformu: Uluslararası Bakış", **Vergi Dünyası Dergisi** Haziran 1990, s. 35.
[46] TİSK, **Üretime Yönelik Vergi ve Diğer Yasal Yükümlülükler**, TİSK İnceleme Yayınları, no: 172, yıl: 1997, s. 6.

1970 yılından itibaren bazı dalgalanmalar olmakla birlikte genel olarak vergi yükündeki yükseliş trendinin devam ettiği görülmektedir. Parafiskal vergi yükü de eklendiğinde bu oranlar bir kaç puan artmaktadır. 1970 yılından itibaren bazı dalgalanmalar olmakla birlikte genel olarak vergi yükündeki yükseliş trendinin devam ettiği görülmektedir. Bu oranlar parafiskal vergi yükü de eklendiğinde bir kaç puan artmaktadır.

Tablo 36: Konsolide Bütçe Vergi Gelirlerinin GSYİH'nın Yüzdesi Olarak Toplam Vergi Yükü (Parafiskal Gelirler Dahil)

Yıllar	Kons. Bütçe	Yerel Vergiler	Fon Gelirleri	Parafiskal Gelirler	Diğer Gelirler	GSYİH	Vergi Yükü
1975	95.0					468.4	20.3
1976	127.1					599.6	21.2
1977	168.3					796.1	21.1
1978	246.5					1190.1	20.7
1979	405.6					2015.3	20.1
1980	750.1					4080.5	18.4
1981	1190.5					6060.2	19.6
1982	1567	130		217	1914	10580	18.1
1983	1938	168		304	2410	14084	17.1
1984	2376	308	75	479	3238	22545	14.4
1985	3842	625	362	649	5479	35720	15.3
1986	5991	1042	1193	926	9152	51958	17.6
1987	9072	1503	1695	1784	14054	76315	18.4
1988	14250	2379	3347	3050	23026	134109	17.2
1989	25572	3750	5887	7067	42276	232260	18.2

Kaynak: 1975-1983 Yıllarına ait rakamlar Türkiye'de Vergi Yükü ,Maliye Bakanlığı APK Yayını, No: 1986-275, 1984-1989 yıllarına ait rakamlar 1992 Yıllık Ekonomik Rapordan alınmıştır.

Yukarıdaki tabloda görüldüğü gibi GSYİH'ya göre en yüksek vergi % 21.2 ile 1976 yılında, en düşük oran ise % 14.4 ile 1984 yılında gerçekleşmiştir.

1979 Yılında % 20.1 olan vergi yükü 1980 yılında % 18.4'e düşmüştür.1980 yılı bilindiği gibi yüksek enflasyonunun yaşandığı bir yıldır. bu enflasyona rağmen vergi gelirleri % 54 artarken GSYİH % 59 oranında artmıştır.[47]

1980'li yıllarda vergi yükünde nispi bir düşme yaşandığı görülmektedir. Yıllar itibariyle vergi yükü oranlarındaki yükseliş ve düşüşlerin sayısal olarak önemli miktarda olmadığı görülmektedir. Ayrıca önemli siyasal ve ekonomik karar ve tedbirlerin alındığı dönemlerde de vergi yükünde düşme ve yükselmeler meydana gelmiştir. Aşağıda ise 1990 sonrası vergi yükü rakamları görülmektedir.

[47] Rakamlar 1992 Yılı Ekonomik Rapordan alınmıştır.

Tablo 37: 1990'lı Yıllarda Türkiye'de Vergi Yükünün Gelişimi

	1990	1991	1992	1993	1994
Konsolide Bütçe Vergi Gelirleri	45.431	78.734	141.797	264.435	588.058
Mahalli İdare Vergi ve Payları	7.417	12.806	22.012	42.676	86.077
Fonların Vergi nitelikli Payları	11.343	16.184	33.905	57.628	71.006
Vergi gelirleri toplamı	64.191	107.724	197.714	364.739	745.141
Parafiskal Gelirler	16.214	27.184	51.061	80.519	116.066
Vergi ve Ben. Gelir toplamı	80.405	134.908	248.775	445.358	861.207
GSYİH	393.060	630.117	1.093.368	1.981.867	3.868.429
Vergi yükü (Parafiskal hariç)	16.3	17.1	18.1	18.4	19.3
Vergi yükü (Parafiskal dahil)	20.5	21.4	22.8	22.5	22.3
Yıllar	**1995**	**1996**	**1997**	**1990**	**1999**
Konsolide Bütçe Vergi Gelirleri	1.084.941	2.245.290	4.748.102	9.233.983	14.812.214
Mahalli İdare Vergi ve Payları	180.963	353.014	753.703	1.467.168	2.480.588
Fonların Vergi nitelikli Payları	137.480	223.197	555.542	901.453	1.154.711
Vergi gelirleri toplamı	1.403.384	2.821.501	6.057.347	11.602.604	18.447.513
Parafiskal Gelirler	189.780	458.230	1.065.598	2.030.382	3.477.795
Vergi ve Ben. Gelir toplamı	1.593.164	3.279.731	7.122.946	13.632.986	21.925.488
GSYİH	7.762.456	14.772.110	28.835.883	52.224.945	77.374.802
Vergi yükü (Parafiskal hariç)	18.1	19.1	21.0	22.2	23.8*
Vergi yükü (Parafiskal dahil)	20.5	22.2	24.7	26.1	28.3*

*geçici

Kaynak: Maliye Bakanlığı 2000 Yılı Yıllık Ekonomik Rapor, s. 90.

Tabloda görüldüğü gibi 1990 yılında % 16.3 olan vergi yükü, 1997 yılında % 21.2'ye ve 1998 yılında % 22.2'ye 1999 yılında ise % 23.8'e yükselmiştir. Bu rakamlar sadece vergi dikkate alındığında böyledir. Parafiskal gelirlerle rakamlar daha da yüksek çıkmakta ve artış eğilimi burada da gözükmektedir.

Gerçekte vergi gelirlerinin GSYİH'dan daha çok artması gerekmektedir. 1984 yılından 1992 yılına kadar (1988 yılı hariç) vergi yükü oranında artış meydana gelmiştir. Parafiskal yük dahil olmak üzere diğer yıllara ait veriler ise şöyledir: 1995, % 20.5, 1996 % 22.2, 1997 % 24.7, 1998 % 26.1 ve 1999 geçici rakamlarına göre % 28.3 olarak gerçekleşmiştir.[48]

2-Türkiye'de Kayıt Dışı Vergi ve Gerçek Vergi Yükü

Bu başlık altında Türkiye'de vergi yükü içerisinde yer alan ve bu yüzden vergi yükünü artıran ancak gözükmediği için vergi yükü hesaplamaları içerisinde yer almayan kayıt dışı vergi üzerinde durulacaktır. Kayıt dışı vergi olarak isimlendirilen gelirler geniş anlamda vergi kavramı dikkate alınarak hesaplanmaktadır ve esasen kamu kesiminin gerçek büyüklüğünü göstermektedir. Kayıt dışı vergi gelirlerinin hesaplamaya dahil edilmesi vergi yükünün gerçek değerinin tespit edilmesi açısından önem arz eder.

Kayıt dışı devlet olarak da ifadesini bulan bu kavram; "kayıt dışı ekonominin (piyasanın) simetriği olan ve milli gelir veya kamu hesaplarında görülmeyen kamu sektörü payı yani kamu harcamaları veya kamu gelirleri" olarak tanımlanabilir. Bir

[48] Maliye Bakanlığı 2000 Yılı Ekonomik Raporu, s. 90.

başka deyişle tıpkı mükellefler gibi hükümetler de gelirlerinin ve harcamalarının bir kısmını ekonomik hacmini küçük gösterebilmek için gizlemektedir.

Bu vergi konsolide bütçe gelirleri kaleminde yer almadığından vergi yükü gerçek şekliyle yansımaz. Kayıt dışı vergilerin bazıları; enflasyon vergisi, askerlik, bütçe dışı fonlar, zorunlu bağışlar, KİT karları (zamları: alternatif vergi oluşturduğundan) zorunlu tasarruf veya işsizlik kesintileri, döner sermaye hasılatı, kamu personeli özel emeklilik sandıkları primleri, TRT bandrol ve kesintileri, kamu vakıflarıma veya derneklerine zorunlu (kurban derisi) veya gönüllü (okul yaptırma) bağışlar, ilk ve orta öğretimde öğrencilerin katkı payları, özel okul ve hastanelere getirilen yoksul kontenjanı, hazine arazilerinin kamu hizmetlerine tahsisi gibi... [49]

Prof Dr. Güneri AKALIN'ın hesaplamalarına göre Türkiye'de kayıt dışı verginin GSMH'ye oranı aşağıdaki gibidir:

Tablo 38: Türkiye'de Kayıt Dışı Vergi (%)

Enflasyon Vergisi	5
KİT Karlar	2
Askerlik Hizmeti	1
Bütçe-dışı Fonlar	2.2
Döner sermaye Hasılatı	2
Toplam	12.2

Kaynak: AKALIN, 2000, s. 29.

İşte Türkiye'de vergi yükü asgari % 12.2 daha fazla hesap etmek gerekmektedir. Bir başka deyişle aşağıda DPT hesaplarında yer alan verileri yaklaşık olarak % 12.2 artırarak hesaplamak bizi daha gerçekçi bilgilere ulaştıracaktır.

Tablo 39: Türkiye'de 1993-2000 Yılları Arasında Çeşitli Vergi Yükleri (%)

Yıllar	1993	1994	1995	1996	1997	1998	1999	2000
Çıplak Vergi Yükü	18.4	19.3	18.1	19.1	21.1	22.6	20.6	22.7
Parafiskal Vergi Yükü	4.1	3	2.4	3.1	3.7	3.9	5.6	5.9
Resmi Vergi Yükü	22.5	22.3	20.5	22.2	24.8	26.5	26.2	28.6

Kaynak: Maliye Bakanlığı 1999 Yıllık Ekonomik Rapor ve DPT 2000 Yıllık Programı.

Burada bir örnek vermek gerekirse 2000 yılı için gerçek vergi yükü (28.6+12.2=40.8)'dir. Bir başka deyişle Türkiye'de gerçek vergi yükü % 40'ı aşmaktadır.

Türkiye'de mali alandaki dağınıklığın ortadan kaldırılması gerekir. Hukuk devleti ilkesiyle bağdaşmayan bu uygulamalar Türkiye'de devletin ekonomideki yerini tam olarak gösterememektedir. [50]

---

[49] AKALIN, 2000, a.g.e., s. 29.
[50] AKALIN, 2000, y.a.g.e., s. 27.

3-Uluslararası Vergi Yükü Karşılaştırması

Ülkeler arasında vergi yüklerinin karşılaştırılması zor ve bazı güçlüklerin olmasına rağmen önemlidir. Çünkü günümüzde ülkeler arasında entegrasyonlar çoğalmakta ve bu oluşum içindeki ülkelerin vergi yükleri, tespit edilecek temel ekonomik politikaları etkilemektedir.

Farklı ekonomik yapıya sahip ülkelerde vergi yapısı da farklıdır. İktisadi farklılıklar, içinde bulunulan şartlar, gelir dağılımı gibi veriler vergi yüklerini etkilediğinden karşılaştırmalarda bu hususlara dikkat edilmesi gerekmektedir.[51]

Bunun yanında vergi yükü karşılaştırmalarında ülkelerin vergi yapısı ve gelişimini de bilmek gerekir. Vergi, milli sınırlar içinde geçerli olan bir siyasal ve ekonomik erk olduğundan bir ekonominin dünya ile bütünleşme derecesinin artması ve faktör ve mal hareketliliğinin artması, ulusal vergi salma erkini uluslararası standartlara doğru çeker.

Günümüzde kamu harcamalarının ekonomi içinde büyüyen payına paralel olarak vergi ve vergi benzeri gelirlerin de milli gelir içindeki payı büyümektedir. Bu konuda ülkeler arası karşılaştırmalar yapabilmek için vergi yükü hesaplama bazları kapsamının aynı olması veya sonucu saptırmayacak çok az farklılık bulunması gerekir.[52] Genelde bütçe sistemlerindeki farklılıklar buna engel olmakta ve bazı ülkelerde yerel yönetim vergilerinin tümü ve bir kısmı bazılarında ise parafiskal gelirler hesaplamalarda kapsama alınmakta veya alınmamaktadır.

Şekil 22: Çeşitli Ülkelerde Vergi Gelirlerinin GSYİH'ye Oranı (Parafiskal Yük Dahil)

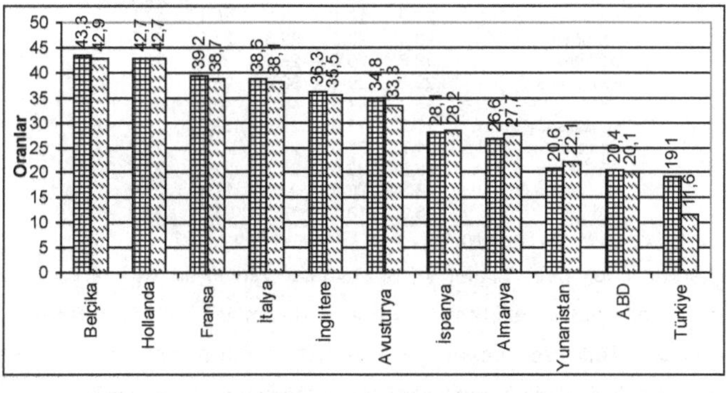

Kaynak: Dünyadaki Yerimiz; Kamu Finansmanı, Asomedya, Ekim 2000.

---

[51] Haluk ANIL, **Türkiye'de Vergi Yükü: 1950-1970** , Adana İTİA Yayın no: 56, 1973, s. 9.
[52] **Türkiye'de Vergi Yükü**, Maliye Bakanlığı APK Yayını, No: 1986-275, s. 37.

1990 ve 1998 yılına ait verilerden oluşan yukarıdaki şekilde bazı ülkelerle Türkiye vergi yükü açısından karşılaştırılmıştır. Birinci seriler 1998, ikinci seriler 1990 yılına aittir. Bu tabloda vergi yükü (Türkiye açısından) nispi olarak düşük gözükmektedir. Ancak burada sadece gelir, kurumlar ve KDV gibi vergiler dikkate alınmıştır. Burada vergi gelirlerinin GSYİH içerisindeki payı itibariyle Türkiye en alt sırada yer alır. Ancak bu yanıltıcıdır. Bunun bir sebebi enflasyon vergisidir. Çünkü yukarıdaki ülkelerin hiçbirinde süregelen bir enflasyon yoktur. Bu ise istatistiklere yansımayan enflasyon vergisine sebep olur. İkinci neden ise vergi tabanının Türkiye'de zayıf olmasıdır. Bir başka deyişle vergiler az bir kesimden daha fazla oranda alınmaktadır.[53]

Yine yukarıdaki bilgilere göre 1990'lı yıllar boyunca Yunanistan ve İspanya dışında vergi gelirlerinin GSYİH'ye oranı artmıştır. Türkiye'deki oran ise dikkat çekicidir. %11.6'dan % 19.1'e yükselmiştir. Tabloda dikkat çeken bir husus da ABD'nin vergi gelirlerinin GSYİH'deki payının düşüklüğüdür. Bunu öncelikle ABD'de piyasa ekonomisinin güçlülüğü ile, ikinci olarak bu ülkede verginin tabana yayılması ile açıklamak gerekmektedir. Çünkü ABD'de vatandaşların yaklaşık 2/3'ü vergi mükellefidir.

Aşağıda yine bazı OECD ülkelerine ait veriler vardır. Ancak bu veriler parafiskal gelirler hariç olarak hesaplanmıştır.

Tablo 40: Vergi Yükü Karşılaştırması (Sosyal Güvenlik Primleri Hariç) (%)

Ülkeler/Yıllar	1990	1995	1996	1997	1998
ABD	19.8	20.7	21.1	21.5	22.1
Japonya	21.9	18.1	17.9	18.1	17.5
Almanya	20.4	23.3	22.3	21.8	22.0
İngiltere	29.8	29.0	29.0	29.2	30.7
Avustralya	29.3	29.4	30.1	29.8	29.9
Danimarka	45.7	47.8	48.3	48.5	48.2
Yunanistan	20.5	21.9	22.0	22.9	-
İspanya	21.3	21.0	20.9	21.9	22.2
OECD Üyeleri Ort.	26.8	26.8	27.1	27.3	27.6
AB Üyeleri Ort.	28.3	28.4	29.1	29.4	29.9
Türkiye	16.3	18.1	19.1	21.0	22.2

Kaynak: Maliye Bakanlığı 2000 Yıllık Ekonomik Rapor s. 91.

Yukarıda örnek bazı ülkeler ve ortalamalar verilmiştir. Açıkça görüleceği gibi buradaki rakamlarla yukarıdaki tabloda yer alan rakamlar bir birinden farklıdır. Bunun önemli bir nedeni Türkiye'de sosyal güvenlik katkılarının düşük olmasıdır. Bir başka deyişle diğer OECD ülkelerinde parafiskal gelirlerin önemli bir yeri vardır.

[53] "Dünyadaki Yerimiz; Kamu Finansmanı", **Asomedya**, Ekim 2000, s. 49.

Bir başka vergi yükü karşılaştırması da aşağıda yapılmıştır. Bu karşılaştırmada ülkelerin $ cinsinden milli gelir rakamları da verilerek vergi yükü karşılaştırmasına gidilmiştir.

Şekil 23: Türkiye'de ve Seçilmiş Bazı OECD Ülkelerinde Vergi Yükü*

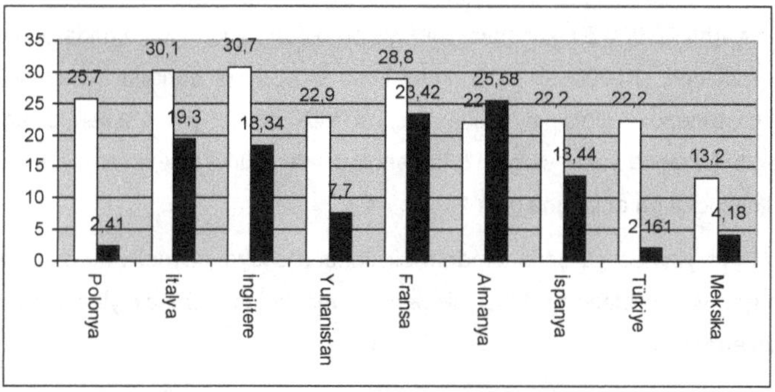

Kaynak: Vergi Potansiyelimiz, Kayıp ve Kaçaklarımız, İSO Dergisi, Nisan 1997, s. 5.
*Vergi yüküne ilişkin bilgiler Maliye Bakanlığı'nın 2000 Yılı Ekonomik Raporundan alınmıştır.

Şekilde birinci seriler vergi yükünü, ikinci seriler dolar olarak kişi başına düşen GSYİH'yi göstermektedir. Buradaki hesaplamalara parafiskal yük dahil değildir. Gelir arttıkça marjinal faydanın azaldığı varsayımı altında vergi yükü en ağır olan ülke Polonya gözükmektedir. Türkiye'de ise vergi yükü oransal olarak düşük gözükmekle birlikte milli gelir açısından en alt sırada yer aldığı dikkate alınırsa vergi yükünün marjinal fayda açısından aynı sıralamada yer almadığı görülür.

4-Türkiye'de Vergi Yükünün Düşük Gözükmesinin Nedenleri

Vergi yükü ile ilgili rakamlara bakıldığında Türkiye'nin vergi yükü hayli düşük gözükmektedir. Ancak bu yanıltıcıdır. Her şeyden önce bu karşılaştırma kişi başına düşen milli gelir dikkate alınarak yapılmaktadır. Hem AB ülkeleri ve hem de OECD ülkelerinin hepsinin kişi başına düşen milli geliri Türkiye'den en az bir kaç kat yüksektir.[54]

Türkiye'de kişi başına milli gelirin satın alma paritesine göre 5-6 bin $ olduğu varsayılırsa Türkiye'deki vergi mükelleflerinin ortalama 20.000 $ kişi başına milli geliri olan bu ülkelerden nispi olarak daha fazla vergi ödediği ortaya çıkar. Çünkü gelir arttıkça marjinal fayda azalır ve vergi ödemek daha kolaylaşır.

[54] Nurettin BİLİCİ, "Türk Vergi Sisteminin Genel Bir Değerlendirmesi", **Yaklaşım Dergisi**, Ekim 1997, s. 118.

Kamu kesimi borçlanma gereği, gelecekte ödenecek olan vergilerin erken tahsili olarak düşünüldüğünde zaten rakamsal olarak da Türkiye bu ülkeleri geçmektedir. Çünkü kamu kesimi borçlanma gereği vergi yükünün düşüklüğünü değil, kamu kesiminin aşırılığını gösteren bir ölçüt olarak değerlendirilmelidir.

Ortalama 20.000 $ kişi başına milli gelirin olduğu varsayımı altında bu ülkelerde vergi sonrası gelir 10.000 $'ı aşıyorken, Türkiye'de vergi sonrası kullanılabilir gelir 3.000 $ civarındadır. Dolayısıyla kişi başına milli gelirin çok yüksek olduğu ABD Japonya gibi ülkelerle yakın vergi yüküne sahip olmak Türkiye'deki vergi yükünün nispi olarak yüksek olduğu anlamına gelir.[55]

Türkiye yine az gelişmiş olmanın bir sonucu sosyal güvenlik kurumu yeterince gelişmemiştir ve bu alanda OECD ülkelerinin gerisindedir. Bu da yine vergi yükünü düşük göstermektedir.

Türkiye'de, 2000 yılı için öngörülen vergi yükü % 28.6 tasarruf oranı ise % 20.6'dır. Vergi yükü ve tasarruflar birbirinin rakibidirler. Vergi yükünün tasarruflardan yüksek olması vergi yükünün ağırlığına işaret eder.[56]

Vergi yükünün mükellef sayısı değil de, ülke nüfusu dikkate alınarak yapılması rakamları yanıltıcı hale getirmektedir. Çünkü Türkiye'de mükellef sayısının ülke nüfusuna oranı bu ülkelerin çok altındadır. Bir başka deyişle Türkiye'de ekonomik faaliyette bulunmayan genç nüfusun oranı yüksektir. Bu oranın yüksek olması katma değer oluşturmayan bu önemli kesimin verginin bölündüğü nüfusa dahil edilmesidir.[57]

Kayıt dışı ekonomi bu ülkelerde % 10-15 civarında tahmin edilirken, bu tahmin Türkiye açısından % 50'ler civarındadır. Dolayısıyla mevcut vergi mükellefleri üzerindeki yük otomatik olarak artmaktadır. Üzerinden vergi alınabilecek ekonomik faaliyetlerin büyük bir kısmının kayıt dışı olması nedeniyle vergi kapasitesinin önemli bir kısmının vergilendirilemediği ortaya çıkmaktadır.[58]

Bunun dışında Türkiye'de vergi olarak adlandırılmadığı halde vergi niteliği taşıyan çeşitli uygulamalar vardır. Kayıt dışı vergi olarak isimlendirilen ve yukarıda açıklananların hepsi kamusal gelir niteliğinde olmasına rağmen, vergi yükü hesaplamalarında dikkate alınmamaktadır. Bu nedenlerden dolayı, vergi yükünün

---

[55] Güneri AKALIN, "Türkiye'de Mali Buhran ve Mali Sistem Reformu", **Vergi Dünyası Dergisi**, Kasım 1993, s. 22.
[56] AKALIN, 2000, a.g.e., s. 32-33.
[57] MUTLU, a.g.e., s. 48.

OECD veya AB ülkelerinkinden düşük olduğu söylenemez. Hatta gelişmişlik düzeyi dikkate alındığında yüksek olduğu bile söylenebilir.

Türkiye'deki önemli bir sorun da verginin tabana yayılmamış olmasıdır. Vergi tabanının büyüklüğünü ülkedeki seçmen sayısı-vergi mükellefi sayısını karşılaştırarak bulabiliriz. Nitekim 1991 yılı milletvekili seçiminde 29.979.123 olan ve 27.03.1994 yerel seçimlerinde 32.031.071'e yükselen seçmen sayısı içinde gelir vergisi mükellefi olanlar yaklaşık olarak şöyledir: Ücretliler; 5.500.000, Götürü usule tabi olanlar; 1.006.995, Beyannameliler: 2.080.000 veToplam:7.580.080.000'dir.[59]

Bu rakamlardan anlaşıldığı üzere Türkiye'de seçmen sayısının ancak %25'i vergi mükellefidir. Amerika'da 1988 yılında 178.100.000 seçmen sayısı içinde kazanç vergisi mükellefi sayısı 109.809.000'dur. Bir başka deyişle vergi mükelleflerinin seçmene oranı % 62'dir.[60]

Bu çerçevede Türkiye'de vergi yükünün artırılması bir çözüm olmaktan çıkmaktadır. Dünyada vergi yükünün artırılması değil, azaltılması eğilimi ağırlık kazanmaktadır. Türkiye'de de vergi yükünün azaltılmasına ihtiyaç vardır. Ancak vergi yükünün azaltılması mevcut mükellefler açısından önemlidir. Bir başka deyişle vergi tabana yayılarak ekonomik, sosyal ve siyasi nedenlerle vergi dışı tutulanlar mükellefiyet kapsamına alınmalıdır. Bu yönde adımlar da atılmıştır. 1980'li yıllarda daha çok istisna ve muafiyetlerin azaltılması yoluyla yapılan vergi indirimleri 2000'li yıllara giderken genel vergi indirimi şeklinde uygulama alanı bulmuştur. Nitekim 4369 Sayılı Yasa ile gelir vergisinin oranı % 25-55'ten % 15-40'a düşürülmüştür. Çünkü ağır vergi yükü crowding out etkisi yaparak piyasayı sınırlandırmaktadır. Bir başka deyişle vergi yükünün artması, kamu kesiminin büyümesi ve piyasanın küçülmesi anlamına gelip globalleşmeye ters düşen bir eğilimdir. Bu yüzden vergisel düzenlemelerin, küçültülmüş olan kamu kesimini ihtiyaçları dışında, piyasada crowding in etkisi yapacak şekilde düzenlenmelidir.

D-Kayıt Dışı Ekonomi Sorunu

Verginin tabana yayılması ve vergi gelirlerinin artırılması ile ilgili olarak arz iktisadının üzerinde durduğu diğer önemli bir konu kayıt dışı ekonomidir. Arz iktisatçılarına göre vergi oranları yükseldiği zaman bazı girişimciler ekonomik

---

[58] Osman PEHLİVAN, Ersan ÖZ, "Türkiye'de Vergi Tabanının Genişletilmesi Sorunu," **Vergi Sorunları Dergisi,** Sayı: 146. s. 149-150.

[59] Güneri AKALIN, "Türkiye'de Vergi Yükü ve Dağılımı," **VI. Maliye Eğitim Sempozyumu,** 21-23.05.1990. Antalya, s. 133.

faaliyetlerini beyan etmeden yapmaya başlar ve böylece vergi ödemezler. Kayıt dışı ekonominin nispi büyüklüğü vergi oranları ile doğru yönlü bir ilişki içindedir. Vergi yükü ne kadar artarsa kayıt dışına kayan ekonomik faaliyet miktarı da o kadar artar. Kayıt dışı ekonominin büyümesi sadece devletin vergi gelirlerini azaltmakla kalmaz, aynı zamanda kalite kontrolü, tüketicilerin korunması ve çevre kirliliğinin önlenmesi gibi konularda da devletin etkinliğini azaltır. Bu nedenle vergi oranları, kayıt dışına kaçmayı çekici kılacak boyutlara ulaşmamalıdır.[61]

Kayıt dışı ekonomi genel olarak, "GSMH hesaplarını elde etmede kullanılan ve bilinen istatistik yöntemlerine göre tahmin edilemeyen gelir yaratıcı ekonomik faaliyetlerin tümü" olarak tanımlanabilir. Bir başka deyişle, ekonomiyi düzenleyen yasalara ve yönetmeliklere aykırı olarak gerçekleştirilen, belgeye bağlanmamış, kanuni defterlere işlenmemiş, ekonomik işlemlerdir. (faturasız satışlar, sigortasız işçi çalıştırılması, gece kondu yapımı, işportacılık vb..)[62]

Kayıt dışı ekonomiye farklı yaklaşanlar da vardır. Örneğin Prof. Dr. Güneri AKALIN kayıt dışı ekonomiyi şöyle tanımlamıştır:

> "Kayıt dışı ekonomi makro ekonomik bir kavram olup; devletin piyasa ekonomisine aşırı müdahalesi ve özellikle kayıt dışı vergilere baş vurması sonucunda ekonomide yaratılan reel milli gelirin, siyasal iktidarın da izniyle, milli gelir hesaplarında muhasebeleştirilemeyen, yani görünmeyen kısmıdır."[63]

Kayıt dışı ekonomi gizli (hidden) faaliyetleri kapsadığı gibi yasal bazı faaliyetleri de (barter economy) içerir. Gizli ekonomi bir çok illegal faaliyeti içerir. Gümrük kaçakçılığı, uyuşturucu ticareti, fuhuş, yasadışı kumar, rüşvet, muhasebe hileleri, vergi kaçakçılığı bunlardan bazılarıdır. Bunlar yasak faaliyetler olduğundan vergi kaçırmak amacıyla her zaman gizlenir. Gizli ekonominin GSYİH'ye ne kadar katkıda bulunduğu hiçbir zaman tam olarak bilinemez. [64]

Barter ekonomisi ise gizli ekonomiden çok farklıdır ve yasal faaliyetleri içerir. Fakat bununla birlikte GSYİH hesaplamalarında gözükmez. Örneğin gönüllü kuruluşlarda vakıf ve derneklerde siyasi partilerde spor klüplerinde, hükümet dışı insani yardım kuruluşlarında gönüllü olarak çalışmak, bir işyeri açmaksızın kendi evinde

---

[60] ALTUĞ, a.g.e., s. 32.
[61] SAVAŞ, 1997, a.g.e., s. 961.
[62] ALTUĞ, a.g.e., s. 15.
[63] Güneri AKALIN, "Kayıt Dışı Ekonomi Sorunu ve Yasa Tasarısı I", **Vergi Dünyası Dergisi**, Haziran 1996 (a), s. 29.
[64] Marc GERMANANGUE, **Hidden Economy,** Unesco Courier, Jun 96, Issue: 6, s. 22-23.

çalışmak veya sadece kendi ihtiyaçları için çiftçilik yapmak gibi.[65] Bu faaliyetler GSYİH'nin dışında yer alır. Dolayısıyla vergi dışı kalır. Böylece kayıt dışı ekonomi, üretilmesine rağmen milli hesaplara girmeyen her türlü mal ve hizmeti içerir. Ancak bazı hesaplamalarda evlerde yapılan kendi otosunu tamir, bahçıvanlık, temizlikçilik, aşçılık gibi faaliyetleri kayıt dışı ekonomiyi hesaplarken dikkate alınmaz. Bu yüzden kayıt dışı ekonomiyi tahminlerde sonuçlar birbirinden farklı çıkar. [66]

Kayıt dışı ekonomiyi oluşturan önemli bir faaliyet de kayıt dışı istihdamdır. Çünkü insanlar bir iş alanında çalışıyor ve para kazanıyor olmalarına rağmen bunu bildirmemektedirler. Bu da her yıl büyük vergi kayıplarına yol açmaktadır. Söz gelimi sadece bu yüzden ABD'de meydana gelen vergi kaybı yıllık 100 milyar $ civarındadır. Bu yüzden istatistiklerde yer alan işsizlik oranları yanıltıcı olabilmektedir.[67]

Devletin kayıt dışı ekonomiyle mücadelesi, bu ekonomiyi kayıt altına alıp vergilendirme amacına yöneliktir. Ancak yer altı ekonomisi için birincil amaç vergilendirmek değildir. Bu faaliyetlerin konusu suç olduğu için, devletin buradaki birincil amacı, bu faaliyetleri ortadan kaldırmaktır.[68]

1-Kayıt Dışı Ekonomi-Gelişmişlik İlişkisi

Kayıt dışı ekonomi az gelişmiş ülkeler ekonomisinde nispi olarak daha fazla öneme sahiptir. Bir başka deyişle kayıt dışı ekonominin gelişmişlikle bir paralelliği olduğu söylenebilir. Bunda bu ülkelerin ekonomik faaliyetlerinin ilkel ve tarıma dayalı olmasının büyük payı vardır. Ayrıca bu ülkelerde, şehirlerde ekonomik aktiviteler küçük sanayie dayalıdır ve işportacılık yaygındır.[69] Örneğin kayıt dışı ekonomi ABD, Almanya, İngiltere gibi ülkelerde GSMH'nin % 10'lar civarında tahmin edilirken bu oran Hindistan ve Bangladeş gibi ülkelerde GSMH'nin beş-altı katıdır. Bunun bir başka yorumu da kayıt dışı ekonominin kalkınmayla birlikte daralacağıdır.

[65] GERMANANGUE, y.a.g.e., s. 22-23.
[66] KACAPYR, a.g.e., s. 30-31.
[67] KACAPYR, y.a.g.e., s. 31.
[68] Sedat YETİM, "Türkiye'de ve Dünyada Kara Paranın Aklanması", **Asomedya,** Mart 2000, s. 44.
[69] GERMANANGUE, a.g.e., s. 22-23.

Tablo 41: Bazı Ülkelerde Kayıt Dışı Ekonominin Boyutları (GSYİH'ye Yüzdesi)

Ülkeler	%	Ülkeler	%
Nijerya	76	Arjantin	21
Tayland	70	İsveç	20
Mısır	68	Danimarka	19
Filipinler	50	Kanada	16
Meksika	49	Çek Cumh.	15
Türkiye	45	Fransa	15
Rusya	40	Almanya	14
Malezya	39	Avustralya	13
G. Kore	38	Hollanda	12
Brezilya	29	İngiltere	11
Yunanistan	29	Hong Kong	11
Macaristan	27	Avusturya	10
İtalya	26	ABD	9
İspanya	24	Japonya	8
Belçika	22	İsviçre	8

Kaynak: TİSK, 2000, s. 40.

Tablo 41'de gelişmişlik düzeyi ile kayıt dışı ekonomi arasında bir bağlantı olduğu görülmektedir. Yine tablodan anlaşıldığı üzere Türkiye kayıt dışı ekonomi açısından dünyanın önde gelen ülkelerdendir. Kalkınmanın ilk aşamalarında kayıt dışı ekonominin yaygın olmasının en önemli nedeni sermayenin kıt ve piyasa fiyatının çok yüksek olması yanında vergilerle elde edilen fonların kamu sektöründe sıfır fiyatla tahsisidir. Bu yüzden özellikle kalkınan bir ekonomideki vergi sisteminin oluşturulmasında ilk yapılacak iş, vergi sisteminin piyasa ile uyumlaştırılması gerekmektedir. Ancak bugün itibariyle mali yapımız tamamen hazineci ve müdahaleci bir yapıya sahiptir.[70]

2-Ağır Vergi Yükü ve Kayıt Dışı Ekonomi

Kayıt dışı ekonominin bir çok nedeni vardır. Bunlar ekonomik, sosyal veya siyasi olabilir. Ancak arz iktisadının üzerinde durduğu konu ekonomik kapsamda değerlendirilebilecek olan vergi oranlarındaki ağırlıklardır. Ancak bu çalışmanın konusu itibariyle önem taşıyan en önemli sebep ağır vergilerdir. Bu konuda yaygın bir kanaat vardır. Yüksek vergi oranları gelirlerin gizlenmesine yol açar ve kayıt dışı ekonomiye kayış yaygınlaşır. Bu kayma hem mevcut gelirleri rapor etmeme ve hem de düşük gösterme yönünde olur.[71]

Bilindiği gibi vergi bireylerin ve kurumların gelir ve servetlerinde bir azalmaya yol açar. Doğal olarak mükellefler vergi ödemekten hoşlanmazlar. Bu yüzdendir ki vergi

[70] AKALIN, 1996 (a), a.g.e., s. 33.
[71] "An Ampirical Analysis of the Impact of Government Tax and Auditing Policies On Size of Underground Economy", **American Journal of Economics&Sociology**, Apr 97, s. 173.

cebri bir nitelik taşır. Eğer vergi denetimleri etkin, cezalar caydırıcı değil ve vergi kaçırmak kolaysa bireyler vergi kaçakçılığına yönelebilir. Veya alış ve satışların defter ve belgelere intikali bazı işlemlerde ya da faaliyetlerde kolayca gizlenebilir ya da eksik olarak kaydedilebilir. Özellikle hizmet sektöründe tüm faaliyetlerin ve işlemlerin hesaplara kaydedilmemesi mümkündür. Denetimler ancak çok yoğun ve etkin olduğu taktirde bu sektördeki vergi kaçakçılığı azaltılabilir.

Kayıt dışı ekonomisinin en önemli nedeni ağır vergiler olduğundan çözüm de doğal olarak vergi oranlarında indirime gitmek ve vergi yükünün adil dağılımını sağlamaktır. Vergilemede basitlik çok büyük önem taşımaktadır. Bu durum hem mükelleflerin lehine hem de devletin lehine bir gelişmedir.[72]

Kanada'nın Quebec eyaletinde yapılan ampirik bir araştırmanın sonuçları aşağıdaki gibidir:

1986 yılında yapılan araştırma 603.267 nüfuslu eyalette 2.134 kişiyi kapsamaktadır ve bu kişilerin hepsi yetişkindir (18 yaş ve üzeri). Bu kişilerden 1.878 tanesi random usulüne göre ve 256 tanesi ise, değişik sosyo-ekonomik gruplardan seçilmiştir.

Konusu suç olan ekonomik faaliyetleri kişiler genellikle beyan etmediklerinden araştırmanın temeli daha çok konusu suç olmayan fakat vergilendirilmeyen faaliyetleri kapsamaktadır. Bununla birlikte konusu suç olan faaliyetlerle ilgili sorulara az da olsa cevap verilmiştir.

Araştırmada muhataplar araştırmanın akademik amaçlarla yapıldığı hususunda güven telkin edecek ön bilgiler verildi. Deneklere verilen anket formunda vergilemenin vergi kaçakçılığı ile ilgisi ve yer altı ekonomi karşısındaki tutumlarını içeren sorular yer aldı ve deneklerden soruların bir kaç gün içinde cevaplandırılması ve iade edilmesi rica edildi.

Sorulara toplam katılanların % 63.8'i hane halkını içermektedir. Bunların % 81.1'i anketteki soruları cevaplamıştır. Genel cevaplama oranı ise, % 51.7'dir. Yaşlı vatandaşlar ankette daha az temsil edilirken orta yaşlılar ankete daha fazla katılımda bulunmuştur. Ankete katılanlardan sadece 2.106 kişinin verdiği bilgiler analiz için kullanılabilir niteliktedir. Diğerleri cevaplamadaki eksiklikler veya tutarsızlıklar dolayısıyla dikkate alınmamıştır.

---

[72] C. Can AKTAN, "Ağır Vergi Yükü ve Yer Altı Ekonomisi", **Vergi Sorunları** , Şubat 1999, s. 53-54.

Ankette dikkate alınan bu kişilerden % 8.5'i kayıt dışı sektörde çalıştığı görülmüştür. Bu sektöre katılanların demografik yapısı büyük oranda erkekler gençler ve evlenmemiş insanlardan oluşmaktadır. Kendisini öğrenci ve işsiz olarak tanımlayanların % 28'i kayıt dışı sektöre katılmışlardır. Bu katılım oranı sosyal yardım alanlarda % 32.4'e yükselmekte ve bunlar genellikle % 97 oranında dolaylı bir marjinal vergi oranıyla karşılaşmaktadırlar.[73]

Vergi ödemede direnç oluşturan diğer bir husus ise, kamu kesimi harcama politikasıdır. Kamu gelirlerinin verimli kullanılmadığına yönelik vergi yükümlülerinin taşıdığı düşünceler, vergi ödemede direnç oluşturabilmektedir. Nitekim vergi gelirlerinin çok büyük bir kısmı sadece borç faizlerinin ödenmesine gitmektedir. Diğer transfer harcamaları da dahil edilince rakamlar çok daha yükselmektedir. Bu ise güveni zedelemektedir.[74]

3-Kayıt Dışı Ekonominin Etkileri

Kayıt dışı ekonomide vergilendirilemeyen ya da eksik olarak vergilendirilen faaliyetler nedeniyle vergi gelirleri azalır, bütçe açığı ortaya çıkar veya mevcut bütçe açıkları artar. Ayrıca bu açığın finansman yöntemi de ekonomik ve sosyal açılardan maliyet oluşturur. Vergi kaçakçılığı nedeniyle hali hazırda vergi ödeyen mükelleflerin vergi yükleri de haksız olarak artar. Ayrıca vergilendirilemeyen faaliyetler dolayısıyla piyasa rekabeti de olumsuz etkilenir.

Kayıt dışı ekonominin bazı olumlu sonuçları olduğu da iddia edilmektedir. Buna göre; kayıt dışı ekonomi, ekonomik durgunluk dönemlerinde piyasaları stabilize etmekte, vergi, fon gibi yasal kesintilerin yokluğu nedeniyle, mal ve hizmetlerin fiyatlarında düşmeler yaşanmakta, ekonomiye rekabet gücü kazandırmakta, istihdam oluşturmakta, çoğaltan etkisine sebep olmaktadır. Bunların dışında kayıt dışı ekonomi, kaynak israfının önüne geçtiği, gelir dağılımında dengeye neden olduğu, kayıtlı ekonomiye kaynak sağladığı, ekonomiye dinamizm getirdiği, enflasyon vergisinin en büyük mükellefi kayıt dışı ekonomi olduğu ve kayıt dışı ekonominin sosyo-ekonomik sistemin güvencesi olduğu yönünde düşünceler vardır.[75] Hatta Amerika'da 1980'de hazırlanan bir raporda kayıt dışı işlemler bir "emniyet sibobu" olarak nitelendirilmiş ve

---

[73] Thomas LEMIEUX and Bernard FORTIN, "The Effect of Taxes On Labor Supply In the Underground Economy", **American Economic Review**, Mar 94, Vol: 84, Issue: 1, s. 233.
[74] İsmail ÇİLOĞLU, "Kayıt Dışı Ekonominin İşleyişi ve Kamu Bütçesine Etkisi", **Hazine Dergisi**, Ekim 1998, s. 48-50.
[75] YETİM, a.g.e., s. 44.

hükümete bu olgunun sert bir şekilde bastırılmaması gerektiğine dair uyarılarda bulunulmuştur.[76]

Ancak kayıt dışı ekonominin bir başı bozukluk olduğu unutulmamalıdır. Bir başka deyişle kayıt dışı ekonomi bir tür ekonomik anarşi olarak nitelendirilebilir. Sayılanların hepsinin devletin denetimi altında piyasa güçleri tarafından yapılabilme imkanı vardır. Ekonominin kayıt dışında olmasının bazı faydaları olduğu ileri sürülse de esas olarak bu faaliyetler devletin etkinliğini azaltıcı bir özellik taşır. Eğer bazı ekonomik faaliyetlerin vergilendirilmemesi ekonomiye fayda sağlayacaksa bu faaliyetlerden vergi alınmaması ile aynı amaca yasal olarak ulaşılabilir. Yani işlemler devletin bilgisi ve denetimi dahilinde olmalıdır. Bir başka deyişle vergide genellik ve eşitlik prensiplerinin bir gereği olarak eşit durumda olan herkesten eşit miktarda vergi alınmalıdır.

4-Dünyada ve Türkiye'de Kayıt Dışı Ekonomi

Kayıt dışı ekonomiye ait veriler genellikle birbirinden farklıdır. Hatta bu fark zaman zaman bir kaç kat olabilmektedir. Bunun önemli bir sebebi kayıt dışı ekonominin tahmine dayanması, bir başka nedeni de kullanılan yöntemlerin birbirinden farklı olmasıdır. Ayrıca tahminin yapıldığı tarihlerin farklı olması da farklı sonuçlar çıkması üzerinde etki eder. Bu yüzden aşağıda ve bu çalışmanın değişik yerlerinde verilen rakamlar birbiriyle uyumlu olmayabilir.

Bu genel nedenlerin yanında Türkiye, kayıt dışı ekonominin ölçümü ile ilgili olarak bazı dezavantajlara sahiptir. Öncelikle Türkiye henüz para ekonomisine tam olarak geçebilmiş değildir. Bu nedenle parasal değerler, Türkiye gerçeğini tam olarak yansıtamamaktadır. Dolayısıyla kayıt dışı ekonomi değerlendirilirken bu konu dikkate alınmalıdır.

Türkiye'de de diğer ülkelerde olduğu gibi kayıt dışı ekonominin boyutlarını ölçmeye yönelik bazı ampirik çalışmalar yapılmıştır. Ancak kayıt dışı ekonomiyi gerçek boyutlarıyla hesaplama imkanı yoktur. Dolayısıyla bu araştırmalar tahmin boyutunu aşamaz; fakat fikir verir.

Ülkemizde gelir, servet ve harcamalar üzerinden alınan vergilerde verginin konusunu oluşturan faaliyetlerin, işlemlerin ve sahip olunan servetlerin bir kısmı veya tamamının vergi dairesine bildirilmediği bir gerçektir. Bu maliye literatüründe "vergi ziyaı" olarak adlandırılmaktadır. Böylece vergi ziyaı ya da vergi kaybı, kayıt dışı

[76] ALTUĞ, a.g.e., s. 180.

ekonomide vergilendirilemeyen veya eksik olarak vergilendirilen faaliyet ve işlemler sonucunda ortaya çıkar.[77]

a-Dünyada Kayıt Dışı Ekonomi

Kayıt dışı ekonominin çok büyük olduğu ülkelerde devlet kamusal ihtiyaçlarını karşılamak üzere mevcut mükelleflerin vergilerini ağırlaştırma yanında daha kolay ve daha kesin olması nedeni ile dolaylı vergilere yönelmektedir. Bu ise toplam vergi gelirlerinin içerisinde dolaylı vergilerin payını artırmaktadır. Bu yüzden Türkiye dahil pek çok az gelişmiş ülkede dolaylı vergilerin toplam vergi gelirleri içerisindeki payı yüksektir. Herkesten aynı miktarda alınan (subjektif) bir vergi olan dolaylı vergiler vergi adaleti açısından sakıncalıdır.

Şekil 24: Bazı OECD Ülkelerinde Kayıt Dışı Ekonominin Boyutları (%)

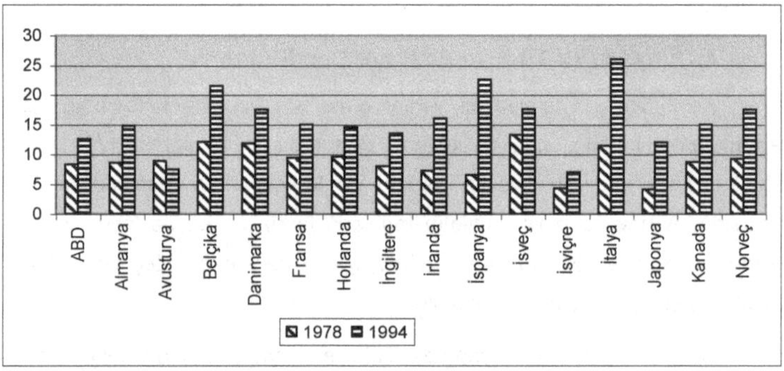

Kaynak: TİSK, 2000, s.40.

Şekilde görüldüğü gibi gelişmiş ülkelerde kayıt dışı ekonomi genellikle % 5-15 civarındadır. Tabloda dikkati çeken bir husus da kayıt dışı ekonominin son yıllarda gelişmiş ülkelerde de arttığıdır. 1998 yılında Kanada ve Yeni Zelanda için yapılan bir çalışmada şu sonuçlar ortaya çıkmıştır;

*Kayıt dışı ekonominin göreceli büyüklüğü son 20-30 yıldır artmaktadır.

*Vergi yükü, kayıt dışı ekonomiyi etkileyen temel itici güçlerden bir tanesidir.

*Vergi bileşimi de kayıt dışı ekonomiyi etkileyen faktörlerden birisidir. (dolaysız vergilerin payının artışı kayıt dışı ekonomiyi artırabilir).[78]

---

[77] AKTAN, 1999, a.g.e., s. 52.
[78] Yusuf KILDİŞ, "Kayıt Dışı Ekonominin Ulusal-Uluslararası Boyutu ve Çözüm Önerileri", **Maliye Yazıları,** Ocak-Mart 2000. s. 122.

Bir araştırma da ABD'de yapılmıştır. 1978 yılında Amerika'da bu süreç iktisatçı Peter Gutmann, bazı hesaplamalar yaptıktan ve yaklaşık 200 milyar $'lık beyan edilmemiş bir gelirin kayıt altında olmadığını göstermiştir. Bu miktar o yıllarda ABD GSMH'sinin % 10'una eşitti.[79]

b-Türkiye'de Kayıt Dışı Ekonomi

Kayıt dışı ekonomi Türkiye'de son yıllarda daha çok gündeme gelmiş olan bir konudur. Çünkü boyutları hızlı bir şekilde büyümektedir. Bunun nedenlerini aşağıdaki gibi sıralayabiliriz:

*Öncelikle son yıllarda büyüyen Türk ekonomisinin yanında girişimcilerin yeterince sosyo-kültürel alt yapıya sahip değildir.

*İkinci olarak siyasi iktidarların temelini oluşturan kadroların kısmen bu girişimci kitle mensubu olması, kısmen de girişimcilerden kişisel çıkar sağlamaları. Bu yüzden ciddi bir vergilendirme ve vergi tahsili mekanizmalarının oluşturulamamaktadır.

*Üçüncü neden Türkiye'de vergi kanunlarının yeterince etkin bir şekilde işletilememesi,

*Bir başka neden vergi elemanlarının nicelik ve nitelik olarak yeterli seviyede olmaması sayılabilir.[80]

Türkiye'de kayıt dışı ekonominin önemli bir nedeni istihdama yönelik vergi ve diğer kesintilerin çok yüksek olmasıdır. Zaten işsizliğin yüksek olduğu ülkemizde vergilerin ve diğer kesintilerin de yüksek olması, kişileri kayıt dışında çalışmaya zorlamaktadır. 1999 yılı için asgari ücret için hazırlanan bir bordrodan alınan rakamlar brüt ücretin % 54'ünün kesintilere gittiğini göstermektedir. Bu kadar büyük bir rakam hem işçiyi hem de iş vereni kayıt dışı istihdama yöneltmektedir. Çünkü hem işçi mevcut ücretin yetersiz olduğunu hem de bu kadar ödeme karşısında devletten gelen hizmetin yetersiz olduğunu düşünmektedir.[81]

Bütün bu nedenlerin ortaya çıkardığı sonuç, büyüyen ekonomiyle birlikte kayıt dışı ekonominin de varlığını iyice hissettirmesidir. Üstelik bu nedenlerden dolayı sosyo-kültürel alanlarda da büyük tahribatlar meydana gelmektedir.[82]

---

[79] ALTUĞ, a.g.e., s. 71.
[80] ALTUĞ, y.a.g.e., s. 285-286.
[81] ÇİLOĞLU, a.g.e., s. 48-50.
[82] ALTUĞ, a.g.e., s. 286.

İstanbul Sanayi Odası'nın yaptığı bir çalışmada 1995 yılı için yapılan hesaplamalara göre, kayıt dışı ekonominin kayıt altına alınması halinde ekonomiden elde edilecek vergi gelirlerini kamu açıklarının yaklaşık 3.3 katına yakın olduğu görülmektedir. Bunun Türkiye'nin önemli bir ekonomik sorunu olan enflasyonla mücadeleye de olumlu etkileri olacaktır.

Haziran 1997'de yayınlanan MESS 1 raporunun "Türkiye'de ve Dünyada Rekabet" kitapçığındaki verilere göre, Türkiye'de kayıt dışı ekonominin her yıl yaklaşık iki kat artmaktadır. Buna göre;1993'te 1.192 trilyon TL, 1994'te 2.130 trilyon TL, 1992'de 695 trilyon TL, 1995'de 4.289 trilyon TL, 1996'da 8.143 trilyon TL olarak gerçekleşmiştir.

Bu rakamlar 1996 rakamları ile ortaya konmuştur. Dolayısıyla reeldir. Prof. Dr. Osman ALTUĞ'un yaptığı araştırmaya göre, aynı yıl 14.777 trilyon olarak hesaplanan GSMH'nin yaklaşık % 55'ine tekabül eder. Devletin kayıt dışı ekonomiden uğradığı vergi kaybı ise, yine 1996 rakamlarına göre, 1.420 trilyon TL'dir.

Kayıt dışı ekonominin büyük bölümünün sınai ve tarımsal üretim ile ticari faaliyette bulunan kesimde oluştuğu tespit edilen MESS raporunda;

> "Türkiye'de kayıt dışı ekonominin büyümesinin başlıca nedeni, hükümetlerin vergi verenlerden daha fazla vergi alması, vergi vermeyenlerden ise, vergi yerine oy istemesidir. Kayıt dışı ekonomi nedeniyle vergisini verenler cezalandırılmakta, kötü rekabet daha da körüklenmektedir" değerlendirilmesine yer verilmiştir.[83]

[83] **İç Ekonomik Olaylar**, Temmuz, 1997, Sayı: 113 s. 32.

Tablo 42: Farklı Yaklaşımlara Göre Türkiye'de Kayıt Dışı Ekonominin Boyutları

Araştırmacılar	Tahmin Yöntemleri	Yıl	KDE/GSMH (%)
ALTUĞ O.	Kayıt Dışı Ücret Yaklaşımı	1992	35.00
DERDİYOK T.	Parasalcı Yaklaşım	1984	27.30
	Vergi Yaklaşımı		
	-Vergi İncelemesi	19991	40.40
	-En Düşük Vergi Oranı	1991	7.78
	-Sıfır Vergi Oranı	1991	26.20
HAKİOĞLU D.	Parasalcı Yaklaşım	1984	
	-Ekonometrik		137.8
ÖZSOYLU A.F.	GSMH Yaklaşımı	1990	07.50
	Parasalcı Yaklaşım		
	-Sabit Oran Yaklaşımı	1990	11.50
	-İşlem Hacmi Yaklaşımı	1990	11.50
KASNAKOĞLU Z.	Parasalcı Yaklaşım	1990	7.74
	-Ekonometrik		9.33
	-Ekonometrik		7.24
	-Ekonometrik		9.06
KOÇOĞLU	Duyarlılık Analizi	1987	19.6-26.5
TEMEL A.	Harcama Yaklaşımı	1991	1.50
ŞİMŞEK A.	Vergi Yaklaşımı	1991	16.40
YAZICI K.	Parasalcı Yaklaşım		
	-Sabit Oran Yaklaşımı	1991	1.91
	-İşlem Hacmi Yaklaşımı	1991	1.91
	-Ekonometrik	1991	7.88

Kaynak: ÇİLOĞLU, s. 29.

Tablodaki oranların birbirinden çok farklı olması daha çok kullanılan yöntemlerin farklılığından kaynaklanır. Bunun yanında neyin kayıt dışı olduğu da farklı yorumlanmaktadır. Batı ülkelerinde kayıt dışı ekonomi denince daha çok yasa dışı faaliyetler (uyuşturucu kaçakçılığı, silah kaçakçılığı gibi) akla geldiğinden yaygın olarak kullanılan terim "underground economy" (yer altı ekonomisi)dir. Gelişmekte olan ülkelerde ise kayıt dışı ekonomi, daha çok mal ve hizmetlerin belgelendirilmemesi şeklinde ortaya çıkar. [84] Ayrıca bazı tahminlerde ev işleri analize dahil edilmemektedir. Farklı yöntemler kullanılarak elde edilen farklı sonuçlar kayıt dışı ekonominin ölçülmesinin ne kadar zor olduğunu da gösterir. Bu kadar farklı oranların varlığı bu oranlara güvenin şüpheye dönüşmesine neden olmaktadır. Aşağıdaki tabloda bazı ülkelere ait veriler arasındaki tahmin farkları vardır.

Tablo 43: Bazı Ülkelerdeki Kayıt Dışı Ekonomide Tahmin Farklılıkları

Ülke	Kayıt Dışı Ekonominin Boyutları (%)
ABD	8-12
Kanada	5-8
Fransa	6-7
Almanya	8-12
İsveç	7-17
Norveç	6-16
İspanya	23

Kaynak: ÇİLOĞLU, s. 30.

[84] KILDİŞ, a.g.e., s. 107.

Burada görüldüğü gibi Türkiye'ye nazaran daha gelişmiş olan bu ülkelerde kayıt dışı ekonomi hem daha düşüktür ve hem de tahminler arasında uçurum yoktur. Kısaca ülkemizde tarımsal faaliyetler, inşaat imalatları, semt pazarları, işportacılık, gibi faaliyetlerin kayıt dışında yapıldığı farz edilirse Türkiye'de kayıt dışı ekonomi % 40-60 arasında olduğu söylenebilir.[85]

5-Kayıt Dışı Ekonomi İçin Çözüm Önerileri

Kayıt dışı ekonomi ile mücadelede iki temel yönteme başvurulabilir. Bunlardan birincisi cebir yoluyla mücadeledir. İkincisi ise vergi sisteminin piyasa ile uyumlaştırılmasıdır.

Birinci yöntem sorunun yasal boşluktan (legal loopholes) kaynaklandığı noktasından hareket etmektedir. Dolayısıyla yapılacak iş, bu boşluğun doldurulmasıdır. Bu yoldan iki amaç da aynı anda gerçekleştirilmiş olur. Hem kayıt dışı ekonomi ortadan kaldırılmış olur. Hem de ek vergi hasılatı ile vergi yükü yükseltilmiş olup kamu açıkları kapatılır. Fakat bu düzenleme piyasanın özgürlükçü ve rekabetçi yapısına ters düşer.

Bunun yanında yapısal ekonomik problemlerden ve vergi yasalarının vergi ödeme gücünü tam olarak kavrayamamasından kaynaklanan hallerde, sadece kamu gücü kullanılarak vergi gelirlerinde artış sağlamak mümkün olamayacağı gibi, zorlanması halinde sosyal patlamalar da gündeme gelecektir.

Piyasacı yaklaşıma göre ise, kayıt dışı ekonomiyi ortaya çıkaran devletin aşırı müdahalesi ve kayıt dışı vergilere baş vurmasıdır ve kayıt dışı ekonomi bu engellerin kaldırılmasıyla kalkınmaya paralel olarak belli bir zaman dilimi içerisinde eritilebilir. Zira bir müteşebbis açısından kayıt dışı olmanın da, küçük ölçekli kalmak yanında vergi cezası riski ve hukukun himayesinden faydalanamamak gibi maliyetleri mevcuttur. Maliyet-yarar analizi mantığı ile düşünürsek kayıt dışı kalmanın maliyeti yararlarını yani vergi kaçağı dolayısıyla elde ettiği karları aşarsa mükellef beyana zorlanacaktır. Bu zorlamanın yasaklayıcı bir yasa ve devletin cebir gücü ile değil, piyasacı yani mükellefin öz çıkarlarınca yapılması, demokrasiye ve piyasa ekonomisine uygun olanıdır. Piyasacı yaklaşım, piyasanın tahsis ve kalkınma işlevini yerine getirirken, devletin müdahale etmemesini öngörmektedir. Piyasaya devletin müdahalesi kayıt dışı

---
[85] ÇİLOĞLU, a.g.e., s. 30.

ekonomi doğurmakla kalmaz, özgürlükleri kısıtladığı için demokrasiyi de zedeler. Zira demokrasi ile piyasa ekonomisi ayrılmaz bir bütündür.[86]

Bu iki temel çözümün dışında da vergisel açıdan dikkate alınabilecek değişik çözüm önerileri vardır. Örneğin vergi sisteminin yarar ilkesine dayandırılması da kayıt dışı ekonomi ile mücadelede bir çözüm olabilir. Bu taktirde fiyatlandırılabilen sosyal mallar kullanıcı harçları, fiyatlandırılamayan sosyal mallar ise vasıtalı vergilerle finanse edilebilir. Tüketim vergisi uygulamasının yanı sıra tüketim tipi bir düz vergi de (flat tax) uygulanabilir. Böylece kullanıcı harçları ile sosyal mallara olan aşırı talep ve israf önlenirken kayıt dışı ekonomi ile mücadele edilmiş olur. Böylece, piyasa benzeri ve piyasayla uyumlu bir vergi sistemi ortaya konmuş olur. [87]

Yarar ilkesinin uygulamaya konulması kamu sektöründe piyasa benzeri bir finansman modelinin geliştirilmesi anlamına gelir. Yarar ilkesinde hizmetin bedeli o hizmetten yararlanan tarafından ödendiğinden ödeme gücü ilkesine göre daha adil olduğu kabul edilebilir.[88]

Bir başka alternatif de tam kamusal mal ve hizmetlerin, arz iktisadının önerdiği gibi, düz oranlı veya ılımlı artan oranlı bir vergi ile finanse edilmesidir. Zira bu malların karşılığı bütün toplumadır ve herkes aynı miktarda yararlanır. Ayrıca bu mal ve hizmetlerden yaralanma engellenemez. Bu uygulamada vergi gelir ya da tüketimden veya her ikisinden alınabilir.[89]

Bu öneri esasen arz iktisatçılarına aittir. Yani kayıt dışı ekonomi ile mücadelede arz iktisadının esas önerisi vergi indirimlerine gitmektir. Bir başka deyişle birinci bölümde açıklandığı üzere, arz iktisadının temel önerisi olan vergi indirimleri mükelleflerin kayıt dışına çıkmasını cazip hale gelmekten çıkarır. Çünkü yüksek vergiler kişileri kayıt dışına iter. Bu noktadan hareket eden bir kısım arz iktisatçıları, vergi oranlarında yapılacak genel indirimlerin kayıt dışılığı azaltacağı görüşündedir. Zaten vergi oranlarında indirim yapılmasına rağmen, vergi hasılatının artmasının önemli bir nedeni de budur. Bu uygulama vergi tabanını genişletecektir. Düşük oranlı vergiler ekonomik büyümeyi ve dolayısıyla ekonomik refahı artırır ve vergi gelirleri artar. Daha fazla vergi tahsil etmenin yolu vergi oranlarını artırmak değil, vergi indirmekten geçer.

---

[86] Güneri AKALIN, "Kayıt dışı Ekonomi Sorunu ve Yasa Tasarısı II", **Vergi Dünyası Dergisi**, Temmuz 1996 (b), s. 13-16.
[87] AKALIN, 1996 (a), a.g.e., s. 32.
[88] AKALIN, 1997, a.g.e., s. 44.
[89] AKTAN, 1999, a.g.e., s. 53-54.

Türkiye'de kayıt dışı ekonomi gerçeği, gelir vergisi nominal tarifesinin % 25-% 55[90] olmasına karşılık, kişi başına geliri Türkiye'nin on katından daha fazla olan ABD'de % 15-28[91] ve KDV oranının Türkiye'de % 1-40, Amerika'da perakende satış vergisini sadece belli ülkelerde olması ve ortalama % 5 oranında olmasında yatar.[92]

Vergi kaçakçılığının boyutu hususunda gerek kaçırılan vergi miktarı itibariyle, gerekse kayıt dışında kalan vergi mükelleflerinin sayısı itibariyle farklı değerlendirmeler yapılmaktadır. Bu kayıplar, kaçırılan vergi açısından ele alınacak olunursa, vergi kaçağının saptanmasına ilişkin olarak kullanılan en yaygın metot, vergi inceleme elemanlarınca saptanan matrah farklarının, incelenen matrah tutarlarına oranlanmasıdır.[93]

Maliye Bakanlığı verilerine göre 1984-1991 yılları arasında yılda ortalama 65.583 mükellef vergi incelemesine alınmıştır. Bu rakam toplam vergi mükelleflerinin % 3.28'ine tekabül etmektedir. Bu nedenle bu kadar küçük bir denetim yüzdesinden hareketle Türkiye genelinde bir sonuca ulaşmanın hata payı yüksek olacaktır.[94]

Buna rağmen, yapılan denetimlerde önemli oranlarda matrah farkının ortaya çıktığı tespit edilmiştir. Bu fark 1984-96 yılları arasında kalan 13 yılın denetim sonuçlarında % 65 olarak ortaya çıkmıştır. Bu oran Maliye Bakanlığı'nın Vergi İstatistikleri Yıllığı'nda yer alan sonuçlara dayanılarak hesaplanmıştır. Bir başka deyişle ilgili dönemde yıllık 100 matrah beyan edildiğini varsayarsak, 65 lira da beyan edilmemiş, gizlenmiştir.[95] Bu oran İstanbul Sanayi Odası tarafından yayınlanan Vergi Raporu isimli çalışmada % 80 olarak açıklanmıştır. Vergi kaçakçılığının GSMH'ye oranı ise; Maliye Bakanlığı verilerine göre % 11, İSO verilerine göre % 17'dir. Buna karşılık Vergi kaçakçılığının GSMH'ye oranı ABD, Kanada, Fransa ve İngiltere gibi ülkelerde % 3'ü geçmemektedir.[96] Aşağıda 1990'lı yıllara ait daha detaylı bilgileri içeren ve Maliye Bakanlığı verilerine dayalı olarak hesaplanmış bilgiler vardır.

---

[90] Makalenin yazıldığı dönemde gelir vergisinin oranları 25-55 olmasına rağmen, bu oranlar 1998 yılında 4369 sayılı yasa ile 15-40 olarak indirime tabi tutulmuş ve daha sonra uygulamada ortaya çıkan aksaklıklar ve Asya krizi nedeniyle, ücretliler hariç 2002 yılı sonuna kadar bu oranların 20-45 olarak uygulanmasına 4444 sayılı yasa ile karar verilmiş ve indirimli oranların 2003 yılından itibaren uygulanacağı belirtilmiştir.
[91] Ancak Clinton dönemi sonunda ABD'de 15-28-31-36-39.6 olmak üzere beş dilim vardır. ABD bütçesi 2000 yılında fazla verdiği için iktidardaki Cumhuriyetçi Parti vergi oranlarını düşürmeyi planlamaktadır.
[92] AKALIN, 1996 (a), a.g.e., s. 37-38.
[93] SAVAŞ, a.g.e., s. 23.
[94] ALTUĞ, a.g.e., s. 345.
[95] Nurettin BİLİCİ, **Vergi Hukuku**, Yargı Yayınevi, Ankara: 2000, s. 52.
[96] BİLİCİ, 1997, a.g.e., s. 120.

Tablo 44: Maliye Bakanlığı Denetim Birimlerince Yapılan Vergi Denetim Sonuçları

Yıl	İnceleme Sayısı	Kayıtlı Gelir (Milyar TL)	Kayıt Dışı Gelir (Milyar TL)	K.Dışı Gelirin Oranı (%)
1990	108.574	9.969	62.258	62.8
1991	78.803	13.755	6.876	50.0
1992	59.378	22.180	13.218	60.0
1993	68.954	35.897	12.907	35.9
1994	48.056	120.146	13.755	113.0
1995	56.096	169.827	71.167	42.0
1996	54.536	375.262	99.725	26.6
1997	63.198	723.888	284.900	39.3
1998	68.748	1763.430	684.221	38.8
1999	51.731	1288.778	1.043.797	85.4

Kaynak: KILIÇDAROĞLU, s. 6.

Tabloda yer alan sonuçlara bakıldığında yıllara göre farklı sonuçlar çıkmakla birlikte rakamlar arasında bir uçurumdan söz edilemez. Ancak şunu da belirtmek gerekir ki, bu sonuçlar çok az sayıda mükellefi kapsamakta ve incelemeler vergi kaçırma eğilimi yüksek olan sektörlerde[97] yoğunlaşmaktadır. Yani bu rakamlar bir gösterge olarak kabul edilebilir.

Vergi kaçakçılığını azaltmaya yönelik önlemlerin en başında arz iktisatçılarının da önerdiği vergi indirimleri politikası gelir. 4369 sayılı yasaya kadar vergi oranları % 25-55 arasında idi. Bu oran fon paylarıyla birlikte % 27.5 ve % 60.5'e kadar çıkıyordu. Ancak 4369 sayılı yasa ile bu oranlar % 15-40'a indirilmiştir.[98] Buna karşılık diğer bazı ülkelerde gelir vergisinin oranları şöyledir: Polonya % 20-40, İtalya % 10-51, İspanya % 20-56, Portekiz % 15-40, Almanya % 19-53 şeklindedir.[99]

Türkiye'de 4369 Sayılı Yasa ile getirilen oranlar dikkate alındığında belli bir gelişmenin olduğu söylenebilir. Bir başka deyişle Türkiye oranlar açısından dikkate alındığında gelişmiş ülkelere yakın olduğu söylenebilir. Ancak aslında arz iktisadının önerileri bunun daha altındadır. Nitekim, İkinci bölümde incelenen ülke örneklerinde bu durum gözükmektedir.

III-Gelişmiş Ve Gelişmekte Olan Ülkelerde Vergi Yapıları

Vergi sistemlerinin yeniden şekillenmesi niteliği kazanan vergi reformlarında, kamu gelirleri açısından değişikliklerin etkisinin nötr olması benimsenerek, vergilerin daha geniş bir tabandan daha düşük oranlarla alınması amaçlanmalıdır. Çeşitli ülkelerde gelir vergisi alanında yapılan düzenlemelerde vergi tabanının genişletilmesi

[97] Maliye Bakanlığının yaptığı bir araştırmada vergi kaçakçılığı en yüksek olan sektörler Tekstil (% 79), Otel, Lokanta ve Turistik İşletmeler (% 60), Özel Sağlık İşletmeleri (% 48) ve vergi kaçırma eğilimi en düşük olan sektörler ise, Serbest Meslek Faaliyetleri (% 11), Çeşitli Metal ve Elektrikli Aletler Sanayii (% 13) ve Gıda ve Yem Sanayiidir (% 14).

[98] Fakat bu yasa bazı maddeleri ile 2002 yılı sonuna kadar ertelenmiştir. Bu çerçevede ücretliler hariç olmak üzere uygulanan oran % 20-45 arasındadır.

yönünde eğilimler gözlemlenmektedir. Bu amaçla daha önce vergi matrahına dahil edilmeyen gelir unsurları matraha dahil edilmekte, vergi sistemlerinde yer alan çeşitli muafiyet ve istisnalar kaldırılmaktadır. Bu alanda yapılan hemen bütün vergi reformlarında en düşük ve en yüksek marjinal vergi oranları arasındaki farklar düşürülmekte ve en yüksek marjinal vergi oranları aşağıya çekilmektedir. Bu düzenlemeler bazı ülkelerde yüksek vergi oranlarının azaltılması şeklinde yapılırken, diğerlerinde vergi dilimlerinin sayılarının azaltılması suretiyle gerçekleştirilmektedir.[100]

Bu başlık altında vergi reformunun başarılı olmasının şartlarına değinildikten sonra, gelişmiş ülkelerle gelişmekte olan ve az gelişmiş ülkelerin vergi yapıları incelenecek, Türkiye ile karşılaştırma imkanı sağlanarak çeşitli değerlendirmeler yapılacaktır. Bundan amaç Türkiye'nin varabileceği hedefleri tespit etmek yanında benzer gelişmişlik düzeyindeki ülkelerle karşılaştırarak yapılması gerekenleri ortaya koymaktır.

A-Vergi Reformunun Başarı Şartları

Bir vergi reformunun başarılı olması pek çok kritere bağlıdır. Bunların hepsini aynı anda söyleme imkanı yoktur. Çünkü her ülkenin şartları ve gelişmişlik düzeyi birbirinden farklıdır. Aşağıda değinilen şartlar daha çok genel nitelik taşıyıp bu çalışmanın konusu ile ilişkili olanlardır.

Vergi reformunun başarısı; aceleye getirilmeden kamuoyunda tartışılarak ve sadece mali boyutu ile değil, iktisadi boyutu da dikkate alınarak ve hatta dünya ekonomisinin genel yapısı ve ilgili ülkeye muhtemel etkileri analiz edilerek yapılmasına bağlıdır. Nitekim 1998 tarihinde çıkarılan 4369 sayılı yasa iyi bir düzenleme olmasına rağmen, o dönemde yaşanan krizin yeterince analiz edilememesi başarışız sonuçlar alınmasında önemli bir etken olmuştur.

İstikrarlı vergi reformunun bir şartı da vergi rejiminin sık sık değişmeyeceği ve mükelleflerin sürprizlerle karşılaşmayacakları hususunda güvence sağlamasına bağlıdır.

Vergi reformunun başarılı olmasının bir başka şartı siyasal istikrar ve konsensüstür. Çünkü vergi reformu uzun dönemli bir çalışmadır ve sonuçları hemen alınamaz. Üstelik reformlar birden değil, tedrici olarak yapılmalıdır. Çünkü politikalar ve şartlar zaman içerisinde değişebilir. Yapılan reformların neticesine göre alınması

---

[99] BİLİCİ, 1997, a.g.e., s. 121.
[100] GÖKBUNAR, s. 304-305.

gereken yeni tedbirler olabilir. Bu da siyasal istikrar ve kamuoyu desteğini gerektiren bir durumdur. Örneğin Amerika'da ve İngiltere'de 1980'li yıllarda yapılan ve esasen arz iktisadına dayalı vergi indirimleri politikaları tedrici olarak ve güçlü bir siyasal iktidarla başarılı olmuştur.

Vergi indirimlerinin koordineli bir şekilde yürütülmesi gerekir. Koordine edilmiş bir reform, vergi değişikliklerindeki başarıyı garanti eder. Diğer vergilerle ilişki kurulmaksızın vergi oranlarının indirilmesi bütçe açıklarını artırabilir ve ekonomik sıkıntıları şiddetlendirebilir.

Vergi indirimleri politikası bir taraftan memnun edici, öbür taraftan muhalefeti gerektiren iki yönlü bir politikadır. Vergi oranlarının indirilmesi mevcut vergi mükelleflerini memnun ederken, istisna ve muafiyetlerin azaltılması ve vergi tabanına yönelik genişletme politikası memnuniyetsizlik üzerinde etki oluşturur. Çünkü bir kısım mükellefler her ne kadar kayıt dışında kalmanın cazibesini yitirmiş olmasından dolayı vergi ödemeye başlamış olsa da diğer bir kısım mükellefler önceden vergi ödemiyor olmaları nedeniyle memnuniyetsizlik oluşturacaktır.

B-Gelişmiş Ve Gelişmekte Olan Ülkelerde Vergi Yapısı Farklılığı

Bir çok gelişmekte olan ülke düşük ekonomik büyüme, yoksulluk, gelir dağılımı bozukluğu gibi problemlerle yüz yüzedir. Bu ülkeler dolaysız vergilerinin tabanının yeterince geniş olmaması nedeniyle daha çok dolaylı vergilere yönelmişlerdir. Bir kaç ülke dışında çoğu ülkede dolaylı vergiler kamu gelirlerinin % 50'sinden fazlasını oluşturmaktadır. Gelişmiş ülkelerle gelişmekte olan ülkeler arasındaki diğer önemli bir fark, dış ticaretten alınan vergilerle ilgilidir. Buna göre özelikle ithalattan alınan vergiler olmak üzere dış ticaretten alınan vergiler gelişmekte olan ülkelerin vergi gelirleri içinde önemli bir yer tutar. Bu durum gelişmiş ülkelerin vergi gelirleriyle taban tabana zıttır. Çünkü bu ülkelerin hiç birinde dış ticaretten alınan vergilerin bütün vergi gelirleri içindeki payı çift haneli rakamlara ulaşmamaktadır. Buna karşın bazı gelişmekte olan ülkelerde dış ticaretten alınan vergiler ülke içi mal ve hizmetlerden alınan vergilerden daha önemli bir yere sahiptir.

Vergilendirme ile ekonomik gelişme derecesi arasındaki bu güçlü ilişki 1966 yılında yapılan bir çalışmada da ispatlanmıştır. Buna göre ilkel toplumların daha çok toprak üzerinden alınan dolaysız vergilere bağlı oldukları, gelişmenin ilk safhalarında ise dolaysız vergilerin yerini daha çok ithalat ve ihracat üzerinden alınan dolaylı vergilere bıraktığı sonucuna varılmıştır. Bu safhada gümrük vergilerinin ağırlıklı bir önemi vardır. Çünkü bu vergilerin yönetimi, vergi tabanının geniş olmadığı ve altyapının yeterince gelişmediği bu dönemlerde daha kolaydır. Aynı zamanda bu dönemde gelişme ihtiyacı nedeniyle lüks mallara bu malların ülkeye ithalatını caydırmak amacıyla yüksek vergiler getirilir. Bu ise önemli bir kamu geliri oluşturur. Ekonomi geliştikçe ülke içinden alınan ve mal ve hizmetler üzerinden alınan özel tüketim vergileri ve diğer dolaylı vergiler temel vergi geliri kaynağı olur. Ekonomi olgunlaşıp tüketim alışkanlıkları yaygınlaştığında vergiler gelir ve kazanç üzerine kaymaya başlar. Ancak yine de bu dönemde ağırlık kurumlar vergisinden ziyade gelir vergisindedir ve kurumlar vergisi oluşma aşamasındadır. Gelişmiş ülkelerde ise gelir ve kurumlar vergisi baskındır.[101]

C-Gelişmiş Ülkelerin Vergi Yapısı

Yukarıda bahsedilen bilgiler aşağıdaki tablolarla somutlaştırılmıştır. Tablo 45'te gelişmiş ülkelerdeki dolaysız ve dolaylı vergiler gösterilmektedir. Araştırma sonuçlarını doğrular nitelikte olan tablodaki bilgilere göre özel niteliği olan ülkeler dışında hemen hemen dolaylı vergilerin baskın olduğu bir ülke yoktur. Ancak sosyal refah devletinin çok gelişmiş olduğu İsveç, Norveç, Danimarka, Finlandiya gibi İskandinav ve Kuzey Avrupa ülkelerinde dolaysız vergilerin payının % 50'nin altında olduğu görülür. Buna karşın, bu ülkelerde ülke içi mallardan alınan vergilerin yüksek olduğu dikkati çekmektedir. Dolaysız vergi oranı % 50'nin altında olan diğer ülkeler Yunanistan Portekiz ve İzlanda'dır. Yunanistan ve Portekiz AB'nin en az gelişmiş iki ülkesi iken, İzlanda nüfus bakımından küçük bir ülkedir. Bu bilgilere karşın tablodaki ülkelerden sadece Yunanistan ve İzlanda'nın dolaylı vergiler bakımından % 50'nin üzerinde olduğunu da dikkati çeken diğer bir bilgidir.

[101] KERR and MONSINGH, s. 2-3.

Tablo 45: Gelişmiş Ülkelerde Dolaysız ve Dolaylı Vergilerin Kamu Gelirleri İçindeki Oranı (%)

Ülke	Yıl	Gelir Vergisi	Dolaysız Vergiler	Ülke İçi Mallardan Alınan Vergi	Dış Ticaret Vergisi	Dolaylı Vergi
		(a)	(b)	(c)	(d)	(e) = (c)+(d)
ABD	1994	51.35	86.82	4.14	1.55	5.69
KANADA	1991	52.71	69.36	17.74	2.88	20.62
AVUSTRALYA	1994	61.36	62.68	20.56	3.10	23.66
JAPONYA	1990	68.97	73.46	16.85	4.19	21.04
Y. ZELANDA	1993	58.72	60.95	27.47	2.16	29.63
AVUSTURYA	1993	20.03	63.76	24.42	2.79	27.21
BELÇİKA	1993	32.78	71.42	24.50	0.01	24.51
DANİMARKA (p)	1994	33.57	38.64	42.57	0.84	43.41
FINLANDİYA	1993	24.79	40.51	43.00	1.03	44.03
FRANSA	1994	17.83	64.94	27.61	0.58	28.19
ALMANYA	1992	15.23	60.63	24.99	0.00	24.99
YUNANİSTAN(p)	1993	29.23	36.50	56.93	4.16	61.09
IZLANDA	1993	20.15	33.49	46.49	5.50	51.99
ITALYA	1994	35.76	66.07	27.70	1.12	28.82
LUXEMBURG	1992	31.12	63.35	26.25	1.64	27.89
HOLLANDA	1994	26.28	69.47	21.70	0.91	22.61
NORVEÇ	1992	14.64	41.11	37.13	0.77	37.90
PORTEKİZ	1992	25.53	49.46	34.75	2.80	37.55
İSPANYA	1992	31.24	69.46	22.40	0.54	22.94
İSVEÇ	1994	05.12	44.78	34.74	0.95	35.69
İSVIÇRE	1984	15.38	67.89	18.96	7.67	26.63
İNGİLTERE	1992	35.24	59.20	32.00	0.08	32.08

Kaynak: KERR and MONSING, s. 7.
Notlar: (a) gelir vergisi, kişisel gelir vergileri ve şirketlerden alınan vergilerinden oluşur.
(b) Dolaysız vergiler, gelirden alınan vergilerin toplamı servet vergileri ve sosyal güvenlik vergileri
(c) ülke içi mal ve hizmetlerden alınan vergiler satış vergileri, özel tüketim vergileri KDV ve diğer dolaylı vergiler(d) dış ticaretten alınan vergiler ithalat vergisi, ihracat vergisi ve diğer küçük bazı vergiler
(e) dolaylı vergiler, ülke içi mal ve hizmetler üzerinden ve dış ticaretten alınan vergilerin bütününden oluşur.
(p) geçici tahminleri gösterir.

Bu bilgilerden anlaşılacağı gibi gelişmiş ülkelerde temel vergiler dolaysız vergilerdir. Gelişmiş ülkelerde her şeyden önce vergiler; gelir, sosyal güvenlik katkıları ve kazanç üzerinden alınan vergilere bağımlıdır. Bununla birlikte mal ve hizmetler üzerinden alınan vergilerin önemi de inkar edilemez. Tabloda dikkati çeken bir husus da gelişmiş ülkelerde yurt içi mal ve hizmetler üzerinden alınan dolaylı vergilerin dış ticaretten alınan vergilere nispetle daha baskın olduğu hususudur.

D-Gelişmekte Olan Ülkelerin Vergi Yapısı

Vergilendirme bütün ülkelerde politikacıların ekonomiyi yönlendirmekte kullandıkları bir araçtır. Ancak vergi politikası gelişmekte olan ülkeler tarafından daha yoğun olarak kullanılmaktadır ve bu kullanım az gelişmiş olmanın bir sonucu olarak ortaya çıkmaktadır. Çünkü bu ülkelerde gelişmeyi ve büyümeyi sağlama amacı gelişmiş ülkelerden daha fazladır.

Gelişmekte olan ülkelerde genellikle dar bir tabana yüksek vergiler uygulanır. Bu ülkelerde mevcut vergilerin tabanının genişletilmesi ve vergi oranlarının düşürülmesi, bazı idari zorlukları da beraberinde getirir. Bunlar etkin olmayan vergi denetimi ve vergi idaresi, kurumsal ve politik zorluklardan dolayı vergi kapsamına alınamayan zirai kazançlar gibi zorluklardır. Bu ülkelerde vergi kaçırma istisna olmaktan ziyade kural olmuştur. Böylece vergi sisteminin yeniden yapılanması girişimleri ile birlikte vergi idaresinde de vergi reformu yapılması şarttır.[102]

Tablo 46: Gelişmekte Olan Ülkelerde Dolaysız ve Dolaylı Vergilerin Toplam Kamu Gelirleri İçerisindeki Payı

Ülke	Yıl	Gelir Vergisi	Dolaysız Vergi	Ülke İçi Mallardan Alınan Dolaylı Vergi	Dış Ticaret Vergisi	Dolaylı Vergi
		(a)	(b)	(c)	(d)	(e) = (c)+(d)
BUTHAN (p)	1991	7.49	7.98	16.56	.50	17.06
ÇIN	1993	45.28	45.28	25.37	15.10	40.47
FIJI	1993	30.05	30.04	32.09	22.73	54.82
HİNDİSTAN (f)	1993	17.98	18.22	30.80	23.98	54.78
ENDONEZYA	1993	49.93	52.65	26.35	5.66	32.01
KORE (f)	1994	29.87	39.91	35.51	10.67	46.18
MALESYA (p)	1993	34.30	35.53	21.86	16.71	38.57
MALDIV ADALARI	1991	1.48	1.48	21.40	38.62	60.02
MOĞOLİSTAN	1992	24.11	37.66	22.60	16.71	39.31
BURMA	1993	16.98	16.98	30.21	15.14	45.35
NEPAL	1991	9.90	15.31	36.54	30.71	67.25
PAKISTAN	1994	15.69	16.14	31.86	23.28	55.14
PAPUA Y. GİNE.	1993	49.59	49.59	10.03	26.03	36.06
FİLİPİNLER	1993	28.89	28.98	27.33	33.50	60.83
SINGAPUR	1993	21.72	26.61	12.73	8.15	20.88
TAYLAND	1992	27.01	30.26	40.92	17.41	58.33

Kaynak: KERR and MONSING, s. 10.
Notlar: (a) gelir vergisi, kişisel gelir vergileri ve şirketlerden alınan vergilerinden oluşur.
(b) Dolaysız vergiler, gelirden alınan vergilerin toplamı servet vergileri ve sosyal güvenlik vergileri
(c) ülke içi mal ve hizmetlerden alınan vergiler, satış vergileri, özel tüketim vergileri KDV ve diğer dolaylı vergiler
(d) dış ticaretten alınan vergiler ithalat vergisi, ihracat vergisi ve diğer küçük bazı vergiler
(e) dolaylı vergiler, ülke içi mal ve hizmetler üzerinden ve dış ticaretten alınan vergilerden oluşur.
(p) geçici tahminleri gösterir.
(f) tahmin

Asya ülkelerinde olduğu gibi Afrika ülkelerindeki gelişmekte olan ekonomilerinde de durum benzerlik arz eder. Bir başka deyişle bu ülkelerde de dolaylı vergiler benzer sebeplerden dolaysız vergilere baskındır. Dolaylı vergiler bu ülkelerde iki gruba ayrılır. Bazı ülkelerde dış ticaret vergileri ve muamele vergileri ağırlıklı iken bazılarında ülke içi mal ve hizmetlerden alınan vergilerin ağırlığı vardır.

[102] "Gelişmekte olan Ülkelerde Vergi Reformu", çev: Sami KAZICI, **Vergi Dünyası Dergisi**, Aralık 1991, s. 22-23.

Tablo 47: Afrika Ülkelerinde Dolaysız ve Dolaylı Vergilerin Toplam Kamu gelirleri İçerisindeki Payı

Ülke	Yıl	Gelir Vergisi	Dolaysız Vergi	Ülke İçi Mallardan Alınan Dolaylı Vergi	Dış Ticaret Vergisi	Dolaylı Vergi
		(a)	(b)	(c)	(d)	(e) = (c)+(d)
BOTSVANA	1991	30.01	30.01	2.03	19.20	21.23
KAMERUN	1991	16.16	21.71	17.88	12.52	30.40
CAD (p)	1990	18.70	22.79	39.15	24.37	63.52
ETYOPYA	1990	28.67	29.85	24.68	14.58	39.26
GABON	1991	27.55	29.16	23.66	17.34	41.00
GAMBYA	1990	12.84	13.18	37.33	42.80	80.13
GANA	1993	16.77	16.77	33.89	26.76	60.65
GINE	1992	14.57	15.04	27.14	47.43	74.57
KENYA	1994	27.57	27.57	45.84	15.59	61.43
LESOTO	1991	16.87	16.94	16.73	51.75	68.48
MADAGASKAR	1991	14.91	15.77	18.97	43.34	62.31
MALAVİ	1990	36.88	36.88	33.02	16.27	49.29
FAS(p)	1990	23.47	29.75	37.31	17.70	55.01
NAMIBYA	1991	22.20	22.88	22.73	40.90	63.63
RUANDA	1991	13.82	26.78	34.72	31.06	65.78
SIERRA L.(p)	1993	24.30	24.30	36.18	34.61	70.79
G. AFRIKA (p)	1990	50.41	53.45	33.78	3.64	37.42
TUNUS	1990	12.52	28.68	19.43	28.01	47.44
ZAİRE (p)	1993	25.51	26.19	23.99	30.12	54.11
ZAMBIYA	1987	26.20	26.50	36.99	15.78	52.77
ZİMBABVE	1989	45.12	45.12	25.63	17.02	42.65

Kaynak: KERR and MONSING, s. 11.

Notlar: (a) gelir vergisi, kişisel gelir vergileri ve şirketlerden alınan vergilerinden oluşur.
(b) Dolaysız vergiler, gelirden alınan vergilerin toplamı servet vergileri ve sosyal güvenlik vergileri
(c) ülke içi mal ve hizmetlerden alınan vergiler satış vergileri, özel tüketim vergileri KDV ve diğer dolaylı vergiler
(d) dış ticaretten alınan vergiler ithalat vergisi, ihracat vergisi ve diğer küçük bazı vergiler
(e) dolaylı vergiler, ülke içi mal ve hizmetler üzerinden ve dış ticaretten alınan vergilerin bütününden oluşur.
(p) geçici tahminleri gösterir.
(f) tahmin

Bu tabloda dikkati çeken bir husus, Asya ülkelerin tersine Bostwana, Güney Afrika ve Zimbabve gibi ülkelerde dolaysız vergilerin dolaylı vergilere nispetle kamu gelirleri içinde daha büyük bir oran teşkil ettiğidir.[103]

Tablo 48: Gelişmekte Olan Bazı Ülkelerde Vergi Gelirlerinin Vergi Türleri İtibariyle Toplam Vergi Gelirlerine Oranı (%)

Ülkeler	Yıl	Gelir Üzerinden Alınan Vergiler(1)	Gelir Vergisi (1.1)	Kurumlar Vergisi (1.3)	Servet Vergileri(2)	Ülke İçi Mal Ve Hizmetlerden Alınan Dolaylı Vergi (3)	ÖTV (3.1)	Genel Satış Vergisi, KDV (3.2)	Dış Ticaretten Alınan Vergiler (4)	Toplam Gelirlerin GSYİH'ye Oranı (%)
HİNDİSTAN	87-89	14.58	7.2	7.34	0.32	35.35	33.99	1.00	27.84	14.43
	90-92	16.22	7.6	8.26	0.42	33.79	32.29	1.05	25.78	14.35
ENDONEZYA	87-89	53.50	4.38	48.31	1.58	22.35	17.25	5.08	6.54	17.32
	90-92	57.82	5.42	50.49	02.09	25.26	20.33	4.92	5.54	18.72
PAKİSTAN	88-89	9.59	-	-	0.19	33.48	8.65	24.70	30.63	17.88
	90-92	10.92	-	-	0.28	30.52	9.67	20.85	29.68	17.89
SRİ LANKA	87-89	10.73	3.78	6.09	4.29	40.19	27.33	10.85	30.43	20.52
	90-92	12.07	4.57	7.48	4.48	46.31	28.65	22.57	26.47	20.06
KORE	87-89	30.71	16.21	14.49	1.64	35.66	19.38	11.16	13.64	17.07
	90-92	31.91	18.15	13.48	1.65	33.41	22.37	10.13	9.02	17.71
MALEZYA	87-89	29.45	8.08	21.33	0.33	18.18	6.24	6.78	16.96	25.63
	90-92	32.56	8.03	26.88	0.4	20.02	7.47	7.35	16.47	28.22
FİLİPİNLER	87-89	23.31	7.29	11.22	0.67	32.52	8.00	18.53	24.62	14.99
	90-92	28.22	9.32	11.68	0.29	26.84	9.12	12.66	26.09	17.27
TAYLAND	87-89	19.48	9.12	10.24	1.09	47.11	18,31	25.02	21.61	16.73
	90-92	25.62	9.81	15.27	2.59	41.99	20.27	19.32	19.07	19.19

Kaynak: KERR and MONSING, s. 16.

Bu tabloda kamu gelirlerinin GSYİH'ye oranının Malezya dışında % 14 ila 20 arasında değiştiğini görüyoruz. Yine tabloya göre gelişmekte olan bu ülkelerde ülke içi mal ve hizmetler üzerinden alınan vergiler, Endonezya ve Malezya dışında, ağırlıklı olduğu dikkati çekmektedir. Bu ülkelerin toplam gelirlerinin neredeyse üçte biri bu vergilerden oluşmaktadır. 1987-89 yıllarında Tayland % 47 ile ilk sırayı almaktadır. Bu ülkeler arasında yer alan Hindistan, Pakistan Sri-Lanka gibi ekonomik yapısı nispeten daha zayıf ülkelerde vergiler, gelir ve kazanç üzerinden ziyade dış ticarette yoğunlaşmaktadır. Bu üç ülkede dış ticaretten alınan vergilerin toplam vergi gelirlerine oranı % 26-31 arasında değişmektedir.

Endonezya ve Malezya gibi ülkelerde ise vergiler daha çok madenler ve petrol üzerinden alınmaktadır. Bu yüzden bu ülkelerde gelir ve kazanç üzerinden alınan vergilerin oranı yüksektir. Kore ise daha gelişmiş ve üst orta gelirli ülkeler arasında yer alması nedeniyle, bu ülkedeki başarı gelişmişlik düzeyine bağlı olarak açıklanabilir. Tabloda görüldüğü gibi bu ülkede dış ticaret üzerinden alınan vergilerin oranı nispeten daha düşüktür.[104]

---

[103] KERR and MONSINGH, s. 11-12.
[104] KERR and MONSINGH, s. 18-19.

IV-Türk Vergi Sisteminin Yeniden Yapılandırılması

Bu başlık altında özellikle 1980'li yıllarda Türk vergi sisteminde arz iktisadı açısından önem taşıyan değişikliklere değinilmiş ve bu değişiklikler arz iktisadı açısından analiz edilmiştir. Daha sonra Türk vergi sisteminin temel sorunları ortaya konmuş, bu sorunlar verilerle desteklenerek hem gelişmiş hem de gelişmekte olan ülkelerle karşılaştırılmış ve Türkiye'nin dünyadaki yeri tespit edilmeye çalışılmıştır. Türk vergi sisteminin mevcut sorunları da dikkate alınarak yeniden yapılandırılması için nelerin yapılabileceği ortaya konarak, özellikle 1998 yılında çıkarılan ve arz iktisadı açısından önem taşıdığını düşündüğümüz 4369 sayılı yasa etraflıca incelenecek ve arz iktisadı açısından değerlendirilecektir.

A-4369 Sayılı Yasanın Kapsamı

Zaman içerisinde pek çok değişime uğrayan Türk vergi sisteminde, 22.7.1998 tarihinde kabul edilen ve 29 Temmuz 1998 gün ve 23417 sayılı mükerrer Resmi Gazetede yayımlanan 4369 sayılı yasayla önemli değişiklikler yapmıştır. Bu yasa, son yıllarda yapılan en kapsamlı düzenlemedir ve yer yer vergi hukukunda bazı temel değişiklikler yapmıştır. Örneğin gelir vergisinde gelir unsurunun tanımı sayılabilecek bir ibareyi, daha teknik bir anlatımla verginin konusunu, değiştirmiştir.

4369 sayılı kanunda getirilen en önemli düzenlemeler, gelir vergisi kanununun 1, 2, 80, 81 82 ve 103.'üncü maddelerinde yapılan değişikliklerdir. Bu maddelerde yapılan değişiklikler arz iktisadı açısından önem taşımaktadır. Çünkü bu değişiklikle 1. maddede gelirin tanımı değiştirilmiş ve dünyanın genel olarak kabul ettiği net artış teorisine geçiş yapılmıştır. Bu teoride sadece üretim faktörlerinden elde edilenler değil, tasarruf veya harcamaya kaynaklık teşkil eden her türlü kazanç ve iratlar gelir olarak nitelendirilmiştir. Bu ifade tanımda yer aldıktan sonra ikinci maddede yedinci gelir unsuru da "kaynağı ne olursa olsun diğer her türlü kazanç ve iratlar" ifadesi ile birlikte düşünüldüğünde diğer altı gelir unsuru içerisinde açıkça yer almayan her türlü kazanç ve iratların artık gelir olarak nitelendirilebileceği, dolayısıyla vergilendirilebileceği sonucu ortaya çıkar. Bu uygulama vergi tabanının genişlemesi anlamına gelir.

Bir önceki düzenlemede "sair kazanç ve iratlar" olarak geçen yedinci gelir unsuru, GVK'nın 80-81 ve 82. maddelerinde yeniden düzenlenmiştir. Daha önceki düzenlemede sadece değer artışı kazançları ve arızi kazançlar gelir olarak değerlendiriliyordu. Ayrıca nelerin değer artışı kazancı, nelerin de arızi kazanç olduğu da tek tek sayılıyordu. Bu sayılanlar dışındaki hiç bir kazanç ve irat sair kazanç ve iratlar çerçevesinde gelir olarak nitelendirilemiyordu. 4369 sayılı kanunla getirilen yeni düzenleme bu sınırlandırmayı kaldırmış ve ilk altı gelir unsuru içerisinde yer almayan her türlü kazanç ve iratları gelir olarak nitelendirmiş ve vergiye tabi kılmıştır.

103. maddede yapılan değişikliklerle kayıt dışı ekonomi ile mücadele, vergi tabanının genişletilmesi, mevcut vergi mükelleflerine yeni yükümlülükler getirmemek ve vergi gelirlerini artırmak gibi amaçlar güdülmüştür. Bu değişiklikle vergi oranları % 25-55'ten % 15-40'a indirilmiş ve arz iktisadının da önerdiği şekilde vergi indirimleri yoluna gidilmiştir.

Bunların dışında basit usule geçilmiş, vergi kimlik numarası yaygınlaştırılmış, mali milat uygulaması getirilmiş, istisna ve muafiyetler azaltılmış ve götürülük ile hayat standardı esası kaldırılarak verginin tabanı genişletilmek istenmiştir.

1-Ana Çizgileri ve Amaçları

4369 Sayılı Yasa dönemin hükümet programında da yer aldığı üzere kayıt dışı ekonomi ile mücadele, vergi tabanının genişletilmesi, iyi niyetli mükelleflerin korunması gibi amaçları taşıyordu. Nitekim bu yasanın genel gerekçesinde;

> "gelirin tanımı genişletilerek, her türlü gelir vergilendirilebilir hale gelmiştir. Kişilerin servet ve harcamalarındaki artışları beyan ettikleri kayıtlı gelirleri ve diğer yasal kaynaklarla açıklayamamaları durumunda idarenin ekstra gelirin kaynağını ispatlama yükümlülüğü olmaksızın vergileme yetkisi oluşmaktadır. Böylece eroin, esrar, silah kaçakçılığı gibi yöntemlerle gelir elde edenler polis tarafından yakalanamadıkları halde servet ve harcamalarındaki artışları açıklayamayacakları için, gelirlerinden vergi ödemek zorunda kalacaklardır" ifadeleri yer almaktadır.

Bu gerekçe Türkiye'deki vergi tabanı sorununun çözümünde önemli bir aşamadır. Çünkü böylelikle vergilenemeyen bazı gelirler vergilendirilebilecek ve vergi tabanı genişleyecektir. Bu yasanın ana çizgileri ve amaçlarını aşağıdaki gibi sıralayabiliriz:

*Vergi tabanının genişletilmesi; böylece gelir tanımının genişletilerek tüm gelirin kavranması amaçlanmaktadır.

*Vergi oranlarının indirilmesi; gelir vergisi, kurumlar vergisi, veraset ve intikal vergisi, tapu harçları oranlarında köklü indirimler öngörülmektedir.

*Kayıt dışı ekonominin kayda alınması; herkesin belge düzenine girmesi amaçlanmaktadır.

*Sistemin basit ve açık hale getirilmesi; kurumların dağıtılmayan kazançları üzerindeki gelir vergisi stopajı kaldırılarak kurumlar vergisi basitleştirilmekte, vergi sonrası kazançlar da sadece dağıtım halinde stopaja tabi tutulmaktadır.

*Vergisini düzenli ödeyenlerin vergi yükünü artırmadan vergi gelirlerini artırmak.

*Rekabeti bozan vergi kurumlarının düzeltilmesi; sermaye piyasası yatırım araçlarının vergilendirilmesinde mümkün olduğunca tarafsızlık ilkesi tesisi ve herkesin belge düzenine alınması öngörülmektedir.[105]

Gerek kamu finansmanı darboğazı nedeniyle daha fazla vergiye ihtiyaç duyulması gerekse vergi sistemindeki adaletsizlikler ciddi vergi değişikliklerini gerekli kılmıştır. Özetlemek gerekirse bu reformda öncelikli amaç, vergi tabanının genişletilmesi, kayıt dışı ekonominin kayda alınması, sistemin basit ve açık hale getirilmesi ve halen vergilerini düzenli olarak ödeyen mükelleflerin vergi yükünü artırmadan toplam vergi yükünü artırmak olarak ifade edilmiştir.[106]

2-Vergilendirmede Gelir Kavramının Yeni Boyutu

Gelir vergisi gerçek kişilerin gelirlerini konu almaktadır ve gelir basit olarak kişilerin alım gücünde meydana gelen artış olarak tanımlanabilir. Gelir üretim faktörlerinin bir getirisi olabileceği gibi, kişilerin servet unsurlarında meydana gelebilecek değer artışları veya çeşitli transferler yoluyla da olabilir.[107]

4369 sayılı yeni kanunla gelirin tanımını değiştirilmiş ve kaynak teorisi yerine net artış teorisi kabul edilerek[108] gelirin tümünün kavranması esası getirilmiştir. Gelirin tanımlanmasında, kaynak kuramı bir üretim faktörü ve bunun sürekliliğini ifade ederken, net artış kuramı bunlar dışında doğan gelirleri kapsamak için kullanılmıştır. Net artış kuramına göre gelire daha bir açıklık kazandırabilmek için, gelirin "tasarruf ve harcamalara kaynaklık teşkil etmesi" ilkesi getirilmiştir.[109]

Buna göre; 4369 sayılı yasanın 24'üncü maddesi 01/01/1999'dan itibaren geçerli olmak üzere 193 sayılı Gelir Vergisi Yasasının 1. maddesindeki "Gelir" tanımı şöyle değiştirilmiştir:

> "Gelir, bir gerçek kişinin bir takvim yılı içinde elde ettiği, tasarruf veya harcamasına kaynak teşkil eden her türlü kazanç ve iratların safi tutarıdır".

---

[105] Gülsen GÜNEŞ, "4369 Sayılı Yasa İle Getirilen Değişikliklerin Verginin Anayasal İlkeleri Açısından İrdelenmesi" **Prof. Dr. Adnan TEZEL'e Armağan,** İstanbul: 2000, s. 261-262.
[106] Cenk Murat ARSLAN, "4444 Sayılı Kanun Hükümleri Çerçevesinde 1999-2002 Tarihleri Arasında Uygulanacak Arızi Kazançlara İlişkin Düzenlemeler", **Vergi Dünyası Dergisi**, Eylül 1999, s. 72-73.
[107] Recep BIYIK, "4369 ve 4444 Sayılı Kanunlar Çerçevesinde Gelir Tanımı, Harcama ve Tasarruftan Hareketle Gelirin Tespiti ve Mali Milat Uygulaması", "**Vergi Dünyası Dergisi**" Eylül 1999, s. 23.
[108] Bu konuda farklı görüş ileri sürenler de yok değildir. Örneğin Dr. Funda Başaran gelirin tanımında net artış teorisine geçildiği kanaatinde değildir. Geniş bilgi için Vergi Dünyası Dergisi Mart 2000, s. 114-125'e bkz.
[109] H. Hüseyin BAYRAKLI, "Gelir Vergisi Kanunu'nda Gelir Kavramı ve Sapmalar", **Afyon Ekonomi,** Yıl: 1, Sayı: 3, Ekim 1998, s. 12-18

Gelire giren kazanç ve iratlar da sayılarak "sair kazanç ve iratlar" olarak belirlenen son fıkra "kaynağı ne olursa olsun diğer her türlü kazanç ve iratlar" şeklinde değiştirilerek kaynak teorisi güçlendirilmiştir. Oysa 193 sayılı Gelir Vergisi Yasası, 4369 sayılı yasaya kadar geliri birinci maddesinde şöyle tanımlıyordu:

> "Gelir bir gerçek kişinin bir takvim yılı içinde elde ettiği kazanç ve iratların safi tutarıdır."

Görüleceği üzere yasama erkini oluşturan kanun yapıcı, öteden beri vergi kaçağının üretim tarlası olan kayıt dışı ekonomiyi, kayıt içine alma amacıyla gelirin tanımı öylesine genişletilmiş ki adeta sınırsız bir niteliğe büründürmüştür ki tasarrufuna veya harcamasına kaynak teşkil eden ve altı bentte tanımlanan kazanç ve iratlar ışında kalan "kaynağı ne olursa olsun" diğer her türlü kazanç ve iradı gelir kapsamına, dolayısıyla vergilendirme sınırı içine almıştır.

Gelire giren diğer kazanç ve iratlar 80. maddede şöyle yer almıştır:

> "Bu kanunun 2. maddesinin 1-6 numaralı bentlerinde yazılı gelir unsurları ile ilişkilendirilemeyen gelirler, kaynağı ne olursa olsun diğer kazanç ve irat olarak bu bölümde yer alan hükümlere göre vergilendirilir."

Madde metninin incelenmesinde görüleceği üzere kanun koyucu gelir açısından yasanın 2. maddesinde sayılan altı gelir unsuru dışında artık kaynak çeşitliliği aramaksızın gelir diye nitelediği (tasarruf veya harcamaya kaynak olmuş) her şeyi, kayıt dışından kayıt içine almak istemektedir. [110]

4369 Sayılı kanunda gelirin tanımının değiştirilmesi ile birlikte gelir unsurunun kanunda açık bir şekilde belirtilmesi anlayışı terk edilerek, bunun yerine bir gelir unsurunun vergilendirilmemesi için, açıkça vergiden istisna edildiğine ilişkin bir hükmün bulunması gerektiği ilkesine geçilmiştir. Bu ise vergi tabanının genişletilmesi anlamına gelir.[111] Böylece yasaların kavramadığı gelir kalmamıştır. Bir başka deyişle istisnalar içinde yer almıyor veya veraset ve intikal vergisi kapsamında değerlendirilmiyorsa, vergiye tabi diğer kazanç ve iratlar olarak vergilendirilecektir. Böylece kaynağına bakılmaksızın kişinin satın alma gücünü artıran her türlü değer akımı gelir olarak addedilecektir.[112]

---

[110] Ali Hadi ORHUN, "Vergilendirme Gelir Kavramının Yeni Boyutu", **Mevzuat Dergisi**, Ekim 1998, s. 3.
[111] Mesut KOYUNCU, "Vergi Reformu", **Vergi Dünyası Dergisi**, Ekim 1999, s. 48.
[112] "Yeni Vergi Sisteminin Değerlendirilmesi", **İstanbul Ticaret Odası Dergisi,** Ağustos 2000, s. 36.

Gelirin tanımının değiştirilmesi sırasında ilk altı gelirin tanımı değiştirilmemiştir. Bu gelirlerin beyan edilme zorunluluğu ise GVK 103. maddede yer alan tarifeden hareketle birinci ve ikinci diliminin yarısını aşması şartı getirilmiştir.[113]

3-Vergi Oranlarında İndirim

4369 Sayılı yasa ile sadece gelir vergisinin değil, başta gelir üzerinden alınan kurumlar vergisi olmak üzere diğer bazı vergilerin oranlarında da değişiklikler yapılmıştır.

Bu çerçevede gelir vergisinde en düşük oran % 25'ten % 15'e, en yüksek oran % 55'ten % 40'a düşürülmüş ve dilim sayısı yediden altıya indirilmiştir. Ayrıca ilk dilim % 166 ve son dilim de % 108 artırılmıştır. Bu düzenleme alt gelir gruplarını koruyan bir özellik taşır. Ayrıca aile beyanı kaldırılarak ailenin vergi yükü hafifletilmiştir.

Kurumlar vergisinde oran % 25'ten % 30'a çıkarılmıştır. Eski uygulamada stopajla birlikte (fon dahil) vergi yükü % 44'e ulaşmakta idi. Yeni düzenlemede kar dağıtılmadığı taktirde bu yük % 33, kar dağıtırsa % 48.4 olmaktadır.

Veraset ve İntikal vergisinde de tarifedeki dilimler yirmi kat artırılmış ve vergi oranları 4-25 yerine 1-10 olarak yeniden belirlenmiştir.

Emlak vergisinde oranlar meskenlerde % 0.4'ten % 0.1'e arsalarda % 0.6'dan % 0.3'e düşürülmüştür.

Tapu harçlarında ivaz karşılığı devirlerde devir eden ve devir alan için oran % 48'den % 10'a indirilmiştir.[114]

4-Mali Milat Uygulaması

4369 Sayılı yasada önemli bir düzenleme de mali milat uygulamasıdır. Bu uygulama bir tür vergi affı idi. Çünkü, değeri 3.5 milyar lirayı aşan nakit para, döviz, hamiline yazılı menkul kıymetler ve kambiyo senetlerinden çek, bankalarda en az bir gün süreyle tutulup kayıtlara intikal ettirildiği taktirde, bundan sonraki dönemlerde vergi yasalarına ve diğer kanunlara dayalı olarak yapılacak soruşturmalarda servetlerin kaynağına ilişkin, blokaj tutarı meşru kabul edilecektir. Bu bağlamda 30 Eylül 1998 tarihinde yaklaşık 1.6 katrilyon TL tutarındaki bir değer bankalara bloke edilmiştir. Bu miktar o günkü döviz kuru hesabından yaklaşık 6.1 milyar $ yapmaktadır. Bir başka

---

[113] BIYIK, a.g.e., s. 30.
[114] İTO, a.g.e. s. 36.

deyişle 6.1 milyar $ kadar bir miktar kayıt altına alınmıştır. Ancak yatırılan paranın büyük bir kısmı sonradan geri çekilmiştir.[115]

Konuya farklı yaklaşıp bu rakamın çok daha yüksek olduğunu düşünenler de vardır. Bu hesaplamada sadece bankalara bloke edilenler değil, değişik şekilde kayıt altına alınan miktarlar dikkate alınmaktadır. Buna göre mali milatla birlikte 20.5 milyar $'lık bir para kayda alınmıştır. Bu amaçla 8.400 yeni şirket kurulmuş, 27.500 şirket sermaye artırımında bulunmuş ve bu yöntemle 12.7 milyar $'lık bir miktar kayıt altına alınmıştır. Bunun dışında 4 milyar $'lık döviz bildirimi, 2 milyar $'lık nakit bildirimi, 31 ton altın borsası işlemi karşılığında 300 milyon $'lık altın bildirimi, 1.5 milyar $'lık envanter bildirimi yoluyla toplan 20'5 milyar $'lık bir miktar Türk ekonomisine 30 Eylül Mali Milat dolayısıyla katılmıştır.[116]

5-Revizyon (Erteleme)

22-7-1998 tarihinde çıkarılmış olan 4369 sayılı yasanın bazı maddeleri 14-08-1999 tarihinde 4444 sayılı bir başka yasayla 2003 yılı başına kadar ertelenmiştir. Bu ertelemede 1998 yılında başlayan ekonomik daralmanın 1999 yılında da devam etmesi gerekçe gösterilmiştir. 4444 sayılı kanunla geniş anlamda gelir tanımı uygulaması ertelenmiş ve 4369 sayılı kanun öncesine dönülmüştür. Yani 2003 yılı başına kadar gelir dar anlamda dikkate alınacaktır. Ayrıca ücret gelirleri hariç olmak üzere yine aynı tarihe kadar vergi oranları da 5 puan artırılmıştır.[117]

4369 sayılı yasa, yukarıda görüldüğü gibi; kayıt dışı ekonomi, verginin tabana yayılması, vergi gelirlerinin artırılması gibi bazı düzenlemeleri içerir. Nitekim bu yasa mali milat uygulaması ile kayıt dışındaki ekonomik faaliyetleri kayıt altına almayı amaçlamıştır. Bunun dışında bu yasanın amacı, vergi oranlarını düşürüp vergiyi tabana yaymak ve aynı zamanda etkin denetim, verginin tanımını kaynak teorisinden net artış teorisine kaydırarak geliri daha kavrayıcı hale getirmek gibi arz iktisadının önerileri çerçevesinde çözümler öneriyordu. Ancak bir yıl bile uygulanmadan, özellikle vergi hasılatı açısından, olumsuz sonuçları beraberinde getirmiş ve ertelenme ihtiyacı doğmuştur. Bu durum aşağıdaki tabloda gösterilmektedir.

---

[115] YETİM, a.g.e., s. 45.
[116] Kemal KILIÇDAROĞLU, "4444 Sayılı Yasa ve Kayıt Dışı Ekonominin Gücü", **Vergi Dünyası Dergisi**, Eylül 1999, s. 18.
[117] ARSLAN, a.g.e., s. 74.

Tablo 49: Konsolide Bütçe Gelirleri Yıllık Artış Yüzdeleri

Yıllar	1995	1996	1997	1998	1999
Konsolide Bütçe Gelir Topl.	87.5	93.6	113.2	103.1	60.3
Vergi Gelirleri Topl.	84.5	107.0	111.5	94.5	60.4
Gelirden Alınan Vergiler	75.6	99.8	119.2	123.1	54.5
Gelir Vergisi	81.3	105.0	121.9	132.1	41.8
Kurumlar Vergisi	134.8	83.4	109.3	88.9	107.0

Kaynak: Maliye Bakanlığı 2001 Yılı Bütçe Gerekçesi, s. 65

Tabloda görüldüğü gibi 1999 yılında kurumlar vergisi hariç bütün kalemlerde ciddi düşüşler yaşanmıştır. Aynı yıl toptan eşya fiyat endeksinin % 62.9 olduğu dikkate alınırsa vergi gelirlerindeki artışın fiyat artışlarını takip edemediği ortaya çıkar.[118]

Bu yıllarda gelir vergisinin toplam vergi gelirleri içerisindeki payının da azaldığı görülür. 1990 ve 1994 yıllarında yaklaşık % 40, 1991-1992 yıllarında % 42 olan bu pay 1996, 97 ve 98 yıllarında % 30'lara düşmüşken, 1998'de % 37 ve 1999'da % 33 olarak gerçekleşmiştir. Bu düşüşün en büyük nedeni 4369 sayılı yasa ile getirilen yeni düzenlemelerdir. Buna karşın kurumlar vergisinde % 106.8 gibi bir artış ve vergi gelirleri içerisindeki payı itibariyle (%10.5) 1990 yılından sonra en yüksek oran yaşanmıştır. Bunun nedeni ise kurumlar vergisinde oranın yükseltilmesi yanında bir kısım istisnaların yürürlükten kaldırılmasıdır.[119]

Burada şunu da belirtmek gerekir ki arz iktisadı esasen uzun dönemli politikaları önerir ve özellikle ilk yıllarda vergi hasılatında bir artışın değil, azalışın yaşanması doğaldır. Ayrıca vergi yasasının olumsuz sonuçlarının sadece bu yasa ile ilgili olduğunu düşünmek yanlıştır. Nitekim bu dönemde dünyada Uzakdoğu'dan (Tayland) başlayıp bazı ülkelerde ciddi iflaslara (Güney Kore gibi), diğer bazı ülkelerde sosyal ve siyasal çalkantılara (Endonezya gibi) neden olan ve Türkiye'yi de etkileyen 1998 krizini de dikkate almak gerekmektedir. Bununla birlikte 4369 sayılı yasada kamu harcamaları indiriminin öngörülmemesi ve kayıt dışı ekonominin yanında kayıt dışı devlet sektörünün de dikkate alınmaması yüzünden hazırlanan bu yasanın sonraki dönemlerde de başarılı olacağı kuşkuludur.

Bunların dışında kayıt dışı ekonomiyi önleme konusunda 4369 sayılı kanunla getirilen düzenlemelerin bir yıl sonra geri çekilmesi vergilendirmede kesinlik ilkesine tamamen zıt bir durumdur. İstikrarlı, uzun dönemli politikalar uygulamak gerekirken,

[118] İTO, a.g.e. s. 39.
[119] Ali Rıza AKBULUT, "Verginin Mali Amacı ve Türkiye'deki Sonuçlar", **Vergi Dünyası Dergisi,** Kasım 2000, s. 123.

günlük kaygılarla değişikliklere gitmek vatandaşların ve yabancı yatırımcıların güvenini sarsacaktır.[120]

B-4369 Sayılı Kanun ve Arz İktisadı

Bu yasanın gerekçelerinde yer alan ve arz iktisadı açısından önem taşıyan bilgiler şunlardır:

*Yasal vergi oranları aşırı derecede yüksektir ve gerçek matrahların beyanı halinde mükellefler aşırı bir vergi yüküne maruz kalmaktadırlar. Gelir vergisinde yüksek marjinal oranlar hem düşük hem de yüksek gelirli grupları sistemden uzaklaştırmakta veya mükellefleri gerçek değeri gizlemeye itmektedir (vergi indirimi).

* Sistemde kazanılmayan gelirler hayat standardı, geçici vergi, götürü vergi gibi tahmini yöntemlerle vergilendirilmekte, buna mukabil kazanılan gelirlerin bir kısmı kanunlardaki gelir tanımının yetersiz kalması nedeniyle vergilenememektedir (verginin tabana yayılması ve kayıt dışı ekonomi).

* Vergi sistemimiz iktisadi faaliyetler karşısında tarafsızlığını yitirmiştir. İktisadi tercihler karşısında tarafsız olmaması nedeniyle vergi sistemi tam rekabeti engeller hale gelmiş, buna bağlı olarak da ülkemizin zaten sınırlı olan kaynaklarının yanlış ve verimsiz alanlara tahsisi gibi vahim sonuçlar ortaya çıkmaya başlamıştır (piyasa ekonomisinin işlerliği).

Vergi sistemi yapılan bölük pörçük düzenlemelerle gittikçe karmaşıklaşmış, uzmanlar bile sistemi anlamakta zorlanır hale gelmiş, buna bağlı olarak da mükelleflerin uyum maliyetleri aşırı derecede artmaya başlamıştır (basitlik).[121]

Basit usule geçilerek, vergi kimlik numarası yaygınlaştırılarak, mali milat uygulaması ile istisna ve muafiyetler azaltılarak, verginin tanımı değiştirilerek ve götürülük ile hayat standardı esası kaldırılarak verginin tabanı genişletilmiştir. (verginin tabana yayılması)

Ceza sistemi ağırlaştırılarak denetim etkinleştirilmektedir. Hem ekonomik cezalar ağırlaştırılmakta hem de teşhir, hürriyeti bağlayıcı cezalar gibi yeni cezalar getirilmektedir (vergi denetimi).

---

[120] KILDİŞ, a.g.e., 129.
[121] KOYUNCU, a.g.e., s. 43-44.

Daha önceki analizlerimizde Türkiye'de vergi yükünün ağır ve tabana yayılmamış olduğu, vergi yükünün emek kesimi üzerinde yoğunlaştığı, ağır vergilerin ekonomiyi zayıflattığı, piyasaları saptırdığı ve gerçekte vergi gelirlerini artırmadığı bilakis azalttığı üzerinde durmuştuk. Birinci ve ikinci bölümlerde açıklandığı gibi arz iktisadı, vergi indirimlerinin kullanılabilir geliri artırması, bunların gelir etkisinin ağırlığı, ekonomik büyüme etkisi ve nihayetinde kayıt dışı ekonominin cazibesini yitirmesi ile verginin tabana yayılması gibi nedenlerle vergi hasılatının artacağı öngörüsünde bulunur. Aslında bu gerçek, özellikle ABD'de uygulanan Mellon, Kennedy ve Reagan vergi indirimleri ve Thatcher'in politikalarına da görülmüştür.

4369 Sayılı kanun o dönemde yaşanan dünya krizi nedeniyle başarısız olmuştur. Ancak bu sonuç arz iktisadı açısından şaşırtıcı değildir. Çünkü arz iktisadı özellikle ilk iki yılda vergi hasılatında bir azalmanın yaşanacağı, artışın daha sonraki yıllarda olacağını ileri sürer. Nitekim gerçekten de Amerika'da ve hatta İngiltere'de bu sonuçlar yaşanmıştır. Ancak şunu da belirtmek gerekir ki bu ülkelerin ekonomileri Türkiye'den çok daha güçlüdür ve ilk yıllarda yaşanan azalmalar ekonomiyi alt-üst etmemiştir. Türkiye gibi kamu gelirleri son derece zayıf bir ülkenin üstelik şanssız bir krizle birlikte uygulanması bu olumsuz sonuçları doğurmuştur.

22-7-1998 yılında çıkarılan 4369 sayılı yasa, geliri kaynak esasına göre tanımlayarak tüm gelirlerin vergilendirilmesini amaçlamıştır. Ayrıca vergi oranlarını da düşürerek daha fazla kesimlerin kayıt altına alınmasına zemin hazırlamıştır. Ancak bütçe harcamalarının kısılmasına yönelik her hangi bir yasal düzenleme söz konusu değildir. Başarısız olmasındaki en önemli etkenlerden birisi de budur.

4369 Sayılı kanunun başarısız olmasının bir nedeni de gerekli altyapının olmamasıdır. Bu yetersizlik, gerekli alt yapının sağlanması ve sonra uygulamanın yürürlüğe girmesini gerektirmekte olup, 4444 sayılı kanunun gerekçelerinden birisi de budur. 2002 yılı sonuna kadar gerekli hazırlıkların (bilgi bankasının kurulması vergi kimlik numarası uygulaması, bilgisayar alt yapısı gibi.) yapılması için bir fırsattır.[122]

C-Türk Vergi Sisteminin Yeniden Yapılandırılması İçin Öneriler

Vergi gelirlerinin vergi tabanının genişliği ve vergi oranlarının düzeyi ile yakından ilişkisi vardır. Vergi oranlarının indirilip makul düzeye çekildiği bir ortamda yeterli vergi geliri sağlamak, ancak vergi tabanının genişletilmesi ve vergi idaresinin vergi kanunlarını etkin olarak uygulayacak şekilde güçlenmesi yani caydırıcı olması ile

---

[122] BIYIK, a.g.e., s. 37.

mümkündür. Bu caydırıcılık vergi kanunlarını etkin bir şekilde uygulayan, vergi mükellefine hakim, gelişmiş teknoloji ve insan kaynağına sahip olan güçlü bir vergi idaresi yanında etkin bir denetim sistemi ile sağlanabilir.[123]

Türkiye'deki makro ekonomik sorunların altında; ekonominin iktisadi kurallara göre değil de siyasi kaygılar doğrultusunda yönetilmesi ve buna bağlı olarak ortaya çıkan mali disiplinsizlik yatmaktadır. Dolayısıyla keyfiliğin önlenmesi ve mali disiplinin sağlanması gereği ortaya çıkmaktadır. Bu da siyasilerin keyfi davranışlarını sınırlandıracak yasal ve kurumsal alt yapının oluşturulmasını zorunlu kılmaktadır. Aşağıda Türk vergi sisteminin yeniden yapılandırılmasına yönelik bazı temel öneriler üzerinde durulacaktır.

1-Harcamaların Kısılmasına Yönelik Öneriler

Gerçekte arz iktisadı bir vergi reformu önerir. Bununla birlikte arz iktisadının başarı şansının, yani verginin tabana yayılması, vergi gelirlerinin artması, ekonomik büyümenin yaşanması, kayıt dışı ekonominin küçülmesi ve cazibesini yitirmesi, piyasa ekonomisinin güçlenmesinin... olmazsa olmaz şartlarından bir tanesi de kamu harcamaları indirimleridir. Aksi halde tek kanatlı bir kuş gibi yola devam edilmesi mümkün değildir. Bu durum 1980'li yıllarda ABD'de görülmüştür. Yani vergi indirimlerine gidildiği ve hatta vergi gelirleri arttığı halde bütçe açıkları büyümüştür. Bunda en önemli faktör vergi indirimleri ile birlikte kamu harcamaları indirimine gidilmemiş olmasıdır.

Türkiye'de kapsamlı ve devamlılık arz eden kamu harcamaları indirimlerine bugüne kadar gidilmemiştir. Zaman zaman gündeme gelen tasarruf tedbirleri ve israfın önlenmesi gibi politikalar, hem kısa dönemli ve hem de dar kapsamlı olmuştur. Üstelik kamu harcamaları indirimleri hiçbir zaman arz iktisadının önerdiği gibi genel vergi indirimleri ile birlikte yapılmamıştır.

Kamusal harcamalar bir zorunluluktur. Bu yüzden kamu gelirlerine ihtiyaç vardır. Kamu harcamaları bir ihtiyaç olmakla beraber bütçe açıklarına yol açmayacak şekilde devletin harcamaları mutlaka kontrol altına alınmalıdır. Bugün için asıl düzenlemeye bu alanda ihtiyaç vardır. Bir başka deyişle esas sorun bütçe açığındadır. Dolayısıyla bütçenin harcama tarafını ele almak ve gerekli düzenlemeleri yapmak artık bir zorunluluktur.

---

[123] Maliye Bakanlığı 2001 Yılı Bütçe Gerekçesi, s. 19.

Bütçe açıklarını kapatmanın iki yolu vardır. Bunlardan birisi vergileri yükseltmek, ikincisi kamu harcamalarını azaltmak. Ancak vergileri yükseltmek ya da yeni vergiler koymak kısa dönemde vergi hasılatını artıran dolayısıyla bütçe açıklarını azaltan bir etki meydana getirmesine rağmen bu etki, arz iktisadı önerilerine göre uzun dönemde hem tersine dönecek hem de uzun dönemde ekonomi üzerinde olumsuz etkiler meydana getirecektir. Kamu harcamalarını azaltma, hatta vergi oranlarını düşürme politikası ise, bütçe dengesini sağlamanın diğer bir yoludur.

Kronik bütçe açıklarına sahip olan Türkiye'nin de Maastricht kriterlerine benzer bir şekilde mali alanda sınırlandırılmaya ihtiyacı vardır. Devlet de vatandaşlar gibi mali sorumluluk sahibi olmalıdır. Bunun yolu da devletin harcama vergilendirme borçlanma ve para basma yetkisinin anayasal düzeyde sınırlandırılmasıdır.[124]

Bu çerçevede Türkiye, artık önü alınmaz bir hale gelen ve gittikçe daha da kötüleşen ekonomik ve mali sorunların giderilmesinde bütçe açıklarının, kamu borçlanma gereğinin toplam kamu harcamalarının veya transfer harcamalarının GSYİH'ye belirli bir oranını esas alarak bir üst sınırlandırma getirebilir.[125]

2-Vergi Sistemine Yönelik Öneriler

Keynezyen ekonominin etkinliğini yitirmesiyle birlikte vergilerin fonksiyonları da değişmiştir. Daha önce ekonomiye bir müdahale aracı olan vergiler, çağdaş iktisadi düşüncelerin etkinlik kazanmasıyla birlikte değişikliğe uğramış ve vergi reformlarının, vergi sistemleri ile piyasa ekonomisini uyumlaştırma amacına yönelik olarak yapılması gereği üzerinde durulmaya başlanmıştır. Çünkü piyasa mekanizması tek başına yetersiz olmasına rağmen, alternatiflerinin önünde yer alır. Ancak Türk vergi sistemini bu açıdan ele aldığımızda piyasa ekonomisiyle çatışan taraflarının daha fazla olduğunu görürüz. Türk vergi sisteminin yeniden yapılandırılmasına yönelik olarak aşağıdaki tedbirlerin faydalı olacağı düşünülmektedir.

Hükümetlere yapacakları her yeni vaat için kaynak gösterme mecburiyeti getirilmeli ve eğer yeni vergisel yükümlülük getiriyorsa iki yasa beraber çıkarılmalıdır. Böylece konu kamu oyunda enine boyuna tartışılacak ve ne getirip ne götüreceği

---

[124] AKTAN, a.g.e., 1998, s. 43.
[125] Coşkun Can AKTAN, "İktidarların Sınırlandırılması ve Ekonomik Anayasa", **İşveren,** Aralık 1996, s. 14-19.

ortaya konacaktır. Vatandaşlar da istedikleri her bir kamu hizmetinin bedelinin yine kendileri tarafından ödeneceğini göreceklerdir.[126]

Türkiye'de vergi denetim oranları son derece düşüktür (% 3-5). Bunun nedenleri arasında vergi inceleme elemanlarının yetersizliği, gelir düzeylerinin düşük olması nedeniyle uzmanlaştıktan sonra özel sektöre kaçış, eğitim ve tecrübelerinin düşük olması, bilgisayar alt yapısı iletişim ve koordinasyon imkanlarının zayıflığı gibi nedenler vardır. Vergi inceleme elemanlarına sayıca ve kalite olarak artırmak, imkanlarını iyileştirerek, kaçışlarını azaltmak gerekmektedir.

Bilgisayar otomasyonuna geçiş yapılmalıdır. Bu konuda ilk adım VEDOP Projesi (Vergi Dairesi Tam Otomasyon Projesi) ile atılmış, 22 il ve 10 ilçede yer alan vergi yükü fazla 153 vergi dairesinde uygulanmaya başlanmıştır.

Kredi kartı uygulamasının yaygınlaştırılması diğer bir önerimizdir. Bu sayede belli tutarı aşan alım-satımlarda aynen fatura gibi zorunluluk getirilebilir. Bunun yanında iş yükünün hafifletilmesi, hızlandırılması ve etkinleştirilmesi için kurum içi ağ olan intranet ve internetin sunduğu imkanlarından faydalanılabilir. Vergi idaresinin bu konuda da çalışmaları ve adımları vardır.[127]

Vergilendirme, alıcı ile satıcının devlete karşı çıkar ayrılığına dayalı bir sisteme kavuşturulmalıdır. Böylece oto kontrol mekanizması ile kayıt dışı ekonominin miktarı azalacaktır. Mükellefleri çıkar ayrılığına dayalı bir belgelendirme düzenine kavuşturmak, her kesimin vergi mükellefi kılınmasına bağlıdır. Bu sayede alıcı ya faturasını alarak bunu masraf yazıp vergi matrahını düşürecek ve böylece gelir kayıt altına alınacak veya almadığında matrahı artacak ve vergi ödeyecektir.[128]

Bilanço esasına göre defter tutmak gelirlerin kayda alınmasında daha etkilidir. Bu yüzden yaygınlaştırılmalıdır. Hangi sınırlara kadar işletme, hangi sınırlara kadar bilanço esasına göre defter tutulacağı her yıl Maliye Bakanlığı tarafından belirlenir. Ancak siyasi kaygılarla işletme esasına göre defter tutacakların sınırı hep yüksek tutulur. Örneğin Maliye Bakanlığı Gelirler Genel Müdürlüğü'nün 1991 yılı için yayınladığı rakamlara göre Bilanço Esasına göre defter tutanların sayısı 175.791 iken, işletme esasına göre defter tutanların sayısı 1.271.214'tür. Bu durum kayıt dışı ekonomik faaliyetleri artırıcı bir nitelik taşır. Çünkü işletme esasına göre defter tutmak

---

[126] Güneri, AKALIN, "Vergi Reformu, Piyasa Ekonomisi ve İktisadi Durgunluk", **İşveren**, Ağustos 1998, s. 43.
[127] Daha fazla bilgi için TC Maliye Bakanlığı 2001 Yılı Bütçe Gerekçesi s. 53.
[128] Uğur GÖKALP, "Vergi İadesi Neden Kaldırılmalı?", **Yaklaşım Dergisi,** Sayı: 8, Ağustos 1993, s. 32.

"gelir tablosu" esasına dayanır ve alınan ve satılan mal ve hizmetlerin faturaları resmi kayda geçirilir, alış ve satışların ödemelerine ilişkin çek, senet, kredi kartı, vb. belgeler kayıt dışıdır. Bu yüzden bilanço esasının yaygınlaştırılması, ekonominin kayda alınmasını kolaylaştıracaktır. İşletme defteri tutan mükellefler, vadeli ödeme araçlarını kayıt dışında tutmaları, fatura sınırının altında satış yapmaları ve satış bedeli karşılığında aldıkları vadeli çeklerinin karşılıksız çıkması ya da senetlerinin protesto olması halinde, mahkemelerde alacaklarını ispat etmekte güçlük çekmektedirler. Kayıt dışı vadeli satış ister-istemez yasa dışı tahsilat (çek-senet mafyası) olayını devreye sokmaktadır.

Tek vergi numarası uygulaması da vergi tabanının genişletilmesi ve işlemlerin kayıt altına alınmasında önemli bir yere sahiptir. Temmuz 1995 tarihinde tek vergi numarası uygulamasına Türkiye genelinde 4.839.558 mükellefe numara verilerek başlanmıştır. 1998 yılında çeşitli ekonomik aktiviteler için vergi kimlik numarası kullanımı gerekliliğinin getirilmesi ile verilen vergi kimlik numarası hızla artmış ve 14 Ekim 2000 tarihi itibariyle verilen toplam vergi numarası sayısı 14.738 694'e ulaşmıştır. Bu uygulama ekonominin kayıt altına alınması için son derece önemlidir ve daha da yaygınlaştırılmalıdır.[129]

Ekonominin kayıt altına alınması için son derece önemli olan bu uygulama ile ilgili daha detaylı bilgi vermek yerinde olacaktır. Bu çerçevede tek vergi numarası ile ilgili gelişmeler şöyle olmuştur: 24-06-1994 tarihinde kabul edilen 4008 sayılı kanunun 1. maddesiyle 213 sayılı kanunun 8. maddesine bir fıkra ilave edilmiş, her vatandaşa bir vergi numarası verilmesi öngörülmüş ve konuya ilişkin usul ve esasları belirlemeye Maliye Bakanlığı yetkili kılınmıştır. Sözü edilen fıkraya 4108 sayılı Yasa ile 02-06-1995 tarihinden geçerli olmak üzere, iki ekleme yapılarak düzenlemenin daha fonksiyonel hale getirilmesine imkan hazırlanmıştır. Anılan yasa ile yapılan birinci değişiklik gerçek kişilerin yanı sıra tüzel kişilere de vergi numarası verilmesi ile ilgili, ikinci değişiklik ise Bakanlığa tek vergi numarasının kullanımı konusunda ilave yetkiler verilmesidir.

Tek vergi numarasının etkinliğini artırmak için 6 Şubat 1998 tarihli Resmi Gazetede yayınlanan 262 nolu Vergi Usul Kanunu Genel Tebliği ile vergi numarasının bazı ekonomik faaliyetlerde kullanılması zorunluluğu getirilmiştir. Bu düzenleme ile ulaşılmak istenen amaçlar şunlardır;

-Mükelleflerin ve faaliyetlerinin kolayca izlenmesi,

[129] 2001 Bütçe Gerekçesi, s. 54.

- Mükelleflerin ve vergi dairelerinin iş yükünün azaltılması,

-Mükelleflerin ve potansiyel mükelleflerin gerçek gelirlerini kavramaya yönelik bilgi toplama,

-Mükelleflerin vergi kanunlarında mevcut, yeni işe başlayanlar için öngörülmüş kolaylıkları kötüye kullanma ve hadlerden kurtulma çabalarının önlenmesi,

- Aynı veya farklı gelir unsurları için değişik vergi dairelerinde mükellefiyet tesis ettirmiş olanların tespit edilerek, gelir vergisinden artan oranlı tarifeden kaçınmanın önlenmesi.

Tek vergi numarası kayıt dışı ekonominin vergilendirilmesi yolunda atılmış büyük bir adımdır. Bu sistemde vergi idaresinin, mükelleflerin, kazanç ve iratlarını kavrayabilmesi, şüphesiz çok kolay olacaktır. Vergisini tam olarak ödeyen mükelleflerinde vergilerinin ağırlığından yakınmaları en aza inecektir. Vergi sistemine yönelik olarak OECD ülkelerinde de uygulanan şu tedbirler de alınabilir.

-Vergi oranları, vergiden kaçınma davranışına neden olmayacak ödenebilir düzeye indirilmelidir.

-Ücretlilerin vergi yükü azaltılmalıdır.

-Vergi bilinci ve ahlakını geliştirme yönünde gerek okullarda gerek medyada yeterli düzeyde eğitim ve bilgilendirme programı takip edilmelidir.

-İyi niyetli mükellefleri cezalandırmayan, etkin bir vergi idaresine ve denetim düzenine geçilmelidir.

-Kayıt dışı ekonominin küçültülmesinde polisiye tedbirler yerine teşvik edici uygulamalara ağırlık verilmelidir.[130]

3-Diğer Öneriler

Vergiler, ekonomi için en sağlıklı gelir kaynağı olarak kabul edilir. Türkiye'de vergi gelirlerinin kamusal harcamaları karşılamakta yetersiz kaldığı bilinmektedir. Bununla ilgili bilgiler yukarıda verilmiştir. Yetersiz olan bu vergi gelirlerinin artırılması ve böylece bir kısır döngü haline gelen borç yükünün ve beraberindeki faiz yükünün azaltılması ve kamusal kaynakların sağlıklı hale getirilmesinin sağlanması gerekmektedir.

---

130 TİSK, Avrupa Birliği'nde Kayıt Dışı Çalışma Konusunda İzlenen Politikalar ve Türkiye Açısından Değerlendirilmesi, Aralık 2000, s. 69-73.

Vergi yükünün daha adaletli ve dengeli dağılımı sağlanarak hafifletilmesi ve vergi kapasitesinin tam kullanımının elde edilmesi amacıyla verginin tabana yayılması gerekmektedir. Bir başka deyişle vergi yükünü az bir kesime yüksek bir oranla yüklemek yerine, yükü daha çok mükellefe dağıtarak her birinden daha az oran ve miktarda vergi alınarak miktarda vergi alınarak verginin tabana yayılması kolaylaşabilecektir.

Vergi gelirlerinin yetersiz olması ya da vergi yükünün belli kesimlerin üzerinde kalması kayıt altına alınamayan ve siyasi nedenlerle vergi dışı bırakılan kesimden kaynaklandığı bilinmektedir. Kayıt altındaki ekonominin en az yarısı kadar bir ekonominin kayıt dışında olduğu genellikle kabul edilir. Bu yüzden çeşitli sebeplerle kayıt altına alınamamış (ya da alınmamış) olan bu kaynaklara ulaşılması ve haksız rekabete yol açan, iyi niyetli mükellefleri zor durumda bırakıp vergi kaçıranları adeta koruyan düzenlemelerin önüne geçilmesi gerekmektedir.

Bunun yanında gerek şirketleşmeyi sağlamak gerekse AB'ye uyum ve vergi indirimleri politikasıyla piyasaları canlandırmak için kurumlar vergisinin oranlarını da indirmek gerekmektedir. Halen % 30 olarak uygulanan kurumlar vergisi, fon payı, gelir vergisi tevkifatı, geçici vergi gibi ödemelerle vergi yükü % 45'lere varmaktadır. Bu oranın da arz iktisadı önerileri çerçevesinde vergi yükü % 25'i geçmemek üzere yeniden düzenlenmesi uygun olacaktır.[131]

Belli miktarın üstünde kazananlar için üst dilim düşürülmeli yani en üst limitten sonra vergi oranı da azaltılmalıdır. Bu durum gereksiz yere yapılan vergi kaçakçılıklarını önleyecek ve tasarrufu teşvik edecektir.

Vergi affı beklentisine son verilmeli ve böylece iyi niyetli mükellefler korunmalıdır. Çünkü neredeyse iki yılda bir yapılan vergi afları ile mükellefler dolaylı olarak kaçakçılığa teşvik edilmektedir.

Vergi bilinci yaygınlaştırılmalıdır. Bu da mükelleflerin ödedikleri vergilerin ülke menfaatleri için kullanıldığını ikna ile olur. Bugün olduğu gibi vergi gelirlerinin 2/3'ü kadar bir kısmının (1999 için % 72.4) borç faizi ödemelerine tahsisi mükelleflerde ödedikleri vergilerin ülke menfaatine değil, küçük bir azınlığın menfaatine kullanıldığı kanaati doğurmaktadır.

[131] BİLİCİ, 1997, a.g.e., s. 122.

Arz iktisadının üzerinde durduğu önemli bir konu vergi tabanı ile ilgilidir. Peki vergi tabanı nasıl genişletilecektir? Bu sorun Türkiye gibi gelişmekte olan ülkeler için daha da önemlidir. Üstelik bunun tek bir çözümü de yoktur. Arz iktisadı bir çözüm getirmekle birlikte vergi sistemi ve yapılarının her bir ülke için farklı olması çözümü de kısmi olarak yerelleştirmektedir. Her ne kadar Türkiye gibi ülkelerde nüfusun genç olması şehirleşmenin ve sanayileşmenin yeterli düzeyde olmaması, işsizliğin yüksek seyretmesi ve tarım kesiminin hala büyük halk kitlelerinin gelir kaynağı olması gibi dezavantajlar varsa da yine bu sorunlar arz iktisadının da önerileri çerçevesinde ve ülkenin özel şartları dikkate alınarak çözümlenmeli, bir başka deyişle vergi tabanı genişletilmelidir.

Sonuç ve Değerlendirme

Dünyada hem gelişmiş hem de gelişmekte olan ülkelerde devlete yüklenen fonksiyonlara paralel olarak vergi yükleri değişmektedir. Artan kamusal ihtiyaçlar daima vergi oranlarını yükselterek veya yeni vergiler ihdas edilerek karşılanamaz hale gelmiştir. Bu durumda vergi oranlarını daha da artırmadan, hatta azaltarak, yeni kaynaklara ulaşmak amacıyla vergi tabanını genişletmek bir alternatif olarak ortaya çıkmaktadır. Bunun amacı verginin tabana yayılması yanında ekonomik büyümeyi sağlamak, dolayısıyla vergi hasılatını optimal bir vergi oranı ile arttırmaktır.

İktisadi kanunlar; değişmez olmaktan ziyade, toplumsal ve kültürel özelliklere göre farklılık gösteren bir nitelik taşımaktadır. Bu yüzden gerek arz iktisadı gerekse diğer iktisadi düşünce okullarının bir bütün olarak her yerde ve her zaman uygulanma imkanı yoktur. Çünkü, iktisadi düşünceler genellikle bulunduğu toplumun şartlarında gelişmiştir. Ayrıca bu düşünce okulları çoğu zaman bir önceki iktisadi düşünceye tepki olarak doğmuştur. Örneğin Keynezyen iktisat klasik iktisada, arz iktisadı da talep yönlü iktisada tepki olarak doğmuşlardır. Aslında her biri döneminin gerektirdiği iktisat politikalarını ortaya koyma çabası içerisindedir. Dolayısıyla hiç bir iktisadi düşüncenin mutlaka en doğru, ya da sonradan eleştiriye uğrayan düşünce okullarının mutlaka hatalı olduğu söylenemez. Bu yüzden her teoriyi kendi koşulları altında değerlendirmek ve hiç birini günün sorunlarına hazır bir reçete olarak düşünmemek gerekir. Prof. Dr Vural Fuat SAVAŞ "Keynezyen İktisat Yıkılırken" adlı kitabının önsözünde bu konuda şunları söylemektedir:

> "...bu satırların yazarı şu anda "makro iktisat" ve "iktisat politikası" okutmakta ve öğrencilerine mevcut makro teorilerden hangisinin daha güvenilir olduğunu söyleyememektedir..."

Türkiye'nin en saygın ve iktisadi düşünce tarihi alanında en uzman bilim adamlarından olan bir kişinin düşünceleri karşısında bizim söyleyebileceğimiz fazla bir şey yoktur. Ancak bütün bunlar iktisadın hiçbir evrensel kuralı olmadığı ve devamlı değiştiği anlamına gelmez. Tam aksine her iktisadi düşünce okulu iktisadi sorunların çözümüne yeni katkılarda bulunmaktadır. Bununla birlikte bu kadar yoğun bir fikir bombardımanı insanlar üzerinde ister istemez doğruyu bulma konusunda olumsuz etkilerde bulunmaktadır.

Talep yönlü iktisada alternatif olarak doğan ve bu çalışmada analiz edilen arz iktisadı ekonomik sorunların giderilmesinde uzun dönemli politikaların çözüm olabileceği savunulmaktadır. Acaba ekonomiye arz cephesinden bakmak ya da bir başka deyişle talebi ihmal etmek Keynezyen iktisadın arzı ihmal etmesinden ne kadar farklıdır ? Veya arz iktisadının öngördüğü düşük enflasyonla büyümenin sağlanması beraberinde başka sorunlar getirmeyecek midir? Nitekim ekonomik istikrarsızlık sadece enflasyon değildir. Unutmamak gerekir ki 1929 dünya ekonomik bunalımı deflasyonist bir özellik taşıyordu.

Üretimi artırma ve kaynak dağılımında etkinlik sağlama amacına yönelen arz yönlü vergi politikası uygulanırken bazı hususların dikkate alınması gerekir. Bu çalışmada detaylı olarak incelenen bu hususları hatırlamakta yarar vardır:

Gelir vergisi oranlarındaki indirimler, vergi matrahında yapılacak reformlarla birlikte yapılmalıdır,

Vergi indirimleri sürekli olmalı ve mükellefler, indirimlerin yatırım davranışları ve tasarruflar üzerinde olumsuz etkilerinin olmayacağı hususunda ikna edilmelidir.

Vergi indirimlerinin arz yönlü etkilerinin uzun dönemde ortaya çıkacağının bilinmesi ve politikaların buna göre oluşturulması gerekir,

Vergi indirimlerinin gerçekten gelir artırıcı bir etkisi vardır. Fakat bu etkinin tüketim harcamalarını daha fazla kamçılama ihtimali de yüksektir. Dolayısıyla vergi indirimleri sıkı para politikası ile desteklenmelidir. Aksi taktirde vergi indirimi ve gelir artışıyla birlikte artan talep arz iktisadının çözmeye çalıştığı enflasyonun sebebi olacaktır.

Arz iktisadının başarılı olabilmesi için vergi indirimleri ile beraber kamu harcamaları indirimi yoluna da gidilmelidir. Eğer her ikisi bir arada yapılmazsa arz iktisadı etkin olarak işleyemeyecektir.

Vergi yasalarının ekonomik yapıyı tam olarak içermesi gerekmektedir. Üzerinden vergi alınan gelir, harcama ve servet tanımlarının ekonomik yapıyı kavrayamaması halinde uygulama gerçek anlamda ödeme gücü olmayan bazı kesimlerin vergi yükümlüsü olmasına yol açacağından faaliyetlerin gizlenmesi kaçınılmaz olacaktır.

Vergi indirimleri sonucu vergi gelirlerinin artması dolaylı bir sonuçtur. Bir başka deyişle vergi hasılatı; vergi indirimleri sonunda kullanılabilir kişisel ve kurumsal gelirler artacak ve bunların gelir etkisi ölçüsünde ekonomide büyüme yaşanacak yani üretim artışı olacaktır. Daha fazla üretim vergilendirilebilir gelirin artması demektir. Ancak bu etki hemen görülmez. Yani vergi gelirlerinin artması için bir süre beklemek gerekmektedir. Elbette ki arz iktisadının önerisinde vergi hasılatı artışı sadece bu şekilde yaşanmaz. Bunun dışında kayıt dışı ekonomi ile mücadelenin kolaylaşması, istisna ve muafiyetlerin azaltılması, vergi tabanının genişlemesi gibi nedenler vergi hasılatını uzun dönemde artıracaktır.

Türkiye'de 24 Ocak 1980 kararlarıyla beraber daha liberal ve dışa açık bir ekonomi politikası benimsenmiştir. Özellikle 1983 yılından itibaren dünyadaki gelişmelere paralel olarak yürütülen özelleştirme politikası ile kamu ekonomik kuruluşlarının elden çıkarılması veya kapatılması yoluna gidilmiştir. Ancak başarı derecesi tartışmalıdır. Hükümetlerin gayretlerine rağmen, bu alanda bir türlü istenen başarı elde edilememiştir. Bunun önemli bir sebebi Türkiye'de uzun yıllardır süren siyasi istikrarsızlık ve 1982 Anayasasının kamulaştırmaya özelleştirmeden daha yatkın olmasıdır.

Vergi indirimleri politikası 1980'li yıllarda Türkiye'de uygulanmak istenmiştir. Ancak arz iktisadının diğer başarı koşulları da (kamu harcamaları indirimi, yasal-kurumsal serbestleşme, deregulasyon, sıkı para politikası...gibi) dikkate alındığında Türkiye'de bu dönemdeki uygulamaların başarılı olduğunu söylemek son derece güçleşir. Tek başına vergi indirimlerinin ABD örneğinde görüldüğü gibi gelişmiş ülkelerde bile olumsuz sonuçlar doğurduğu (bütçe açıkları gibi) dikkate alındığında bu dönemde yapılacak indirimler zaten başarılı olamazdı. Çünkü Türkiye'de piyasa ekonomisi tam oturmamış, özelleştirme başarılamamış, kamu harcamaları indirimlerine, bir takım tasarruf tedbirleri dışında, hiç gidilmemiş ve deregulasyon politikası etkin olarak işletilememiştir. Ayrıca yasal ve kurumsal altyapı Türkiye'de o dönemde bugünkünden de zayıftı. Vergi denetimi ise Türkiye'de hiçbir zaman etkin olarak yürütülememiştir. Vergi hasılatının tüm kamu harcamalarının yaklaşık yarısını karşıladığı düşünüldüğünde ilk yıllardaki vergi indirimlerinin vergi hasılatını azaltacağı da düşünülürse, 1980'li yıllarda bunun yapılma imkanı zaten son derece zayıf idi.

Arz iktisadının başarı koşulları elbette güçlü bir siyasal iktidarı gerektirir. Aslında 1980'li yıllarda bu vardı. Ancak arz iktisadı uzun dönemli bir çalışmayı gerektirir ve kalkınmış ülke modellerinde daha kolaylıkla uygulanır. Çünkü bu ülkelerde demokrasinin de yerleşmesi nedeniyle güçlü siyasi iktidarlar vardır ve yasal-kurumsal alt yapı oluşmuştur. Hükümetlerin güçlü olması onları daha cesur karar almaya yöneltmektedir. Uzun dönemde olumlu sonuçların da ortaya çıkacağı dikkate alındığında arz iktisadının bu ülkelerde uygulanması kolaylaşmaktadır.Türk vergi sisteminde vergi kaybına üç temel özellik neden olmaktadır: Bunlardan birincisi, istisna ve muafiyetlerin fazlalığı, ikincisi bir gelir doğmasına rağmen o gelirin verginin konusuna girmemesi nedeniyle vergilendirilememesi, üçüncüsü beyan edilmesi gereken kazançların kısmen ya da tamamen beyan dışında tutulmasıdır.

Türkiye'de bu temel sorunların yanında mevcut vergilerin toplanamaması, vergi bilincinin gelişmemiş olması, vergi düzenlemelerinin konunun uzmanlarınca bile zor anlaşılır ve farklı yoruma açık olması, yeterli ve etkin denetimin yapılamaması, cezaların caydırıcı olmaması ve denetimim kayıt dışı ekonomi üzerinde değil, kayıtlı ekonomi üzerinde yapılması ve hepsinden de önemlisi vergi yükünün az bir kesim üzerinde yoğunlaşması bir başka deyişle verginin tabana yayılmamış olması gibi sorunlar vardır.

Gelir ve kurumlar vergisi açısından konuya bakıldığında kayıt dışı ekonomiyi önleme yönünden alınabilecek ilk önlemler ve yasal düzenlemeler, istisna ve muafiyetlerin önemli bir kısmını yürürlükten kaldırmak, daha önce hiç ya da yeterince vergilendirilmeyen vergi konularını vergilendirme kapsamına almak ve vergi kayıp ve kaçakçılığını önlemek için bir dizi düzenlemelerin yapılması olarak göze çarpmaktadır. 1998 yılında çıkartılan ve bu çalışmada da inceleme konusu yapılan 4369 sayılı yasa bu sorunların bir kısmını gidermiştir. Bu kanun istisna ve muafiyetleri azaltarak, verginin tanımını değiştirip konusunu genişletmiş, VUK'ta yaptığı düzenlemelerle yeni ve daha caydırıcı cezalar getirmiştir. Bunun yanında vergi oranlarını indirmek, vergi kimlik numarası uygulamasını etkinleştirmek, mali milat gibi uygulamalarla vergi tabanını genişletme politikası izlemiştir. Ancak yasa 2003 yılı başına kadar temel bazı yönleriyle ertelenmiştir.

21. yüzyıla girmiş bulunduğumuz bu günlerde Türkiye; sürekli ve yüksek enflasyon ve faizle kısa vadeli borçlanma, bütçe açıkları, düşük milli gelir, yüksek oranlı vergiler, kaynak israfı, düşük verimlilik, altyapı eksikliği, yüksek işsizlik, ekonominin kötü yönetimi, kayıt dışı ekonomi, enerji yetersizliği, düşük teknoloji, devletin önemli ölçüde ekonomiye müdahalesi gibi sorunlarla karşı karşıyadır.

Peki burada sayılan ve çalışmanın ilgili yerlerinde teşhis edilen sorunlar dikkate alındığında arz iktisadının önerileri Türkiye için ne kadar geçerli olabilir? Bu sorunun cevabı bugün itibariyle olumsuza daha yakın gözükmektedir. Bunun öncelikli nedeni arz iktisadının gelişmiş ülke modellerin daha yatkın olduğu, bir başka deyişle arz iktisadının Türkiye'den çok farklı ve gelişmiş bir ekonomik yapıya sahip olan ABD'de doğduğu ve geliştiği gerçeğidir. Bunun ötesinde halen Türkiye'de arz iktisadının başarı koşullarının hiç birinin etkin olarak varlığından söz edilemez. Bir başka deyişle temelde vergi indirimlerine dayanan arz iktisadı, kamu harcamaları indirimleri, sıkı para politikası uygulamaları ve yeterli düzeyde yasal ve kurumsal alt yapı olmadan başarılı olamaz. Türkiye'de vergi indirimleri politikası izlenmediği gibi; kamu harcamalarında ve para basma konusunda hükümetlere yönelik olarak bir sınırlandırma yoktur. Nitekim arz iktisadı teorisine en yakın düzenlemeleri getiren 4369 sayılı yasa bir yıl sonra ana maddeleri itibariyle askıya alınmıştır. Her ne kadar bu dönemde dünya krizi meydana gelmişse ve bu yasa ile vergi yükümlülüğü kapsamına giren bazı etkili baskı gruplarının propagandaları ile akamete uğramışsa da bu düzenleme diğer önlemler alınmadan vergi indirimlerinin tek başına anlamlı olmadığını göstermesi açısından önem taşır.

Yine 4369 sayılı yasa, hassas dengelere sahip olan Türk ekonomisinin esasen uzun dönemde sonuçları ortaya çıkan arz yönlü etkilere tahammül gücünün olmadığını da ortaya koymuştur. Bir başka deyişle arz iktisadının teorisinde de öngörüldüğü üzere, ekonominin arz cephesi uzun vadeli çözümler önerir ve özellikle ilk iki yılda vergi indirimlerinin etkisi vergi gelirlerinin azalması yönünde olur. Fakat Türk ekonomisinin iki yıl kadar beklemeye tahammülü yoktur. Zira halen sık sık büyüklü küçüklü krizlere maruz kalan Türk ekonomisi en önemli gelir kaynağı olan vergilerin, indirimlerle azalmasını hükümetler kolay kolay göze alamazlar.

Türkiye'deki siyasal istikrarsızlık da arz iktisadının başarısını güçleştirecek diğer bir etkendir. Özellikle son on yılda hükümetler koalisyonlardan oluşmaktadır. Birbirinden farklı programlara sahip bu partileri orta bir noktada buluşturmak son derece zordur. Üstelik kısa dönemde halkın canını yakacak olan ve uzun dönemde de başarısı garanti edilemeyen riskli politikaları hükümetler benimsemek istemeyeceklerdir.

Siyasette popülizmin ağır basması da arz iktisadının Türkiye'de uygulanmasını güçleştirmektedir. Çünkü vergi indirimleriyle birlikte vergi tabanının genişletilmesi daha önce vergi ödemeyen kesimleri vergi mükellefiyeti kapsamına alacaktır. Bu ise önemli bir siyasi risktir. Örneğin Türkiye'de nüfusun yarısına yakın bir kısmını oluşturan tarım kesimi çok az vergi ödemektedir. İkinci olarak vergi indirimlerinin başarılı olabilmesi için kamu harcamalarının da indirilmesi gerekmektedir. Bu ise yine özellikle tarım kesimi ve bazı çıkar çevrelerine yönelik sübvansiyonların kaldırılması demektir. Bunlardan tarım kesimi oy deposu, çıkar çevreleri ise toplum üzerindeki etkileri nedeniyle hükümetlerin karşılarına almak istemedikleri kesimlerdir. Bunun yanında deregulasyon politikasının bir gereği olarak hükümetlerin popülist amaçlarla kullandıkları başta kamu bankaları olmak üzere diğer pek çok imkanın özelleştirme ve diğer yöntemlerle elden çıkarılması gerekmektedir. Bu da halen Türkiye'de hakim olan popülist siyasi yaklaşıma aykırıdır.

Vergi indirimlerinin ilk yıllarda vergi hasılatı üzerinde bir azalmaya yol açtığı genel olarak arz iktisadının kabul ettiği ve uygulamada da ortaya çıkmış olan bir gerçektir. Çünkü arz iktisadına göre vergi hasılatındaki artış hemen değil, vergi indirimleriyle birlikte gelir etkisinin baskın olması, kayıt dışı ekonominin küçülmesi ve ekonomik büyümenin yaşanması ile olur. Ekonominin arz yönüne dönük çalışmalar ise uzun dönemli çözümleri önerir. Türkiye'nin buna tahammülü yoktur.

Ancak bu durum arz iktisadının Türkiye'de hiçbir şekilde uygulanamayacağı, bir başka deyişle arz iktisadının Türkiye'de vergi gelirlerinin artırılması ve verginin tabana yayılması yönüyle teorik bir öneme sahip olmaktan başka bir anlam ifade etmediği anlamına gelmez.

Aşağıda arz iktisadının öngörüleri çerçevesinde değerlendirilebilecek bazı öneriler verilecek ve bu önerilerin değerlendirilmesi yapılacaktır. Bu konuda Doç Dr. Nurettin BİLİCİ'nin önerisi % 10-25 arasında değişen bir tarifedir. Bu tarife arz iktisadının önerileri çerçevesinde değerlendirilebilir. Ancak tek aşamada geçilmesi mümkün gözükmemektedir. Çünkü yüksek derecede vergi kaybı meydana gelir. Türk kamu maliyesinin buna tahammülü yoktur. Nitekim 4369 Sayılı yasa vergi oranlarını % 25-55'ten % 15-40'a düşürmesine rağmen vergi gelirlerinde azalmalar yaşanmıştır. Bu azalmanın rakamsal ifadesi şöyledir; 1999 yılında toplam vergi gelirleri bir önceki yıla göre % 60.4 artmıştır. Bu artış gelir vergisi için % 41.8, kurumlar vergisi için % 106.8'dir. Aynı dönemde TEFE oranı % 62.9 olarak kabul edilecek olursa, reel olarak gelir vergisinde bir azalmanın yaşandığı görülür. Bu yüzden Türkiye'de vergi indirimlerinin yapılabilmesi birçok şartın bir arada olması ile mümkündür.

Bununla birlikte istisna ve muafiyetler son derece azaltılıp, vergi mükellefi-seçmen sayısı arasında bir korelasyon sağlayarak (vergi mükellefi sayısını artırarak) ve vergi indirimleri politikasını siyasi kaygılardan ve arz iktisadının diğer önerileri (kamu harcamaları indirimleri, sıkı para politikası, yasal ve kurumsal serbestleşme gibi...) çerçevesinde bir takvime bağlı olarak indirilmesi istenen olumlu gelişmeleri (vergi gelirlerinin artması, verginin tabana yayılması, kamu kesimi borçlanma gereğinin azalması, bütçe açıklarının kapatılması, ekonomiye rekabet gücü kazandırma, büyüme, piyasa ekonomisinin etkinliği... gibi) sağlayacaktır.

Prof. Dr. Güneri AKALIN ise, Türkiye'de kamu maliyesinin finansmanında ödeme gücü ilkesi yerine yarar ilkesine geçilmesini savunmaktadır. Çünkü ödeme gücü ilkesi sosyal mallara talebi artırmakta bu da kamu açıklarına neden olmaktadır. Bu mallarda kural olarak çok kazanandan çok az kazanandan az almak yerine, "çok tüketenden çok, az tüketenden az" vergi alınmalıdır.

Aslında bu öneri bir takım arz iktisadının önerdiği tüketim tabanlı vergiye çok benzemektedir. Zira nakit akışı tüketim vergisi ya da sadece tüketim vergisi (An expenditure Tax) olarak adlandırılan bu vergi önerisi tasarrufları vergi dışı tutmaktadır. Ancak şunu belirtmek gerekir ki kamu finansmanı bu haliyle yürütüldüğünde ortada vergi diye bir şey kalmayacaktır. Çünkü vergide en temel özelliklerden biri olan adem-i tahsis ortadan kalkmaktadır ve vergi harç özelliğine bürünmektedir.

Arz iktisadının genel vergi indirimlerinden de yana olan AKALIN, gelir vergisinde % 5-25 artan oranlılık, kurumlar vergisinin % 25'le sınırlandırılması, KDV'de ise istisna ve muafiyetlerin olmadığı % 5'lik tek vergi oranının uygulanması gerektiğini savunur.

Tüketim vergilerinin yaygınlaşmasının (özellikle KDV'nin) piyasa ile daha uyumlu olduğu görüşünü de ileri süren AKALIN, bu vergilerin gelirin vergilendirilmesiyle karşılaştırıldığında piyasa müşevviklerini daha az kırdığı düşüncesindedir. Ancak tasarruf ve yatırım gelirlerinin dışarıda bırakıldığı tüketim tabanlı bir vergi önerisi, mevcut gelir dağılımı göz önünde bulundurulduğunda Türkiye için henüz erkendir. Bütün gelirleri kapsayan, düşük ve düz ya da ılımlı artan oranlı bir verginin uygulanma şansı oldukça yüksektir. Bununla birlikte denetimin sıkılaştırılması, vergi aflarına gidilmemesi ve vergisini ödeyenlerin değil, ödemeyenlerin mağdur olduğu bir sistemin geliştirilmesi gerekmektedir. Bu düşünce aslında 1980'li yıllarda İngiltere'de uygulama alanı bulmuş ve Thatcher gelir vergisinin oranlarını azaltırken, tüketim vergilerinin oranlarını artırmıştır. Ancak konu vergi adaleti açısından sakıncalar doğurmaktadır ve günümüzdeki tercih ve gelişmiş ülkelerdeki uygulama vergi sistemleri içerisinde dolaysız vergilerin ağırlıklı olması yönündedir.

Vergi dilimlerinin belirlenmesi yönünde yapılan birçok çalışmanın sonunda insanların yaşayabilmesi için gerekli olan asgari gelirin vergi dışı bırakılması, diğer dilim ve oranların da yumuşak bir biçimde artırılması yönündeki görüşler sosyal açıdan faydalı olmakla birlikte Türkiye gibi vergi gelirlerine bağlı bir ülkede kısa dönemde vergi hasılatında azalma riski taşır. Bir başka deyişle Laffer eğrisinde önerilen indirimlerin

Türkiye'nin bugünkü koşullarında geçerliliği tartışmalıdır. Öncelikle vergi tahsilatını tek bir değişkene bağlamak doğru değildir. Ekonomik konjonktür, vergi idaresinin başarısı, vergi afları, teknolojik gelişmeler, siyasal iktidarın kararlılığı ve yaşanan toplumsal süreç gibi başka birçok değişken vergi tahsilatı üzerinde etkide bulunur.

Vergi indirimlerinin Türkiye'de yapılabilmesi için öncelikle siyasi kaygılardan uzak istikrarlı ve güçlü bir hükümetin ve kamuoyu desteğinin olması gerekir. Ayrıca bu siyasi iktidarın önünü görebilmesi, yani politikalarının sonucunu alabilecek kadar bir süre iktidarda kalabilmesi gerekir. Ancak şu anda ve kısa vadede bu ihtimal gözükmemektedir. Dolayısıyla şartlarının oluşturulması gerekmektedir.

Arz iktisadının nihai amacı olan devletin küçük ve etkin hale getirilmesi; kaynakların daha verimli kullanılması, devletin personel ihtiyacının azalması, Parlamentonun bir iş bulma kurumu olmaktan kurtarılıp asli fonksiyonu olan yasama görevini yerine getirebilmesine yardımcı olacaktır. Öte yandan devletin küçültülmesi sonucunda bütçe disiplini sağlanacak ve globalleşen dünyada devlet, üretimi özel sektöre devredecek ve Türkiye 2000'li yılları yakalama şansını elde edebilecektir.

Kaynaklar

Akalın, Güneri., "Anayasal İktisat Ve Türkiye İçin Ekonomik Anayasa Önerisinin Değerlendirilmesi", **Vergi Dünyası Dergisi,** Ocak 1997.

--------------- "Kayıt Dışı Ekonomi Sorunu Ve Yasa Tasarısı I", **Vergi Dünyası Dergisi**, Haziran 1996 (A).

--------------- "Kayıt Dışı Ekonomi Sorunu Ve Yasa Tasarısı II", **Vergi Dünyası Dergisi**, Temmuz 1996 (B).

--------------- "Kayıt-Dışı Devlet Ve İstikrar Programı," **Asomedya**, Nisan 2000.

--------------- "Türkiye'de Mali Buhran Ve Mali Sistem Reformu", **Vergi Dünyası Dergisi**, Kasım 1993.

---------------- "Vergi Reformu, Piyasa Ekonomisi Ve İktisadi Durgunluk", **İşveren**, Ağustos 1998.

--------------- "Türkiye'de Vergi Yükü Ve Dağılımı", **VI. Maliye Eğitim Sempozyumu**, 21-23.05.1990. Antalya.

Akbulut, Ali Rıza., "Verginin Mali Amacı Ve Türkiye'deki Sonuçları", **Vergi Dünyası Dergisi,** Kasım 2000.

Aktan, Coşkun Can., "Bankacılıkta Yasal-Kurumsal Serbestleşme", **Banka Ve Ekonomik Yorumlar**, Şubat 1987.

---------------- "Turgut ÖZAL, Liberal Reformist Mi Yoksa Liberal Deformist Miydi?", **Yeni Türkiye Dergisi**, Yıl: 5, Sayı: 25, Ocak-Şubat 1999.

--------------- "Turgut Özal'ın Değişim Modeli Ve Değişime Karşı Direnen Güçlerin Tahlili", **Türkiye Günlüğü Dergisi,** Sayı: 40, Mayıs-Haziran 1996.

--------------- "ABD'de Vergi İndirimleri Politikası Ve Etkileri", **Vergi Dünyası Dergisi**, Haziran 1991.

--------------- "Ağır Vergi Yükü Ve Yeraltı Ekonomisi", **Vergi Sorunları Dergisi**, Şubat 1999.

--------------- "Çağdaş İktisadi Düşünceler", **DEÜ İİBF Dergisi**, Cilt: 5, Sayı: 1-2, Yıl: 1990.

---------------- "İktidarların Sınırlandırılması Ve Ekonomik Anayasa", **İşveren,** Aralık 1996.

--------------- "Düz Ve Düşük Oranlı Vergiler İle Ekonomik Büyüme İlişkisi", **Vergi Dünyası Dergisi**, Temmuz 1998.

--------------- **Kamu Ekonomisinden Piyasa Ekonomisine, Özelleştirme**, Takav Matbaası, Ankara, 1992.

--------------- **Çağdaş Liberal Düşüncede Politik İktisat**, Takav Mat., Ankara, 1994.

--------------- **Kamu Ekonomisi Ve Kamu Maliyesi,** Anadolu Matbaacılık, İzmir, 2000.

Aktaş, Mehmet., "1980 Sonrası Türk Ekonomisinde Uygulanan Ekonomik İstikrar Ve Liberal Politikaların Genel Bir Değerlendirilmesi", **1992 Yılı Hesap Uzmanları Kurulu Konferansları Iv**, 1993.

Aliefendioğlu, Yılmaz., "Vergilemenin Ekonomik Sınırları", **Prof. Dr. Akif Erginay'a 65. Yaş Armağanı**, Ankara Ün. Hukuk Fak. Yayınları, No: 460, Ankara, 1981.

Altuğ, Osman., **Kayıt Dışı Ekonomi,** Cem Ofset Matbaacılık Sanayii, İstanbul, 1994.

Anıl, Haluk., **Türkiye'de Vergi Yükü: 1950-1970**, Adana İtia Yayın No: 56, 1973.

Annette, Nellen., "Possible Future Changes To The Tax Law And The Tax System", Www.Prenhall.Com/Nellen/Html/Ch18.Htm, 18.9.2000.

Archer, Bill., "Rethinking Federal Taxation", Www.Mit.Edu/People/Howes/Revolt/Economic/Text1.Htm, 26.9.2000.

Arslan, Cenk Murat., "4444 Sayılı Kanun Hükümleri Çerçevesinde 1999-2002 Tarihleri Arasında Uygulanacak Arızi Kazançlara İlişkin Düzenlemeler", **Vergi Dünyası Dergisi**, Eylül 1999.

Ataç, Beyhan., "Kamu Harcamaları Analizinde Pozitif Yaklaşım", **Eskişehir İktisadi Ve Ticari İlimler Akademisi Dergisi**, Cilt: 5, Sayı: 1, Yıl: 1987.

---------------, **Maliye Politikası, Gelişimi, Amaçları Ve Uygulama Sorunlar,** Anadolu Üniversitesi Eğitim, Sağlık Ve Bilimsel Araştırma Çalışmaları Vakfı Yayınları, No: 86, Eskişehir, 1991.

Auerbach, J., "Flat Taxes, Some Economic Considerations", Www.Ucop.Edu/Cprc/Auerbach.Html, 18. 12. 2000.

Aydemir, Şinasi., **Türkiye'de Kayıt Dışı Ekonomi,** Maliye Hesap Uzmanları Derneği, İstanbul, 1997.

Barlett, Bruce., "Arza Dayalı İktisat", Çev: Süreyya Sakınç, **Banka Ve Ekonomik Yorumlar**, Nisan 1988.

Başaran, Funda., "Artan Oranlı Vergi Tarifesi, Verginin Mali Güçle Orantılı Olması İlkesinin Zorunlu Bir Sonucu Mudur", **Prof. Dr. Adnan Tezel'e Armağan**. İstanbul, 2000.

---------------, "4369 Sayılı Kanuna Göre "Gelir" Kavramının Anlamı", **Vergi Dünyası Dergisi,** Mart 2000.

Bayraklı, H. Hüseyin., "Gelir Vergisi Kanunu'nda Gelir Kavramı Ve Sapmalar", **Afyon Ekonomi,** Yıl: 1, Sayı: 3, Ekim 1998.

Bıyık, Recep., "4369 Ve 4444 Sayılı Kanunlar Çerçevesinde Gelir Tanımı, Harcama Ve Tasarruftan Hareketle Gelirin Tespiti Ve Mali Milat Uygulaması", **Vergi Dünyası Dergisi**, Eylül 1999.

BİLİCİ, Nurettin., "Türk Vergi Sisteminin Genel Bir Değerlendirmesi", **Yaklaşım Dergisi**, Ekim 1997.

---------------, **Vergi Hukuku**, Yargı Yayınevi, Ankara, 2000.

Reagan And The Economy, The Successes,

Boskin, Michael J., **Failures&Unfinished Agenda**, Institute For Contemporary Studies Ics Press, San Francisco, California.

Bradford, David F., "Transition To And Tax-Rate Flexibility In A Cash Flow Type Tax", **Tax Policy&The Economy,** Issue: 12, 1998.

Bromley, Richard And Jonathan P. Biller., "Additional Proposals For Fundamental Tax Reform, A Brief Review Of The Kemp Commission Report And The Gramm Flat Tax, The Potential For Economic Growth", Http//Www.Hopsut.Com/Briefs/Flattax.Htrml, 9.4.1999.

Buchanan, James Mcgill., "The Balanced Budget Aamendment, Clarifying The Arguments." **Public Choice**, 90, Kluwer Academic Publishers, 1997.

Chevalier, J., **Koruyucu Müşfik Devletin Sonu,** Çev: Dündar Sağlam, Dünya Ekonomisinde Bunalım, Seçme Yazılar, Ar Basım Ve Dağıtım Aş, İstanbul 1983.

Chiristian, Ernest S., "The Tax Restructuring Phenomenon, Analytical Principles And Political Equation", **National Tax Journal**, Vol: 48, Issue: 3, September 1995.

Clodfelter, Charles T., "Tax Cut Meets Bracket Creep,The Rise And Fall Of Marginal Tax Rates, 19641984", **The Finance Quarterly**, Vol: 12, April 1984.

Cornwall, John., **The Conditions For Economic Recovery**, New York, 1983.

Cullis, John And Philips JONES., **Public Finance And Public Choice**, Second Ed. Oxford University Press, Newyork, 1998.

Çelebi, A. Kemal., **Kamu Ekonomisi Analizi**, Manisa, 2000.

Çiçek, Halit., "Optimal Vergileme, Laffer Ve Türkiye'de Gelir Vergisi", **Vergi Dünyası Dergisi**, Ekim 2000.

Çiloğlu, İsmail., "Kayıt Dışı Ekonominin İşleyişi Ve Kamu Bütçesine Etkisi", **Hazine Dergisi**, Ekim 1998.

Derbyshire, J. Dennis And Ian Derbyshıre., **Politics In Britain, From Callaghan To Thatcher**, Edimburg, 1990.

Derdiyok, Türkmen., "Türkiye'nin Laffer Eğrisi", **Maliye Dergisi**, Mart-Nisan 1993.

Dikmen, M. Orhan., **Liberal, Bitaraf, Ve Müdahaleci Vergi Politikaları**, İ.Ü. İktisat Fakültesi Maliye Enstitüsü, Yayın No: 665-85-1, İstanbul, 1995.

Drucker, Henry And Others., **Development British Politics**, Revised Edition, Macmillen, 1988.

Durden, Garey C. And Steven W. Millsaps., "James Mcgill Buchanan's Contributions To Social And Economics Thought,Citation Counts, Self-Assessment And Peer Review" **Constitutional Political Economy,** 1996.

Durham, Martin., **The Conservative Party And Conservatism**, London, 1989.

Eker, Aytaç., "Anayasal İktisat Açısından 1982 T.C. Anayasası", **Ekonomik Anayasa Sempozyumu**, Takav Mat., Ankara, 1992.

Eker, Aytaç, Asuman Altay, Mustafa Sakal., **Maliye Politikası: Teori, İlkeler Ve Yöntemler**, Takav Matbaacılık, Yayıncılık San. Ve Tic. Aş, Ankara, 1994.

Ergün, Yücel., "Başkan Reagan'ın Vergi Reformu Üzerine", **İktisat Ve Maliye**, Cilt: Xxxııı, Sayı: 5, Ağustos 1986.

Evans, Brendor And Andrew Taylor., **From Salisbury To Major, Continuity And Change İn Conservative Politics**, Manchester University Press, Manchester,1996.

Evans, Michael., "The Bankruptcy Of Keynasien Economic Model", **Wiewpoints On Supply-Side Economics**, A Prentice-Hall Company, Reston, Virginia, 1982.

--------------- "Higher Rates Of Return Will Raise Personal Saving", **The Truth About Supply-Side Economics**, New York, 1983.

Evgin, Tülay., **Türkiye'de Konsolide Bütçe Uygulamaları Genel Değerlendirilmesi**, 1980-1997, Tc Başbakanlık Hazine Müsteşarlığı, 1997.

Feld, Alan L., "Living With The Flat Tax", **National Tax Journal,** Vol: 48, Issue: 4, December 1995.

Felline, William., **Contemparing Economic Problems**, Washinton, 1976.

Foster J.D., "Even Money", **Policy Review**, Issue: 73, Summer 1995.

Fullerton, Don., "On The Possibility Of An Inverse Relationship Between Tax Rates And Government Revenues", **Journal Of Public Economics**, Vol: 19, October 1982.

Garnett, Mark., **Prenciples&Politics İn Contemporary**, Longman, London, 1996.

Geist, Michael A., "Balanced Budget Legislation, An Assessment Of The Recent Canadian Experience", **Ottawa Law Review**, (Fothcoming Fall 1997).

Gerçek, Adnan., "Rasyonel Vergi Sistemi Kriterleri Açısından Türk Vergi Sisteminin Değerlendirilmesi", **Prof. Dr. Nezihe Sönmez'e Armağan**, İzmir, 1997.

Germanangue-Debare, Marc., "Hidden Economy", **Unesco Courier**, Vol: 6, Issue: 6, Jun 1996.

Gökalp, Uğur., "Vergi İadesi Neden Kaldırılmalı?" **Yaklaşım Dergisi**, Sayı: 8, Ağustos 1993.

Gökbunar, Ali Rıza., "Türk Vergi Sisteminde Reform Gereği", **Prof. Dr. Nezihe Sönmez'e, Armağan**, İzmir 1997.

Görgün, Sevim., "Anayasal Borçlanma Politikası Ve Devletin Borçlanma Yetkisinin Sınırlandırılması", **Ekonomik Anayasa Sempozyumu**, Takav Mat., Ankara, 1992.

GÜNEŞ, Gülsen., "4369 Sayılı Yasa İle Getirilen Değişikliklerin Verginin Anayasal İlkeleri Açısından İrdelenmesi" **Prof. Dr. Adnan TEZEL'e Armağan**, İstanbul, 2000.

GÜNGÖR Kamil Ve Hakkı ODABAŞ., "Anayasal Bütçelerin İrdelenmesi, İcraya Anayasal Sınırlamalar Getirilebilir Mi?", **Milliyet Ödülleri Ekonomi Dalı Yarışması Yayınlanmamış Makalele Çalışması**, Şubat 1999.

Güngör, Kamil., "Kamu Harcamaları-Bütçe Açıkları İlişkisi," **Akü İibf Dergisi,** Cilt:1, Sayı: 2, Aralık 1999.

Hacıosmanoğlu, M. Çetin., "Nakit Akış Vergisi Gelir, Kurumlar Ve Kdv'ye Alternatif Bir Yaklaşım", **Vergi Dünyası Dergisi,** Şubat 1997.

Hailstone, J. Thomas., **Wiewpoints On Supply-Side Economics**, A Prentice-Hall Company, Reston, Virginia, 1982.

Helvacı, Ahmet Turgut Demirtepe., "Muhafazakar Partinin Dönüşümü,Thatcherizm Ve Yeni Sağ", **Liberal Düşünce Dergisi,** Cilt: 3, Sayı: 9, Kış 1998.

Hirst, Paul., **After Thacher**, Collins, London, 1989.

Holmes, Martin., **The First Thatcher Government 1979-83, Contemporary Conservatism And Economic Change**, Bringhton, 1985.

Holmes, Peter., **The Conservative Government 1979-1984**, London, 1986.

Imf Survey., "Bütçe Yöntemleri Ve Kurumlarının Bütçe Sonuçlarına Etkisi", Çev: Kamil Güngör, **Deü İibf Dergisi,** Cilt: 13, Sayı: 1, 1998.

--------------- "A Puplication Of The International Monetary Fund", October 1996.

İbn-i Haldun., **Mukaddime**, Cilt: Iı, Milli Eğitim Bakanlığı Yayınları, 1991.

Jessop, B., K. Bannet,. **Thatcherism, A Tale Of Two Nations**, Polity Press, Cambridge, 1988.

Jones Bill ve Diğerleri., **Politics UK**, Harvester Wheatsheaf Philip Allan, Cambridge University Press, 1991.

Jones, Bill And Dennis Kavanagh., **British Politics Today**, Fifth Edition, Manchester University Press, 1995.

Kacapyr, Elia., "Notes From Underground", **American Demographis**, Vol: 20, Issue: 1, 1998.

Kavanagh, Dennis., **Thatcherism And British Politics**, New Edition, Oxford Press, 1995.

Kellner, Irwin L., "Will It Work?", **Wiewpoints On Supply-Side Economics**, A Prentice-Hall Company, Reston, Virginia, 1982.

Kerr, Iann And Vasanthi Monsingh., "Taxation Mix And Tax Policy İn Developing Economies", Www.Cbs.Curtin.Edu.Au/Ef/9801.Html, 2.4.2000.

Kıldiş, Yusuf., "Kayıt Dışı Ekonominin Ulusal-Uluslararası Boyutu Ve Çözüm Önerileri", **Maliye Yazıları**, Ocak-Mart 2000.

Kılıçdaroğlu, Kemal., "Saklı Ekonominin Boyutları Ve Daraltma Önlemleri", **Vergi Dünyası Dergisi**, Ağustos 2000.

------------- "4444 Sayılı Yasa Ve Kayıt Dışı Ekonominin Gücü", **Vergi Dünyası Dergisi**, Eylül 1999.

Kimzey Mc. Bruce., "The Logical Of Reaganomics", **Reaganomics**, West Puplishing, New York, 1983 (B).

---------------- "What Did Reagan Inherit" **Reaganomics,** West Publishing Company, Newyork, 1983 (A).

Kirazcı, Deniz M., "Amerika'da Başkan Reagan Dönemi Vergi Politikasının Ekonomik Ve Politik Kökenleri", **Vergi Dünyası Dergisi,** Ağustos 1986.

Konukman, Aziz ve Oğuz Oyan., "1998 Bütçesinin Mali, İktisadi Ve Hukuki Açılardan Analizi", **Ekonomide Durum**, Bahar Sayısı, 1998.

Koyuncu, Mesut., "Vergi Reformu", **Vergi Dünyası Dergisi**, Ekim 1999.

Kudlow, Lawrence., "Reaganomics, What Worked? What Didn't," Www.Larrykudlow.Com/Reagan.Htm 1997, 28.8.2000.

Kyer, Ben., "A Macro Economic Approach To Teaching Supply-Side Economics", **Journal Of Economic Education,** Vol: 25, Issue: 1, Winter 1994.

Lacoude, Philippe., "L'effect Laffer En France Au Cours Des Annèes 1980", Http//Planetehomeo.Cdtel.Fr/Sos/Reunions/Laffer.Html, 17.9.1999.

---------------- "La Mellon Tax Cut De 1920", Http//Ourworld .Compuserve Com/Homepages/Lacoude/Etude03.Htm, 19.9.1999.

Laffer, Arthur B., "What Went Wrong With Supply Side Economics", **Wiewpoints On Supply-Side Economics**, A Prentice-Hall Company, Reston, Virginia, 1982.

Lemieux, Thomas, Bernard Fortın., "The Effect Of Taxes On Labor Supply In The Underground Economy", **American Economic Review**, Vol: 84, Issue: 1, March 1994.

Macneıl, Chris., "The Paradox Of Liberalism", Http//Darkwing.Uoregon.Edu/~Ucurrent/2illiberal2.Html, 27.10.2000.

Maliye Bakanlığı., **2000 Yılı Ekonomik Raporu.**

---------------- **2001 Yılı Bütçe Gerekçesi**.

Marsh, David., **The Implementation Gap, Explaining Policy Change And Continuity,** Implementing Thatcherite Policies; Buckingham, Open University Press, Buchingham, 1992.

Mavral, Ülker., "Kara Para, Kara Paranın Aklanması Ve Aklanma Süreci", **Vergi Sorunları Dergisi**, Mayıs 1999.

Mcinnes, Gordon., **Wrong For All The Right Reason, How White Liberals Have Been Undone By Rase**, New York University Press, New York,1995.

Mitchell, Daniel J., **A Brief Guide To The Flat Tax**, The Heritage Foundation, March 1995.

--------------- "Supply Side Alchemy At Work", **Wall Street Journal**, January 17 1996.

Mitchell, Daniel J. And Mckenna Senior., "Jobs, Growth, Freedom, And Faırness, Why Amerıca Needs A Flat Tax Senior Fellow İn Political Economy", Http//Heritage.Org/Library/Categories/Budgettax/Bg1035.Html, 9.4.1999.

Mutlu, Ayşegül., "Türkiye'de Liberalizasyon Sürecinde Özel Kesimin Vergi Yükü", **XI. Maliye Sempozyumu,** 4-8 Mayıs 1995 Salamis-Bay Oteli, Gazi Magosa, KKTC.

Niskanen, William and Stephan "Supply Side Tax Cuts And The Truth About The Reagan Economic Record", **Cato Policy Analys**, No: 261, 1996.

Moore.,
Nunn, Sam., "The Unlimited Savings Allowance (Usa) Tax Proposal" Www.Gpppf.Org/Pubs/Commentaries/Nunn.Html, 18.9.2000.

Orhan, Osman Z., **Keynezyen Ve Moneterist İstikrar Politikaları**, Bilim Teknik Yayınevi, İstanbul, 1989.

Orhun, Ali Hadi., "Vergilendirme Gelir Kavramının Yeni Boyutu", **Mevzuat Dergisi**, Ekim 1998.

Owens, Jeffry., "Vergi Reformu, Uluslararası Bakış", **Vergi Dünyası Dergisi**, Haziran 1990.

Öncel, Türkan., **Parafiskal Yükümlülükler**, İ.Ü.İktisat Fakültesi Yayın No: 94,1983.

Özbakan, Nil., "Artan Oranlı Gelir Vergisinin Teorik Temellerine Eleştiriler", **Yaklaşım,** Temmuz 1997.

Özbudun, Ergun., "Anayasa Hukuku Açısından Ekonomik Anayasa", **Ekonomik Anayasa Sempozyumu**, Takav Mat., Ankara, 1992.

Özdemir, Emin., "Kayıt Dışı Ekonomi Ve Alınması Gereken Önlemler", **Vergi Sorunları Dergisi**, Temmuz-Ağustos 1994.

Özyürek, Mustafa., "Vergi Yasalarında Yenilik", **Türkiye İktisat Dergisi**, Şubat 1994.

Peter, A.G. Ve Diğerleri., "Supply And Demand Effects Of Tax Reductions" Httpwww//İnfo.Minez.Nl/Aep/Extern/Aephome/Taxdyna.Htm, 18.8.1999.

Presten, J. Miller., "Vergi Oranları İle Vergi Gelirleri Arasındaki İlişki Ve Laffer Etkisinin Belirsizlikleri", Çev: C. Can Aktan, **Dokuz Eylül Üniversitesi İktisadi Ve İdari Bilimler Fakültesi Dergisi**, Cilt: 8, Sayı: 1, 1993.

Riddel, Peter., **The Thatcher Government**, Basil Black Well, Updited Ed., Oxford, 1985.

Roberts, Paul Craig., "Problems With Monetary Policy", **Business Economics** Vol: Xxı, No: 4, October 1986.

-------------- "Reaganomics, Myt And Reality", **Perspectives On Political Science**, Vol: 19, Spiring 1990.

Rubbin, Alissa J., "Flat Tax Takes Center Stage In GOP Political Debates", **Congresional Quarterly Weekly Report**, Vol: 54, Issue: 3, 1996.

--------------- "Kemp's Recommendations", **Congressional Quarterly Weekly Report,** Vol: 54, Issue: 3, 1996.

Rutledge, J., "Blame The Deficit On Excessive Gevernment Spending The Mountain Of Red Ink Grows Taller", **Us News&Word Report**, August 1991.

Sakal, Mustafa., "Kamu Harcamalarının Hacminin Ölçülmesinin Gelişmiş Ve Gelişmekte Olan Ülkeler Açısından Değerlendirilmesi," **Deü İibf Dergisi,** Cilt:12, Sayı:1, 1997.

Savaş H. Hüseyin., "Vergi Gelirlerinin Denetimi Ve Denetimde Etkenlik Kavramı", **Mevzuat Dergisi,** Aralık 2000.

Savaş, Vural F.., **İktisadın Tarihi**, Liberal Düşünce Topluluğu, İstanbul, 1997.

-------------- **Politik İktisat**, Beta Basım Yayın Dağıtım AŞ, İkinci Baskı, İstanbul, 1994.

-------------- **Keynezyen Ekonomi Yıkılırken**, Beta Basım Yayın Dağıtım AŞ, İkinci Baskı, İstanbul, 1986.

Schlecht, Eric V., "Tax Reform, Challenges And Possibilities", **National Taxpayers Union Foundation**, Policy Paper, No: 107, Http//Www.Ntu.Org/Taxref.Html, 3.2.1999.

Schneider, Friedrich., "Politik Anayasa, Ekonomik Anayasa Ve Anayasal Bütünlük", **Ekonomik Anayasa Sempozyumu,** Takav Mat., Ankara, 1992.

Seidman, Laurance., "A Better Way To Tax", **Puplic Interest**, Issue: 114, Winter 1994.

Serin, Vildan., "Dünyada Arz Yanlısı İktisat Modellerine Dönüş Ve Uygulamalardan Örnekler", **Hukuk Araştırmaları Dergisi** Mayıs-Ağ. 1987.

Tunney, Stephen L., "Consumption Tax Pathfinder, Pros And Cons Of A Consumption Tax", Http//Forums.Law.Arizona.Edu/Library/Chiorazzi/Stunney/ Pathf-2.Html,18.9.2000.

Stewart, Michael., **Keynes Devrimi**, Çev: A Baltacıgil, Minnetoğlu Yay. İstanbul, 1980.

Tekelioğlu, Muammer., **Çağdaş İktidadi Düşünceler,** Adana, 1993.

--------------- "Çağdaş İktisadi Düşüncede Yol Ayrımları", **Çukurova Üniversitesi İİBF Dergisi**, Cilt: 1, Sayı: 1, 1987.

Thatcher, Margaret., **The Downing Street Years**, Harper Collins Publisher, 1993.

Tisk., **Avrupa Birliği'nde Kayıt Dışı Çalışma Konusunda İzlenen Politikalar Ve Türkiye Açısından Değerlendirilmesi**, İstanbul, 2000.

--------------- **Üretime Yönelik Vergi Ve Diğer Yasal Yükümlülükler**, İnceleme Yayınları, No: 172, Yıl: 1997.

Tosuner, Mehmet., **1980 Sonrası Türk Vergi Sisteminin Yapısı Ve Gelişimi**, İzmir, 1989.

Turhan, Salih., **Vergi Teorisi Ve Politikası,** Filiz Kitabevi, İstanbul, 1993.

Tükenmez, Turhan. "Abd'de Vergi Reform Kanunu", **Maliye Yazıları Dergisi**, Şubat-Mart 1987.

Türkan, Ercan., **Düz Oranlı Ve Tüketim Tabanlı Vergi Sistemi, Abd'de Yaşanan Tartışmalar Ve Bu Tartışmalardan Çıkarılabilecek Dersler**, Dpt Yıllık Programlar Ve Konjonktür Değerlendirme Genel Müdürlüğü, Haziran 1997.

Türkiye Odalar Ve Borsalar Birliği., **Vergi Özel İhtisas Komisyonu Raporu**, Ankara, 1992.

Urgancı, Hikmet., "Vergi Yükü Sorunları Ve Türkiye'de Vergi Yükü", **Adana İtia Dergisi**, Nisan1975.

Van Den Hauwe, Ludwing., "The Case For Supply-Side Economics Revisited: The Effect Of Time Preference", **European Journal Of Law And Economics**, Vol: 10, 2000.

Yetim, Sedat., "Türkiye'de Ve Dünyada Kara Paranın Aklanması", **Asomedya**, Mart 2000.

Yıldırım, Refia., "Maliye Politikası Açısından Arz Ekonomisi", **Çukurova Üniversitesi İibf Dergisi,** Cilt: 3, Sayı: 1, Yıl: 1989.

Yay, Turan., "Devletin Müdahale Gerekçeleri", **İstanbul Sanayii Odası Dergisi**, Ağustos, 1997.

Yazar Yok., "Why America Needs A Flat Tax Fellow İn Political Economy", Http//Heritage.Org/Library/Categories/Budgettax/Bg1035.Html, 25.5.1995.

-------------- "An Ampirical Analysis Of The Impact Of Government Tax And Auditing Policies On Size Of Underground Economy", **American Journal Of Economics&Sociology**, April 1997.

-------------- "Restoring Equality And Equity To America," Http//Members.Nbci.Com/_XMCM/Drscat/Finalpaper.Htm, 30.9.200.

-------------- "Savers' Tax Relief, Revisitinga A Good Idea" **National Tax Journal**, Vol: 46, Issue: 3, September 1993.

-------------- "Analysing Supply-Side Economic, A Symposium", **Wiewpoints On Supply-Side Economics**, A Prentice-Hall Company, Reston, Virginia, 1982.

-------------- "Dünyadaki Yerimiz; Kamu Finansmanı", **Asomedya**, Ekim 2000.

-------------- "Fundamental Tax Reform", Http//Www.Dtonline.Com/Taxref/Trissue.Htm, 26.9.2000.

-------------- "Gelişmekte Olan Ülkelerde Vergi Reformu", Çev: Sami KAZICI, **Vergi Dünyası Dergisi**, Aralık 1991.

-------------- "Higher Rates Of Return Will Raise Personal Saving", **The Truth About Supply-Side Economics**, New York, 1983.

-------------- "Is A Flat Tax The Right Cure?", **Us News& World Report**, Vol: 120, Issue: 2, 1996.

-------------- "Real Tax Reform", Http//Home.Att.Net/~Wmech/Taxrform.Htm, 26.9.2000.

-------------- "The Integration Of Demand-Side And Suppy Side Policies", **Wiewpoints On Supply-Side Economics**, A Prentice-Hall Company, Reston, Virginia, 1982.

-------------- "Tight Money And Fiscal Easy Can Generate Balanced", Noninflationary Growth.

-------------- "TOBB'un Kayıt Dışı Ekonomiyi Vergilendirme Raporu", **Yeni Türkiye Dergisi**, Yıl: 1, Sayı: 6, Eylül Ekim 1995.

-------------- "Vergi Potansiyelimiz, Kayıp Ve Kaçaklarımız", **İSO Dergisi**, Nisan 1997.

--------------- "Comparison Of The Current Income Tax System To The Flat Tax", Www.Senate.Gow/Jec/Fltxcomp.Html, 9.4.1999.

--------------- "A Flat Tax For The US, The Advantages And Disadvantages Of A Flat Tax", Http//Www.Itsnet.Com/Flint/Flattax.Html, 13.9.2000.

--------------- "Lowering Corporate Tax Rates", **The Truth About Supply-Side Economics**, New York, 1983.

--------------- "Yeni Vergi Sisteminin Değerlendirilmesi", **İstanbul Ticaret Odası Dergisi**, Ağustos 2000.

----------------- "Vergiler, Bütçe Açıkları Ve Sermaye Oluşumu", **Kütahya İİBF Yıllığı,** 1991.

Kolibri 360 GmbH
Ferdinand-Jühlke-Straße 7
99095 Erfurt, Deutschland
produktsicherheit@kolibri360.de

Druck:
CPI Druckdienstleistungen GmbH
im Auftrag der
Kolibri 360 GmbH
Ferdinand-Jühlke-Str. 7
99095 Erfurt